DuMonts Enzyklopädie der Seefahrer und Entdecker

Fernand Salentiny

DuMonts Enzyklopädie der Seefahrer und Entdecker

Von Amundsen bis Zeppelin

Herausgegeben und ergänzt von
Werner Waldmann

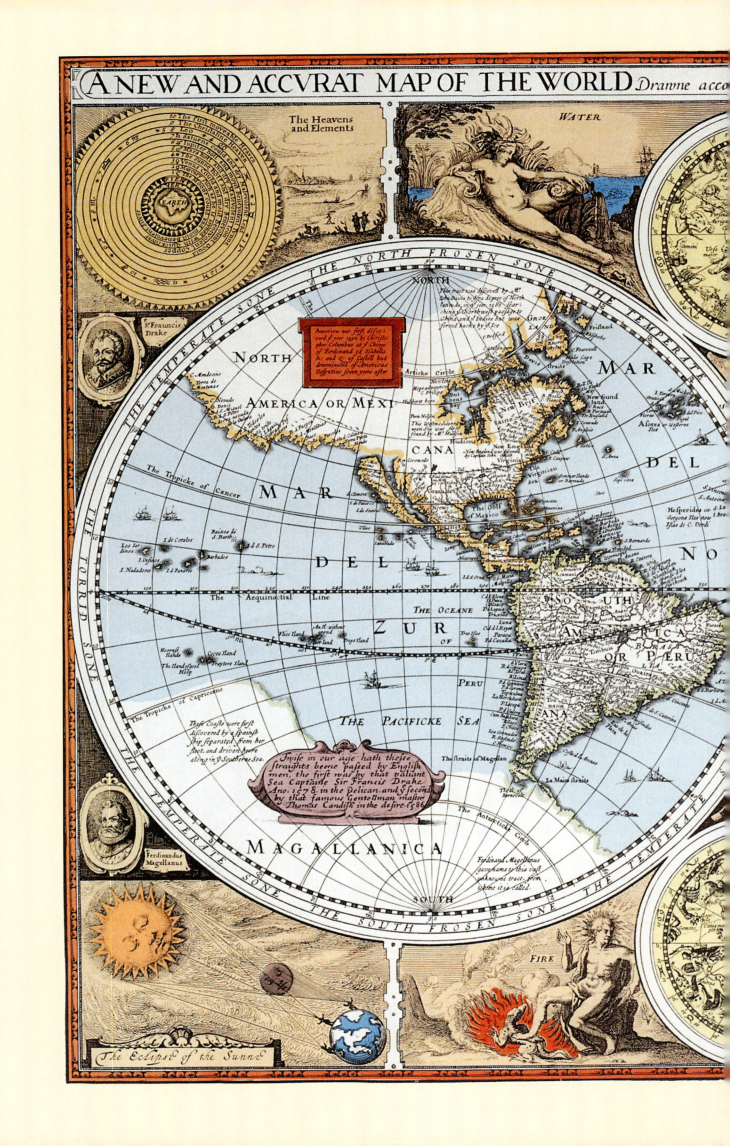

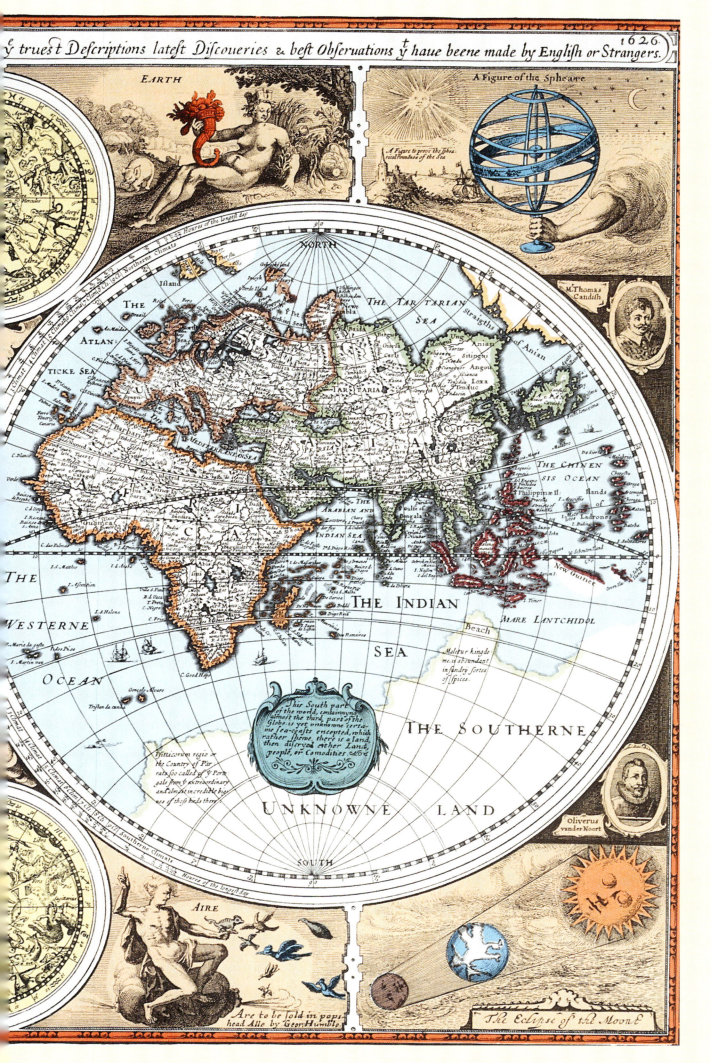

Die bekannte Welt in der ersten Hälfte des 17. Jahrhunderts

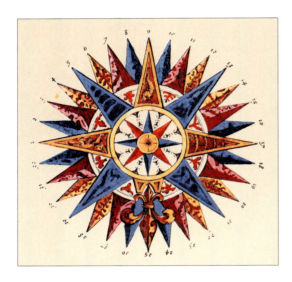

Die Deutsche Bibliothek – CIP-Einheitsaufnahme

DuMonts Enzyklopädie der Seefahrer und Entdecker :
von Amundsen bis Zeppelin / Ferdinand Salentiny. – Köln : DuMont-Monte-Verl., 2002
  (Monte von DuMont)
  ISBN 3-8320-8718-4

Gesamtherstellung: MediText, Stuttgart
Redaktion und Design: Dr. Magda Antonic, MediText
Korrektur: Andrew Leslie, MediText
Coverabbildung: © Getty Images, München

Druck und buchbinderische Verarbeitung: Neue Stalling, Oldenburg

© 2002 DuMont monte Verlag, Köln

ISBN 3-8320-8718-4
Printed in Germany

Inhalt

GRENZENLOSE NEUGIER

Den Menschen zog es immer schon in die Ferne. Selbst die Vor- und Frühmenschen waren nicht nur sesshaft: Auf der Suche nach neuem, günstigerem Unterschlupf und vor allem neuen Jagdgründen streiften sie ruhelos in ihrer näheren Umgebung umher. Je zivilisierter die Menschheit aber wurde, desto deutlicher wuchs ihr Drang, immer weiter hinauszuschweifen, unbekannte Gebiete in der Ferne zu erkunden. Natürlich motivierte dazu nicht nur reine Entdeckerlust oder der Wunsch nach bloßem Abenteuer: Hinter diesem Entdeckerdrang standen meist handfeste wirtschaftliche und politische Interessen.

Durchorganisierte Gemeinwesen, komplexe Staaten waren gezwungen, neuen Lebensraum für ihre Population zu gewinnen, zusätzliche Nahrungsquellen und Bodenschätze zu erschließen. Der Weg zu Fuß oder mithilfe von Zugtieren war beschwerlich. Wichtig waren Flussläufe, auf denen man besonders bequem und auch rasch vorankommen konnte. Meistens führten die Flüsse zum Meer. Und natürlich lockte das Meer, an dessen imaginärem Ende man neuartige, verlockende Welten vermutete.

Wanderten die Menschen Jahrmillionen recht ziellos und nur vom Instinkt gesteuert auf der Erde umher, so änderte sich dies zur Zeit der

Die meisten Expeditionen bestanden aus mehreren Schiffen, von denen oft nur wenige oder gar nur eines wieder zurückkehrte.

frühen Hochkulturen. Schon die Ägypter bauten Schiffe und fuhren an fremde Ufer, wo sie sich deren Völker untertan machten und sich mit deren Reichtümern versorgten.

Die Geschichte der Entdeckungen ist eine Geschichte der Eroberungen. Sie nimmt ihren Anfang im 3. Jahrtausend v. Chr.: Ägyptische Schiffe gelangten in ein sagenhaft reiches Land, das die Seefahrer Punt nannten. Wahrscheinlich handelte es sich um das heutige Somalia. Außer faszinierenden Geschichten über das, was die Männer dort erlebten, interessierten die Herrscher zu Hause natürlich die Mitbringsel im Bauch der Schiffe: Gewürze, Weihrauch, Gold, auch von Zwergen ist die Rede.

Völker, die an der Küste residierten, waren dazu prädestiniert, ihr Meer systematisch zu erkunden. Man fuhr einfach der Küste entlang, auch wenn es Monate und Jahre dauerte. So gelang es den Phöniziern und Griechen sehr rasch, den Mittelmeerraum und angrenzende Gebiete zu erforschen.

Es sei in diesem Zusammenhang noch an einen der bedeutendsten Weltentdecker erinnert, an Alexander den Großen, der den Gelehrten zu Hause haufenweise Informationen mitbrachte, um das bislang fantastische Weltbild der Antike nach allen Himmelsrichtungen konkret zu erweitern.

ABENTEUERLUST UND MACHTHUNGER

Über die Motive der Entdecker bis weit in die Neuzeit sollte man sich wenig Illusionen machen. Es waren allesamt erlebnishungrige Abenteurer, denen es zu Hause zu eng wurde und die mit der steten Gefahr leben mussten; fanatische Missionare, die ferne Völker mit ihrer Weltanschauung oder Religion beglücken wollten; und natürlich machtbewusste Handlanger des jeweiligen Herrscherhauses, denen es um politische Einflussnahme und die Mehrung ihres Reichtums ging. Die brutale Inbesitznahme des Azteken-

ALEXANDER the GREAT.

kühnen Männer und Frauen, die den Weltatlas füllen. So führen moderne Expeditionen in nach wie vor unwegsame Gebiete, um der Erde die letzten Geheimnisse zu entreißen. Oft sind es Details: seltene Pflanzen oder Tiere, die es zu erforschen gilt, oder historische Relikte jahrtausendealter Kulturen unter dem Pflanzenkleid des Dschungels. Doch auch die Welt der Gebirge und der Meere hält noch vieles verborgen, das erst mit der Technik unserer Zeit dem Dunkel entrissen werden kann. Ein besonderer Reiz besteht auch darin, die alten Berichte der Entdecker und Seefahrer zu lesen und im Geiste mit ihnen auf ihre strapaziösen, mutigen Reisen zu gehen.

Viele Schiffe verschwanden in Stürmen oder gingen auf Riffs zugrunde. Der zeitgenössische Stich zeigt eine solche dramatische Situation, bei der es selten Überlebende gab.

reichs durch die Spanier ist eines der grausamsten Beispiele für die eigentlichen Motive der Entdecker.

Das 18. Jahrhundert war die Zeit, in der Europa systematisch die letzten weißen Flecken auf der Weltkarte füllte – und vor allem mit einer rigorosen Kolonialpolitik staatliche Wirtschaftsinteressen bediente. Obwohl einer der profiliertesten Entdecker wie James Cook großes Fingerspitzengefühl im Umgang mit der einheimischen Bevölkerung bewies, erfüllte er ebenso die machtpolitischen Träume der britischen Admiralität. Der Staat, der jene Expeditionen finanzierte, wollte einen realen Gegenwert dafür. Erst im Zuge eines Zeitgeistes, der eine rein wissenschaftliche Neugier kultivierte, änderten sich die Motive der Entdecker. Mit Humboldts großartiger Expedition nach Südamerika begann das Zeitalter wissenschaftlicher Erkundung fremder Länder und Völker. Heute existiert kaum noch ein Ort auf der Erde, der nicht kartografiert wäre. Trotzdem gibt es auch heute noch Nachfahren jener

VON EROBERERN, ABENTEURERN UND FORSCHERN

Die Geschichte der Entdeckung unserer Erde ist ein spannendes Panorama menschlicher Neugier, Abenteuerlust und wissenschaftlicher Akribie. Schon die Menschen der Frühkulturen zog es in zerbrechlichen Holzschiffen aufs Meer hinaus, um irgendwo im Ungewissen ein legendäres Land zu finden. Columbus und Cortez zeigten später, worum es ihnen und ihren Auftraggebern zu Hause in Wirklichkeit ging: Man wollte fremde Länder unterwerfen, um die eigene Macht auszubauen. Diese oft menschenverachtende Geschichte wurde erst in neuerer Zeit von vornehmlich wissenschaftlichem Interesse geprägt.

DIE SCHLÜSSELFIGUREN

Ist heutzutage die Rede von den großen Seefahrern und Entdeckern, so fällt unweigerlich der Name Columbus. Zwar ist dieser genuesische Abenteurer eine der vielen Schlüsselfiguren beim Aufsuchen fremder Völker durch die Europäer, zwar wurde (und wird) er in Geschichtsbüchern (fälschlicherweise) als Kartograf oder gar als Mathematiker bezeichnet, obwohl er noch nach seiner vierten und letzten Überfahrt annahm, dass er im Reich des Großkhan sei; doch waren die kühnen Vorstöße eines Diaz, eines Cabral und eines Vasco da Gama – um nur die wichtigsten seiner Zeit aufzuzählen – vom geografischen Standpunkt aus gesehen den seinen jedenfalls gleichrangig. Columbus' Person und somit die zweite Hälfte des 15. Jahrhunderts als Ausgangspunkt der Entdeckungsgeschichte zu nehmen, hieße die historischen Gegebenheiten zu stark vereinfachen.

Der erste regelmäßige Kontakt der »zivilisierten« Europäer mit den »nichtzivilisierten« Bewohnern Nordamerikas (wie man in der Alten Welt zu sagen pflegte, ungeachtet dessen, was man im Spätmittelalter unter dem Begriff »Zivilisation« verstand) fand nicht erstmals 1492 mit den damals üppigen und gut bewohnten Inseln der Karibischen See statt, sondern viel früher und im hohen Norden.

Fast ein halbes Jahrtausend vor Columbus' Überfahrt nach Mittelamerika ereignete sich unweit des nördlichen Polarkreises ein bedeutsamer geschichtlicher Vorgang. Der wegen Mordes aus Island verbannte Norweger Erik, genannt »der Rote«, stieß in einem offenen Ruderboot mit einer Hand voll Getreuer in die noch unbekannten Gewässer des Nordatlantik vor, umrundete das Kap Farvel, Grönlands südlichste Spitze, wandte sich dann nordwärts und landete an der Westküste des geografisch zum amerikanischen Kontinent gehörenden Grönland. Hier gründete er zwei Siedlungen, die Westsiedlung (Westbygd) und die Ostsiedlung (Ostbygd). Fernab vom feudalen Europa regierte Erik diese Kolonie sozusagen als sein Privateigentum, gab Gesetze heraus und sprach Recht. Erik hatte den ersten europäischen »Staat« in Amerika errichtet. Zugleich fand auch die erste und die für die folgenden sechshundert Jahre letzte friedliche Durchdringung des amerikanischen Kontinents statt. Eriks Söhne, Leif der Glückliche, Thorwald und Freydis drangen bis in die heutige Davisstraße und Baffinbai vor, durchstreiften den östlichen Teil Labradors und befuhren die Küste Neufundlands. Vermutlich gelangte einer von ihnen sogar bis zum heutigen Québec. Die Kenntnis der um das Jahr 1000 unternommenen Fahrten in diese Gewässer stützt sich vielfach auf Vermutungen, denn die Wikinger führten keine Logbücher und schrieben keine Reiseberichte. Jedenfalls waren diese Fahrten damals technisch möglich.

Eriks Versuch, Westgrönland für eine dauerhafte Besiedlung zu gewinnen, scheiterte an der Unwirtlichkeit des Landes, am bewaffneten Widerstand der Inuit, an der Interesselosigkeit ihrer auf Island und Norwegen ansässigen Landsleute und nicht zuletzt an einer plötzlichen Klimaveränderung, die viele Opfer unter den Siedlern forderte. Als Grönland 1261 unter norwegische Herrschaft kam, nahm das übrige Europa kaum Notiz von diesem Ereignis.

Eriks Unternehmen war das eines kühnen Einzelgängers. Es hatte keine besonderen strategischen Folgen, denn niemand in Norwegen verstand es um diese Zeit, Grönland als Sprungbrett für die Erforschung der kanadischen Arktis zu benutzen.

DIE PORTUGIESEN

Drei Jahre nach der Einverleibung Grönlands unter die norwegische Krone wurde Portugal durch die Vertreibung der letzten Araber aus der Algarve (Südportugal) zum Nationalstaat. Mehr als 200 Jahre sollte es noch dauern, bis sich die Spanier der muslimischen Fremdherrschaft ganz entledigen konnten. Dieser Umstand verschaffte den Portugiesen in der Aneignung überseeischen

Der Holzschnitt zeigt die Landung der Karavelle von Columbus auf der Insel Guanahani im Jahr 1492.

Der Stich aus der ersten Hälfte des 17. Jahrhunderts zeigt eine indische Fuste, einen Schnellruderer mit Rammsporn, den die Portugiesen auch für den Transport von Waren einsetzten.

Die Zentren der Metall verarbeitenden Industrie lagen nicht in Portugal, sondern in den Alpen, in Norditalien, in Mitteldeutschland, in Südschweden, in Mittelengland und im Raume Lüttich-Köln. Sie hätten den Bau von Flotten erlaubt. Außerdem verfügte Portugal weder über einen kaufkräftigen Binnenmarkt noch über einen lukrativen Außenhandel.

Doch knapp zwei Jahrzehnte nach der Befreiung von der Herrschaft des Islam bestieg Diniz, der »Aufgeklärte« oder der »Gerechte« (el justo), den portugiesischen Thron. Er gab der Wirtschaft Portugals die ersten Impulse. Die nächsten Herrscher, Alfons V., Peter I. und Ferdinand I., führten das von Diniz begonnene ökonomische Werk fort.

Mit der Thronbesteigung Johanns I. aus dem Hause Aviz begann Lusitaniens Aufstieg zur kolonialen Weltmacht. Als Johann I. nach 48-jähriger Regierungszeit starb, waren Portugals Seefahrer bis an den Zairefluss (Kongo) gelangt und zogen die ersten konkreten Erkundigungen über Zentralafrika (insbesondere über das Reich des so

Besitztums bedeutsame ökonomische und politisch-strategische Vorteile.

Die portugiesische Wirtschaft im Spätmittelalter war jedoch nicht in der Lage, König Alfons III. eine kraftvolle Außenpolitik zu ermöglichen.

Die Sitten an Bord der Schiffe waren rau: Wer meuterte, wurde drakonisch bestraft, wie dieser Holzschnitt aus der Mitte des 16. Jahrhunderts zeigt: Ein Matrose wurde mit der Hand an den Mast genagelt, einer ins Wasser geworfen und ein anderer mit dem Kopf nach unten ins Meer getaucht.

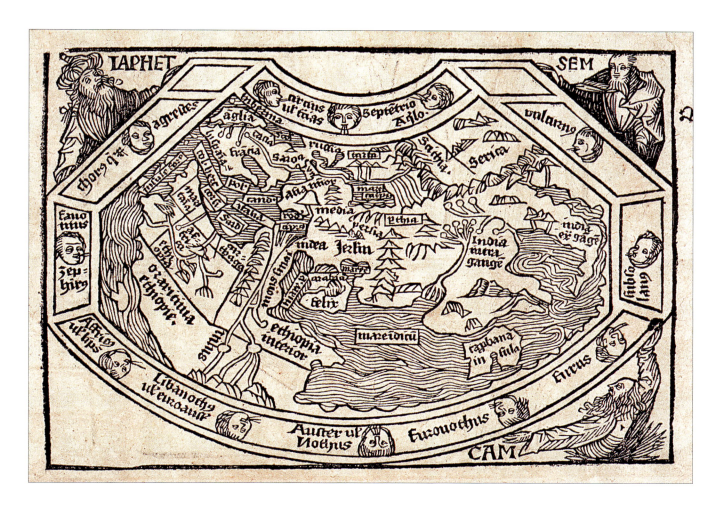

Im 16. Jahrhundert hatte man noch eine sehr vage Vorstellung von der Erde. In dieser Weltkarte des Ptolemäus spielen weniger die einzelnen Kontinente eine Rolle als allegorische Figuren. Die Situation: Links oben der Heilige Geist, der von einem Neugierigen, rechts auf der Karte, befragt wird.

genannten Erzpriesters Johann, bei dem es sich schlechthin um den äthiopischen König handelte) ein.

Die eigentliche überseeische Ausbreitung kam erst unter Heinrich dem Seefahrer, der sich 1419 vom Hof (hauptsächlich jedoch weil er kaum eine Chance hatte, jemals den Thron zu besteigen) nach Sagres, an der äußersten Südspitze Portugals, zurückzog, wo er den Plan des zukünftigen portugiesischen Imperiums entwarf. Er umfasste zwei Hauptstoßrichtungen: die Inbesitznahme der atlantischen Inseln als maritime Basen und die Umrundung Südafrikas, die den Zugang zum lukrativen Gewürzhandel ermöglichte.

1415 fiel den Portugiesen der erste arabische Stützpunkt Ceuta in die Hände. Lissabon hatte erstmals militärisch auf dem »schwarzen« Kontinent Fuß gefasst. Drei Jahre später begann die Kolonisierung Porto Santos und Madeiras durch die Seefahrer Zarco und Teixeira, und 1427 war Portugal durch die Inbesitznahme der Azoren

dem amerikanischen Kontinent ein Stück näher gekommen. Das erfolgreiche »Insel- und Kap-Springen« war eingeleitet. Während 1425 der Versuch, die Kanarischen Inseln zu erobern, misslang, umfuhr Gil Eannes, auf Betreiben Heinrichs des Seefahrers, 1433 das Kap Bojador, und Baldaya gelangte über dieses Kap hinaus bis nach Porto Galé. 1440 erreichte Goncalves den Rio Ouro. Mit dem letzten Vorstoß begann allerdings eines der dunkelsten Kapitel portugiesischer (und europäischer) Kolonialgeschichte. Der Sklavenhandel zwischen den christlichen Portugiesen und den als religiöse Feinde betrachteten Arabern warf die ersten lukrativen Gewinne ab.

Ungeachtet der Verluste an geschulten Kapitänen und an Schiffen drangen die Portugiesen schrittweise in Richtung des Kap der Guten Hoffnung vor. Um 1441 gab die »Karavelle«, ein eigens für den stürmischen Atlantik gebautes Schiff, den Entdeckungsfahrten neue technische Möglichkeiten. 1448 hatten die Portugiesen in

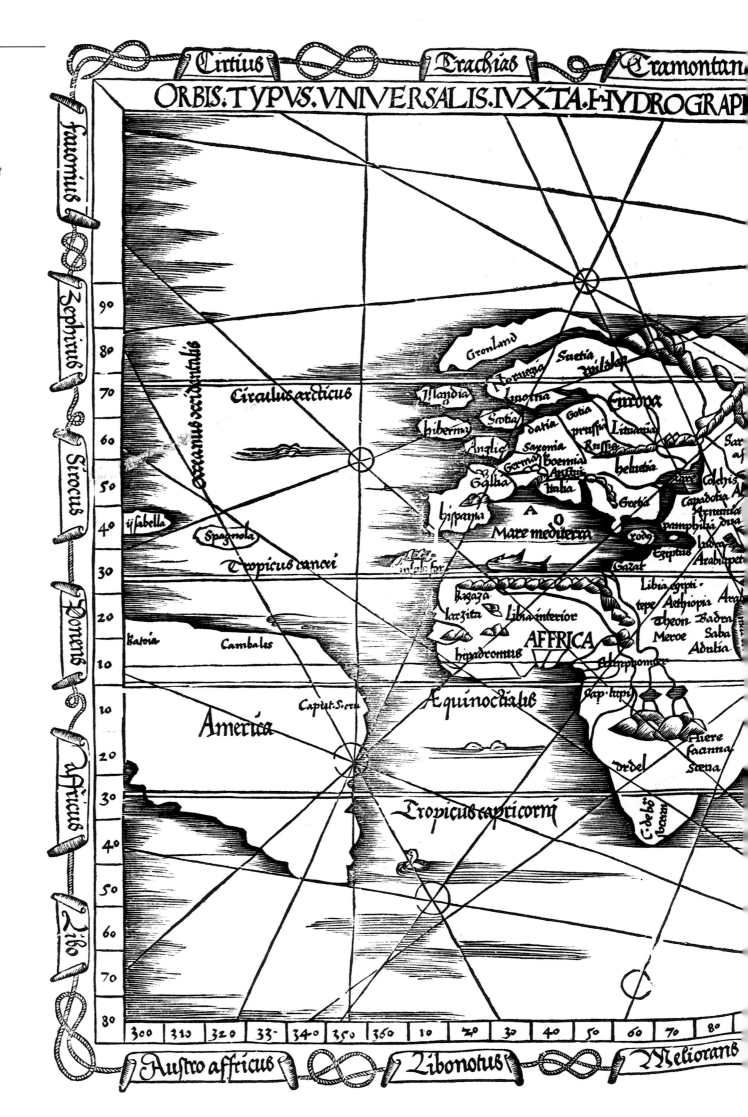

Der Grieche Claudius Ptolemäus schuf das bedeutendste Kartenwerk des Altertums. Seine Anschauung hielt sich sehr lange, und so war es sehr schwierig, seine falschen Vermutungen im Laufe der nächsten Jahrzehnte zu korrigieren.

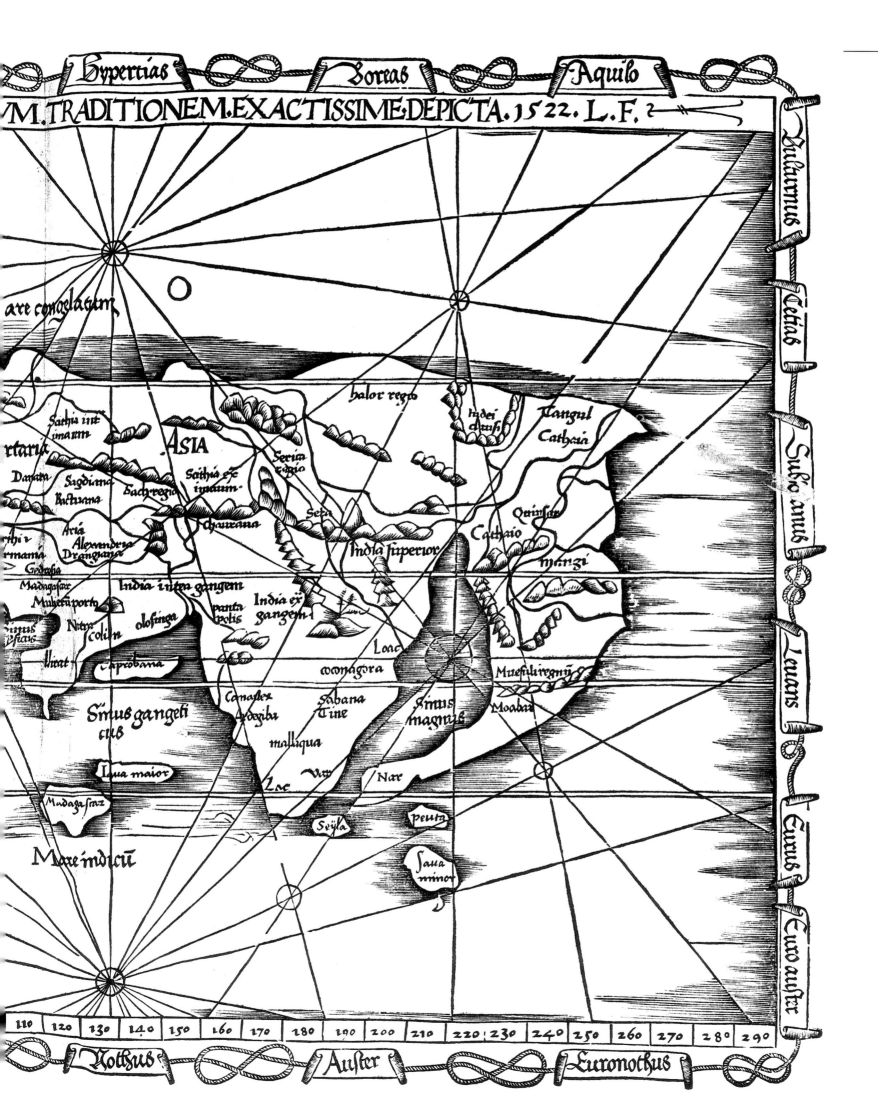

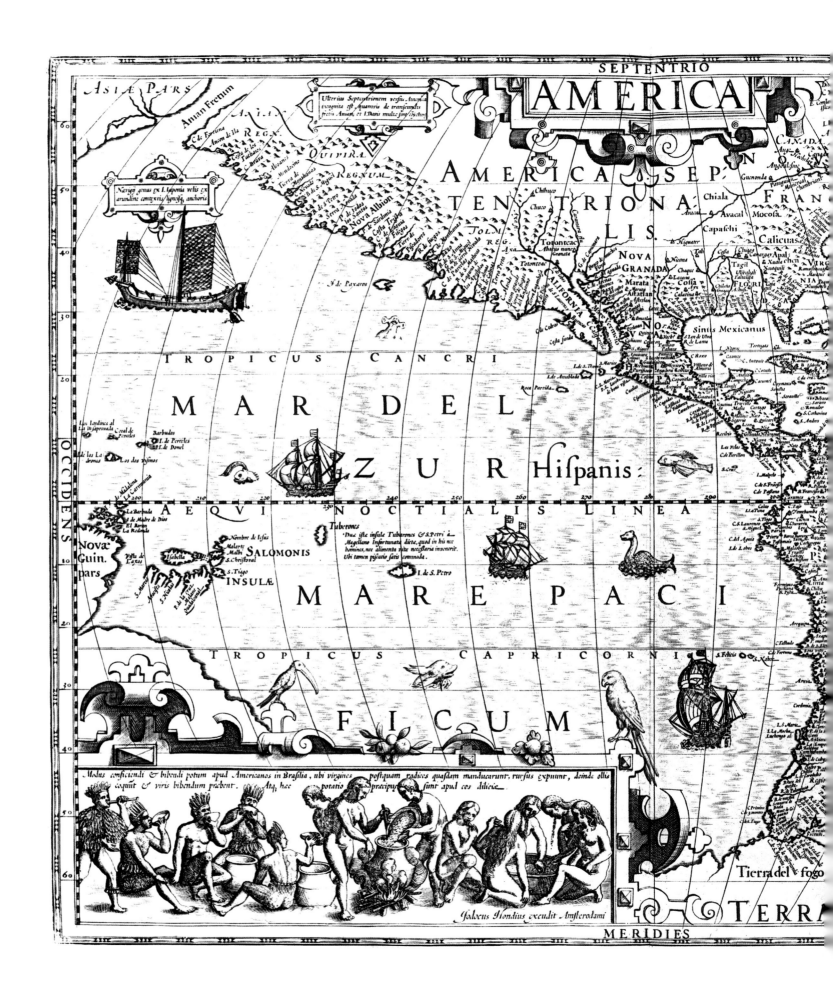

der Bucht von Arguin (Guineaküste) das erste Fort gebaut und 1455 unternahm Ca da Mosto die erste wissenschaftliche Expedition zu den Kapverdischen Inseln.

Als Heinrich der Seefahrer 1460 starb, waren immerhin schon rund 3.000 km westafrikanischen Küstengebietes in portugiesischem Besitz. Mit der Errichtung des Kastells Mina an der Goldküste war das Erreichen der südlichsten Spitze Afrikas eigentlich nur mehr eine Frage der Zeit. 1488 umfuhr Bartolomëu Diaz das stürmische Kap und am Ende des 15. Jahrhunderts hatte Vasco da Gama durch seine historisch bedeutsame Fahrt die arabische Monopolstellung im Gewürzhandel gebrochen. Portugal war in den lukrativen Pfefferhandel eingestiegen. Um allerdings den jetzt beginnenden »Pfefferkrieg« siegreich durchstehen zu können, bedurfte es neben einer starken Artillerie der Person eines Albuquerque. Erst die militärische Besetzung Goas (Westküste Indiens), die Errichtung von befestigten Faktoreien längs der Malabarküste und die Eroberung von Hormus, der »Perle des Orients«, wie die Stadt damals bezeichnet wurde, erlaubten den Portugiesen das Befahren der Schifffahrtsrouten im Indischen Ozean und brachten regelmäßige Einnahmen für Lissabon.

Nach dem Vertrag von Tordesillas (1494), durch den die beiden iberischen Staaten ihre jeweiligen Interessengebiete absteckten, trat bereits eine erste Schwäche in dem bisher lückenlosen Aufbau von Befestigungen der Linie Lissabon–Kap–Goa ein. Durch die Hinwendung zu Brasilien begann der langsame Abbau der Kolonien im Osten. Portugal hatte, in Bezug auf seine wirtschaftlichen Mittel, den Bogen zu weit gespannt. Die Gewinne von bis zu 500 Prozent einer jeden Schiffsladung mit Gewürzen halfen auch nicht über die permanente Finanzmisere hinweg, in der Lissabon in der zweiten Hälfte des 16. Jahrhunderts steckte. Anstatt das afrikanische, immerhin bereits ansehnliche Kolonialreich zu konsolidieren, drang das noch auf schwachen ökonomischen Füßen stehende Portugal immer

Das Amerika-Blatt aus dem ersten wissenschaftlich exakten Weltatlas des Gerardus Mercator, dessen erster Teil 1585 in Amsterdam erschien. Mercator erlebte die vollständige Publikation seines Werkes allerdings nicht mehr.

weiter vor. Der ungeheuer lange Seeweg um das Kap der Guten Hoffnung herum bis nach Macao, der entferntesten Kolonie im Fernen Osten, der Verlust ganzer Flottillen durch die Naturgewalten und die militärischen Aktionen, die fast laufend gegen die Araber geführt werden mussten, um einigermaßen die Sicherheit auf den »Gewürzrouten« aufrechtzuerhalten: all das konnte das demografisch (knapp eine Millionen Einwohner) und vor allem wirtschaftlich unterentwickelte Portugal auf die Dauer nicht durchstehen. Die Wende des so genannten »Goldenen Zeitalters« (1383–1580) trat bereits sechzig Jahre vor seinem Ablauf ein, als Portugals überseeischer Rückzug einsetzte. Je größer das portugiesische (und später auch das spanische) Weltreich wurde, desto ärmer wurde das Mutterland. Die Summe der Investitionen überstieg während Jahrzehnten die Einnahmen aus den Kolonien. Bevor Portugal die eigentlichen Früchte seiner Auslandskapitalien hätte ernten können, traten die Engländer, die Franzosen und die Holländer auf den Plan und nahmen den Portugiesen fast alle Stützpunkte von Gibraltar bis Singapur ab. Nicht zuletzt wurde der Ausbau der portugiesischen Kolonien durch die spanische Fremdherrschaft von 1580 bis 1640 in Portugal beeinträchtigt.

DIE SPANIER

Um die Wende des 15./16. Jahrhunderts betrat Portugals Schwesternation Spanien die Bühne der Kolonialherrschaft. Gemäß dem Weltteilungsplan von Tordesillas (und der päpstlichen Verordnung »Inter Caetera«) hatten die Spanier freie Hand in Mittel- und Südamerika mit Ausnahme von Brasilien. Aber bereits der Zusammenschluss der beiden Königreiche von Kastilien und Aragonien durch die Heirat von Ferdinand und Isabella (1469) ermöglichte die vollständige Reconquista (Wiedereroberung). Gewiss war Spanien, demografisch und ökonomisch gesehen, nach der Vertreibung der Araber ein weit stärke-

rer Nationalstaat als Portugal, doch noch Jahre nach der Reconquista besaß das katholische Herrscherpaar nur beschränkte Mittel, um eine kraftvolle Überseepolitik betreiben zu können. Columbus' erste Überfahrt war nur durch die Unterstützung der finanzstarken Pinzón-Gruppe möglich gewesen.

Wie die Portugiesen sicherten sich die Spanier durch die Eroberung der Kanarischen Inseln (1479) eine strategische Basis auf dem Weg nach Amerika. Fast sämtliche Seefahrer warfen hier Anker, bevor sie ihre Entdeckungsfahrten nach dem amerikanischen Kontinent begannen. 1492 unternahm Columbus die propagandistisch gut, aber technisch mangelhaft vorbereitete Fahrt zur mittelamerikanischen Inselwelt und landete auf San Salvador. Knapp zwanzig Jahre nach Columbus' Abenteuer war die gesamte Karibische Inselwelt in der Hand der spanischen Krone, Pinzón war fast bis zum Río de la Plata vorgedrungen und Balboa hatte den Pazifik erreicht (1513). Wohl hatte sich Spanien durch seine überseeische Expansion zur zweiten Weltmacht emporgeschwungen, doch die erhofften und bitter notwendigen Edelmetalle blieben vorläufig noch aus. Columbus hatte durch falsche Angaben über riesige Mengen an Gold und Silber die spanische Krone bewusst irregeführt. Erst Cortez' Marsch nach Tenochtitlán (Mexico-City) und die Eroberung des Aztekenreiches sowie die Zerstörung des Inkareiches in Peru durch Pizarro retteten Spanien vor einem drohenden Staatsbankrott (1557, 1575 und 1596 musste er trotzdem erklärt werden). Parallel zu diesem unverhofften Wohlstand, der sich besonders in Kastilien (Sevilla, Toledo, Burgos und Leon), kaum aber in Aragonien bemerkbar machte, traten eine Preissteigerung, ein Abfluss des Goldes nach Nordeuropa durch Luxuseinkäufe wohlhabender Spanier und eine Abnahme der Bevölkerung, hauptsächlich in Mittelspanien, ein. Meistens junge Spanier, verarmte Adlige und gewinnsüchtige Kaufleute kehrten ihrem Mutterland den Rücken. Die Neue Welt verschaffte nicht nur Reichtum, sondern ebenfalls ein Mehr an Freiheit. Noch verhängnisvoller für Spanien war die Verschwendungssucht seiner Herrscher, die ihren Höhepunkt unter Philipp II. erreichte.

Ein knappes Jahrhundert nach dem verheißungsvollen Auftreten Spaniens auf dem kolonialen Parkett hatte es bereits seine Kräfte verschwendet. Die Expansionspolitik in Europa und in den Kolonien, ein so genannter »Zweifrontenkrieg«, war für Spaniens Wirtschaft untragbar. Um die gleiche Zeit traten die Engländer, Franzosen und Holländer als scharfe Konkurrenten im Kampf um den Besitz der Welt gegen die Spanier auf.

DIE BRITEN

Vier Jahre nach dem kläglichen Versuch, England durch die »unbesiegbare« Armada in die Knie zu zwingen, gründeten die Engländer an der ostamerikanischen Küste die Kolonie Virginia. 1609 besetzten sie die Bermudainseln und 1627 Barbuda. Die Stoßrichtung Albions bewies, welchen strategischen Wert diese Stützpunkte in der von Spanien beherrschten Zone besaßen und dass England gewillt war, ungeachtet des bereits lange hinfälligen Vertrages von Tordesillas auf Kosten Spaniens (und Portugals) eine Kolonialmacht zu werden. Drakes organisierte Kaperfahrten, vor allem gegen die spanischen Silberschiffe, passen genau in die koloniale Anfangsperiode der Engländer.

Einzelne Unternehmer aus Bristol führten bereits Handelsfahrten in den Golf von Guinea und nach Brasilien aus. Die im Jahre 1600 gegründete Ostindien-Gesellschaft wickelte lukrative Geschäfte mit indischen Handelshäusern, zum Nachteil der Portugiesen, ab. 1633 hatten sich die Engländer in Bengalen und fünf Jahre später in Honduras festgesetzt.

Die Stoßrichtung erfolgte, je nach Schwäche des kolonialen Gegners, bald nach Osten, bald nach Westen. 1647 errichteten die Briten Handelskontore auf den Bahamas und 1655 auf

Abb. links: Ein typisches Schiff des 18. Jahrhunderts (Titelbild aus Père Fourniers »Hydrographie«).

Abb. rechts: Diese Illustration aus dem Buch des österreichischen Benediktiners Philoponus zeigt, dass die Entdecker nicht nur am Entdecken interessiert waren. Sie fühlten sich auch verpflichtet, der einheimische Bevölkerung den christlichen Glauben, wenn nötig mit Brachialgewalt, nahe zu bringen.

Jamaica, mitten in der spanischen Einflusszone. An der Ostküste Nordamerikas vertrieben die Engländer die Holländer. Das 1612 gegründete Neuamsterdam wurde 1664 englische Hafenstadt und auf den Namen New York getauft. Der Vertrag von Utrecht (1713) brachte den Engländern Akadien (Ostteil Kanadas), Neufundland und Gibraltar ein und der Vertrag von Paris (1763) gestand ihnen Indien (mit Ausnahme der französischen Handelskontore), Kanada, Florida, die Inseln Grenada, Tobago, St. Vincent und den Senegal zu. Von nun an erlebte das britische Empire eine wahre koloniale »Eskalation«. Trafalgar machte England zur Beherrscherin der Weltmeere. Der 2. Vertrag von Paris (1815) erweiterte die bereits größte Kolonialmacht der Welt um die Insel Ascension, das Kap der Guten Hoffnung, St. Lucía (Karibische See), Mauritius (Ile de France), die Seychellen (Indischer Ozean), Malakka, Ceylon und Malta. Der Wendepunkt trat erst nach dem Zweiten Weltkrieg ein. Mit der Unabhängigkeit Indiens im Jahre 1947 begann Englands allgemeiner Rückzug aus Übersee.

DIE FRANZOSEN

Während der Zeit, als die Spanier mit einer Hand voll Konquistadoren ganze Reiche in Amerika zu Fall brachten, unternahmen französische Fischer aus St. Malo und Honfleur (Kanalküste) bereits lange Fahrten in die fischreichen Gewässer von Neufundland.

Der erste systematische Kolonisierungsversuch wurde unter Jacques Cartier unternommen. Als aber der erhoffte Siedlerstrom ausblieb, war an einen überseeischen Machtzuwachs vorerst gar nicht zu denken. Mit den Städtegründungen von Port Royal (1604) und Québec (1608) stiegen Frankreichs Chancen, sich einen Platz bei der Aufteilung Nordamerikas zu sichern.

1626 errichteten die Franzosen Handelskontore auf S. Domingo (Haiti), wenig später dann auf Martinique und Guadeloupe. Frankreich war als neuer und gefährlicher Konkurrent, sowohl der Spanier als auch der Engländer, aufgetreten. Colbert, »Minister für Kolonien« unter Ludwig XIV., gab dem französischen Kolonialismus durch die Gründung der »Compagnie des Indes Occidenta-

Was die Entdecker an Exotischem auf ihren Reisen erlebten, berichteten sie auch zu Hause. Es ist nachvollziehbar, dass in der Überlieferung vieles überzeichnet wurde und so gewaltige Legenden entstanden.

Die obere Abbildung manifestiert die Legende von der frühen Seefahrt des St. Brendan. Das untere Bild bringt dem europäischen Leser die Gräueltaten der Barbaren nahe: Menschenopfer, Kannibalismus und Götzendienst.

Abb. rechte Seite: Wirklichkeitsnaher muten die Stiche in Johann des Brys »India orientalis« an, in der er fremdländische Pflanzen und Tiere abbildete.

les« (Westindische Handelsgesellschaft) und der »Compagnie des Indes Orientales« (Ostindische Handelsgesellschaft) den nötigen wirtschaftlichen Rückhalt. Die Verträge von Utrecht und Paris jedoch versetzten Frankreich einen harten Schlag in Bezug auf seine überseeischen Besit-

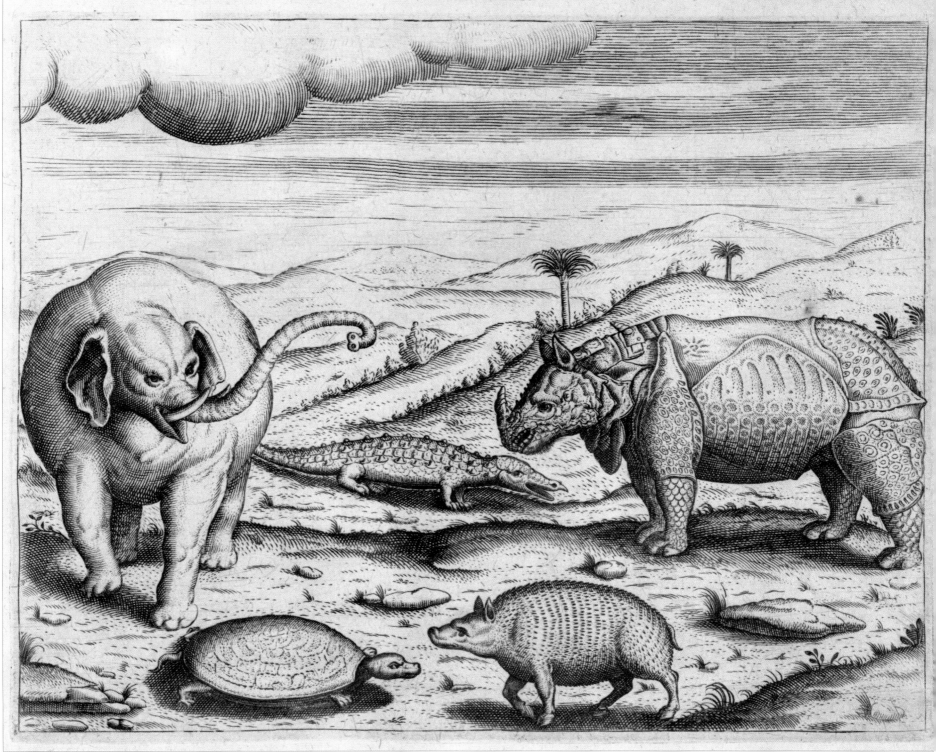

VII.
CONTRAFACTVRA QVO-
RVNDAM ANIMALIVM, IN INDIA
celebrium.

Wenn die großen Segelschiffe vor fremden Küsten wie hier in Tahiti vor Anker gingen, mussten sie von den Seeleuten wieder auf Vordermann gebracht werden. Dazu wurden Teile der Takelage abmontiert, ebenso die Kanonen, und die Bordwand wurde von Algen und Meerestieren gesäubert.

zungen in Asien und Amerika. Frankreichs koloniale Zukunft lag in Afrika. 1830 wurde Algier erobert, neun Jahre später in Gabun ein Handelskontor eröffnet, 1842 die Elfenbeinküste besetzt, 1865 Senegal »befriedet« und 1857 Dakar an der westafrikanischen Küste gegründet. Zur gleichen Zeit fasste Frankreich Fuß auf Neukaledonien, die Marquesasinseln und Tahiti im Pazifik wurden so genannte französische »Protektorate«. Die Kette der Erwerbungen und Eroberungen nahm erst in den Dreißigerjahren des 20. Jahrhunderts ab. Als 1941 Syrien die Unabhängigkeit zugestanden wurde, begann der koloniale Abbau.

DIE NIEDERLÄNDER

Auch das territorial kleine, aber dynamische und als Seefahrernation bedeutende Holland sicherte sich ein großes Kolonialreich. Hauptziel der 1602 gegründeten »Ostindischen Kompanie« bestand darin, mit Spanien und Portugal zu konkurrieren.

1605 hatten sich die Niederländer auf den Molukken, 1607 auf Celebes und 1613 auf Timor festgesetzt. Batan wurde 1619 gegründet. Der holländische Vorstoß zu der nordamerikanischen Ostküste war nur von kurzer Dauer. Hier duldeten die Engländer keinen Konkurrenten. Kurzlebig waren ebenfalls die Besitzungen an der Westküste Formosas (1624) und in Brasilien (1624–1654). 1632 drangen die Holländer in Spaniens Interessenzone ein und besetzten Curaçao. Durch den Vertrag von Breda kamen sie in den Besitz von Surinam. 1815 wurde Holland durch die Wiederbesetzung von »Niederländisch Indien« (Indonesien mit Ausnahme von Java) eine Weltmacht. Der Zweite Weltkrieg brachte sowohl Indonesien die Unabhängigkeit als auch den Niederländischen Antillen die Autonomie.

DIE ITALIENER

Weniger beachtet und weniger bedeutsam als die überseeischen Bestrebungen Spaniens, Portugals,

Ursprünglich fertigten die Entdecker nur Skizzen der fremden Landschaften an, die zu Hause von Künstlern nachempfunden wurden. Dieses Verfahren hatte jedoch den Nachteil, dass der Schöpfer des Bildes nie das mit eigenen Augen gesehen hatte, was er da zeichnen musste. So klafften natürlich Wirklichkeit und spätere Darstellung weit auseinander. Mit dem Aufkommen der Fotografie änderte sich die Situation jedoch schlagartig. Die beiden zeitgenössischen Fotos in den Abb. links aus Afrika wurden auf Schwarzweißplatten aufgenommen und später vom Lithografen koloriert. Den Farbfilm gab es zu dieser Zeit noch nicht.

Englands, Frankreichs und der Niederlande war der Kolonialismus der Italiener. Dass sie im 16., 17. und 18. Jahrhundert nichts gegen die weltweiten Teilungspläne europäischer Staaten unternehmen konnten, lag an der jahrhunderte-

alten politischen Struktur der Halbinsel. Neun Jahre nach der ersten Eigenstaatlichkeit Italiens durch Cavour (1861) besetzten die Italiener die Bucht von Assab (Hafen am Roten Meer), die sie als zukünftige Ausgangsbasis für ihre afrikani-

Neben Landschaften, geologischen Formationen und der Vegetation interessierten sich die Forscher natürlich auch für die Menschen, ihre Trachten, ihren Typus. Die nebenstehende Szene eines Sklavenmarkts in Südamerika hat keinerlei sozialkritische Tendenzen und reportiert die grausame Wirklichkeit in keinster Weise. Doch die Europäer hielten das Sklaventum damals für den legitimen Umgang mit den Eingeborenen.

Angekettet und wie Tiere gehalten schaffte man Eingeborene als »Anschauungsmaterial« nach Europa. Auch in diesem Bild hat der Künstler außer ein paar Fußfesseln die tatsächlichen Verhältnisse im Bauch des Schiffes verschwiegen.

sche Expansion benutzten. 1885 trat die Türkei Massaua (Nordäthiopien) an Italien ab und 1889 erhielten die Italiener durch den Vertrag von Uccialli das so genannte »moralische« Protektorat über Abessinien. 1890 gründete Italien die Kolonie von Eritrea und 1905 Somaliland. 1912 kam es zur bedeutenden territorialen Vergrößerung des italienischen Imperiums: Tripolitanien und die Cyrenaika kamen hinzu. 1926 erwarben die Italiener das Dschubaland (südlich von Italienisch Somaliland), 1931 die Kufra-Oasengruppe in Libyen. Vier Jahre später war ganz Libyen und 1936 Abessinien italienischer Besitz. Italiens Kolonialmacht, auf ökonomisch bedeutungslose Territorien gebaut, hörte praktisch 1941 auf zu bestehen.

DIE DEUTSCHEN

Noch später als Italien gelangte Deutschland zu Kolonien. 1897 erwarb es im Pazifik Kiautschou, die Karolinen und die Marianen, setzte sich in Togo, Kamerun, in Deutsch-Südwestafrika und in Deutsch-Ostafrika fest. Der Erste Weltkrieg setzte dieser kürzesten Kolonialperiode ein Ende.

DIE RUSSEN

Sozusagen am Rande der Welt- und Kolonialpolitik verlief die Eroberung und die Durchdringung Sibiriens. Sie wurde von den Stroganows, einer Pionierfamilie aus Nowgorod, eingeleitet. Parallel zur wirtschaftlichen Durchdringung lief die militärische Eroberung. Besondere Verdienste hierbei erwarb sich der Kosak Jermak im Dienste der Stroganows. Die Unterwerfung Sibiriens im Auftrag der Moskauer Zentralregierung erfolgte in Etappen. War ein Gebiet freigekämpft, begann der Bau von »Ostrogs« (befestigten Plätzen), aus denen bald Städte und Handelszentren wurden. So entstanden Tobolsk (1587) am Zusammenfluss von Ob und Irtysch, Tara (1594) am Irtysch, Surugt (1594) am Ob, Obdorsk (1595) östlich der Mündung des Ob, Tomsk (1604) am Ob, Turu-

chansk (1607) an der Mündung der unteren Tunguska in den Jenissei, Jakutsk (1632) an der Lena, Ochotsk (1649) am Ochotskischen Meer, Nertschinsk (1658) und Albasin (1665), um nur die Gründungen der Hauptplätze zu nennen. Durch den Vertrag von Nertschinsk (1689) wurde die Grenze zwischen Russland und China konsolidiert. Ohne die Halbinsel Kamtschatka und den äußersten Teil von Nordsibirien zu besitzen, verfügte der Zar flächenmäßig über das größte Imperium der Welt. Aus dem »Territorium der Kälte« zogen die geschäftüchtigen Stroganows beträchtliche Mengen an Salz, das sogar in Italien reißenden Absatz fand. Der kaufkräftige Zarenhof und die Bojaren waren Abnehmer der vielen seltenen Pelze.

EROBERER, ABENTEURER UND FORSCHER

Der bisherige Versuch, in großen Zügen die überseeische Politik der damals mächtigsten europäischen Staaten dem Leser vor Augen zu führen, zeigt, dass das »Sichkennenlernen« der Völker alles andere als ein friedliches war. Aber die Schuld allein den so genannten »Konquistadoren«, ob sie nun Cortez, Pizarro oder Jermak heißen, zuzuschieben, wäre völlig falsch und würde die historischen Tatsachen verdrehen.

Sie waren Soldaten mit eigener Moral, keine ehrbaren Streiter oder gar Samariter. Sie standen im Dienst eines Herrschers, der ihnen Titel (die meisten davon ohne politischen Wert) und äußerst vage Verhaltensweisen, gewöhnlich in Briefform, mit auf den Weg gab, und von diesen »Verordnungen« machten die Eroberer und Entdecker je nach Lage der Dinge Gebrauch. Dass diese Abenteurer, einmal der Kontrolle ihrer Herrscher entrückt, ihre Sonderrechte voll ausnutzten, braucht kaum hervorgehoben zu werden.

Die Rivalität der Eroberer unter sich, ihr Drang nach schnellem Reichwerden, ihr individuelles Streben nach immer mehr Macht über die neu entdeckten Territorien und ihr skrupelloses

SINEESE UROUWEN
Mulieres Chinenses.

SINEESE MANNEN
Viri Chinenses.

Der Niederländer Johan Nieuhof reiste durch mehrere chinesische Provinzen. Mit seinen Kupferstich-Illustrationen führte er dem erstaunten Europa ein freundliches und friedliches Bild von China vor. Nieuhof erfand keine Fabelwesen, sondern dokumentierte sehr nüchtern, jedoch detailliert Land und Leute.

Vorgehen gegen die amerikanische Urbevölkerung gaben jahrhundertelang Anlass zu berechtigter Kritik, die sich hauptsächlich gegen die Person des Eroberers oder Abenteurers schlechthin richtete. Mäßig jedoch war der Tadel gegen die Herrscher, in deren Diensten sie standen, gleich welchen Landes oder welcher Religion. Und doch waren sie es, die diesen Haudegen-»Freibriefe« erteilten, welche vor allem wiederum diesen Herrschern Reichtum, politisches und persönliches Prestige einbrachten, das manche von ihnen, je nach der politischen Situation, bitter benötigten. Es bestand noch kein internationales Völkerrecht, das die politische Moralauffassung der beiden Parteien ein wenig aufgebessert hätte. Ein Vergleich mit dem 20. Jahrhundert ergibt allerdings, dass die »Begegnung der Zivilisationen« in mancher Hinsicht kaum milder gewesen wäre.

Was ermutigte die Portugiesen, gefolgt von den Spaniern, Engländern, Franzosen, Holländern, Belgiern, Deutschen und Italienern, den Griff nach fremden und unbekannten Ländern in Übersee zu tun?

In vielen Geschichtsbüchern wird als Hauptursache die Verbesserung des Kompasses angegeben, der den Drang nach der fremden Welt einleitete. Das mag aber nur teilweise stimmen; die Wikinger verfügten über gar keine Schiffsinstrumente und doch bewältigten sie riesige Strecken auf dem offenen Ozean. Dazu fuhren sie noch in offenen Ruderbooten.

Blicken wir ins 15. Jahrhundert zurück. Unter König Johann I. begannen die Portugiesen sich systematisch in Nordafrika festzusetzen. Der Feldzug war vorerst religiös motiviert. Jahrhundertelang hatte der Islam Südportugal wirtschaftlich ausgebeutet. Es galt jetzt, den Islam im »eigenen« Lande zu bekämpfen; also blieb nichts anderes übrig, als mit einer Flotte und einer Armee nach Afrika überzusetzen.

Die erste große Auseinandersetzung fand in Ceuta, sozusagen am Rande der Sahara, statt. Hier kamen die Portugiesen nicht nur mit einer

Europa begegnet den Indianern Brasiliens: Eine fast reportagehafte Szene, die uns Moritz Rugendas 1835 in seinem Werk »Malerische Reise in Brasilien« überliefert hat. Bemerkenswert ist die überhebliche Art, wie Europäer und »Wilde« dargestellt werden. Die Abbildung lässt keinen Zweifel daran, wer in dieser Szene wem überlegen ist.

ihnen vertrauten Kultur, der des Islam, in Berührung, sondern ebenfalls mit den Großhändlern, die von Gao am Niger über Timbuktu, Wadan (Handelszentrum rund 600 km nordöstlich von Timbuktu entfernt) und über Sidjilmasa (Marktort etwa 600 km südlich von Fès) nach Fès kamen, um dort ihre Produkte auszutauschen und Neuigkeiten zu überbringen. Während des ganzen Mittelalters waren die Kaufleute die wichtigsten Nachrichtenvermittler.

Sich am »Sahara-Marktgeschehen« vorerst beteiligen und zugleich den Islam bekämpfen zu können, das waren die beiden ersten Ziele der portugiesischen Expansion.

Als Vasco da Gama seine Fahrt nach Kalikut unternahm, waren die Motive noch immer die gleichen. Der Unterschied bestand lediglich darin, dass einerseits der militärische Einsatz größer wurde und andererseits der territoriale und ökonomische Gewinn um ein Beträchtliches stieg. Der Islam war nach wie vor der Hauptfeind Portugals und widersetzte sich auch im Orient der lusitanischen Expansion.

Der nationalstaatliche Egoismus der beiden iberischen Staaten, der besonders unter den katholischen Herrschern Ferdinand und Isabella seinen Höhepunkt erreichte, verleitete die Kastilier und Aragonier zu noch größeren Waffengängen beim Aufbau eines Imperiums als die Portugiesen. Spanien gelang es, die reichen Gold- und Silberminen Mittel- und Südamerikas in Besitz zu nehmen. Die Gier nach den Edelmetallen spornte die Spanier besonders an, nach noch mehr Minen zu suchen.

Eine weitere Ursache für den Drang nach der »Neuen Welt« (insbesondere der Iberer) lag im Missionseifer, mit dem man sich in die neuen Gebiete in Übersee zu begeben pflegte. Es war damals eine Selbstverständlichkeit für die katholischen (und später für die anglikanischen) Herrscher, dass bald nach der Inbesitznahme des neu gewonnenen Territoriums – die übrigens mit allen »rechtlichen« Zeremonien vorgenommen wurde – die Bekehrung der neuen Untertanen

zum Katholizismus (bzw. Anglikanismus) konsequent durchgeführt wurde. Alle Überfahrten standen im Zeichen des Kreuzes. Territorialer Gewinn für die Portugiesen und Spanier, später für die Franzosen und Engländer, bedeutete Verbreitung ihrer Staatsreligion (und religiösen Machtzuwachs des Papstes, wenn es sich um katholische Staaten handelte).

Politisches, wirtschaftliches und religiöses Machtstreben der europäischen Herrscher veranlasste zu Beginn der Neuzeit eine Welle von Eroberungszügen nach Übersee. Dass ihre Unternehmen nach Westen und um Afrika herum führten, lag an der Tatsache, dass der Vordere Orient als Durchzugsgebiet nach dem Fernen Osten vom Islam gesperrt war. Den Landweg nach Indien freizukämpfen, hätte der Mobilisierung aller »westlichen« Kräfte bedurft und es wäre zugleich eine totale Konfrontation zwischen Westeuropa und dem Nahen Osten gewesen. Dazu aber war Westeuropa nicht fähig und nicht bereit. Die Kreuzzüge sind ein Beispiel dieser politischen und militärischen Unfähigkeit Westeuropas.

Parallel zu den Entdeckungen und Eroberungen in Amerika, Asien und Afrika durch die Westeuropäer setzte eine ökonomische und politische Machtverschiebung im Mittelmeerraum ein. Die maritimen Handelsrepubliken Venedig und Genua, deren Existenz sehr eng mit dem Handelsaustausch der Araber zusammenhing, waren die beiden Hauptleidtragenden im »Pfefferkrieg« der Portugiesen. Nicht nur dass die Verlagerung der Handelsrouten nach dem Atlantik einen schweren ökonomischen Rückschlag für sie brachte: Lissabon und Sevilla diktierten zudem die Preise für Gewürze und Edelmetalle. Das waren Demütigungen für diese Städte, denn nun suchten die Geschäftsleute aus dem Norden ihren Weg an den Tejo und an den Guadalquivir.

Bislang war nur die Rede von nationalstaatlicher Rivalität, von den Gewürzkriegen, die mit aller Härte geführt wurden, vom Untergang alter mittel- und südamerikanischer Kulturen durch

die spanischen Konquistadoren, von wirtschafts-politischen Ansprüchen europäischer Nationen in Übersee, kurzum von nationalstaalicher Arroganz und zweckpolitischem Egoismus. Das 15. und 16. Jahrhundert gehörten somit hauptsächlich den Abenteurern.

Die nächsten Jahrhunderte – das 17., das 18. und das 19., ja sogar das 20. Jahrhundert – sind dagegen durch die Taten der wissenschaftlichen

Forscher gekennzeichnet. Diese Forscher, ob durch staatliche oder durch private Mäzene gefördert, haben für die Wissenschaft Großes geleistet. Jede ihrer Erkundungen war ein Fortschritt für die Geografie, Zoologie, Botanik, Ethnografie oder Glaziologie (Eiskunde). Sie waren meistens Einzelgänger, die um der Wissenschaft willen ausgezogen waren. Dass eine gewisse Abenteuerlust mitspielte, ist selbstverständlich.

Auch Venedig war eine Schaltzentrale des überseeischen Handels. Interessant ist an dieser alten Stadtansicht, wie filigran und liebevoll die einzelnen Bauwerke der Lagunenstadt dreidimensional dargestellt wurden.

Was den nun folgenden Abriss der Forschungs- und Entdeckungsgeschichte angeht, so habe ich versucht, ihn nach Möglichkeit geografisch und zeitlich in Einheiten zusammenzufassen. Er ist ebenfalls als Ergänzung der alphabetisch angeordneten einzelnen Biografien gedacht, die in diesem Lexikon nachstehend zu finden sind.

STREIFZUG DURCH DIE ENTDECKUNGSGESCHICHTE

Die Ersten, die vom Reisefieber ergriffen wurden und Europa verließen, waren zumeist Pilger. Die Reiseberichte, die sie persönlich abfassten oder von anderen schreiben ließen, sind des Öfteren voll von Widersprüchen und geografischen Unwahrheiten, so etwa der des irischen Mönchs Brendan, der im 6. Jahrhundert die Azoren entdeckt haben soll.

Der französische Theologe Arkulf besuchte im Laufe des 7. Jahrhunderts Palästina und eine Reihe nicht näher bezeichneter Länder.

Der Venezianer Sanudo unternahm im 9. Jahrhundert vier bis sechs Reisen in den Vorderen Orient. Er hinterließ eine Beschreibung über diesen damals geografisch noch fast unbekannten Teil Asiens.

Auf die Pilger folgten die Gesandtschaften des französischen Königs Ludwig des Heiligen. Der bedeutendste dieser »Reise-Diplomaten« und Unterhändler war der gewandte Carpini.

Laurentius von Portugal, ein Franziskanermönch, gelangte im Auftrag des Papstes Innozenz IV. an den Hof des Mongolenherrschers Batu (eines Enkels Dschingis Khans) an der Wolga. Sein Reisebericht, von Carpini geschrieben, gibt einen ersten konkreten Hinweis über die Zustände im frühen Russland.

Der Franziskanermönch Johann von Montecorvina bereiste 1288 China und starb auch im »Reich der Mitte«.

Der Spanier R. G. de Clavijo besuchte im Auftrag Heinrichs III. von Kastilien den mächtigen Mongolenkaiser Tamerlan, der 1404 in Samarkand Hof hielt. Seine Aufzeichnungen sind nüchterner als die seiner Vorgänger. Interessant sind seine Beschreibungen der Stadt Samarkand, die den damaligen geografischen Gegebenheiten vollauf entsprechen.

Der florentinische Kaufmann Pegoletti reiste vom Asow'schen Meer aus über die alte Handelsstraße quer durch Asien bis nach China. Sein Bericht enthält eine Menge praktischer Hinweise und Verhaltensweisen für Geschäftsleute, die damals den Fernen Osten bereisten. Und der Name Marco Polo spricht für sich.

Das Spätmittelalter gehörte außer den Gesandten und Händlern als Reisenden und Beobachtern fremder Sitten und Gebräuche ebenfalls den reinen Abenteurern.

Ein Deutscher namens Hans Schiltberger aus München diente unter Tamerlan als Soldat und bereiste große Teile Asiens, die damals unter den Namen »Goldene« und »Weiße Horde« bekannt waren.

N. Conti, ein Venezianer, ließ sich bereits in jungen Jahren in Damaskus nieder, erlernte die arabische Sprache und bereiste die Länder am Persischen Golf. Als »Strafe« für seinen zeitweiligen Abfall vom Christentum erhielt er bei seiner Rückkehr nach Rom vom Papst den Befehl, einen ausführlichen Reisebericht zu schreiben.

Aber auch der hohe Norden wurde nicht vernachlässigt. Der Norweger Ottar soll im 9. Jahrhundert Lappland bereist und die Gestade des Weißen Meeres erforscht haben. Nadod, ein norwegischer Pirat, wurde den Sagas (nordische Heldensagen) zufolge durch einen Sturm an Islands Ostküste verschlagen. Der Norweger Ingölfer, wegen Mordes aus seiner Heimat verbannt, segelte nach Island und gründete im Jahre 874 Reykjavík.

Neben den europäischen Reisenden und Abenteurern zogen arabische Weltenbummler in die Ferne, um fremde Dinge zu sehen.

Sallam, ein Dolmetscher am Hof des Kalifen von Bagdad, erforschte im Auftrag seines Herrschers im 9. Jahrhundert die Ufer des Kaspischen Meeres. Ibn Khordadbeh, Istakhari und Ibn Haukal durchstreiften während des 10. Jahrhunderts fast alle vom Islam beherrschten Gebiete Afrikas und Asiens. Ibn Fadlan unternahm im Jahre 921 eine Reise an die Wolga, um die dort ansässigen Bulgaren (Wolgabulgaren) für den Islam zu gewinnen. Der bekannte Kartograf Idrisi aus Ceuta bereiste im 12. Jahrhundert alle Mittelmeerländer und gab den ersten Überblick der damals bekannten Welt. Ibn Battuta gelangte einerseits nach Südostasien, andererseits bis nach Westafrika.

Das 15. und das 16. Jahrhundert waren durch die bedeutsamen Unternehmungen der Portugiesen und Spanier gekennzeichnet. Die west- und die ostafrikanische Küste, Inselindien (Indonesien), die karibische Inselwelt und Südamerika wurden entdeckt und erforscht. In diesen beiden Jahrhunderten wurden auch die ersten Vorstöße in das arktische Amerika unternommen. Die Suche nach der Nordwestpassage war eingeleitet.

Zwei dänische Piraten namens Pothorst und Pining segelten im Auftrag des dänischen Königs Christian I. im Jahre 1472 an die Ostküste Nordamerikas und entdeckten Neufundland sowie die St.-Lorenz-Bucht. Die Brüder Cortereal sollen sogar 60° nördl. Br. erreicht haben. Der Florentiner Verrazano bereiste 1523 im Auftrag des französischen Königs Franz I. das Gebiet von Labrador, mit dem Ziel, die Nordwestpassage zu finden. Der Portugiese E. Gomez zeichnete 1525 die erste Karte von der Küste Floridas bis Labrador.

Die ersten Erdumseglungen wurden ebenfalls im 16. Jahrhundert ausgeführt. Magellan (dessen Weltumseglung allerdings auf den Philippinen endete) folgten in den nächsten Jahrhunderten die Engländer Cavendish, Dampier, Anson, J. Byron, S. Wallis, Cook und Carteret, die Franzosen Bougainville, Dupetit-Thouars, der Russe Kotzebue, die Holländer O. van Noort und Roggeveen und der Italiener G. Carelli. Ziel dieser Weltumseglungen war neben der hydrografischen Erforschung der Weltmeere die Festlegung

CAPTAIN COOK

London Published as the Act directs Sepr 30. 1800 by J Wilkes

der großen Schifffahrtsrouten. Das Inselgewirr nördlich von Australien, die Sandwichinseln, die Neuen Hebriden, die Ladronen und die Gesellschaftsinseln (alle im Pazifik gelegen), wurden bereits im 16. Jahrhundert von den Spaniern J. de Grivalja und P. de Alvarado (Neuguinea), R. López de Villabolos (Karolinen, Philippinen), Y. Ortíz de Retes (Neuguinea), A. de Mendaña (Salomonen, Marquesas), P. F. Quiroz (Neue Hebriden)

Kapitän Cook gilt als der berühmteste und bedeutsamste Seefahrer und Entdecker Englands.

und Torres (Meeresstraße zwischen Neuguinea und Australien), von den Engländern Gilbert und Marshall (Gilbert- und Marshall-Inseln) und von dem Franzosen L. I. Duperry (Dumont-d'Urville-Insel) aufgesucht.

Die australische Küste und Tasmanien wurden in erster Linie von Holländern ergründet. W. Janszoon stieß bis in den Golf von Carpentaria vor. D. Hartog entdeckte die »Eendrachtküste«, und J. Carstenz warf auf »Arnhemland« Anker. P. v. Nuytz wurde durch einen Sturm an die Küste von Neuholland verschlagen. G. Th. Pool erforschte die Gestade Neuguineas und Abel Tasman entdeckte »Vandiemensland« (Tasmanien). Der Engländer M. Flinders bewies Tasmaniens Inselnatur, und G. Bass, ein anderer englischer Seefahrer und Begleiter Flinders', ging in der »Botany Bay« (Siedlungsgebiet Sydneys) an Land.

Inselindien wurde von den Portugiesen V. Lourenzo (1526, Borneo), M. Pinto (1540, Sundainseln) und von den Spaniern L. de Legazpi (1567, Philippinen) und dessen Begleiter Urdañeta (1565, Molukken) besucht.

Der Südatlantik und die Magellanstraße waren während des 16. Jahrhunderts das Operationsfeld des Spaniers J. Ladrilleros, der Engländer Hawkins und Davis (Falklandinseln), der Holländer Mahu, Gerrits, Cordes, Wert und Adam und der Belgier Le Maire (»Le-Maire-Straße«) und seines Begleiters Schouten.

Die Westküste Süd- und Nordamerikas und die Nordwestpassage waren im 16. Jahrhundert Ziel der Spanier Quevara (Küste des heutigen Chile), J. R. Cabrillo (Kalifornien), Juan Fernández (Juan-Fernández-Inseln, westlich von Santiago de Chile), J. de la Fuca (Vancouver-Meerenge) und des Russen Tschirikow (Küste von Alaska).

Die Erforschungen der Sahara und des Nigerbeckens wurde durch den deutschen Forschungsreisenden Hornemann im Jahre 1798 eingeleitet. Er kam bis nach Mursuk (1801). J. Fremdenburgh, ein anderer Deutscher, bereiste den Fessan. Der Engländer G. F. Lyon brachte erstmals Kunde über die Tuaregs nach Europa. J. Richardson, ein englischer Missionar, erforschte im Verein mit den Deutschen Overweg und Heinrich Barth große Teile der Wüste. Die bedeutendsten Forscher allerdings stellten die Franzosen mit Duveyrier, Foucauld und Caillié. Der deutsche Afrikaforscher Gerhard Rohlfs hatte besondere Verdienste an der geografischen und ethnografischen Erforschung Marokkos, der westlichen Sahara und Libyens. Im Laufe des 19. und zu Anfang des 20. Jahrhunderts traten dann insbesondere die Franzosen Foureau (Tassili der Adjer), Lamy (Tschad), Gentil (Marokko), Gautier (Westsahara), Guillo-Lohan (Hoggar), Laperine (Adrar), Nieger (Westsahara), Cuny (Libysche Wüste), Dournaux-Dupère und Joubert (West- und Zentralsahara), V. Largeau (Hoggar), P. Soleillet (Oase Tuat), Palat (Südoranais), der Deutsche Oskar Lenz (Großer Atlas, Oase Tindouf) sowie die Franzosen Haardt und Audoin-Dubreuil (Zentralsahara), Monod und Lhote (Südalgerien) bei der Erforschung der großen Wüste besonders hervor.

Die Suche nach den Nigerquellen begann bereits im Jahre 1699 durch den in Kairo ansässigen französischen Arzt Dr. Ch. Poncet. In Begleitung des Jesuiten X. de Bredevent gelangte er bis nach Dongola, der alten Hauptstadt Nubiens. Der englische Archäologe W. G. Browne stieß 1792–1796 bis in den Darfur vor und erkannte als Erster den Bahr al Abjad als den Hauptarm des Nil. Der deutsche Forschungsreisende E. Rüppel erforschte im Jahre 1824 den Weißen Nil auf einer Strecke von rund 90 km, und Dr. Werne, ein anderer deutscher Afrikareisender, gelangte bis zu den No-Sümpfen, die noch von keinem Europäer vorher betreten worden waren. Der österreichische Konsul in Khartum, Th. v. Heuglin, die deutschen Afrikaforscher Georg Schweinfurth und Gustav Nachtigal, die Holländerin A. Tinné und die Italiener Miani und Piaggia erforschten weite Gebiete zwischen dem Weißen und dem Blauen Nil.

Das Herz Afrikas und seine großen Seen, das so genannte »Afrikanische Binnenmeer«, wurden insbesondere von den Engländern Burton, Speke, Grant, Baker, Lugard, Gordon, Stanley und Livingstone, aber auch von den Deutschen Eduard Schnitzer (Emin Pascha) und dem Herzog von Mecklenburg sowie dem Österreicher Oskar Baumann bereist.

Abessinien und Somaliland waren das frühe Reiseziel der Portugiesen Payva (1487), Calvao (1515), R. de Lima (16. Jahrhundert), Paez (der im Jahre 1615 die Quellen des Blauen Nil entdeckte), des Schweizers Burckhardt (19. Jahrhundert) und der Franzosen Gebrüder d'Abbadie. Ihnen folgten die deutschen Forscher Ludwig Krapf, Erhardt (ein bedeutender Kartograf), Karl-Klaus von der Decken, J. Pfeil und Hans Mayer, der Ungar S. Teleki sowie die Italiener Cecchi, Chiarini, Giuletti, Borelli und Bottego.

Die Erforschung des Tschadsees und dessen Umgebung sowie der Nigerquellen und des Nigerbeckens war das Werk der Engländer Houghton (1789), Mungo Park (1800), Baikie (1857–1864), Lander (1832–1834), G. Laing (1822), Dr. Denham (1821–1824), Clapperton (1821–1824), der Franzosen L. G. Binger (1886) und E. Gentil (1895–1898), des Deutschrussen Eduard Robert Flegel und der Deutschen Eduard Vogel, Heinrich Barth und Adolf Overweg. Bereits 1494 befuhr der Portugiese Diego Cão vom Atlantik aus den Kongo (damals unter dem Namen Zaire bekannt), gefolgt von den Italienern Cavazzi (16. Jahrhundert), Placenca (1667) und Zuchelli (1696). Die Franzosen Belloni du Chaillu (1855) und Brazza (1881) ergründeten den Gabunfluss, die Belgier Coquilhat, A. Thys (1887) und Van Gele (1889) und die Deutschen Wissmann und Dr. L. Wolf (1883 im Auftrag des belgischen Königs Leopold II.) den späteren Kongostaat. L. E. Almeida, ein Portugiese, versuchte 1798 die erste Ost-West-Durchquerung Zentralafrikas, und der Ungar Magyar gelangte von Bihé aus über den unteren Kongo und den Kasai an den oberen Sambesi (1847–1852).

Die Schweden Sparrmann (1772–1776, Mosselbaai) und Wahlberg (1841, Vaal), der deutsche Forscher Karl Mauch (1871, Limpopo und Simbabwe) und der Franzose Grandidier (1865) durchwanderten insbesondere das südliche Afrika.

Große wissenschaftliche Unternehmungen quer durch Afrika wurden von den Portugiesen Coimbra (1814–1824, Moçambique–Benguela), Serpa Pinto (1852, Sansibar–Benguela), J. d. Silva, R. Ivens und H. Capelo, von den Engländern Bruce, Livingstone, Stanley und Cameron und von dem deutschen Afrikareisenden Gerhard Rohlfs durchgeführt.

Vor der wissenschaftlichen Erforschung Nordamerikas erfolgte die militärische Eroberung. Der Spanier A. Nuñez (Cabeca de Vaca) durchstreifte von 1532 bis 1535 die Gegend des Mississippi, des Arkansas, des Arizonas und des Colorado. Hernando de Soto marschierte durch Florida, auf der Suche nach Edelmetallen, und gelangte an den Mississippi, wo er 1543 an Fieber starb. Fr. V. de Coronado erreichte den Colorado und durchwanderte von 1541 bis 1542 Texas. J. d'Onate erforschte 1595 den Río del Norte.

1565 ließen sich die beiden Franzosen Jean Ribaut und Landonnière mit 400 Siedlern und

Die Camps der Forschungsreisenden waren in der Regel wenig komfortabel. Im historischen Foto das Zelt der Afrika-Expedition des Herzogs von Mecklenburg um 1900.

Soldaten in Florida nieder und gründeten eine protestantische Kolonie.

Das Mississippibecken wurde von den bekannten französischen Amerikareisenden Cavelier de la Salle, Marquette und Jolliet, Hennepin, Le Moine d'Iberville, den Brüdern Mallet sowie von den Engländern Jonathan Smith (dem Gründer von Jamestown), William Penn und James Finley im Laufe des 16. Jahrhunderts erforscht.

Kanada zog bereits im 17. Jahrhundert Forscher an. So erreichte der Franzose Dulhut 1679 das heutige Winnipeg und L. J. La Vérendrye 1749 den Saskatchewan.

Im Auftrag der Hudson-Bai-Gesellschaft ergründeten Groseilliers und Radisson Ostkanada (Mitte des 17. Jahrhunderts), H. Kelsey den Winnipegsee (1690), J. Knight den Nordosten Kanadas (1719), W. Pink (1766–1773) den Churchillfluss, S. Fraser (1807) den Fraserfluss (nach diesem Forscher benannt). Letzterer gelangte bis an den Pazifik.

Wissenschaftliche Expeditionen durch Kanada unternahmen der englische Geologe Ch. Lyell (1841) nach Neuschottland, die kanadischen Geologen J. W. Dawson (an den Red River und an den Winnipegsee 1857) und G. M. Dawson nach Britisch-Kolumbien. R. Bell durchstreifte von 1877 bis 1890 Labrador.

Die Rocky Mountains wurden von dem bekannten amerikanischen Forschungsreisenden John Charles Frémont (1841–1846), von dem New Yorker Pelzhändler John Astor (1809) und seinem Begleiter Stuart (1812–1813), von J. Newberry-Strong (1851), J. W. Powell (1869–1872), Crawford (1871) und von V. F. Hayden (1867) auf ihre geologische Beschaffenheit untersucht und auf der Suche nach wertvollen Pelztieren durchwandert.

Über Alaska gab der Russe P. Popow bereits im Jahre 1711 eine ausführliche Beschreibung. Nach ihm ergründeten die Russen Schestakow (1726), Fedorow (1730), Bering (Däne in russischen Diensten) und Tschirikow (1741) sowie Lawaschew (1764–1771) die große nordische

Urwald in der Provinz Rio de Janeiro: Die Routen der Entdecker führten oft durch unwegsame Wälder. Die Idylle dieser Darstellung täuscht über die Strapazen und Gefahren hinweg. Das Bild scheint den Eindruck zu vermitteln, dass es eine wahre Freude sein musste, durch diesen exotischen Wald mit seinen fremdländischen Pflanzen und Tieren zu streifen.

Halbinsel Amerikas. 1883 bestiegen Fr. Schwatka und 1897 der Herzog der Abruzzen den Mount St. Elias.

Im 15. Jahrhundert erfolgte neben der militärischen Eroberung die friedliche Durchdringung Südamerikas durch die Spanier. Francisco de Orellana befuhr als Erster unter unsäglichen Strapazen den ganzen Amazonas bis zur Mündung in den Atlantik (1541). Der deutsche Missionar Samuel Fritz bereiste von 1686 bis 1707 fast das gesamte Amazonasbecken. Die Franzosen La Condamine und Saint-Hilaire, Humboldts Freund, sowie der französische Botaniker A. Bonpland, der Portugiese A. R. Ferreira (1783–1793), Spix und Martius (1817–1819), der Russe Langsdorf (1824), der Engländer Chandless (1862–1869) und der französische Ethnograf Lévi-Strauss (1939) erforschten den brasilianischen Urwald.

Das Guayanaplateau wurde hauptsächlich von dem französischen Arzt J. Crevaux (1876–1882) und dem Tschechen E. S. Vraz (1889–1893) bereist.

Das Gebiet der heutigen Republik Argentinien war das große Forschungsziel von F. Moreno (1874), während der Deutsche H. Burmeister von 1856 bis 1861 Uruguay durchwanderte.

Bereits im 16. Jahrhundert unternahm der Italiener L. di Barthema von Damaskus aus eine Reise nach Mekka und Medina. Er war der erste Europäer, der die beiden heiligen Städte des Islam betrat. Der portugiesische Kapitän Gr. da Quadras erreichte nach einem Schiffbruch im Jahre 1505 unter unsäglichen Mühen von der Küste des Jemen aus Bagdad, Basra und Hormus. Ein englischer Handelsreisender namens Jourdain durchstreifte 1610 den Südjemen. Außer dem wohl bekanntesten Jemen-Reisenden Carsten Niebuhr durchwanderten der deutsche Naturforscher U. J. Seetzen von 1802 bis 1807, der englische Kapitän G. F. Sadlier (1819), die Engländer Moresby und Haines (1831–1834), J. Wellsted (1835), G. Palgrave (1862), der Finne G. A. Wallin (1848), der Syrer Juray-Juray (1862), der eng-

lische Geologe J. Th. Bent und seine Frau (Ende des 19. Jahrhunderts) die arabische Halbinsel, vor allem aber den Jemen und den Hadramaut.

Afghanistan, Persien, Syrien, Palästina wurden im 17. Jahrhundert von dem Deutschen E. Kaempfer, dem Engländer Elphistone (1808), dem Ungarn A. H. B. Vambéry (Ende des 19. Jahrhunderts auf der Suche nach dem Ursprung der ungarischen Sprache), dem Amerikaner E. Robinson (1838), dem französischen Archäologen H. Waddington (1850–1860) und den Russen Tschikatschew (1847–1858) und Pastuschow (1890) bereist und erforscht.

Indien, die Himalajakette, Nepal und Tibet waren das Forschungsgebiet der Franzosen F. Pyrard (1602), J. B. Tavernier (1632–1638), der Engländer R. Knox (1657–1679), Dr. Fr. Buchanan (1794–1802), Major W. Lambton (1800), W. Moorcroft (1812), Sir George Everest (1813–1817) und zweier deutscher Forscher, der Brüder Schlagintweit.

Indochina wurde bereits zwischen 1619 und 1627 durch den Jesuiten A. Rhodes besucht. Der Franzose J. M. Dayot fertigte im Auftrag des Herrschers von Cochinchina eine Karte von der Küste Annams an. Der englische Militärarzt J. Crawford durchstreifte von 1826 bis 1837 Burma, Laos sowie Siam. Der französische Naturforscher H. Mouhot unternahm von 1858 bis 1861 eine wissenschaftliche Reise durch Siam und Kambodscha und entdeckte die Ruinen von Angkor. A. Bastian, ein deutscher Forschungsreisender, durchwanderte als Erster die Halbinsel von Malacca. Der Franzose Doudart de Lagrée ergründete 1866 den Mekongfluss. Auguste Pavie erforschte während fast eines Vierteljahrhunderts ganz Indochina (1870–1895) und der französische Prinz von Orléans starb 1901, nach einer großen Forschungsreise durch den Tonkin, in Saigon.

Neben den Missionaren Ricci, Schall, Goes, Naverette (16. und 17. Jahrhundert) haben der ungarische Geologe Cholnoky (1896–1898), die Franzosen Legendre und Dessidier (Anfang des

20. Jahrhunderts) und der deutsche Forscher Richthofen Verdienste bei der wissenschaftlichen Erforschung Süd- und Mittelchinas errungen.

Die Mongolei und Tibet wurden außer von den Engländern G. Bogle (1774) und S. Turner (1783) ebenfalls von russischen Forschern und Wissenschaftlern besucht, so von P. Semenow (1857), P. Potanin (1861–1892), Olga und Alexis Fedschenko (1860–1868), Piewzow (1888), den Brüdern Grum-Grschimailo (1889), von Walikanow (1858) und Saposchnikow (1902). Der Engländer E. Ney erforschte von 1868 bis 1872 die Große Mauer, A. Stein (auch ein Brite) die Wüste Gobi und der Schwede Sven Hedin gilt als der größte Asienkenner des 19. und 20. Jahrhunderts.

Der Kosak Timofejewitsch Jermak leitete sowohl die militärische als auch die wissenschaftliche Erforschung Sibiriens im Jahre 1577 ein. Ihm folgten die Russen I. Moskwitine, der bereits 1639 das Ochotskische Meer erreichte, W. Paiarkow (1643, Amur), Khabarow (1653, Olekafluss), F. Baikow (1654, Wüste Gobi), Fedorow (1732, Nordostsibirien), Gwozdew (1732, Kamtschatka), Murawiew und Pawlow (1735, Gebiet um Archangelsk), Malyguine (1736, Obifluss), Tscheljuskin (1742, Kap Tscheljuskin), Iadrintsew (1889, Tolafluss) und Skolietow (1874, Amurbecken).

Aber auch deutsche Forscher, wie etwa D. G. Messerschmidt (1719, Expedition durch Sibirien), Steller (1737–1745, Tomsk, Jenissei, Kamtschatka), J. G. Gmelin (1733–1749, Baikalsee), A. Erman (1828–1829, Ural bis Kamtschatka) und Alexander von Humboldt, der Engländer J. D. Cochrane (Anfang des 19. Jahrhunderts, Ural bis Jakutsk), der Finne M. A. Castren (1843–1850, Ural, Altaigebirge) und der Schwede F. S. Strahlenberger (1709–1721), hatten Anteil an der wissenschaftlichen Erforschung Sibiriens.

Japan wurde durch einen Zufall 1542 vom Portugiesen A. de Moto entdeckt. Der Missionar Franz Xaver gelangte sieben Jahre später in das japanische Inselreich. Ihm verdanken wir die ersten aufschlussreichen Berichte über das damals europafeindliche Nippon. Engelbert Kaempfer

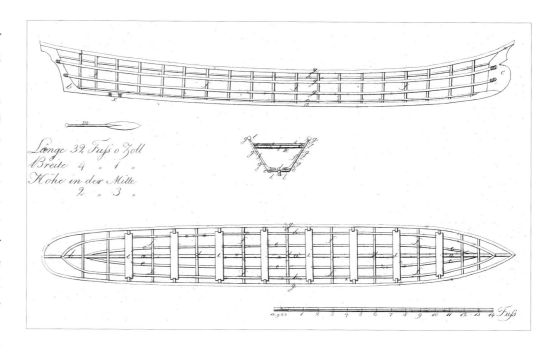

besuchte im Jahre 1630 Yeso und der deutsche Forscher Fr. v. Siebold ließ sich 1823 als Arzt in Japan nieder. Er gilt als der erste wissenschaftliche Erforscher dieses fernöstlichen Kaiserreiches.

Der erste Gouverneur von Neusüdwales, A. Philipp, gründete an der australischen Ostküste die Kolonie Port Jackson (1787) mit einigen auf Bewährung freigelassenen Sträflingen. Die Besiedlung des Fünften Kontinents begann nun, wenn auch zögernd, zuerst an der Südostküste. J. Oxley (1812–1823), M. Currie (1823), A. Cunningham (1827) und Th. L. Mitchell (1831–1845) erforschten den östlichen und südöstlichen Teil Australiens.

Inneraustralien wurde durch Charles Sturt (1829–1844), Burke O'Hara, Gray (1861), Wills (1852–1861), King (1861) und vor allem John McDonald Stuart wissenschaftlich erschlossen; der Westen und der Südwesten Australiens durch S. G. Grey (1838–1841), E. J. Eyre, A. C. Gregory (1845–1851), J. W. Gregory (1901), J. Forrest (1869), R. Austin (1854), St. Hart (1872–1875) sowie der Norden und Nordwesten durch Friedrich Wilhelm Ludwig Leichhardt (1842–1848), Buchanan (1878), A. Forrest (1869–1879) und Calvert (1896).

Ein halbes Jahrtausend nach Eriks Kolonisationsversuch in Grönland wagte der englische

Georg Heinrich von Langsdorff dokumentierte in seinem Reisebericht aus den Jahren 1803–1807 die raffinierte Bauweise der Kanus, die er auf der Halbinsel Alaska entdeckte.

Seefahrer J. Davis 1585 einen Vorstoß an die Westküste Grönlands, die er auf den wenig verheißungsvollen Namen »Land of Desolation« (Land der Einsamkeit) taufte. Der Däne Hans Egede unternahm von 1721 bis 1736 eine große ethnografische Forschungsreise durch Grönland, und dem Engländer William Scoresby verdanken wir den ersten glaziologischen Bericht über die größte Insel der Welt (1807–1822). Bsondere Verdienste bei der Erforschung Grönlands kommen den Engländern W. Baffin, Hudson, Button, Bylot, James, Ghillham, J. Ross, J. C. Ross, Sabine, Franklin und Parry zu.

Die »Franklin-Suche« (nach dem verschollenen englischen Arktisforscher J. Franklin) war zugleich ein Wettlauf um die Auffindung der Nordwestpassage. Neben dem englischen Arzt Dr. J. Rae (1864–1869), dem Amerikaner Ch. F. Hall (1864–1869) und dem Engländer McClintock (1848–1852, 1857) war R. McClure der Erfolgreichste. Er bezwang die Nordwestpassage in ihrer ganzen Länge (1853).

Im 19. Jahrhundert setzte eine intensive Erforschung der kanadischen Arktis ein. Die Engländer J. Richardson (1848, mit Dr. Rae vom Mackenziefluss bis zum Kap Krusenstern), Sir G. Back (1823 und 1833, Gebiet nördlich des Sklavensees und des Walfischflusses), Dease, Simpson und William, die letzten drei Angestellten der HBC (Hudson Bay Company), der Amerikaner Hayes (1869, Ellesmere und Grinnell Island), der englische Walfänger J. Palliser (White Fish River und Kaminstoquiah, 1857), sowie Stefansson und Rasmussen gelten als die wahren Pioniere dieses unermesslichen Territoriums des nordamerikanischen Halbkontinents.

1553 unternahm der Engländer H. Willoughby eine Fahrt ins Weiße Meer mit der Absicht, die Nordostpassage zu entdecken. Er gelangte wahrscheinlich bis zur Doppelinsel Nowaja Semlja. Alle seine Begleiter und er selbst kamen von diesem Unternehmen nicht mehr zurück. Der Engländer R. Chancellor ging ebenfalls 1553 in der Nähe von Archangelsk an Land, zog es aber dann vor, sich nach Moskau zu begeben, als er sah, dass ein weiteres Vordringen augenblicklich nicht möglich war. St. Burrough, ein anderer englischer Seefahrer, entdeckte die Karasee und gelangte bis zur Waigatschinsel (1556). Im Auftrag der Königin Elisabeth I. wiederholten die Engländer Pett und Jackman, ohne Erfolg allerdings, Burroughs Reise (1580). Der Holländer Willem Barents versuchte 1594 den Durchbruch, kam aber mit einem Teil seiner Mannschaft auf der Rückkehr von Nowaja Semlja in Richtung der Kolahalbinsel ums Leben.

1676 unternahm der Engländer Wood im Auftrag des englischen Königs Karl II. den Versuch, über die Nordostpassage nach China zu gelangen, musste aber bereits unweit von Nowaja Semlja sein Vorhaben aufgeben.

Der russische Admiral F. P. Lütke erforschte die Westküste von Nowaja Semlja und das Land der Tschuktschen. Der Österreicher Graf Wilczeck erreichte 78° 48' nördl. Br. (1871), der englische Kapitän Viggins gelangte bis an die Mündung des Jenissei (1874). Sieger im Rennen um die Nordostpassage war der Schwede Nordenskiöld.

1913 befuhr der Russe Wilkitski als Erster die Nordostpassage von Osten nach Westen, und 19 Jahre später brauchte der russische Mathematiker und Arktisforscher Otto Schmidt knapp drei Monate zur Bezwingung der Nordostpassage von Archangelsk bis zur Beringstraße.

Der Kampf um den Nordpol setzte bereits mit dem Vorstoß des Engländers J. Davis ein, der im Jahre 1587 die nördl. Br. von 72° 12' erreichte. Der Engländer Hudson brachte es 1607 schon auf 80° 23', Scoresby 1806 auf 81° 30', Parry im Jahre 1827 auf 82° 47', der Norweger Nansen (Driftfahrt) 1895 auf 86° 12' und der Italiener Cagni auf 86° 34' im Jahre 1900. Der Amerikaner Peary erreichte am 6. April 1909 zu Fuß den Nordpol und dem amerikanischen Arktisforscher und Flieger Byrd gelang es 1926, den Nordpol zu überfliegen.

Neben den »klassischen« Nordpolfahrern erwarben sich der Engländer Marckham (1881,

Die Erforschung der Eismeerwüsten erforderte Kraft und Mut. Oft mussten sich die Schiffe den Rückweg ins offene Meer durch Treibeis erkämpfen. Erst einmal im Eis stecken geblieben, gab es keine Möglichkeit mehr, der Antarktis zu entrinnen. Oft war es ein Wettlauf mit der Zeit, die offene See zu erreichen, ehe die Eisblöcke sich wie ein Panzer um die Schiffe legten.

Zeichnungen und Fotos von der norwegischen Polarexpedition Fridtjof Nansens 1893-1896. Um auf dem Eis vor-wärts zu kommen, waren Schlittenhunde nötig. Das Foto unten zeigt, wie sich die Expeditionsmannschaft die Abende vertrieb.

83° 20' nördl. Br.), der Amerikaner G. W. de Long (1879, bis zu den »De-Long-Inseln«), der deut-sche Luftschiffkapitän Eckener (1931, Arktisflug mit einem Zeppelin), der Russe Otto Schmidt (1937, Landung unweit des Nordpols mit dem Flugzeug von der Rudolfinsel aus), der russische

Dato	St. Kurs	Meterhjul 1.	2.		Sum
1	NE ¿ N	10.0	9.8	10.0	
2.	NE ¿ N	13.1	13.1	13.1	86.46.32 (As) 66 km
3	NE ¿ N	1.9	1.9	1.9	87°...
4	NE ¿ N	11.0 / 9.0	11.0 / 9.0	11.0 / 9.0	
5.	NE ½ N	20.0	20.0	20.0	88°...B
6.	NE ½ N	20.0	20.0	20.0	
7.	NE ½ N	11.0 / 9.1	11.0 / 9.1	11.0 / 9.1	88.16.53 obs.
8.	NE ½ N	7.0 / 9.0	7.0 / 9.0	7.0 / 9.0	
9					88.30.60 obs.
10.	NE ¿ N	6.0 / 10.0	6.0 / 10.0	6.0 / 10.0	88.42.55 obs.
11.	NE ¿ N	8.0 / 9.0	8.0 / 9.0	8.0 / 9.0	89.6.58 obs.
12.	NE ¿ N	8.0 / 9.0	8.0 / 9.0	8.0 / 9.0	89.24.54 obs.
13.	NE ¿ N	9.0 / 6.0	9.0 / 6.0	9.0 / 6.0	89.37.5 SB
14.	NE ¿ N	8.0	8.0	8.0	
15.	NE ¿ N	15.0	15.0	15.0	
16.					

Arktisforscher Papanin (1937, errichtete in der Nähe des Nordpols eine wissenschaftliche Station), die russischen Flieger Lewanewski (1936, erster Flug Moskau–San Francisco über den Nordpol) und Baidukow, Beliakow sowie Tschkalow (1937, erster Flug Sowjetunion–USA über Grönland) besondere Verdienste bei der Arktiserforschung.

Zwei Jahre nach J. Davis' Versuch, den Nordpol zu erreichen, segelte der Holländer Gerrits (1589) von Holland aus in den Südatlantik und entdeckte die Südshetlands oder das Grahamland. Erst 220 Jahre nach Gerrits' Fahrt entdeckte der Engländer W. Smith die Südshetlands wieder. Der Franzose Bouvet de Lozier, überzeugt vom Bestehen eines südlichen Kontinents, entdeckte während seiner Antarktisfahrt eine Insel, die er auf den Namen »Bouvetinsel« taufte. Doch hinderte ihn das Eis daran, an Land zu gehen. Guyot und Duclos, Seefahrer aus der Bretagne, entdeckten die Insel des »Heiligen Peter« (Südgeorgien). Marion-Dufresne, ein französischer Marineoffizier, unternahm 1771 eine große Fahrt in die antarktischen Gewässer. Der Franzose Kerguélen de Trémarec, auf der Suche nach der »Lozier-Bouvet-Insel«, entdeckte während seines Unternehmens den antarktischen »Vorposten«, die Inseln »Kerguélen«. 1772 gelangte James Cook bis zu 71° 10' südl. Br.

Die ersten Expeditionen in die Antarktis wurden von den beiden englischen Walfängern Palmer und Powell ausgeführt. Sie fanden 1820 die Süd-Orkney-Inseln. Der Russe Bellingshausen erreichte 69° 30' südl. Br. und ging auf zwei noch

Aus Amundsens Tagebuch: Links wurden Kompassrichtungen des Weges von Framheim zum Vorratslager notiert, rechts Entfernungsangaben der Messräder.

Mit Wasserflugzeugen konnte man den Polarkreis nicht nur überfliegen, sondern auch auf dem Eis landen. Die Motoren mussten sorgfältig abgedeckt werden, damit sie bei der eisigen Kälte wieder gestartet werden konnten.

unbekannten Inseln an Land, die er auf die Namen »Peter I.« und »Alexander I.« taufte (Westantarktika). Der Engländer Weddell drang 1821 bis zu 74° 15' südl. Br. (Weddellsee) vor, der Amerikaner Morrell, im Dienste des Londoner Geschäftshauses Enderby, überquerte 65° 7' südl. Br., erforschte die Inseln Adelaïde und Biscoe sowie das Grahamland (1830–1831), der Engländer J. Balleny, ebenfalls im Dienst der Enderbys aus London, entdeckte die »Ballenyinsel« (1839), H. Foster, auch Engländer, erforschte die Süd-Shetland-Inseln (1829) und der Amerikaner Ch. Wilkes ergründete von 1840 bis 1842 die Küste von Ostantarktika.

Der Wettlauf zur »Eroberung« des Südpols begann 1774 mit James Cook, der 71° 10' südl. Br. erreichte. Der Norweger E. Borchgrevink überquerte 1899 bereits 78° 5' südl. Br. und der Engländer Shackleton brachte es auf 88° 23' im Jahre 1909. Der Norweger Amundsen bezwang als Erster am 15. Dezember 1911 den Südpol und der Engländer Scott folgte ihm am 18. Januar 1912. Für Scott und seine wenigen Begleiter endete dieses Unternehmen mit dem Tod in der Antarktis. Der amerikanische Flieger Byrd überflog mit Belchen, McKinley und June erstmals den Südpol am 28. November 1929.

Bedeutende wissenschaftliche Expeditionen in die Antarktis wurden 1873 durch den deutschen

Südpolforscher E. Dallmann, den Belgier M. de Gerlache (1897–1899), den Deutschen Erich Dagobert von Drygalski (1901), den Schweden Nordenskiöld (1901–1903), den Schotten Dr. W. S. Bruce (1904–1911), die Norweger Rijser-Larsen (1929–1931), Isachsen und Christensen (1931), durch den Amerikaner Byrd (1946–1947, Rossmeer) und durch den englischen Wissenschaftler Fuchs (1957–1958, Weddellsee bis Südpol) ausgeführt.

Antarktische Erkundungsflüge wurden am Anfang des 20. Jahrhunderts unternommen. Der deutsche Antarktisforscher Drygalski überquerte das Kaiser-Wilhelm-II.-Land mit einem Luftballon (1902), der norwegische Pilot B. Belchen (mit J. Byrd, McKinley und H. June) überflog den Südpol (28. November 1929), der Flieger Eielson im Jahre 1928 das Grahamland und die Peter-I.-Insel, der Amerikaner Ellsworth (mit dem kanadischen Piloten H. Kenyon) einen großen Teil Westantarktikas. 1938/39 wurden über Neuschwabenland (Nordantarktika) deutsche Erkundungsflüge, erstmals mit Katapultstart, durchgeführt.

Bislang war nur die Rede vom Aufsuchen unbekannter Länder und Völker durch die Europäer und die Araber. Doch gab es auch Reisende aus anderen Regionen und Richtungen, so etwa aus dem »Reich der Mitte«, wo man den Blick nach Westen richtete, wenngleich Europa nicht erreicht wurde. Fa Hien, ein chinesischer Wandermönch, unternahm, um den Ursprung des Buddhismus zu finden, von 399 bis 414 eine ausgedehnte Pilger- und Erkundungsfahrt durch Asien bis zum Lop-nor-See und nach der Stadt Kotan. Hüan-Tsang, ein anderer chinesischer Mönch, bereiste das Pamirgebirge und die Gebirgskette des Altaï und besuchte die buddhistischen Heiligtümer Indiens, vor allem die von Benares. Seine Reise dauerte von 629 bis 645 und sein Reisebericht gibt die ersten konkreten Hinweise über das frühe Indien. »Entdeckungsreisen« und Expeditionen aus anderen fernen Ländern in unser Europa entbehren für uns nicht

Fotos aus Nansens Bericht »In Nacht und Eis«, erschienen im Jahr 1897.

eines besonderen Reizes. So sieht man noch das Europa der Siebzigerjahre des 19. Jahrhunderts aus ungewohnter Perspektive, wenn man das kuriose Reisetagebuch des Perser-Schahs Nasreddin (1873) liest.

Die Entdeckungsgeschichte wäre nicht vollständig, würde man der europäischen »Kooperation« im 15. und 16. Jahrhundert nicht einige Worte widmen. Manche talentierte Seefahrer und Piloten stammten aus Florenz und Pisa, Genua und Venedig. Sie traten in den Dienst Portugals und Spaniens, wo eine rege Nachfrage nach ausgebildeten und waghalsigen Seeleuten herrschte. Andere wiederum kamen aus Deutschland, wie Martin Behaim aus Böhmen, der Cãos Schiff si-

cher in den Golf von Guinea steuerte (1482–1486) und das Kartenmaterial lieferte. Die Schiffe der Portugiesen und der Spanier waren international bemannt. Neben Kastiliern und Aragoniern nahmen Basken, Italiener, Franzosen und Engländer an den Überfahrten teil. Wer damals einen besonderen Drang nach Übersee verspürte oder wem der Boden in seinem Heimatland zu heiß wurde, der ließ sich in Lissabon, Sevilla oder Cádiz anheuern. Der Verdienst war, gemessen an den Gefahren der Unternehmungen, recht bescheiden; doch versprach jede Fahrt ins Unbekannte Aussicht auf Beute.

Deutschland stellte nicht nur erfahrene Piloten und Kartografen zur Verfügung. Finanziell

Das Seefahrerdenkmal in Lissabon, Portugal

beteiligten sich die Fugger, Welser, Gossenbrot, Höchstetter und Hirschvogel, damals bedeutende Bankhäuser mit weltweiten Verflechtungen, am Ausbau der spanischen Kolonien. Die deutschen Konquistadoren Sayler, Ehringer, Hohermut, Alfinger, Federmann und Philipp von Hutten durchstreiften den Urwald Venezuelas und suchten – im Einverständnis mit dem »Indien-Rat« von Sevilla – nach Edelmetallen.

Dass die Entdeckungs- und Erforschungsgeschichte der Erde zumeist alles andere als abenteuerliche Romantik war, braucht nicht besonders hervorgehoben zu werden. Welche wirtschaftlichen, machtpolitischen und wissenschaftlichen Motive die Triebfedern der einzelnen waghalsigen, epochemachenden oder auch, nur zu oft, katastrophal endenden Unternehmungen waren, dürfte aus der obigen Darstellung klar hervorgehen. Und dennoch weht uns aus den folgenden Lebensbeschreibungen der berühmten und weniger bekannten Forschungsreisenden und Seefahrer, der Entdecker und Eroberer, nicht zuletzt der echten Abenteurer und Weltenbummler, der Piraten und Freibeuter, die alle sieben Meere befuhren, der raue Wind jener Jahrhunderte entgegen, in denen Reisen noch ein Wagnis mit unbekanntem Ausgang war.

Die nachfolgenden lexikalischen Artikel wurden, wie auch die zusammenfassenden Beiträge dieses Bandes, jeweils auf der Grundlage weitgehend authentischen Quellenmaterials erstellt. Bekanntlich weichen in der historischen Reise- und Forschungsliteratur die Angaben über Daten und Fakten ebenso wie die Schreibungen von Ortsnamen etc. erheblich voneinander ab. Soweit es sich um sachliche Angaben handelt, wurden diese nachgeprüft und vereinheitlicht, wenn dies möglich war. Für Schreibungs- und Benennungseigenheiten wurde hingegen ein den individuellen Berichten entsprechender Spielraum belassen, da eine konsequente Egalisierung über Jahrhunderte und Nationen hinweg der Vielfalt der Zeugnisse nicht hätte gerecht werden können.

SEEFAHRER UND ENTDECKER VON A BIS Z

Dieser Lexikonteil führt in alphabetischer Reihenfolge die Seefahrer und Entdecker unserer Welt von William Adams bis Ferdinand Graf von Zeppelin auf. Außer den Lebensdaten werden die Leistungen der einzelnen Entdecker sehr anschaulich dargestellt. Ausführliche Literaturangaben laden ein, sich mit der einen oder anderen Entdeckerpersönlichkeit intensiver zu beschäftigen.

A

ADAMS, WILLIAM

Englischer Seefahrer, geb. 1564 in Gillingham (Kent), gest. 1620 in Japan.

1598 begab sich Adams in der Eigenschaft eines Steuermanns mit einer Flotte von fünf Schiffen von der niederländischen Insel Texel aus auf eine Reise nach dem Fernen Osten. Mit der »Erasmus« erlitt er Schiffbruch, konnte sich aber auf das japanische Festland retten. Er trat dann in den Dienst des Shoguns (Name der Militärdiktatoren, die Japan 1192–1867 regierten) Iyeyasu, für den er Schiffe nach englischem Muster baute. Adams starb in Japan und wurde in der Stadt Yokosuka beigesetzt. Adams gelang es als erstem Engländer, am japanischen Kaiserhof zu hohen Ehren zu kommen.

Literatur
T. Rundall, The letters of W. Adams,
1611–1617. Memorials of the Empire of Japan.
London 1850
C. W. Hillary, England's earliest introduction to
intercourse with Japan: the first Englishman in
Japan (William Adams) 1600–1620. London und
Felling-on-Tyne 1905
The Log-Book of W. Adams, 1614–1619, with
the journal of Edward Saris and other documents
relating to Japan, China etc. Edited with intro-
duction and notes by C. J. Purnell. London 1916

Der Portugiese Affonso de Albuquerque trug mit seinen Eroberungen mit dazu bei, dass Portugal wirtschaftlich zur ersten bedeutenden Macht der Erde wurde.

ALBUQUERQUE, AFFONSO DE

Portugiesischer Seefahrer, Vizekönig von Portugiesisch-Indien (Ostindien), geb. um 1453 in Alhandra (bei Lissabon), gest. 1515 in Goa (Malabarküste).

Albuquerques historische »Karriere« begann erst am Anfang des 16. Jahrhunderts, als er von König Manuel I. zum Nachfolger von de Almeida, dem ersten Vizekönig von Portugiesisch-Indien, ernannt wurde.

Albuquerque schuf abwechselnd mit Gewalt, List und diplomatischer Geschicklichkeit ein Imperium, das sich von der Malabarküste über Malakka bis nach Inselindien erstreckte. Die Methode der Beherrschung eines solchen riesigen Territoriums war die gleiche, die an den Küsten Afrikas angewandt wurde: Landung an günstigen Plätzen, Aufstellung von steinernen Wappensäulen (»Padraos«), Errichtung von Forts, Zurücklassung einer kleinen dynamischen Besatzung und Anknüpfung von Handelsbeziehungen mit dem Hinterland.

Albuquerque wusste, dass zur Inbesitznahme des Persischen Golfs eine periodische Flottendemonstration nicht ausreichte, sondern dass es

eines regelrechten Feldzuges bedurfte. Dieses Unternehmen rief sowohl die Ägypter als auch die Araber und deren Handelspartner, die Venezianer, auf den Plan. Der Sultan von Ägypten drohte sogar mit der Zerstörung der Heiligen Stätten von Jerusalem. Manuel ließ alle Warnungen des Kronrates außer Acht, rüstete eine 2.500 Mann starke Armee aus und beauftragte Albuquerque mit dem kühnen Unternehmen, das durch einen Überraschungsangriff auf die ostafrikanische Küste eingeleitet wurde. In der Seeschlacht von Diu (Gujrat) wurde die arabische Flotte vernichtet. Anschließend sperrten die Portugiesen das Rote Meer, besiegten den Imam von Maskat, und mit Hilfe der Hindu-Truppen eroberte Albuquerque 1510 die Handelsmetropole von Goa. Damit sicherte er Portugal für lange Zeit das Gewürzmonopol. Ein Angriff auf Mekka scheiterte jedoch. Die Herrscher von Siam, Sumatra und Java wurden zu hohen Tributzahlungen gezwungen. Zwei Offiziere Albuquerques, A. de Abreu und F. Serrao, unternahmen 1511 erfolgreiche Vorstöße nach Bali und den Molukken.

Albuquerque baute Goa zum wirtschaftlichen und zum politischen Zentrum von Portugiesisch-Indien aus. Seine politische Macht beruhte auf der Überlegenheit der portugiesischen Waffen (hauptsächlich der Schiffsartillerie), auf der Schnelligkeit, mit der er seine Truppen von einem Ort zum anderen beförderte, und auf der Uneinigkeit der arabischen Fürsten.

Trotz permanenter Finanzmisere der portugiesischen Krone erweiterte Albuquerque auch das Schulwesen. Die Justiz und die Finanzen lagen in den Händen der einheimischen Beamten. Heiraten zwischen Portugiesen und Inderinnen waren erlaubt, nur mussten sich diese zum Christentum bekennen. Portugiesische Frauen durften sich nicht in Goa niederlassen. Die Verbreitung der portugiesischen Sprache wurde im Indien-Imperium mit allen Mitteln gefördert. Auch gründete Albuquerque einen Senat, in den allerdings nur Portugiesen gewählt werden durften.

Als Albuquerque 1515 starb, war Portugal die erste wirtschaftspolitische Macht der Erde und beherrschte einen Teil des Atlantiks, den Indischen Ozean und den westlichen Pazifik.

Literatur
C. Pereyra, *La conquête des routes océaniques d'Henri le Navigateur à Magellan*, Paris 1923
G. de Raparaz, *La época de los grandes descubrimientos españoles y portugueses*. Paris 1923
A. Kammerer, *Les guerres du poivre, les Portugais dans l'océan Indien et la Mer Rouge au 16e siècle*. Le Caire 1935

ALDRIN, EDWIN

US-amerikanischer Astronaut, geb. 1930 in Montclair (New Jersey).

Der Westpoint-Absolvent war als Pilot und Ingenieuroffizier bei der Air Force tätig, ehe er 1963 zur NASA stieß, wo er dann als Astronaut

Der Amerikaner Edwin Aldrin war nach Neil Armstrong der zweite Mensch, der seinen Fuß auf die Oberfläche des Mondes setzte.

57

ausgebildet wurde. 1966 flog er zusammen mit James Lovell die Raumkapsel »Gemini 12«. Die beiden Astronauten testeten zwischen dem 11. und 15. November die Belastbarkeit des Menschen im All, wobei Aldrin während des Fluges insgesamt 126 Minuten außerhalb der Raumkapsel verbrachte, bis dahin das längste Ausstiegsmanöver im freien Raum. Vom 16. bis 24. Juli 1969 gehörte er als Pilot der Mondlandeeinheit zur Besatzung der »Apollo 11« und betrat 20 Minuten nach dem Astronauten Neil Armstrong die Mondoberfläche.

1971 verließ Aldrin die NASA und kehrte als Kommandeur in die US Air Force zurück. Er war damit der erste Astronaut, der den Militärdienst wieder aufnahm, aus dem er sich jedoch 1972 wieder zurückzog. Nach verschiedenen Beratertätigkeiten übernahm Aldrin 1985–88 einen Lehrauftrag an der University of North Dakota.

Die Eroberungszüge Alexander des Großen führten auch durch Ägypten. Das Foto zeigt die Pyramiden von Gizeh.

Literatur
N. Armstrong/E. Aldrin/M. Collins, Wir waren die Ersten. Frankfurt/M. 1970
E. Aldrin, Return to earth. New York 1973
E. Aldrin/M. McConnell, Men from earth. New York 1989

ALEXANDER DER GROSSE

König von Makedonien, Feldherr und Eroberer, geb. 356 v. Chr. in Pella, gest. 323 v. Chr. in Babylon.

Schüler des Aristoteles. Sicherte durch schnelles Zugreifen seine Vormachtstellung in Griechenland. 334 v. Chr. begann der Feldzug gegen die Perser, die 333 v. Chr. bei Issos (in der heutigen Türkei) besiegt wurden. Alexander zog dann über Syrien nach Ägypten, das den Griechen bereits bekannt war, und schlug die Perser 331 v. Chr. auf dem Rückweg nach Makedonien noch einmal. 330 v. Chr. gelang die Eroberung Babylons, Susas und von Persepolis. Alexander wurde zum König Asiens proklamiert und erstrebte nun die Herrschaft über das gesamte Perserreich. Sein anschließender Feldzug nach Osten führte bis nach Kabul und noch im Winter 330 v. Chr. überwand Alexander mit seinem Heer den Hindukusch. Danach fielen Baktrien (nördl. des Hindukuschgebirges) und Samarkand in seine Hände und im Jahre 327 v. Chr. gelangte er über den Indus nach Indien. Man glaubte, dass der Indus ein Quellfluss des Nils sei, weil in ihm Krokodile lebten, die man bis dahin nur von Ägypten kannte. Alexander zog weiter bis ins Himalayagebirge, wurde aber durch die Meuterei seines Heeres zum Rückzug gezwungen. Per Schiff ging es bis zum Indischen Ozean und von dort auf dem Landweg Richtung Westen. Seine Heimat erreichte Alexander nicht mehr, 323 v. Chr. starb er in Babylon an Malaria.

Das Reich Alexanders des Großen umfasste von 334 bis 323 v. Chr. fast die gesamte damals den Griechen bekannte Welt. Es zerfiel nach seinem Tod jedoch so rasch wieder (Diadochenkämpfe), wie es entstanden war. Trotzdem gebührt ihm das Verdienst, in der Zeit seiner Eroberungen wertvolle neue Erkenntnisse über fremde Länder, Völker, Religionen (Buddhismus), Tiere und Pflanzen gewonnen zu haben. Gleichzeitig war der Weg geebnet für die Entstehung von Welthandel und Weltverkehr. Zudem waren über 70 Städte gegründet worden, sodass die

Alvarado überfällt die Azteken, die sich zu einem Fest versammelt hatten.

griechische Sprache und Kultur weite Verbreitung fanden.

Literatur
J. F. Fuller, Alexander der Große als Feldherr. Stuttgart 1961
G. Wirth, Alexander der Große. Reinbek 1973
P. Högemann, Alexander der Große und Arabien. München 1985
W. Will, Alexander der Große (Geschichte Makedoniens), Bd. 2. Stuttgart 1986
M. Grillandi, Alexander der Große und seine Zeit. Klagenfurt 1987
J. Seibert, Alexander der Große. 3. unveränd. Aufl. Darmstadt 1990
F. Hampl, Alexander der Große, hg. v. D. Junker. 3. verb. u. erw. Aufl. Göttingen 1992
S. Lauffer, Alexander der Große. Neuaufl. München 1993
I. Schifman, Alexander der Große. Leipzig 1994
Nicholas Hammond, Alexander der Große. Berlin 2001

ALVARADO, PEDRO DE

Spanischer Konquistador, geb. um 1485 in Badajoz, gest. 1541 in Guatemala.

1517 nahm Alvarado an einer Expedition teil, um die mexikanische Halbinsel Yucatán zu erforschen. 1519–21 diente er unter Cortez, dem Eroberer des Aztekenreiches. Als Cortez eine Strafexpedition von Tenochtitlán (Mexiko-City) aus nach Guatemala unternahm, um seinen Untergebenen, den Konquistador Panfilo de Narvaez, an der Eroberung und am Aufbau eines eigenen Reiches zu hindern, amtierte Alvarado als Stellvertreter Cortez' in der mexikanischen Hauptstadt. Seine harten Maßnahmen lösten einen Aufstand der Bevölkerung der Metropole aus und die Belagerung von Tenochtitlán durch Tausende von Aztekenkriegern. In Eilmärschen begab sich Cortez nach Tenochtitlán, um Alvarado zu helfen, musste aber unter Zurücklassung seiner gesamten Artillerie mit Alvarado die Hauptstadt verlassen. Während dieses Rückzuges rettete sich Alvarado durch einen gewaltigen Sprung über einen breiten Graben der Stadtbefestigung, der seither den Namen »Salto Alvarado« trägt.

1523–27 führte Alvarado einen Eroberungszug nach Guatemala durch und gründete die Siedlungen Guatemala de Vieja und Porto de la Posesión. Drei Jahre später ernannte ihn Karl V. zum Gouverneur von Guatemala. 1541 kam Alvarado während einer Forschungsreise im Süden Mexikos ums Leben.

Literatur
G. B. Ramusio, Primo (Terzo) Volume delle Navigationi. Venedig 1563
A. de Herrera Tordesillas, Drie verschyede togten ... in West-Indies. De eerste door F. de Garay, de tweede door P. d'Alvarado van Mexiko na Guatemala. o. O. 1707
C. Fernández Duro, Las Joyas de Isabel la Católica las naves de Cortés y el salto d'Alvarado. Madrid 1882
A. de Altoaguirre y Duvale, Don Pedro de Alvarado conquistador del Reino de Guatemala. Madrid 1927

AMUNDSEN, ROALD ENGEBREGT GRAVNING

Norwegischer Polarforscher und Südpolbezwinger, geb. 1872 in Borge (Ostfold), gest. 1928 in der Arktis.

Medizinstudium an der Universität von Christiana (Oslo). Gab 1889 sein Studium auf und wandte sich der Polarforschung zu. 1893 nahm er als Matrose an den Fahrten des Walfängers »Magdalena« teil. 1897–99 begleitete er den belgischen Antarktisforscher de Gerlache auf dessen Südpolfahrt. Erste antarktische Überwinterung Amundsens.

1901 studierte Amundsen in Wilhelmshaven, Potsdam und Hamburg, wo ihn der bekannte Wissenschaftler Prof. Neumeyer mit dem Erd-

Roald Engebregt Amundsen

magnetismus vertraut machte. Noch im selben Jahr gelang es Amundsen, dank der großzügigen Unterstützung einiger Mäzene, den 47-Tonnen-Walfänger »Gjöa« zu kaufen. Er rüstete dieses Schiff mit einem starken Motor aus, ließ es umbauen und unternahm 1903, in Begleitung von nur sechs Mann und mit Proviant für fünf Jahre versehen, seine erste nordische Entdeckungsfahrt. Es gelang ihm, in drei Monaten die gesamte Nordwestpassage vom Atlantik bis zum Pazifik zu befahren.

1910 fasste Amundsen den Plan, mit Nansens »Fram« bis in die Beringstraße zu fahren, um von dort aus den Nordpol zu erreichen. Als er aber die Nachricht erhielt, dass der englische Polarforscher Scott auf dem Weg zum Südpol sei, änderte Amundsen seinen Plan und beschloss,

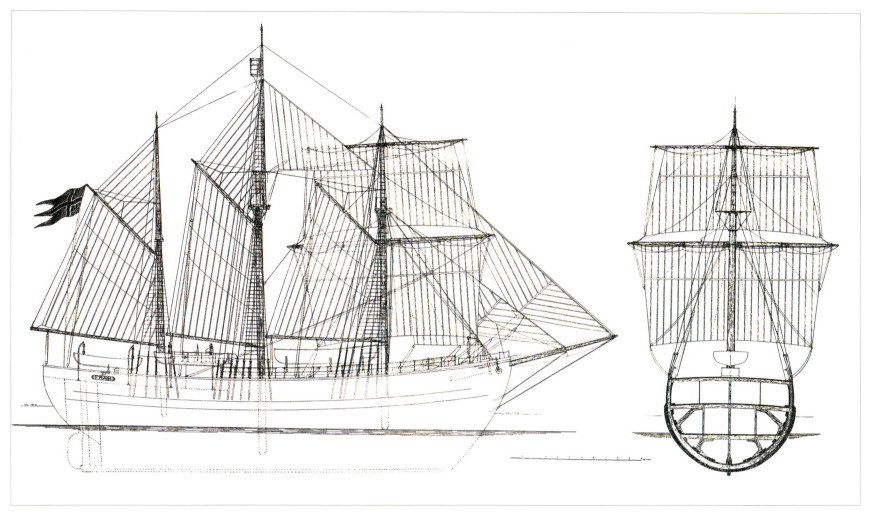

dem Engländer zuvorzukommen und den Wettlauf um den Südpol zu gewinnen. Scotts und
Amundsens Expeditionen strebten 1911 gleichzeitig dem Südpol zu, nur mit dem Unterschied,
dass der Engländer von Amundsens Ziel nichts
wusste. Nachdem Amundsen den Südpolarkreis
passiert hatte, nahm er Kurs auf »König-Eduard-
VII.-Land«. Da aber die Japaner dieses Gebiet für
ihre Forschungszwecke beanspruchten, änderte
Amundsen die Fahrtrichtung und schlug sein
Lager auf der Großen Eisbarriere zwischen
»König-Eduard-VII.-Land« und »Victorialand«
auf. Von der von dem englischen Polarforscher
Shackleton entdeckten und von Amundsen
benannten »Walfischbucht« aus unternahm
Amundsen seinen historischen Marsch zum Südpol. Nach sorgfältigen Vorbereitungen gab er am
19. Oktober 1911 das Zeichen zum Start. Am 5.
November hatte er bereits mit seinen vier Beglei-

*Die »Fram«, oben als
Zeichnung, unten im
Treibeis.*

tern und 50 Hunden 82° südl. Br. erreicht. Nach
einer zweitägigen Rast ging der siegreiche
Marsch weiter. Fünfzehn Tage später gelangte er
bis 85° 36' südl. Br. und am 7. Dezember war
Shackletons Rekord (88° 23') gebrochen. Am 13.
Dezember passierte die Expedition 89° 37' südl.
Br. und am 14. Dezember hatte Amundsen sein

Das Luftschiff »Norge«

Ziel erreicht – vier Wochen vor Scott. Nach dem Aufpflanzen der norwegischen Fahne nahm Amundsen im Namen seiner Regierung Besitz vom Land um den Südpol und gab ihm den Namen »König-Haakon-VII.-Plateau«. Am 17. Dezember trat die Expedition den Rückmarsch an und nach 39 Tagen hatte Amundsen ohne besondere Schwierigkeiten die Walfischbucht wieder erreicht.

Nach der Rückkehr von seiner erfolgreichen Südpolexpedition nahm Amundsen seinen alten Plan wieder auf, von der Beringstraße aus den Spuren der »Jeannette«, die durch starke Eispressungen in der Ostsibirischen See 1881 gesunken war, zu folgen und sich dann von der so genannten »Fram-drift« mit dem Eis in Richtung Nordpol treiben zu lassen. Es war eine Wiederholung von Nansens »Fram-drift«. Der Ausbruch des Ersten Weltkrieges verhinderte den Aufbruch. Erst im Sommer 1918 konnte Amundsen mit der »Maud«, der Nachfolgerin der »Fram«, Norwegen verlassen. Die Expedition führte ebenfalls ein Flugzeug mit. Nach einer zweimaligen Überwinterung an der sibirischen Küste konnte er von

Nome in Alaska aus in Richtung Nordpol vorstoßen. Die ungünstigen Eisverhältnisse zwangen ihn jedoch zum Abbruch seines Vorhabens. Erst 1922 wurde ein zweiter Versuch mit der »Maud« von Point Hope in Alaska aus unternommen. An diesem Versuch nahm Amundsen persönlich nicht teil. Es gelang der »Maud« in einer zweijährigen Driftfahrt nur bis zu den Neusibirischen Inseln zwischen der Laptewsee und der Ostsibirischen See zu gelangen. Weil die »Fram-drift« von hier aus bekannt war, befreite sich die »Maud« aus dem Eis und fuhr nach Alaska.

1925 fasste Amundsen den Plan, den Nordpol mit einem Flugzeug zu überfliegen. Am 21. Mai desselben Jahres startete er von Kings Bay (Spitzbergen) aus mit einem von dem Millionär und Polarforscher Ellsworth zur Verfügung gestellten Flugzeug. Rund 250 km vor dem Ziel musste Amundsen notlanden und sein Vorhaben aufgeben. Erst am 15. Juni gelang Amundsen der Rückflug nach Spitzbergen.

Ein Jahr später versuchten Amundsen, der Amerikaner Ellsworth und der Italiener Nobile, mit dem von Nobile gebauten Luftschiff »Norge«

den Nordpol zu erreichen. Am 7. Mai 1926 landete Nobile mit seinem Luftschiff auf Spitzbergen. Zur selben Zeit befand sich der amerikanische Polarforscher Byrd ebenfalls dort. Byrd war Amundsen beim Überfliegen des Nordpols um 48 Stunden voraus. Nach Byrds siegreichem Rückflug starteten Amundsen, Nobile und Ellsworth und 13 andere Besatzungsmitglieder am 12. Mai. Nach zehn Tagen überflogen sie den Nordpol, nahmen Kurs auf Alaska und landeten sicher in der Ortschaft Nome (900 km von Anchorage entfernt).

Am 23. Mai 1928 versuchte Nobile mit einer rein italienischen Mannschaft, denselben Flug zu wiederholen. Das Luftschiff geriet in einen Schneesturm und musste notlanden. Erst 15 Tage nach dem Unglück gelang es Nobile, über Funk Hilfe anzufordern. Amundsen unternahm sofort mit den beiden französischen Piloten Guilbaud und de Cuverville eine Suchexpedition, um Nobile und seine Mannschaft zu retten. Am 18. Juni fanden Suchflugzeuge Überreste von Amundsens Maschine in der Barentssee.

Amundsen gehört mit Byrd und Scott zu den größten Polarforschern des 20. Jahrhunderts. Sein Erfolg im Wettlauf um den Südpol ist vor allem seinen minutiösen Vorbereitungen zuzuschreiben. Selbst der stolze Engländer Lord Curzon würdigte Amundsens Verdienste vor der »Royal Geographical Society« in London.

Links: Vereister Eingang zur Hütte;
Oben: Versammelte Mannschaft abends in der Hütte

Literatur
F. Nansen, Northern Water. Capt. R. Amundsen's oceanographic observations in the Arctic Seas in 1901. (Skrifter udgive af Videnskabs – Selskabet i Christiana. Mat. naturv. Klasse 1906, No 3)
R. Amundsen, Die Nordwestpassage. Meine Polarfahrt auf der Gjöa 1903–1907. Nebst einem Anhang von Premierleutnant G. Hansen. Einzige berechtigte Übersetzung aus dem Norwegischen von Pauline Klaiber. München 1908
A. G. Chater, The discovery of the South Pole (Capt. Amundsen's Expedition). o. O. 1912
R. Amundsen, The South Pole. An account of the Norwegian Antarctic Expedition in the »Fram« 1910–1912. London 1912
–, Nordostpassagen. Maudfaerden langs Asien kyst, 1918–1920. H. U. Sverdrups ophold blandt

Tsjukjerne Godfred Hansens Depotekspedition, 1919–1920. Christiana 1921
–, My Polar Flight. London 1925
–, My life as an explorer. London 1927
The Scientific Results of the Norwegian Arctic Expedition in the Gjöa 1903–1906, under the conduct of Roald Amundsen. 3 Bde. Oslo 1930–1933
A. A. Michieli, Roald Amundsen. Turin 1938
Bellamy, Patridge, Amundsen (A biography with portraits) o. O. 1953
H. Hansen, Gjennom isbaksen; Atten ar med Roald Amundsen. o. O. 1953
K. Holt, Scott – Amundsen. Wettlauf zum Pol. Neuausg. Wien 1979
R. Huntford, Scott & Amundsen. London 1979
R. Amundsen, Die Eroberung des Südpols 1910–1912. 2. Aufl. Stuttgart 1987
P. Marc, Amundsen und Scott am Südpol. Zürich 1992
Roland Huntfort, Scott & Amundsen, Dramatischer Kampf um den Südpol. München 2000
Roald Amundsen, Die norwegische Expedition 1910–1912. Berlin 2001
Rainer K. Langer, Duell im ewigen Eis. Scott und Amundsen oder die Eroberung des Südpols. Frankfurt 2001

Der Ballon von Salomon August Andrée

ANDERS, WILLIAM ALISON

US-amerikanischer Astronaut, geb. 1933 in Hongkong.

William Anders gehörte der Besatzung des Raumschiffs »Apollo 8« an, mit dem er und die Astronauten Frank Borman und James Lovell als erste Menschen den Mond umkreisen. Aufgrund seiner wissenschaftlichen Kenntnisse hatte Anders die Aufgabe, sich um die Art und Bedeutung der Strahlen, denen die Astronauten ausgesetzt sein könnten, zu kümmern. Die Mission der »Apollo 8« erreichte am 24. Dezember 1968 ihren Höhepunkt, als es nach der Stabilisierung des Fluges gelang, den Mond in den darauf folgenden 20 Stunden zehnmal zu umkreisen. Der Rückkurs zur Erde wurde am 25. Dezember genommen. Am darauf folgenden Tag landeten die Astronauten im Pazifik zwischen Hawaii und Samoa. Die ganze Welt konnte durch fünf Live-übertragungen an dieser ersten Mondumkreisung teilnehmen. Der Flug an Bord der »Apollo 8« war der einzige Raumflug Anders'.

Bereits 1969 verließ er die Astronautengruppe der NASA und arbeitete in verschiedenen öffentlichen Gremien. 1976–77 war er Botschafter in Norwegen.

ANDRÉE, SALOMON AUGUST

Schwedischer Polarforscher, geb. 1854 in Gränna, gest. 1897 auf der Insel Vitö, Svalbard (Spitzbergen).

Ingenieur. 1892 wurde Andrée für seine Forschungsarbeiten zur Verbesserung der Luftfahrttechnik von der Schwedischen Akademie der Wissenschaften geehrt. Als Nordenskiöld 1895 Andrée die Frage stellte, ob man den Nordpol mit einem Luftballon erreichen könne, setzte der von der Luftfahrt besessene Ingenieur alles daran, diesen Gedanken zu verwirklichen.

Das von Andrée geplante Unternehmen fand bei der schwedischen Regierung Anklang. Der König und der Industrielle Alfred Nobel finanzierten nahezu die gesamte Expedition. Im Juni 1896 brachte der schwedische Frachter »Virgo« die Mannschaft und die Geräte auf die »Insel der Dänen« (Spitzbergen). Als bis zum August noch immer kein günstiger Wind aufkam, überredete Andrées Begleiter Erkholm den Forscher, den Ballonflug vorläufig aufzugeben. Am 11. Juli 1897 versuchte Andrée schließlich, den Plan, erstmals mit einem Ballon den Nordpol zu erreichen, in die Tat umzusetzen. Mit drei Mann Besatzung an Bord (Andrée, Fraenkel und Strindberg) startete der Ballon »Oernen« (Adler) von der »Insel der Dänen« aus in Richtung Nordpol. Am 16. Juli erhielt ein in diesen Gewässern sich aufhaltendes Walfangschiff Andrées Position: 82° 2' nördl. Br. und 15° 15' östl. L., und die Nachricht: Alles klar an Bord. Dann aber wurde es still um Andrée und seine Begleiter.

Erst 1930 fand eine Suchexpedition unter der Leitung von Dr. Gunnar Horn die Leichen der Nordpolforscher. Aus dem Bordbuch geht hervor, dass der Ballon wegen Windstille auf der Insel Vitö landen musste und dass sie dort zur Überwinterung gezwungen wurden. Wegen ungeeigneter Kleidung und Mangel an Lebensmitteln gingen alle drei elend zugrunde.

Literatur
C. F. G. Anderson, S. A. Andrée, hans följeslagare och hans polarfärd, 1896–1897. Stockholm 1906
G. P. Putnam, Andrée. The record of a tragic adventure. New York 1930
W. Baumgart, Andrée. Ein Kampf um den Pol. (Edited by M. Lloyd. Blackie's Graded German Texts.) London und Glasgow 1938

ARMSTRONG, NEIL

US-amerikanischer Astronaut, geb. 1930 in Wapakoneta (Ohio).

Neil Armstrong war ursprünglich Marineflieger, schloss 1955 sein Studium als Flugzeugbauer ab und wurde Testpilot, unter anderem für das Raketenforschungsflugzeug »X 15«. Mit diesem erreichte er bereits Höhen von 60 km und Ge-

Neil Armstrong wurde nicht nur als Testpilot des legendenumwobenen Raketenflugzeugs »X 15« berühmt, sondern als erster Mensch auf dem Mond.

Im selben Jahr im November startete eine zweite Mannschaft zum Mond. Das Bild zeigt einen der Astronauten dieser Apollo-12-Mission.

schwindigkeiten von über 6.700 km/h. 1962 kam er zur NASA und führte 1966 als Kommandant von »Gemini 8« das erste Kopplungsrendezvous aus. Im Juli 1969 war er Kommandant des Raumschiffs »Apollo 11«, das am 16. Juli um 14.32 Uhr MEZ an der Spitze einer 111 m hohen, 3.100 Tonnen schweren und 155 Millionen PS

starken Saturn-V-Rakete von Kap Kennedy aus startete. »Apollo 11« sollte zum ersten Mal in der Geschichte der Menschheit Erdbewohner zum Mond bringen. Am 19. Juli umkreiste das Raumschiff den Mond; an Bord waren neben Armstrong die Astronauten Edwin Aldrin und Michael Collins. Am 20. Juli erfolgte die Trennung

der Mondlandefähre »Eagle« mit Armstrong und Aldrin von der Kommandokapsel, die von Collins weiter um den Mond gesteuert wurde. Um 21.17 Uhr erreichten die beiden Astronauten in einem präzisen Landemanöver den Mond. Der Ausstieg begann nach einigen Stunden Aufenthalt in der Mondlandefähre. Neil Armstrong betrat am 21. Juli um 3.56 MEZ als erster Mensch den Mond, Edwin Aldrin folgte ihm nur kurze Zeit später. 22 Stunden hielten sich die beiden auf dem Mond auf. Ein zweistündiger Spaziergang wurde von einer mitgeführten Kamera live zur Erde übertragen. Schätzungen zufolge haben, wie bei der Originalübertragung des Starts, 500 Millionen Zuschauer in der ganzen Welt dieses Ereignis am Fernseher verfolgen können. Mit Präsident Nixon wurde das erste Telefonat zwischen Mond und Erde geführt. Am Abend des 21. Juli begann die Rückreise zur Erde mit der Zündung der Rückkehrstufe. Die Mondlandefähre konnte bereits um 22.35 Uhr wieder an das Mutterschiff »Columbia« angekoppelt werden, in das die Astronauten umstiegen. Die Mondlandefähre wurde daraufhin ins All abgestoßen und die erfolgreiche Mission der »Apollo 11« endete am 24. Juli mit der Landung des Raumschiffs im Pazifik. 1971 verließ Neil Armstrong die NASA und übernahm Lehraufträge an Universitäten. Nach der »Challenger«-Katastrophe 1986 gehörte er der Untersuchungskommission an, die sich mit den Ursachen dieses Unglücks beschäftigte.

Bei der Apollo-15-Mission 1971 wurde zum ersten Mal ein Mondfahrzeug eingesetzt.

Literatur
N. Armstrong/E. Aldrin/M. Collins, Wir waren die Ersten. Frankfurt/M. 1970

Chronik
der Mondlandungen

Juli 1969 Die dreiköpfige Mannschaft N. Armstrong, M. Collins und E. Aldrin startete am 16. 7. 1969 im Rahmen der Apollo-11-Mission zur ersten bemannten Mondlandung (20. 7. 1969). Der Aufenthalt der Astronauten auf dem Mond wurde weltweit im Fernsehen übertragen. Nach einer Gesamtflugdauer von knapp 196 Stunden kehrte die Mannschaft am 24. 7. 1969 zur Erde zurück.

Nov. 1969 Die Apollo-12-Mission startete am 14. 11. 1969. Am 19. 11. 1969 wurde der Mond erreicht. Der Aufenthalt der drei Astronauten konnte auf der Erde nicht im Fernsehen übertragen werden, weil das Sonnenlicht eine Kamera beschädigt hatte. Mit 43 kg Mondsubstanz kehrte die Mannschaft am 24. 11. 1969 zur Erde zurück.

April 1970 Die Apollo-13-Mission (11. 4.–17. 4. 1970) scheiterte an technischen Problemen.

Jan. 1971 Im Rahmen der Apollo-14-Mission vom 31. 1. bis 9. 2. 1971 wurde erstmals ein Handwagen auf dem Mond verwendet.

Juli 1971 Bei der Apollo-15-Mission (26. 7.–7. 8. 1971) wurde erstmals ein Mondfahrzeug mitgeführt. Das Fahrzeug konnte eine Geschwindigkeit von 20 km/h erreichen und wog etwa 200 kg. Während des Rückfluges hielten sich die Astronauten etwa 38 Minuten außerhalb des Raumfahrzeugs auf.

April 1972 Die Apollo-16-Mission startete am 16. 4. 1972. Auch für diesen Mondaufenthalt stand ein Fahrzeug zur Verfügung. Die Landung auf dem Mond (20. 4. 1972) musste um mehrere Stunden verschoben werden, weil es Schwierigkeiten mit dem Triebwerk gab. Die Mannschaft brachte am 27. 4. 1972 95 kg Mondsubstanz mit.

Dez. 1972 Die vorerst letzte Mondlandung fand im Rahmen der Apollo-17-Mission am 11. 12. 1972 statt. Der Start verzögerte sich um etwa drei Stunden. Außer den beiden Astronauten (E. Cernan und R. Evans) gehörte auch der Selenologe H. Schmitt zur Mannschaft, die sich knapp 75 Stunden auf dem Mond aufhielt. Die Rückkehr zur Erde erfolgte am 19. 12. 1972.

ATLASSOW, WLADIMIR

Russischer Forscher und Eroberer, geb. um 1650, gest. 1711.

Atlassow übte bis 1697 das Amt eines Regierungsvertreters in einem Ostrog (einer befestigten Siedlung) im Gebiet von Jakutsk aus, als er konkrete Nachrichten über die Halbinsel Kamtschatka und deren Bewohner, die Koriaken, erhielt. Daraufhin unterbreitete er dem Gouverneur von Jakutsk den kühnen Plan, die große Halbinsel für die Zentralregierung in Moskau zu erobern. Nach etlichem Zögern erteilte der Gouverneur Atlassow die Erlaubnis, die Halbinsel für den Zaren zu gewinnen. In Begleitung von 60 Kosaken und 60 einheimischen Soldaten erreichte Atlassow das Ochotskische Meer und drang bis zum Kamtschatkafluss vor, wo er die Koriaken zur Tributabgabe zwang. Hier errichtete er im Juli einen Ostrog und ein riesiges Kreuz.

Atlassow vermittelte erste Nachrichten über das Bestehen der Inselkette der Kurilen. Im Jahr 1701 brachte der Kosakenführer den ersten Japaner mit nach Kamtschatka. Mit erstaunlicher Genauigkeit führte Atlassow regelmäßige Studien über die Geografie von Kamtschatka durch. Ein Überfall auf einen einflussreichen russischen Kaufmann brachte ihm zwar eine Gefängnisstrafe ein, doch wurde er bald aus der Haft entlassen und zum Oberbefehlshaber aller Kosaken auf der Halbinsel ernannt.

Im Jahr 1705 entstand unter seinem Befehlskommando der Ostrog von Bolscherezk (Westküste). 1707 kam es allerdings zum Aufstand der Kosaken und Atlassow floh in den Ostrog von Nijne-Kamtschatsk, wo er schließlich unter mysteriösen Umständen ermordet wurde. Durch Atlassows Unternehmen hatte sich die Macht des russischen Zaren bis an den Pazifik ausgedehnt.

Literatur
Y. Semionow, La conquête de la Sibérie du IXe siècle au XIVe siècle. Paris 1938

Luftaufnahme vom Vulkan Karymsky, Kamtschatka

John James Audubon

Oben und rechts: Zwei der zahlreichen Vogel und Pflanzenbilder, die Audubon gemalt hat.

AUDUBON, JOHN JAMES

Amerikanischer Naturforscher und Tiermaler, geb. 1780 oder 1785 in San Domingo/Haiti, gest. 1851 in New York.

Audubon, französischer Abstammung, verbrachte seine Jugend auf Haiti und in Frankreich. 1803 kam er nach Nordamerika, wo er bis 1819 als Kaufmann arbeitete. Danach unternahm er zahlreiche Reisen durch Nordamerika bis hinauf nach Labrador und widmete sich im Besonderen dem Studium der Vögel. Audubon ist der Begründer der amerikanischen Ornithologie und gilt als der eigentliche Entdecker der Natur Nordamerikas.

Schon früh begann sich Audubon für die Ornithologie zu interessieren. Er malte die Vogelwelt vor allem des Ostens und Südens der USA. Seine Reisen finanzierte er mit Malunterricht. Im Laufe der Zeit sammelte sich ausreichend Material für eine Veröffentlichung an. Audubons Vogelzeichnungen erschienen in 10 großformatigen Bänden. Sie wurden wegen ihrer zeichnerischen Perfektion als ein Meisterwerk sondergleichen gefeiert. Die Originalausgaben gelten in allen Antiquariaten heute als ganz besondere Schätze und erzielen bei Versteigerungen Höchstpreise.

Literatur
H. Reichholf-Riem, Audubon's Birds. Köln 1993
J. J. Audubon, Vögel Amerikas. Hanau 1994

B

Ostsibirischen und der Laptewsee eingeschlossen worden. Alle drei Schiffe wurden dann in nordwestliche Richtung getrieben. Während dieser äußerst kritischen Zeit übernahm Badigin, der vorher zweiter Steuermann auf der »Sadko« gewesen war, die Führung der »Sedow«. Als die »Malyguin« und die »Sadko« am 28. August 1938 von den Eismassen befreit werden konnten, musste die beschädigte »Sedow« unter 83° 6' nördl. Br. und 138° 24' östl. L. zurückbleiben und

BACK, SIR GEORGE

Englischer Forscher und Seefahrer, geb. 1796 in Stockport (Cheshire), gest. 1878 in London.

Bereits im Alter von 12 Jahren ging Back zur Royal Navy. Einige Jahre später kämpfte er als Marinesoldat gegen die Spanier in Nordamerika. Im Jahr 1818 nahm er an der Buchanan-Spitzbergen-Expedition teil und 1819 erforschte er zusammen mit John Franklin den Coppermine River. Im Frühjahr 1834 erforschte er den gesamten Lauf des Great Fish River, den man später auch Back River nannte. Seine Verdienste wurden mit der Medaille der Royal Geographical Society ausgezeichnet.

1839 wurde Back, der sich nach 1836 aus gesundheitlichen Gründen zurückgezogen hatte, geadelt. 1857 erhielt er den Titel eines Admirals.

BADIGIN, KONSTANTIN SERGEWITSCH

Russischer Seeoffizier und Polarforscher, geb. 1910.

Seinen Eintritt in die Geschichte der Nordpolarforschung begann Badigin, als er 1939–40 den Eismeerdampfer »G. Sedow« (nach dem russischen Polarforscher Georgi Sedow benannt) während der berühmten Driftfahrt durch das Nordpolarmeer befehligte. Die »Sedow« war mit den beiden Schiffen »Sadko« und »Malyguin« 1937 durch die ungünstigen Eisverhältnisse vom Eis unweit der Neusibischen Inseln zwischen der

Nordpolexpedition

wurde als driftende Nordpolarstation eingerichtet. Die Besatzung bestand aus 15 Mann. Auf dieser Drift erreichte die »Sedow« am 29. August 1939 86° 39,5' nördl. Br. und hatte damit den Rekord der »Fram« gebrochen. Am 8. Januar 1940 wurde die »Sedow« vom Eisbrecher »Stalin« aus seinem Eisgürtel befreit. Die Drift hatte insgesamt 812 Tage gedauert. Die wissenschaftlichen Resultate der »Sedow-Drift« waren ebenfalls von Bedeutung. Badigin hatte nicht nur

Nansens und Papanins Beobachtungen ergänzt, sondern eine ganze Reihe von ozeanografischen, meteorologischen und erdmagnetischen Messungen im Nordpolarmeer durchgeführt. Die von der »Sedow« vorgenommenen Eismessungen dienten insbesondere der nordpolaren Schifffahrt.

Literaturhinweis
K. Badigin, Die Drift des Eisdampfers Georgi
Sedow. o. O. 1946 (deutsche Ausgabe)

BAFFIN, WILLIAM

Englischer Seefahrer und Entdecker, geb. um 1584 in London, gest. 1622 bei Hormus (Persischer Golf).

1612 begleitete er in der Eigenschaft als Chefpilot der »Patience« den Polarfahrer J. Hall in die arktischen Gewässer, um die Nordwestpassage zu finden. Bei dieser Expedition wurde Hall von einem Inuit getötet und Baffin schrieb den Expeditionsbericht. Ein Jahr später segelte er im Auftrag der Moskauer Gesellschaft nach Spitzbergen, um neue und ergiebige Fischgründe zu entdecken.

1615 stieß Baffin mit Captain Bylot auf der »Discovery« abermals in die Arktis vor. Von der Hudsonbai aus, die gründlich erforscht wurde, gelangten sie durch die Davisstraße in die »Baffinbai« und entdeckten den Smith-, Lancaster- und Jonessund. Baffin zweifelte daran, dass man den Pazifik über die Nordwestpassage erreichen könne, und schlug der englischen Admiralität vor, den Versuch von Osten nach Westen zu wagen, um so vom Stillen Ozean aus in die Hudsonbai zu gelangen.

Nach diesen Nordpolarfahrten widmete sich Baffin Asien, besuchte im Auftrag der »East Indian Company« Surat (nördl. von Bombay), befuhr das Rote Meer und den Persischen Golf. 1620 half er dem Schah von Persien, die Portugiesen aus Hormus zu vertreiben. Während eines Angriffs auf Qishm (bei Hormus) wurde Baffin tödlich verwundet.

Baffin gilt als der erste Seefahrer, der ernsthaft versuchte, die Ausdehnung der Ozeane nach Längengraden mithilfe der Himmelskörper zu bestimmen.

Eine Meerenge zwischen der Davisstraße, dem Lancaster- und dem Smithsund und eine große Insel nördlich der Labrador-Halbinsel tragen den Namen dieses frühen Arktisforschers.

Literaturhinweis
Cl. R. Markham (ed.), The Voyages of William Baffin 1612 to 1622. London 1881

BAIKIE, WILLIAM BALFOUR

Englischer Afrikareisender, geb. 1825 in Kirkwall (Orkneyinseln), gest. 1864 in Sierra Leone (Westafrika).

Nach dem Medizinstudium in Edinburgh trat Dr. Baikie in die »Royal Navy« ein. Als Schiffsarzt und Naturforscher nahm er auf dem Forschungsschiff »Pleiad« an einer Expedition an den Niger teil. Als der Kommandant des Bootes in der Nähe der Fernando-Póo-Insel starb, übernahm Baikie die Leitung, befuhr den Niger und den Benue und gelangte bis nach Garuouat, unweit von Yola, der »Hauptstadt« von Adamaua (Gebirgsland in Kamerun).

1857 unternahm Baikie eine zweite Forschungsreise an den Niger. Mit der »Dayspring« fuhr er in den Nun-Arm des Nigerdeltas hinein, erreichte die Mündung des Benue in den Niger, wo er seinen Dampfer aufgeben musste. Erst ein Jahr später gelangten Baikie und seine Teilnehmer nach Fernando Póo. 1859–64 bereiste der Schiffsarzt das Land der Nufi, besuchte Bida (Ort im zentralen Nigeria) und Kano (im Norden Nigerias).

Baikies Verdienst liegt sowohl in der wissenschaftlichen Erforschung des Niger und des Benue (Hauptnebenfluss des Niger), der Sammlung wertvollen Materials über die geografischen Verhältnisse des Sudan als auch im erfolgreichen Kampf gegen die Malaria unter Anwendung von Chinin.

Literatur
Dr. W. Baikie, Narrative of an exploring voyage up the rivers Kwora and Benue. London 1856
–, Observations on the Hausa and Fulfude languages. London 1861
Petermanns Mitteilungen. Gotha/Jg. 1855, 1857, 1859, 1861–1864

BAKER, SIR SAMUEL WHITE

Englischer Afrikaforscher und Entdecker, geb. 1821 in London, gest. 1893 in Sandford Orleigh (Devonshire).

Nach seiner Studienzeit in England und Deutschland gründete Baker eine Agrarkolonie auf Ceylon. 1861 begab er sich in Begleitung seiner Frau Florence nach Zentralafrika, um die Nilquellen zu entdecken. Von Khartum aus erreichten sie Gondokoro, den Ort, von wo ab der Nil schiffbar wird. Dort begegneten sie den beiden englischen Afrikareisenden Grant und Speke.

Auf deren Hinweise hin durchstreiften Baker und seine Frau die Nyanza-Regionen. Durch das Land der Obbos und der Madi (Stamm nördl. des Albertsees) – verfolgt und bedroht von arabischen Sklavenhändlern und schwarzen Potentaten – fanden die kühnen Entdeckungsreisenden schließlich am 14. März 1864 den Luta Nzige, den sie nach dem Namen des Gemahls der englischen Königin Victoria »Albert Nyanza« tauften. Sie befuhren den See bis zur Einmündung des schon von Grant und Speke befahrenen und von Baker so benannten Somersetflusses. Zwar konnten sie den Abfluss des Albertsees nicht sehen, doch Baker schloss, dass der See in den Nil fließe. 1869 kehrte Baker wieder nach Ostafrika zurück, um im Auftrag des Khediven Ismail Pascha die inzwischen erforschten Gebiete zu annektieren und um den Nil im zentralafrikanischen Gebiet weiter zu ergründen. Sowohl die militärischen als auch die geografischen Ergebnisse dieses groß aufgezogenen Unternehmens blieben weit hinter den gesteckten Zielen.

Literatur
S. W. Baker, Eight Years' Wanderings in Ceylon. London 1855
S. W. Baker, The Albert Nyanza. Great Basin of the Nile and Exploration of the Nile Sources. 2 Bde. London 1867 (deutsche Ausgabe Jena 1867)

BALBOA, VASCO NUÑEZ DE

Spanischer Entdecker und Konquistador, geb. 1475 in Jérez de los Caballeros (Estremadura), gest. 1519 in Acla (Panama).

Balboa hatte sich als Pflanzer auf Haiti niedergelassen und wäre dort wohl auch geblieben, wenn ihn seine Geldgeber nicht zu zwingen gewusst hätten, auf neue Eroberungszüge zu gehen.

Um nach der Vergeudung seines Vermögens seinen Gläubigern zu entgehen, begab sich Balboa nach Mittelamerika: Teilnahme an einer Expedition unter Batistas, einem anderen Konquistador, an die Südwestküste der Karibischen See und Niederlassung auf Haiti als Pflanzer. Um sich den Forderungen seiner Geldgeber ein zweites Mal zu entziehen, begleitete er A. de Ojeda, einen spanischen Abenteurer, auf dessen Eroberungszug und zeichnete sich besonders in der Führung der Truppe aus.

1510 erfolgte auf Balboas Betreiben die Gründung der neuen Kolonie von Santa María la Antigua del Darien, im östlichen Teil der Land-brücke Mittelamerikas, dem heutigen Panama. Daraufhin wurde er zum Generalkapitän und Gouverneur der neuen Siedlung befördert. Von hier aus unternahm Balboa seinen bekannten Marsch zum Pazifik. Am 7. September 1513 marschierte er in Begleitung von 190 Spaniern und zahlreichen Bluthunden, die er unterwegs auf unbotmäßige Indianer hetzte, durch den Urwald und erreichte nach einem äußerst strapaziösen Marsch am 29. September 1513 in der Bucht von San Miguel das »Mar del Sur« (Meer des Südens), von dem er im Namen des spanischen Königs feierlich Besitz ergriff. Damit gilt Balboa als Entdecker des Pazifiks.

In dieser Hütte über-winterten Barents und seine Begleiter auf Nowaja Semlja.

Bei seiner Rückkehr in die Siedlung nach Darien geriet er mit dem eben angekommenen und neu ernannten Gouverneur Pedro Arias Davila (Pedrarias) wegen politischer Meinungsverschiedenheiten in heftigen Streit. Obwohl Balboa zur Beilegung des Konfliktes Pedrarias' Tochter geheiratet hatte, wurde er wegen angeblicher Verschwörung gegen die spanische Krone von Pedrarias angeklagt und mit Hilfe des eifersüchtigen Pizarro enthauptet.

Durch den Tod Balboas ging Spanien einer der besten und tüchtigsten politischen und militärischen Führer in der »Neuen Welt« verloren. Ein Distrikt und eine Stadt in der Kanalzone sind nach Balboa benannt.

Literatur
Ruíz Obregon y Retortilla, Vasco Nuñez de Balboa. Historia del descubrimiento del Oceano Pacífico. Barcelona 1913
Manuel J. Quintana, La Vida de Vasco Nuñez de Balboa (Edited with notes and vocabulary by G. Griffin Brownell) (International Modern Language Series). o. O. 1914
A. Strawn, The Golden Adventures of Balboa. London 1929

BARENTS, WILLEM (BARENDZ)

Niederländischer Seefahrer, geb. um 1550 auf der Insel Terschelling (Niederlande), gest. 1597 auf Nowaja Semlja (Barentssee).

Barents' Forschungstätigkeit begann erst im Jahre 1594, als er seine erste Reise in das Westsibirische Meer unternahm, um die Nordostpassage zu finden. In Begleitung der Kommandanten Nai und Tetgales wollte Barents die Nordspitze von Nowaja Semlja umsegeln und dann in die Karasee vordringen. Während Nai und Tetgales der Vorstoß bis in die Karasee gelang, musste Barents, der getrennt im Ostspitzbergischen Meer segelte, in Sichtweite von Nowaja Semlja wegen der riesigen Eismassen umkehren.

Trotz dieses Misserfolges hatte Barents eine beachtliche Strecke von rund 2.500 km in der »Barentssee« befahren und hydrografische Erkundigungen eingezogen.

Auf Betreiben von van Linschoten, einem anderen niederländischen Seefahrer, rüsteten die »Generalstände« der Niederlande (die Regierung) eine Flotte von sieben Schiffen aus und beauftragten Barents mit einem zweiten Vorstoß ins Nördliche Eismeer, um Handelsbeziehungen mit China über die Nordostpassage herzustellen. Bereits vor der Petstraße (auch Jugorstraße genannt) musste Barents wegen der Eismassen seine Expedition abbrechen.

1596 unternahm er in der Eigenschaft eines Obersteuermannes, in der Begleitung von J. v. Heemskerck und J. C. Rijp, zwei anderen niederländischen Seefahrern, einen dritten Versuch, die Nordostpassage zu entdecken. Auf Nordkurs segelnd, stieß Barents auf eine Insel, die er auf den Namen »Bäreninsel« taufte, und befuhr die Küste Westspitzbergens, die er für die Küste Grönlands hielt. Während Rijp nach den Niederlanden zurückkehrte, setzten Barents und Heemskerck ihre Fahrt fort und es gelang ihnen, das Kap Nassau auf Nowaja Semlja zu umschiffen. Dann aber wurden ihre Schiffe vom Eis eingeschlossen: Bau eines Hauses aus Treibholz und erste Überwinterung auf Nowaja Semlja, die mit dem tragischen Tod von Barents endete. Nur mit großer Mühe erreichten Heemskerck und zwölf Mann der Besatzung die Insel Waigatsch, wo sie von russischen Fischern gerettet wurden.

Barents und seine Mannschaft waren die ersten Seefahrer, die in so hohen Breiten zur Überwinterung gezwungen wurden. Die »Barents-Karte« ist die erste Polarkarte ohne die vermuteten Landmassen um den Norpol. Eine Insel der Spitzbergengruppe, der nördliche Teil von Nowaja Semlja (»Barentsland«) und der Meeresteil zwischen dem Ostspitzbergischen Meer und der Karasee tragen den Namen dieses bedeutenden Polarforschers.

Literatur
W. Barents, Deliniato cartae trium navigationum per Batavos ad Septentrionalem plagem Norvegia

Moscovia et Nowa Zembla et per fretum Weijgatis Nassovieam dictum ac juxta Groenlandian. Autore Wilhelmo Bernardo. In: Bry, Johann Theodor de: (Collectio peregrinationum in Indiam orientalem. Fingierter Titel.) Tertia Pars. Frankfurt 1601

J. Ch. Adelung, Geschichte der Schiffahrten und Versuche, welche zur Entdeckung des Nordöstlichen Weges nach Japan und China von verschiedenen Nationen unternommen wurden. Halle 1768

W. Y. Bontekoe van Hoorn, Die gefahrvolle Reise des Kapitän Bontekoe und andere Logbücher und Schiffsjournale holländischer Seefahrer des 17. Jahrhunderts. Tübingen 1972

BARROS, JOÃO DE

Portugiesischer Seefahrer und Schriftsteller, geb. 1496 (1497?) in Lissabon, gest. 1562 (1570?).

Barros entstammte einer Beamtenfamilie und wuchs am Hof des Königs Manuel I. auf. Als

João de Barros war auch ein bedeutender Historiograf. Sein erstes Werk erschien 1520, die »Crónica do Imperador Clarimundo«. Seine zahlreichen Chroniken, die Portugals Aufstieg zur Kolonialmacht dokumentierten, bestechen durch seine nüchternen und detaillierten Recherchen.

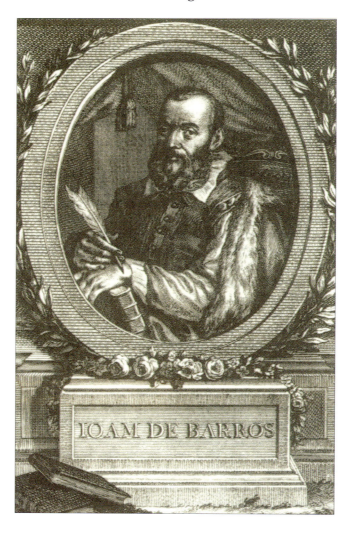

IOAM DE BARROS

Beamter sammelte er reiche Erfahrungen in Übersee und leitete später den Überseehandel des Hafens von Lissabon. In königlichem Auftrag sollte er die brasilianische Provinz Maranhão kolonisieren, jedoch versank seine Flotte kurz vor der brasilianischen Küste. Seine Erfahrungen in Übersee gaben ihm den Erfahrungsschatz, den er als Literat fruchtbar machen konnte. Er verfasste auch Bücher, die die kolonialisierten Völker erziehen helfen sollten, beispielsweise eine Grammatik des Portugiesischen.

BARTH, HEINRICH

Deutscher Afrikaforscher und Geograf, geb. 1821 in Hamburg, gest. 1865 in Berlin.

Studium der Archäologie, der vergleichenden Geografie und der Philologie an der Universität Berlin. Früh vom romantischen Denken geprägt. Doktor der Philosophie. 1845 unternahm Barth eine große archäologische Reise in die Mittelmeerländer, besuchte Marokko, Algerien, Tunesien und Libyen. An der ägyptischen Grenze wurde er durch die Kugel eines Wüstenräubers verletzt und seiner Barschaft beraubt. In Alexandrien erholte er sich von den Strapazen. Anschließend bereiste er Palästina, Syrien, Zypern und Rhodos. 1848 erhielt er den Auftrag, an der Universität Berlin Vorlesungen über Afrikas Bodenbeschaffenheit zu halten.

Auf Empfehlung seines früheren Professors K. Ritter wurde Barth zur Teilnahme an einer Expedition unter Führung von J. Richardson in den Sudan durch die englische Regierung verpflichtet. Ziel dieses Unternehmens war die Erschließung neuer Handelswege und die Bekämpfung des Sklavenhandels. Auf Vorschlag der Gesellschaft für Erdkunde in Berlin nahm der junge deutsche Geologe Overweg ebenfalls an der Reise teil.

1850 startete die Expedition in Tripolis und erreichte ohne Schwierigkeiten Mursuk im südwestlichen Libyen. Am 18. Juli zogen die drei Forscher in Ghat (Rhat) ein. Ihr nächstes Ziel war

Agadès, eine Stadt am Rande des noch unerforschten Aïrgebirges, in der sie ohne Zwischenfall eintrafen und von der muslimischen Bevölkerung freundlich aufgenommen wurden. Wenig später trennten sich die drei Reisenden. Der Grund: Die beiden Deutschen warfen dem Engländer absichtliche Nachlässigkeit vor.

Richardson starb unweit von Kuka am Tschadsee. Barth und Overweg marschierten von Kuka nach Adamaua (Gebirgsland im zentralen Kamerun), gelangten in Yola an den Benue (Nebenfluss des Niger) und kehrten wieder nach Kuka zurück. In Europa galt Barth als verschollen. So sandte die englische Regierung den deutschen Afrikareisenden E. Vogel auf die Suche. Doch Barth traf in Kano ein, erreichte über Katsina und Sokota den Niger und hielt am 7. September 1853 als dritter Europäer Einzug in das legendäre Timbuktu. Nach einem sechsmonatigen Aufenthalt (die Bevölkerung hielt ihn für den Sohn des ermordeten englischen Majors Laing) musste er die Stadt verlassen. Über Kano kehrte er nach Kuka zurück, wo er E. Vogel traf.

Aus gesundheitlichen Gründen war Barth gezwungen, sich wieder nach Tripolis zu begeben. Wenig später wurde E. Vogel, noch ein Neuling unter den Afrikaforschern, im Sultanat von Wadai ermordet.

Barths große Reise hatte am 24. März 1850 begonnen und endete am 27. August 1855. Bei seiner Rückkehr nach Europa wurde er begeistert gefeiert. A. v. Humboldt über Barth: »Er hat eine neue Welt eröffnet.« Von der englischen Regierung erhielt er, allerdings mit einigen Jahren Verspätung, den Bath-Orden. Die erhoffte ordentliche Professur jedoch blieb aus. Seine Ernennung zum deutschen Konsul in Damaskus wurde von der Regierung abgelehnt. Bei der Wahl in die Königliche Akademie der Wissenschaften fiel er durch. Erst 1863 erhielt er eine außerordentliche Professur an der Universität Berlin. Vergeblich versuchte Barth, das Schicksal des jungen Deutschen E. Vogel zu klären. Sein Gesundheitszustand verschlechterte sich zusehends, sodass er die geplanten zwei großen Werke über Afrika und die Mittelmeerländer nicht einmal anfangen konnte. 1865 starb der große Afrikaforscher an einem Magendurchbruch.

Barth wird als mustergültiger Afrikaforscher angesehen. Trotz ungeheurer Schwierigkeiten jeder Art zog er ungemein präzise geografische und topografische Erkundigungen über das noch damals unbekannte Gebiet zwischen Tschadsee und Niger ein. Durch seine Arbeiten verschwanden viele weiße Flecken auf der Karte Zentralafrikas.

Heinrich Barth gilt als einer der profundesten Afrikaforscher. Seine geografischen und topografischen Arbeiten bestechen durch eine damals noch ungewohnte wissenschaftliche Präzision. Barth starb relativ jung im Alter von 44 Jahren.

Literatur
Monatsberichte der Berliner Geographischen Gesellschaft. 1852
T. E. Gumprecht, Barths und Oberwegs Untersuchungsreisen nach dem Tschadsee und in das Innere Afrikas. Berlin 1852
Journal of the Royal Geographical Society. London 1854
H. Barth, Wanderungen durch die Küstenländer des Mittelmeeres, ausgeführt in den Jahren 1849–1855. 5 Bde. Gotha 1857–1859

-, Reisen in Nord- und Zentralafrika in den Jahren 1849-1855. 5 Bde. Gotha 1858 (Auszug daraus, 2 Bde. 1860)
-, Sammlung und Bearbeitung zentralafrikanischer Vokabularien in deutscher und englischer Sprache. Gotha 1862
v. Schubert, Heinrich Barth, der Bahnbrecher der deutschen Afrikaforschung. Berlin 1897
E. Banse, Große Forschungsreisende (darin Barth). München 1933
-, Unsere großen Afrikaner (darin Barth). Berlin 1940
H. Schiffers, Die große Reise. Dr. Heinrich Barth, Forschungen und Abenteuer 1850-1855. Minden 1952
Heinrich Barth. Im Sattel durch Nord- und Zentralafrika. Reisen und Entdeckungen in den Jahren 1849-1855, hg. v. R. Italiaander. Mannheim 1967
Heinrich Barth: Ein Forscher in Afrika, hg. v. H. Schiffers. Stuttgart 1967
Heinrich Barth. Die große Reise. Forschungen und Abenteuer in Nord- und Zentralafrika 1849-1855, hg. v. H. Schiffers, Tübingen 1977

Der Deutsche Adolf Bastian ist in die Geschichte zwar als Afrikaforscher eingegangen, jedoch hat er eigentlich die ganze Welt – außer der Arktis und Antarktis – bereist und erforscht.

BARY, ERWIN VON

Deutscher Afrikaforscher, geb. 1846 in Bayern, gest. 1877 in Ghat (Libyen).

Stammte aus einer im 17. Jahrhundert nach Süddeutschland ausgewanderten französischen Familie. Studium der Medizin und Naturwissenschaften. Die Lektüre von Barths und Duveyriers Reiseberichten über die Sahara weckte in dem jungen Bary die Berufung zum Forschungsreisenden. Erlernen des Arabischen und der Tuareg-Sprache (»Temacheq«). Zeitweiser Aufenthalt auf der Insel Malta, dann Überfahrt nach Tripolis, wo er mehrere »Probereisen« am Rande der Sahara unternahm.

1876 beauftragte ihn die Geografische Gesellschaft zu Berlin mit einer großen Forschungsreise in den Sudan, hauptsächlich um den Hoggar (Gebirgsmassiv in der Sahara) zu erkunden. Mit nur einer kleinen Karawane und sich als türkischer Arzt ausgebend, gelangte Bary in Begleitung eines Händlers aus Tripolis ohne Schwierigkeiten nach Ghat.

Barys Wunsch, den Hoggar zu erforschen, musste wegen Stammesfehden zwischen den Tuaregs vorläufig aufgegeben werden. So bereiste er den Tassili der Adjer (Felswüste im Zentrum der Sahara). Bei seiner Rückkehr nach Ghat wurde Bary besonders herzlich von dem türkischen Gouverneur dieses Ortes begrüßt. Als Bary noch immer nicht in den Hoggar eindringen konnte, unternahm er einen »Ausflug« in das Gebirgsmassiv von Aïr, der ein ganzes Jahr dauerte. Hier wurde er von den Tuaregs seiner gesamten Habe beraubt und kam völlig mittellos in Ghat wieder an.

Eines Abends, nach einem Essen in der Residenz des türkischen Gouverneurs, starb Bary plötzlich. Ob er auf Befehl des türkischen Gouverneurs vergiftet wurde oder den Strapazen seiner Saharareise erlag, konnte nie festgestellt werden.

Bary hat während seiner knapp zweijährigen Forschungsreise im Sudan eine Menge vorher noch unbekannter geografischer und ethnografischer Erkundigungen eingezogen, insbesondere über das Gebirgsmassiv des Tassili der Adjer.

Literaturhinweis
Bary, Erwin de, Le dernier rapport d'un Eruopéen sur Ghât et les Touaregs de l'Aïr. Journal de voyage d'Erwin de Bary 1876-1877. Traduit et annoté par Henri Schirmer. Paris 1898

BASTIAN, ADOLF

Deutscher Australien-, Asien-, Amerika-, Afrikareisender und Völkerkundler, geb. 1826 in Bremen, gest. 1905 in Port of Spain (Trinidad).

Nach seiner Ausbildung als Schiffsarzt gab Bastian seinem Reisefieber und Forschungsdrang nach. 1851 begab er sich nach Australien und besuchte dort die Golddistrikte. Von hier aus durchwanderte er Neuseeland, überquerte den Stillen Ozean und ging in Peru an Land. Längere Zeit blieb er in der Stadt Cuzco, der einstigen geistigen und politischen Hauptstadt des Inkareiches. Über das Westindische Inselgewirr reiste er

Adolf Bastian durchstreifte auch Mexiko, wo ihn besonders die alten Indianerkulturen faszinierten. Das Foto zeigt Chichén Itzá, das Zeremonialzentrum der alten Mayakultur in Nord-Yucatán, Mexiko.

zum Mississippi und Missouri und gelangte nach Mexiko, wo der die Ruinen der ehemaligen großen Azteken-Konföderation besuchte. In Kalifornien bestieg er ein Schiff, überquerte ein zweites Mal den Pazifik, gelangte nach China, Hinterindien, dem Malaiischen Archipel, Kalkutta, durchzog den Dekkan und erreichte Bombay. Auf seinem Marsch durch den Nahen Osten untersuchte er die Ruinen von Babylon und Ninive und zog anschließend durch Syrien und Palästina nach Kairo, dem alten Memphis, wo er einige Monate blieb. Er befuhr dann den Nil, ritt durch die Wüste am Roten Meer entlang, bestieg ein Schiff im Hafen von Mokka im heutigen Jemen und gelangte nach Afrika. In Afrika bereiste er das Zululand, den Kongo, Westafrika, Liberia, Sierra Leone und Senegambien. 1859 kehrte er zur Auswertung seines geografischen, ethnografischen und geologischen Materials nach Deutschland zurück. Seine Rundreise hatte acht Jahre lang gedauert.

Seine zweite große Forschungsreise dauerte vier Jahre (1861–1865). Sie führte nach Hinterindien, das er von Mandalay in Zentralbirma bis nach Saigon bereiste. Während dieser Expedition widmete er sich insbesondere dem Studium der Sprachen der Thais. 1863–65 erforschte er die Malaiische Inselwelt. Nach einem Besuch in Japan kehrte er über Peking, durch die Mandschurei, die Innere Mongolei, die Wüste Gobi und Sibirien wieder in seine Heimat zurück. Das Resultat dieser Forschungsreise war die gründliche Kenntnis der Religionen und Sprachen verschiedener asiatischer Völker.

1873 wurde Bastian Vorsitzender der »Deutschen Gesellschaft zur Erforschung Zentralafrikas«. Im selben Jahr unternahm er eine kurze Expedition nach der Loangoküste (Angola). 1875–76 bereiste er nochmals Südamerika, besuchte Peru, Ecuador, Kolumbien und Guatemala und kehrte über die USA nach Deutschland zurück. 1878 unternahm er eine neue große Asienreise. Über Baku am Kaspischen Meer und über Teheran durchstreifte er Vorder- und Hinterindien, das Malaiische Archipel, Australien, Kalifornien, den Oregon, gelangte nach New York und endlich nach Yucatán.

1889–91 erforschte er auf Reisen Kaukasien, Turkestan, Armenien, Vorderindien und Tasmanien (Insel südl. von Australien). Fünf Jahre später befand er sich erneut im Malaiischen Archipel und in Ostindien. Seine letzte Reise führte ihn nach Hinterindien und auf die Insel Ceylon.

Bastian hat während seines außergewöhnlich aktiven Forscherlebens sozusagen die ganze Welt mit Ausnahme der Arktis- und Antarktisgebiete bereist. Er gilt als »Vater« der Völkerkunde. Um den Entwicklungsgang des Menschen zu ergründen, studierte Bastian vor allem sehr intensiv die Sitten und Gebräuche der so genannten »Naturvölker«.

Literatur
A. Bastian, Ein Besuch in San Salvador, der Hauptstadt des Königreichs Kongo. o. O. 1859
–, Der Mensch in der Geschichte. o. O. 1860
–, Die Völker des östlichen Asien. 6 Bde. o. O. 1866–1871
–, Das Beständige in den Menschenrassen. o. O. 1868
–, Die Deutsche Expedition an der Loangoküste Afrikas. 2 Bde. o. O. 1874–1875
–, Die Kulturländer des Alten Amerika. 3 Bde. o. O. 1878–1879
–, Kontroversen in der Ethnologie. 4 Bde. o. O. 1893–1894
K. Th. Preuss, Adolf Bastian und die heutige Völkerkunde. Bässler-Archiv o. O. 1926
–, Die heilige Sage der Polynesier. Kosmogonie und Theologie. Nachdr. d. Ausg. Leipzig 1881, o. O. 1986
–, Indonesien oder die Inseln des Malaysischen Archipels. Neudr. d. Ausg. 1884–1894, o. O. 1987
–, Ein Besuch in San Salvador, der Hauptstadt des Königreichs Kongo. Münster 1988

Nach einem dramatischen Schiffbruch musste sich der arabische Forschungsreisende Ibn Battuta mehrere Wochen lang unfreiwillig auf den Malediven aufhalten.

BATES, HENRY WALTER

Englischer Biologe und Südamerikaforscher, geb. 1825 in Leicester, gest. 1892 in London.

Zusammen mit Alfred R. Wallace begab sich Bates 1848 zum Mündungsgebiet des Amazonas in Pará (Nordbrasilien). Mit dem Fang und Verkauf seltener Insekten wollten beide ihre Expedition finanzieren, doch während Wallace bereits vier Jahre später nach England zurückkehrte, erforschte Bates – trotz Krankheiten – den Amazonas bis 1859, so lange wie kein Weißer vor ihm. Zudem brachte er ca. 14.000 zoologische und botanische Belege mit nach England, von denen 8.000 Arten noch unbekannt waren.

BATTUTA, IBN

Arabischer Weltreisender, geb. 1304 in Tanger, gest. 1377 in Fès.

Studium der islamischen Rechtswissenschaften. Vom Reisefieber gepackt, begab sich Battuta zunächst 1326 nach Alexandrien. Sein Reiseziel bestand nicht in der Entdeckung noch unbekannter Länder, sondern er wollte sich von der Pracht und Herrlichkeit der islamischen Stätten überzeugen.

Von Mekka aus wanderte er nach Jerusalem und Täbris (Iran) und kehrte dann wieder in die Stadt des Propheten zurück. Ein kurzer Abstecher führte ihn nach Hormus am Persischen Golf.

Sein nächster Erkundungsbesuch galt Astrachan am Kaspischen Meer, von wo er, begleitet von der Tochter des byzantinischen Kaisers Andronikos III., über Konstantinopel nach Rabat zurückkehrte. Seine erste Reise hatte volle acht Jahre in Anspruch genommen.

Auf seiner zweiten Reise besuchte er den indischen Subkontinent. In Delhi übte er eine Zeit lang seinen ursprünglichen Beruf als Richter aus. Beim Sultan genoss er ein solches Vertrauen, dass dieser ihn an die Spitze einer Gesandtschaft an den Hof des Mongolenherrschers nach Peking stellte. Auf dem Weg nach Bengalen wurde er ausgeraubt und gefangen gesetzt. Jedoch gelang ihm die Flucht und er versuchte, nun auf dem Seeweg China zu erreichen. Unterwegs erlitt er Schiffbruch. Mehrmonatiger Aufenthalt auf den Malediven (südwestlich der Südspitze Indiens) und Weiterreise nach Sumatra und Java. Das Mekongdelta durchwandernd, erreichte er China und kam noch rechtzeitig in Peking an, um dem Begräbnis des Großkhans beizuwohnen. Über Kanton und den »Welthafen« Hang-tschou kehrte der Rechtsgelehrte nach zwanzigjähriger Abwesenheit in seine Heimatstadt Tanger zurück, wo der Sultan Abu-Iman den Weltenbummler besonders herzlich empfing.

1352 unternahm er eine dritte Reise in das vom Islam beherrschte Nord- und Zentralafrika. Battuta besuchte Mali, die damalige Hauptstadt des Nigergebietes, Timbuktu, das ihn allerdings nicht besonders beeindruckte, die ostafrikanischen Küstenstädte Mombasa und Kilwa und dann kehrte über Gao (Niger), den Hoggar und das Atlasgebirge nach Fès zurück, wo er seinem Biografen Ibn Djozay seinen Reisebericht diktierte.

Battuta gehört neben Marco Polo und Wilhelm von Ruysbroek zu den drei großen mittelalterlichen Weltreisenden. Er legte innerhalb eines Vierteljahrhunderts die ungeheure Strecke von 100 000 km quer durch Asien, Afrika und Europa zurück. Seine Reiseberichte beruhen mit Ausnahme von ein paar Kapiteln auf der Wahrheit und gelten heute noch als das Standardwerk der arabischen Reiseliteratur.

Literatur
Kosegarten, De Mohamede Ebn Battuta, Arabe, Tingitano eiusque itineribus. Jenae 1818
S. Lee, Travels of Ibn Battuta. London 1829
M. Cherbonneau, Voyage du Cheik Ibn Batoutha à travers l'Afrique septentrionale et Egypte. Paris 1852
Ibn Battuta, Voyages, traduits par Defrémery. Paris 1853–1858
Bl. Tapier, Les voyages Arabes au moyen-âge. Paris 1937
Ibn Battuta, Reisen ans Ende der Welt, 1325–1353, neu hg. v. H. Leicht. Tübingen 1974

BAUMANN, OSKAR

Österreichischer Forschungsreisender, geb. 1864 in Wien, gest. 1899 ebd.

1885 begleitete Baumann den deutschen Forscher Oskar Lenz auf dessen Afrikareise, befuhr den oberen Kongo und durchstreifte die Insel Fernando Póo im Golf von Guinea.

Als er 1888 zusammen mit dem deutschen Afrikaforscher Hans Meyer Ostafrika durchwanderte, wurde er von den Arabern gefangen genommen und gegen ein Lösegeld wieder freigelassen.

Während seiner großen Reise in den Jahren 1889 bis 1893 entdeckte Baumann den Manjara- und den Eyassisee (Salzsee im Norden des heutigen Tansania) und die Quellen des Kagera, des Hauptzuflusses des Victoriasees.

Literatur
O. Baumann, Eine afrikanische Tropeninsel: Fernando Poo und die Bube. Wien 1888
–, In Deutsch-Ostafrika während des Aufstandes. Wien und Olmütz 1890
–, Usambara und sein Nachbargebiet. Berlin 1891
–, Durch Massailand zur Nilquelle. Reise und Forschung der Massai-Expedition des deutschen Antisklaven-Komitees. Berlin 1894

BEEBE, CHARLES WILLIAM

Amerikanischer Zoologe und Tiefseeforscher, geb. 1877 in New York, gest. 1962 in Trinidad.

Zusammen mit dem Ingenieur Otis Barton entwickelte Dr. Beebe ein ganz neues Tauchgerät: eine 5.400 Pfund schwere Stahlkugel (Bathysphere). Diese hing an einer Stahltrosse und war durch eine Telefonleitung mit einem Schiff an der Wasseroberfläche verbunden. Am 15. August 1934 gelang Beebe und Barton, was bisher keinem Menschen geglückt war: In der Nähe der Bermudainseln erreichten sie eine Wassertiefe von 923 m. Beebe konnte viele bis dahin unbekannte Tiefseetiere beobachten und fotografieren.

Mit seiner selbst konstruierten Taucherkugel »Bathysphere« erreichte Beebe als erster Mensch eine Tiefe von 923 m bei den Bermudainseln.

BEECHEY, FREDERICK WILLIAM

Englischer Polarforscher und Geograf, geb. 1796 in London, gest. 1856 ebd.

Sohn des Malers S. W. Beechey. Trat bereits im Alter von zehn Jahren der Royal Navy bei und nahm fünfzehnjährig an einer Seeschlacht bei der Insel Madagaskar teil. 1818 begleitete Beechey den Polarforscher J. Franklin auf dessen Suche nach der Nordwestpassage und 1819 den Arktisforscher E. Parry auf einer Fahrt in die nördlichen Gewässer.

Erst 1825–28 konnte er als Kommandant der »Blossom« eine eigene Expedition in die nordamerikanische Arktika unternehmen.

Eine der Südwestküste der Devoninsel (Barrowstraße) vorgelagerte kleine Insel sowie ein See (unweit des nördlichen Polarkreises) in Kanada tragen den Namen dieses Polarforschers.

Literatur
Fr. W. Beechey, Narrative of a Voyage to the Pacific and Bering's Strait. London 1831
–, Voyage of Discovery towards the North Pole, performed in H. M. S. Dorothea and Trent, under the Command of Cpt. D. Buchan. London 1843

BEHAIM, MARTIN

Deutscher Seefahrer, Kartograf und Globenmacher, geb. um 1460 in Nürnberg, gest. 1507 in Lissabon.

Behaim (Martin de Bohemia = Name des Adoptivlandes) lebte eine Zeit lang in Böhmen. Er soll Schüler des berühmten Regiomontanus (Johannes Müller) gewesen sein. 1481 wanderte er nach Portugal aus und wurde Mitglied der Lissaboner »Juntas dos Mathematicos« unter Leitung von König Johann II.

In Begleitung des portugiesischen Seefahrers Diego Cão (»Hund«) unternahm Behaim um 1484 in der Eigenschaft eines Steuermannes und Kartografen eine Fahrt in den Golf von Guinea, bei der die Insel Annobon (heute spanisch) entdeckt wurde. Am Cabo Agostino und am Cabo Negro stellten sie steinerne Wappenzeichen (»Padraos«)

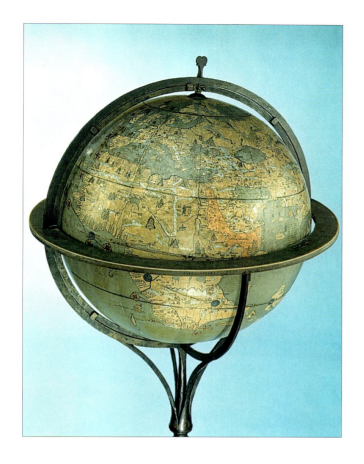

Martin Behaim schuf den ersten Globus, der heute im Germanischen Nationalmuseum in Nürnberg zu bewundern ist. Freilich sind nicht alle Angaben korrekt, besonders die Einzeichnung der ostafrikanischen Küste zeigt Ungenauigkeiten.

auf und gelangten in die Kongomündung, wo sie alle erreichbaren Schwarzen über das Land des abessinischen Herrschers befragten. Nach 16-monatiger Erkundungsfahrt kehrte die Expedition nach Portugal zurück.

Von nun an genoss Behaim in Lissabon großes Ansehen. Aus politischen Gründen jedoch durfte Behaim an keiner weiteren Expedition teilnehmen. Auf den Azoren nahm er dann seinen ständigen Wohnsitz und widmete sich der Kartografie.

Zwischen 1491 und 1493 verweilte Behaim in Nürnberg zur Erledigung einer Erbschaftsangelegenheit. Während seines Aufenthaltes fertigte er einen Globus an (den heute ältesten Erdglobus), auf dem die portugiesischen Besitzungen an der Küste Westafrikas genau eingezeichnet sind. Die ostafrikanische Küste entspricht den geografischen Gegebenheiten jedoch nicht. Vor seiner Abreise unterrichtete Behaim den Nürnberger Mechaniker Kalperger in der Globenanfertigung. Während einem seiner regelmäßigen Besuche Lissabons starb Behaim dort in einem Kranken-

haus. Behaims Verdienst liegt vor allem im Bereich der Kartografie. Sein Globus (heute im Germanischen Museum in Nürnberg) stellt die erste konkrete Bestandsaufnahme des Vordringens der Portugiesen in Richtung des Kaps der Guten Hoffnung dar. Ob Behaim tatsächlich der Schüler von Johannes Müller war, ist bis heute nicht einwandfrei erwiesen und wird von manchen Historikern infrage gestellt.

Literatur
C. G. von Murr, Diplomatische Geschichte des portugiesisch berühmten Ritters Martin Behaim. Aus Originalurkunden. Nürnberg 1778
F. W. Ghillany, Der Erdglobus des Martin Behaims vom Jahr 1492. Nürnberg 1842
–, Geschichte des Seefahrers Ritter Martin Behaim nach den ältesten Urkunden bearbeitet. Nürnberg 1853
Reichenbach, Martin Behaim. o. O. 1889
S. Guenther, Martin Behaim. o. O. 1890
E. Ravenstein, Martin Behaim, his life and his globe. o. O. 1908
J. Bräunlein, Martin Behaim. Legende und Wirklichkeit eines berühmten Nürnbergers. Bamberg 1992

Sir Edward Belchers Verdienste als Polarforscher liegen vor allem in der Präzision seiner wissenschaftlichen Arbeit.

BELCHER, SIR EDWARD

Englischer Polarforscher, geb. 1799 in Halifax (Neuschottland), gest. 1877 in London.

Belcher war Marineoffizier. 1825 begleitete er den Polarforscher F. W. Beechey auf einer Forschungsreise in den Pazifik und 1836–42 nahm er auf der »Sulphur« an einer Erdumsegelung teil. 1852 wurde er mit einer groß angelegten »John-Franklin-Suchexpedition« beauftragt. Auf der Rückfahrt zur Beecheyinsel wurden Belchers Schiffe, die »Intrepid« und die »Pioneer«, vom Eis umschlossen und festgehalten. Mit einem Schlitten erforschte er nun die Meerenge von Penny – zwischen der Insel Bathurst und dem Devonland gelegen – und stieß bis zum Jonessund vor, der fast eisfrei war.

Nach England zurückgekehrt, wurde Belcher allerdings verleumdet und vor Gericht gestellt. Man warf ihm vor, sein Schiff unrechtmäßig und eigenmächtig verlassen zu haben. Das Verfahren endete aber in einem Freispruch.

Belcher hatte zwar keine Spur der »John-Franklin-Expedition« gefunden, doch seine geografischen Untersuchungen im nördlichen Polarkreis waren von hohem wissenschaftlichen Wert. Eine Insel in der Hudsonbai ist nach ihm benannt.

Literatur
E. Belcher, Narrative of a Voyage Round the World on H. M. S. »Sulphur«. London 1843
–, Narrative of a Voyage of H. M. S. »Samarang«. London 1848
–, The last of the Arctic Voyages. London 1855

BELLINGSHAUSEN, FABIAN GOTTLIEB VON

Russischer Polarforscher und Entdecker, geb. 1778 in Hoheneichen (Insel Ösel), gest. 1852 in Kronstadt (St. Petersburg).

Nach seinem Studium an der Marineschule Kronstadt trat Bellingshausen 1797 in den Dienst der kaiserlich-russischen Marine. 1819 erhielt er von Zar Alexander I. den Auftrag, die Antarktis zu erforschen. Mit zwei Schiffen stieß der wissenschaftlich ausgebildete Seefahrer in die antarktischen Gewässer vor, entdeckte zwei Inseln, die er auf die Namen »Peter I.« und »Alexander I.« taufte (beide in der »Bellingshausensee« gelegen). Bei diesem kühnen Vorstoß in ein noch unerforschtes Meer erreichte er 60° südl. Br. 1821 kehrte er von seinem erfolgreichen Unternehmen nach Kronstadt zurück: Er hatte die Antarktis umsegelt, ohne allerdings den Kontinent betreten zu haben. Seine berufliche Laufbahn beendete er mit dem Posten eines Militärgouverneurs von Kronstadt.

Der südl. des Grahamlandes (Westantarktika) gelegene Meeresteil trägt den Namen dieses bedeutenden Antarktiserforschers.

Literatur
Hakluyt Society, Voyage of Captain Bellingshausen to the Antarctic Seas, 1819–1821. London 1945

BELZONI, GIAMBATTISTA

Italienischer Afrikareisender und Archäologe, geb. 1778, gest. 1823.

Bereits in jungen Jahren bereiste Belzoni Italien, England und Holland, und 1815 begab er sich nach Ägypten, wo er den Transport antiker Funde in die staatlichen Museen leitete. Während seines Aufenthaltes in Afrika erforschte er im Alleingang Nubien, die Gräber von Abu Simbel (zwei bedeutende Felsentempel Ramses' II. am Nil in Oberägypten), untersuchte die Chephrenpyramide, grub im »Tal der Könige« nach verborgenen Schätzen, unternahm eine Reise in das Al-Faijum-Becken, durchstreifte die libysche Wüste und gelangte bis zur Oase El Kassar, die er irrtümlich für die Ammon-Oase hielt.

Belzonis Endziel bestand in der Entdeckung der Nigerquellen. Doch ohne dies erreicht zu haben, starb der inzwischen weltberühmt gewordene Antiquitätensammler schon im Alter von 45 Jahren in Gato an einer Tropenkrankheit.

Literatur
G. Belzoni, Narrative of the Operations and Recent Discoveries within the pyramids, temples, tombs and excavations in Egypt and Nubia. London 1820
J. F. Dennett, The voyages and travels of Capt. Parry, Franklin, Ross and Mr. Belzoni (Selected by Captain J. F. Dennett). London 1826

BERING, VITUS JONASSEN

Dänischer Seefahrer und Entdecker, geb. 1680 in Horsens (Jütland), gest. 1741 auf der Beringinsel.

Bering stand bereits in jungen Jahren in Diensten der Holländischen Ostindien-Kompanie. 1722 Begegnung mit dem russischen Admiral Seniawin. Annahme des günstigen Angebots vonseiten der kaiserlich-russischen Admiralität, fortan in ihren Diensten zu segeln.

Seit Jahren interessierten sich sowohl der Zar als auch die Händler von Archangelsk für den Ausbau der gegenseitigen wirtschaftlichen und politischen Beziehungen zu Nordamerika und China. Um einen Erfolg zu gewährleisten, musste allerdings der geografische Zusammenhang zwischen Asien und Nordamerika festgestellt werden.

1725 erhielt Bering den Auftrag, eine wissenschaftliche Expedition auf der Halbinsel Kamtschatka zu unternehmen und von dort aus die vermutete Meerenge zu suchen und zu kartografieren. In Begleitung von M. Spanberger, einem dänischen Marineleutnant, und A. Tschirikow, einem russischen Seemann, erreichte die Expedition erst zwei Jahre nach ihrem Aufbruch Kamtschatka auf dem Landweg. Bau zweier Schiffe, der »Fortuna« in Ochotsk (ostsibirische Küste) und der »St. Gabriel« in Petropawlowsk (Kamtschatka). Am 13. Juli 1728 segelte Bering von Kamtschatka aus in nördl. Richtung, umschiffte das Kap Tschukotskij, entdeckte ein Land (Insel), das er auf den Namen »St. Lorenz« taufte, und gelangte durch die nach ihm benannte Beringstraße in das Tschuktschenmeer. Heftige Stürme veranlassten ihn zur Rückkehr. Bei seiner Ankunft in St. Petersburg behauptete Bering, er habe 67° 11' nördl. Br. erreicht. Die russische Admiralität war über das Ergebnis von Berings Expedition enttäuscht, denn über Alaska konnte der Däne keine konkreten Nachrichten geben.

Dank seine guten Beziehungen zu Graf Golowin und zu Minister Graf Ostermann wurde Bering nun mit der geografischen Erforschung der Nordwestküste Nordamerikas und Ostsibiriens beauftragt. Mit zwei Schiffen, der »St. Peter« und der »St. Paul«, nahm Bering in Begleitung des Wissenschaftlers G. W. Steller und des französischen Geografen L. Delisle de la Croyère Kurs auf die nordamerikanische Westküste. Während die »St. Paul« unter dem Kommando von Tschirikow verloren ging, entdeckte Bering die Aléuten und erblickte auf seiner Weiterfahrt am 20. Juli 1741 den Mount St. Elias (Alaska), Nordamerikas drittgrößten Berg. Entlang der Alaska-Halbinsel segelnd, entdeckte er weitere Inseln, die heutigen Andreanowinseln. Als der russische Maat Shumagin auf einer Insel an Skorbut starb, taufte man diese Insel auf dessen Namen (Shumagininsel). Inzwischen aber war ein großer Teil der Mannschaft an Skorbut erkrankt und die Septemberstürme hatten eingesetzt. Nur mit großer Mühe erreichte Bering die nach ihm benannte Insel, die heute Komandorskije Ostrowa heißt. Dort starb er am 13. August 1741 an Erschöpfung. Von den 76 Teilnehmern der Expedition gelangten nur 46 nach Petropawlowsk.

Literatur
G. P. Müller, Voyages et découvertes faits par les Russes le long des côtes de la mer glaciale et sur l'océan oriental tant vers le Japon que vers l'Amérique. Amsterdam 1766
P. Lauridsen, Vitus J. Bering og de russiske Opdagelsesrejser fra 1725–1743. Kopenhagen 1885
F. A. Golder, Bering's Voyages. An account of the efforts of the Russians to determinate the relation of Asia and America. 2 Bde. American Geographical Society Research Series No. 1. New York 1922
Y. Semionov, La Conquête de la Sibérie du IXe siècle au XIXe siècle. Paris 1938

Die Verdienste des Dänen Vitus Jonassen Bering liegen vor allem in der Wiederentdeckung der Meeresstraße zwischen Alaska und Sibirien.

BÉTHANCOURT, JEAN DE

Französischer Seefahrer und Kolonisator, geb. um 1360 in Grainville, gest. um 1425.

1402 fasste der verarmte Edelmann Béthancourt den Beschluss (möglicherweise auf Anraten des französischen Königs Karl VI.), nachzuprüfen, ob die Kanarischen Inseln für eine systematische Besiedlung infrage kämen. Am 1. Mai verließ eine Flottille mit ungefähr hundert Siedlern den französischen Atlantikhafen La Rochelle. Am Unternehmen nahmen ebenfalls drei Geistliche, der Kammerherr des Herzogs von Orléans, Gardife de la Salle, und der Chronist P. Bontier teil.

Béthancourt nahm die Inseln Lanzarote, Fuerteventura, El Hierro und Gomera für Frankreich in Besitz und erhielt als Gegenleistung den schmeichelhaften, aber politisch unbedeutsamen Titel »König der Kanaren«.

Die Finanzmisere des französischen Hofes, hauptsächlich durch die gewaltigen Ausgaben für den Hundertjährigen Krieg verursacht, machte den Plan für eine permanente Besiedlung zunichte. Bereits Ende des 15. Jahrhunderts war von der Kolonisierung nicht mehr viel übrig. Die militärische Besetzung dieses atlantischen Stützpunktes durch die Franzosen hätte den Lauf der Kolonialgeschichte von Grund auf geändert.

Béthancourts Expedition war vom ethnologischen Standpunkt aus besonders interessant. Sie brachte viele Neuigkeiten über die Sitten und Gebräuche der Ureinwohner der Kanarischen Inseln, so u. a. dass sie die Toten einbalsamierten und dann in eine Höhle brachten. 1770 wurden über tausend Mumien in einer großen Grotte gefunden. Eine wegen der Einbalsamierungstechnik mögliche frühe Verbindung zu den Ägyptern konnte bisher nicht festgestellt werden.

Literatur
Voyageurs anciens et modernes ou choix des relations de voyages, les plus intéressantes et les instructives, avec biographies, notes et indications par M. Edouard Charton. Tome Troisième: Jean de Béthancourt ... Paris 1857

BINGER, LOUIS GUSTAVE

Französischer Afrikaforscher, geb. 1856 in Straßburg, gest. 1936 in Isle-Adam (Seine-et-Oîse).

Binger begann seine Forschertätigkeit bereits im Alter von 21 Jahren, als er von Bamako (Mali)

Entdeckt wurde Lanzarote, eine der Kanarischen Inseln, von dem Genuesen Lancelotto Malocello im Jahr 1312. Béthancourt sollte die Insel später auf ihre Besiedlungsmöglichkeiten untersuchen. Die faszinierende Lava- und Aschenkegellandschaft von heute (Foto links und nächste Seite) kannte Béthancourt noch nicht. Das heutige Lanzarote entstand erst 1730 durch mächtige Vulkanausbrüche.

aus die gesamte Nigerschleife befuhr. Innerhalb von zwei Jahren legte er rund 4.500 km zurück, durchstreifte die Gebiete der Mossi und der Kong und erreichte 1887 die Stadt Grand-Assam an der Elfenbeinküste. Binger stellte fest, dass das Gebiet zwischen den Flüssen Kamoe und Niger mit dem Zentren Kong, Bobo Dioulasso und Djenné mit seinen Farbhölzern und Edelmetallen die reichste Kolonie Frankreichs hätte werden können. Seine Behauptung rief naturgemäß die

Engländer und die Deutschen auf den Plan, die sich ebenfalls für dieses rohstoffreiche Urwaldgebiet interessierten.

Binger war der erste Europäer, der den Niger von dessen großer Schleife an bis zur Mündung wissenschaftlich erforscht hat. Eine Stadt an der Elfenbeinküste trägt den Namen dieses bedeutenden Forschers.

Literatur
L. G. Binger, Du Niger au Golfe de Giunée par les pays de Kong et de Mossi (1887–1889). Paris 1892

BLIGH, WILLIAM
Englischer Seefahrer, geb. 1754 in Plymouth, gest. 1817 in London.

1776 begleitete Bligh James Cook als Steuermann auf dessen dritter Erdumsegelung.

1787 erhielt er von der Britischen Admiralität den Auftrag, den Brotfruchtbaum und andere Pflanzen des Südpazifiks auf die Antillen zu transportieren, um diese dort zu akklimatisieren und anzubauen. Auf seiner Fahrt durch die australische Südsee entdeckte er im Süden von Neuseeland eine Inselgruppe, die er auf den Namen seines Schiffes »Bounty« taufte. Anschließend segelte Bligh nach Otaheite (Tahiti), ging dort an Land und sammelte mit den ihn begleitenden Naturwissenschaftlern zahlreiche seltene Pflanzen.

Während dieses längeren Aufenthaltes vergnügte sich der übrige Teil der Besatzung – trotz

Blighs striktem Verbot – mit den Bewohnerinnen Otaheites. Bald nach der Abfahrt brach auf dem Schiff unter der Führung von Christian Fletcher eine Meuterei (die berühmte Meuterei auf der »Bounty«) aus. Sie rebellierten vor allem gegen Blighs herrisches Regime. Bligh und 18 Seeleute wurden in einem nur 23 Fuß langen offenen Boot unweit der Insel Tofua (Tongagruppe) ausgesetzt.

Nach einer einmonatigen Odyssee erreichte Bligh im Juni 1789 mit seinen Begleitern die portugiesische Insel Timor. Nach England zurückgekehrt, forderte er ein Gerichtsurteil gegen die Meuterer und auch gegen die mit ihm ausgesetzten Offiziere, denen er Schwäche während der Rebellion vorwarf. Bligh erhielt volle Genugtuung.

Die »Bounty« war inzwischen auf der kleinen Insel Pitcairn (südöstlich der Paumotu- oder Tuamotugruppe im Pazifik) gelandet. Nach einem kurzen Aufenthalt auf dieser üppigen Insel wurden die Meuterer von der Besatzung eines englischen Kriegsschiffes überwältigt und mussten sich schließlich in London vor einem Kriegsgericht verantworten.

1805 wurde Bligh zum Gouverneur von Neusüdwales (Australien) und 1811 zum Konteradmiral ernannt.

Literatur
H. M. S. »Bounty«, The Mutiny of the Bounty. Edinburgh 1885
The Voyage of the Bounty Launch, as related in William Bligh's despatch to the Admiralty and the Journal of John Fryer. London 1934
I. W. Antony, The Saga of the »Bounty«. Its strange history related by the participants themselves. New York 1935
G. Mackaness. Life of Vice-Admiral William Bligh. New York 1936
O. Rutter, Turbulent Journey. A life of William Bligh. London 1936
William Bligh/George Hamilton, Meuterei auf der »Bounty«. Die Piratenjagd der »Pandora« (1787–1792), hg. v. H. Homann, Neuaufl. Stuttgart 1983
W. Bligh, Meuterei auf der »Bounty«. Hamburg 1992

Der US-amerikanische Astronaut Frank Frederik Borman sah auf der Apollo-8-Mission als einer der ersten Menschen die unwirkliche Landschaft des Mondes zum Greifen nahe.

BORCHGREVINK, CARSTEN EGGEBERG

Norwegischer Naturforscher und Polarreisender, geb. 1864 Oslo, gest. 1934 ebd.

Borchgrevink nahm bereits in jungen Jahren an langen Meeresfahrten teil. 1888 begab er sich nach Australien, wo er weite Gebiete von Südostaustralien bereiste und Sprachunterricht am Cooerwell College erteilte.

1894–95 widmete er sich der Antarktisforschung. 1897 unternahm er einen Versuch, den Südpol zu erreichen. Während dieses Zuges entdeckte er erstmals die Fechte (Lichen) und gelangte bis zu 78° 5' südl. Br.

Literatur
C. E. Borchgrevink, First to the Antarctic Continent. Being an account of the British Antarctic Expedition 1898–1900. London 1901
–, Naermest Sydpolen Aaret 1900. Kopenhagen und Christiana (Oslo) 1903–1905.
–, Das Festland auf dem Südpol. Breslau 1905

BORMAN, FRANK FREDERIK, II

US-amerikanischer Astronaut, geb. 1928 in Gary (Indiana).

Borman gehörte der Besatzung der »Apollo 8« an und umkreiste als einer der ersten Menschen den Mond. Diese Mission war sein zweiter Flug, denn bereits im Dezember 1965 war er Kommandant der »Gemini 7« und verbrachte zusammen mit James Lovell die damalige Rekordzeit von 14 Tagen im All. Mit dieser Mission gelang zum ersten Mal ein Rendezvous zweier bemannter Raumkapseln im All: Nach dem Start am 4. Dezember 1965 kreisten die beiden Astronauten mit ihrem Raumschiff zehn Tage lang um die Erde und bereiteten alles für die Begegnung mit dem Raumschiff »Gemini 6« vor, das nach einer Startverzögerung am 15. Dezember mit den Astronauten Walter Schirra und Thomas Stafford von Kap Kennedy aus gezündet wurde. Während der zweiten Erdumkreisung dieser Kapsel wurde das Rendezvous eingeleitet. Die Distanz zwischen

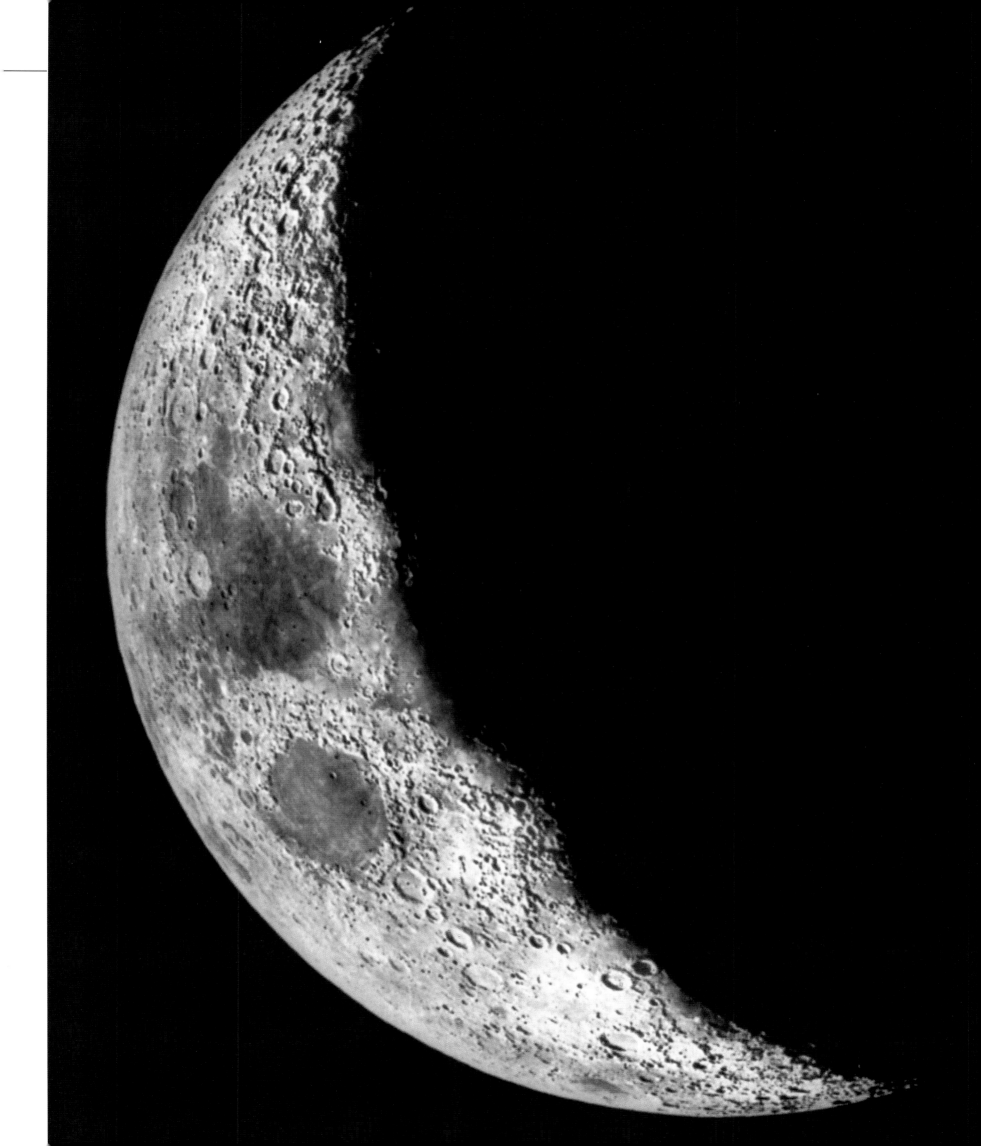

den beiden Raumkörpern wurde beständig verringert, bis sich nur noch weniger als ein Meter zwischen beiden befand. Aus Sicherheitsgründen war das gegenseitige Berühren der beiden »Gemini«-Flugkörper noch untersagt. Danach gingen die Astronauten wieder auf Weltraumkurs und beendeten mit der Landung am 16. (Gemini 6) bzw. 17. Dezember (Gemini 7) planmäßig das Experiment. 1970 verließ Frank Borman die NASA und wurde Präsident einer orientalischen Luftlinie.

Literatur
R. Serling, Countdown: An Autobiography. New York 1989

BOUGAINVILLE, LOUIS ANTOINE DE

Französischer Seefahrer und Entdecker, geb. 1729 in Paris, gest. 1811 ebd.

Stammte aus einer adligen Familie. Mit 34 Jahren wurde Bougainville Kapitän der französischen Marine, nachdem er die Berufe eines Rechtsanwalts, eines Generaladjutanten und eines Botschaftssekretärs ausgeübt hatte. 1756 begleitete er den General Montcalm nach Kanada, wo er sich bei den Auseinandersetzungen um die Forts »Carillon« und »St. Sacrement« besonders auszeichnete. Bei erfahrenen Seeleuten erlernte er das Seemannshandwerk.

1763 unternahm er auf eigene Kosten eine Expedition nach den Falklandinseln, wo er die erste französische Siedlung gründete. Drei Jahre später wurde er mit einer »Informationsreise« in den Pazifik beauftragt. Das Ziel dieser Unternehmung bestand im Auskundschaften der englischen Stützpunkte im Stillen Ozean. Mit zwei Schiffen, der »Boudeuse« und der »Etoile«, verließ Bougainville Frankreich und erreichte 1768 den Pazifik durch die Magellanstraße, deren Durchfahrt 52 Tage gedauert hatte. Auf seiner Weiterfahrt entdeckte er eine Gruppe von vier kleinen Inseln, die er auf den Namen »Quatre-Facardins« taufte (heute: Tehai, zur Poumotougruppe gehörend), und warf Anker vor Tahiti, das 1606 vom Spanier Quiroz und wenige Monate vor Bougainvilles Ankunft von dem Engländer Wallis besucht worden war. Auf Tahiti wurden die Franzosen besonders herzlich begrüßt. Wegen der Diebeslust der Bewohner währte die Freundschaft allerdings nicht lange.

Auf Westkurs segelnd, steuerte Bougainville die »Inseln der Seefahrer« (Samoagruppe), die »Großen Kykladen« und eine Inselgruppe an, die er auf den Namen »Louisiaden« (östlich von Neuguinea) taufte. Des Weiteren fand er den Durchgang zwischen den Salomonen und der Bismarckgruppe, erforschte die nördliche Küste von Neuguinea, besuchte die holländische Niederlassung Boreo auf Borneo und kehrte um das Kap der Guten Hoffnung herum, über Ascension, Kap Verde und Terceira (Azoren) nach St. Malo (franz. Kanalküste) am 16. Februar 1769 zurück.

Bougainvilles Erdumsegelung hatte sowohl ein wissenschaftliches als auch ein politisches Ziel verfolgt. Auf der Insel Tahiti stellte er das Vorhandensein zweier Rassen fest. Die Mitglieder der einen waren von hohem Wuchs, die der anderen klein und kraushaarig. Die einzelnen Bevölkerungsgruppen bewahrten strikt ihren sozialen Rangunterschied, die Häuptlinge durften Vielweiberei betreiben, und Menschenopfer waren an der Tagesordnung. Bougainville bezeichnete die Bewohner dieser Pazifikinsel als die »glücklichsten« Menschen der Erde, denn nach seiner Auffassung kannten sie keine »Leidenschaften«.

Literatur
L. A. de Bougainville, Voyage autour du monde par la frégatte du roi la Boudeuse et la flûte l'Etoile en 1766, 1767, 1768 et 1769. Paris 1772
Ch. de la Roncière, Bougainville. Paris 1842
Les grands hommes de la France: Navigateurs, par E. Goep et G. L. Cordier (Bougainville, d'Entrecasteaux, Dumont d'Urville). Paris 1878
J. S. Martin, Essai sur Bougainville navigateur. La Géographie o. O. 1930
L. A. de Bougainville, Reise um die Welt. Berlin 1972

BOUVET DE LOZIER, JEAN-BAPTISTE CHARLES

Französischer Seefahrer und Entdecker, geb. 1705 in St. Malo, gest. 1786 ebd.

1738 erhielt Bouvet de Lozier von der französischen Indienkompanie den Auftrag, die antarktischen Gewässer zu erforschen und konkrete hydrografische und geografische Erkundigungen über die Südsee und über die Antarktis einzuziehen.

Auf seinem Vorstoß in den Südatlantik entdeckte Bouvet eine Insel, die er auf den Namen »Terre de la Circoncision« (Land der Beschneidung, die heutige Bouvetinsel) taufte und von der er annahm, es handle sich um einen Teil des antarktischen Kontinents.

Als weder Cook im Jahre 1775 noch Ross im Jahre 1843 die von Bouvet entdeckte Insel wieder fanden, glaubte man allerdings in Frankreich, der Seefahrer habe sich geirrt. In Wirklichkeit aber hatte der Entdecker bei der Angabe der geografischen Position der Insel einen Fehler gemacht.

Literatur
Relation de Bouvet de Lozier dans le Journal de Trévoux. Paris 1740
E. Marguet, Histoire générale de la navigation du XVe au XXe siècle. Paris 1931

BRAZZA, PIERRE SAVORGNAN DE

Französisch-italienischer Afrikaforscher, geb. 1852 in Castel Gandolfo (Italien), gest. 1905 in Dakar (Senegal).

Besuch der französischen Marineschule in Brest. Als Offizier nahm er an den Operationen des französischen Nordgeschwaders im deutsch-französischen Krieg von 1870/71 teil. Nach Beendigung des Krieges erhielt er vom Ministerium für Bildung und Wissenschaft und von der Pariser Geografischen Gesellschaft den Auftrag, den fast 1.000 km langen Ogowefluss in Gabun zu erforschen. Seine Mannschaft bestand aus

Vor der Erfindung der Fotografie pflegten die Entdecker Skizzen anzufertigen, die sie dann bei ihrer Rückkehr professionellen Künstlern zur Ausarbeitung gaben. Die Fotografie machte die Dokumentation einfacher und erlaubte es, eindrucksvollere Bilder aus der Ferne mitzubringen. Hier ein Eingeborenentanz aus Zentralafrika.

vier Weißen und zwanzig Senegalesen. Als Brazza in der Ortschaft Doumé angekommen war und feststellte, dass der Fluss nicht in die vermutete Richtung führte, marschierte er an den Alima (rechter Nebenfluss des Kongo) und weiter zum Licona, der ebenfalls vom Wassersystem des Kongo abhängig ist. Die Feindschaft des Apfuru-Stammes zwang den Forscher, seine Tätigkeit nach dreijähriger Dauer abzubrechen.

Als der belgische König Leopold II. Brazza aufforderte, Stanleys Werk in Afrika fortzusetzen, lehnte er ab. Vom französischen Minister Gambetta beauftragt, den erweiterten »Stanley Pool« für Frankreich zu gewinnen, begab sich Brazza ein zweites Mal nach Zentralafrika. Mit dem mächtigen schwarzen Fürsten Makoko schloss er einen Schutzpakt. In N'Couna (später Brazzaville genannt) ließ der Forscher seine Begleiter zurück und marschierte allein weiter. In Vivi fand die historische Begegnung zwischen ihm und Stanley statt. Wegen Nachschubmangels musste Brazza nach Libreville (Gabun) zurückkehren.

Inzwischen vertrat die französische Regierung die Ansicht, dass das Kongobecken belgisches Einflussgebiet bleiben solle. Hierauf wurde Brazza in Paris vorstellig, wo er schließlich die Gründung eines französischen Kongostaates (neben einem belgischen) erwirken konnte. Brazzaville wurde die Hauptstadt der neuen Kolonie Kongo, die das Gebiet der Flüsse Ogowe, Sangha, Alima und Oubangi umfasste.

Brazza hat den Ogowe wissenschaftlich erforscht und die Sitten und Gebräuche des Kannibalenstammes der Fans (auch »Pahouins« genannt) studiert. Im Gegensatz zu Stanley trat Brazza für eine friedliche Durchdringung Afrikas ein.

Literaturhinweis
Général de Chambrun, Brazza. Paris 1930

BREHM, ALFRED EDMUND

Deutscher Forschungsreisender und Zoologe, geb. 1829 in Unterrenthendorf (Triptis), gest. 1884 ebd.

1847 begleitete Brehm den deutschen Naturforscher J. W. Müller nach Ägypten. Von hier

Alfred Edmund Brehm

aus bereiste er den Sudan und kam nach Khartum, der Hauptstadt der heutigen Republik Sudan, wo er große Jagdzüge unternahm.

1848 bereiste er das südöstl. Kordofan, eine Provinz im Zentrum des Sudan, und zwei Jahre später hielt er sich in den großen Wäldern am Blauen Nil auf. 1851 kehrte er mit einer reichhaltigen vogelkundlichen Sammlung nach Deutschland zurück.

Im Auftrag des Herzogs von Sachsen-Coburg-Gotha besuchte Brehm dann die Länder der Bogos (Stamm der Auga) in Eritrea. Ein Jahr später hielt sich hier der Württemberger Forscher Th. von Heuglin auf.

Im Lande der Bogos entstand Brehms Gedanke, sich der Forschung der Verhaltensweisen der Bogos zu widmen.

Brehm wurde besonders durch sein Buch »Brehms Tierleben« bekannt.

Literatur
A. E. Brehm, Reiseskizzen aus Nordostafrika. 3 Bde. 1855
–, Ergebnisse einer Reise nach Habesch. 1863
–, Tierleben. 6 Bde. o. O. 1864–1869
H. Arndt (Hg.), Brehms Reisen im Sudan 1847–1852. Tübingen 1975
A. E. Brehm, Reisen im Sudan 1847–1852, hg. v. H. Arndt. 2. Aufl. Stuttgart 1983

BRENDAN

Der berühmte irische Abt, um 587 gestorben, oft auch Brendanus genannt, soll eine legendäre Meerfahrt unternommen haben. Holzschnitte zeigen Brendan mit anderen klösterlichen Begleitern in einem kleinen Boot mit Segeln. Vermutlich hatte Brendan seine Atlantikfahrt nicht geplant, sondern war nur vom Kurs abgekommen. Tatsache ist, dass irische Mönche durchaus zu Schiff zu Klöstern auf entfernte Inseln reisten. Die Legende berichtet, dass Brendan eine Insel im Meer gefunden habe, das »gelobte Land für die Heiligen«. Diese Insel wurde fast bis Ende des 16. Jahrhunderts in Karten verzeichnet.

BRUCE, JAMES

Schottischer Afrikareisender, geb. 1730 in Kinnaird-House, Stirlingshire, gest. 1794 in London.

Abkömmling des alten schottischen Königshauses. Erst die Erwerbung eines riesigen Vermögens erlaubte es ihm, sich seinen sehnlichsten Lebenswunsch zu erfüllen: die Entdeckung der Nilquellen.

In Algier wurde er zum englischen Konsul ernannt. Er studierte Archäologie und erlernte die arabische Sprache. Dann ging er auf eine ausgedehnte Mittelmeerreise, während der er die Insel Rhodos und die antiken Städte von Tyrus und Sidon besuchte und erforschte.

Von Massaua am Roten Meer aus durchstreifte Bruce das abessinische Bergland. In der alten abessinischen Hauptstadt Gondar (2.200 m über dem Meeresspiegel) war Bruce Gast des Negus, der in einem noch von den Portugiesen erbauten Palast Hof hielt.

Auf seiner Weiterreise nach Südabessinien spielte Bruce während eines Bürgerkrieges eine zwielichtige Rolle. Mit Hilfe der kriegerischen Gallas entdeckte Bruce die Quellen des Blauen Nils (»Bahr-el-Azrak«) wieder. Bruces Tat wurde von den Engländern begeistert gefeiert, doch übersah man stillschweigend, dass der portugiesische Missionar Pedro Paez bereits im Jahre 1615 die Quellen entdeckt hatte. Über Gondar kehrte Bruce nach London zurück.

Bruces Verdienst lag mehr in der Erforschung des fast noch unbekannten abessinischen Berglandes als in der Entdeckung der Nilquellen. Seine umfangreiche Beschreibung über das Kaiserreich des Negus besaß noch bis in die Dreißigerjahre des 20. Jahrhunderts ihre Gültigkeit.

Literatur
J. Bruce, Travels into Abessynia. 5 Bde. London 1790
–, Travels to Discover the Source of the Nile in the years of 1768–1772 and 1773. London 1790
–, Zu den Quellen des Blauen Nils. Die Erforschung Äthiopiens 1768–1773, hg. v. H. Gussenbauer. Stuttgart 1987

BURCKHARDT, JOHANN LUDWIG

Schweizer Afrikaforscher, geb. 1784 in Lausanne, gest. 1817 in Kairo.

Achtes Kind des Obersten Johann Rudolf Burckhardt. Erziehung in Basel, dann in Neuenburg. Studium an den Universitäten von Leipzig und Göttingen. Im Jahre 1805 kehrte Burckhard nach Basel zurück. Aus persönlichen Gründen verließ er die Schweiz und ging nach England, wo er sich in London der »African Association«, deren Präsident damals Sir Josep Banks war, zur Verfügung stellte. In Cambridge studierte er Mineralogie, Geologie, Chemie und orientalische Sprachen zur Vorbereitung seiner zukünftigen Forschungsreisen in Nordafrika.

Im Jahre 1809 verließ er London und begab sich über Malta nach Nordafrika, um den Sudan zu erforschen. In Nordafrika angelangt, legte er muslimische Tracht an, trat zum Islam über und gelangte, als indischer Kaufmann verkleidet und unter dem Namen Ibrahim, wohlbehalten in Aleppo (Syrien) an. In Damaskus studierte er die arabischen Sitten und Gebräuche. Um das Arabische schnell zu beherrschen, übersetzte er Campers »Robinson Crusoe« und formte die Erzäh-

Der irische Mönch Brendan mit seinen Brüdern auf der legendären Atlantikfahrt, die ihn eine geheimnisvolle Insel entdecken ließ.

Tiefes Einfühlungsvermögen und Wissen um den Islam ermöglichten es dem Schweizer Forscher Johann Ludwig Burckhardt, sich wochenlang völlig frei in der heiligen Stadt Mekka bewegen zu dürfen.

lung in das arabische Märchen »Dur el Bahr« (Seeperle) um.

Im Jahre 1810 hielt sich der Schweizer in den Ruinenstätten von Baalbek und Palmyras auf. Auf seiner Weiterreise besuchte er die antike Stadt Dekapolis (Ostjordanien) und kehrte dann wieder nach Damaskus zurück.

Im Jahr 1812 verließ er in Beduinentracht die syrische Hauptstadt, durchwanderte den Norden der arabischen Halbinsel und die Wüste El Tih und kam am 4. September in Kairo an.

Im Jahre 1813 unternahm er eine Forschungsreise von Assuan bis Dar el Mahas, an der Grenze des ehemaligen Mameluckenstaates Dongola, dem östlichen Ufer des Stromes folgend. Auf seiner Rückreise erforschte Burckhardt das westliche Nilufer.

Im selben Jahr durchstreifte er Nubien und gelangte im Gefolge einer Karawane bis nach Berber, einer Stadt im Sudan, auch Barbar genannt, und nach Schandi, einer Stadt im Sudan, am rechten Ufer des Nil gelegen. Von dort aus marschierte er nach Suakim am Roten Meer und erreichte über Dschidda die Stadt Mekka, die heilige Stadt des Islam. Vor zwei Ulemas (türkische Gelehrte) legte Burckhardt den »Test« der muslimischen Rechtgläubigkeit ab, machte die traditionelle Haddsch (Pilgerfahrt) mit, erhielt den schmeichelhaften Titel eines »Haddschi« und konnte sich von September bis November 1814 vollkommen frei in Mekka

bewegen – als erster Europäer. Ihm verdanken wir auch die erste genaue Beschreibung der Kaaba, des größten Heiligtums der Moslems. Zurück in Kairo zwang ihn der Ausbruch der Pest, die Stadt wieder zu verlassen. Er bereiste ein zweites Mal die Sinai-Halbinsel, sammelte eine Menge wertvoller alter Handschriften und kehrte zur Auswertung dieser Seltenheiten in das alte Memphis (Kairo) zurück.

Hier starb Burckhardt am 15. Oktober 1817 mitten in den Vorbereitungen zu einer Reise nach Timbuktu.

Burckhardt gilt neben Munzinger als der größte Schweizer Afrikaforscher. Sein Hauptverdienst liegt in der Erforschung der antiken Ruinenstätten Ägyptens und Persiens sowie der geografischen Erforschung des Niltals von Assuan bis Schandi. Der Universität Cambridge überließ Burckhardt 350 Bände orientalischer Schriften und Manuskripte. Die »African Association« in London befasste sich nach dem Ableben Burckhardts mit der Auswertung seiner Forschungen. Burckhardt liegt auf dem muslimischen Friedhof in Kairo begraben.

Literatur
L. J. Burckhardt's Reisen in Syrien, Palästina und der Gegend des Berges Sinai (Aus dem Englischen: Travels in Syria and the Holy Land, London 1822). 2 Bde. Weimar 1823, 1824
J. L. Burckhardt, Entdeckungen in Nubien 1813–1814, hg. v. H. Arndt. Stuttgart 1981
–, In Mekka und Medina. Der erste Europäer an den heiligen Stätten des Islam, hg. v. U. v. d. Heyden. Berlin 1994

BURKE, ROBERT O'HARA

Irischer Australienforscher, geb. 1820 in St. Clearn's, gest. 1861 am Cooper's Creek (Australien).

Wanderte 1853 nach Australien aus. 1860 leitete Burke eine Expedition durch den australischen Kontinent von Süden nach Norden – von Melbourne über den Cooper's Creek bis zum Golf von Carpentaria. Als erster Europäer schaffte er damit die Nord-Süd-Durchquerung des australischen Kontinents. Auf dem Rückweg starb Burke an Hunger und Erschöpfung.

Literatur
The Burke and Wills exploring expedition. Melbourne 1861.
A. Moorehead, Treffpunkt Cooper's Creek. o. O. 1966.

BURMEISTER, HERMANN

Deutscher Südamerikareisender und Naturwissenschaftler, geb. 1807 in Stralsund, gest. 1892 in Buenos Aires.

Nach dem Studium der Naturwissenschaften wandte er sich der aktiven Forschung zu. Im Alter von 30 Jahren begann er 1837 die Einleitung der wissenschaftlichen Erforschung des Río-de-la-Plata-Gebietes an der südamerikanischen Atlantikküste zwischen Uruguay und Argentinien.

Im Jahre 1837 wurde er zum Professor für Zoologie nach Halle an der Saale berufen und elf Jahre später in die Frankfurter Nationalversammlung gewählt. 1850–52 trat er seine erste groß angelegte Südamerikareise an. Er bereiste die beiden brasilianischen Provinzen Rio de Janeiro (im Südosten Brasiliens) und Minas Gerais (im Osten). Die Erschließung dieses »Minenstaates« hatte bereits im 18. Jahrhundert durch die Diamantenfunde begonnen. Vier Jahre später durchstreifte Burmeister das bis dahin kaum bekannte Río-de-la-Plata-Gebiet von Montevideo, der Hauptstadt Uruguays, aus bis zum nördlichen Argentinien.

1859 unternahm er seine bekannte »Andenreise«. Er überquerte die Anden und beendete seinen Marsch in der chilenischen Stadt Copiapo, der Hauptstadt der Provinz Atacama. Burmeister hatte durch diese Expedition einen völlig neuen Weg zur Überquerung der Anden erschlossen. Von Copiapo aus gelangte er über Panama auf die Insel Kuba und kehrte dann nach Europa zurück. 1861 siedelte Burmeister nach Buenos Aires über, wo er die Leitung des im Aufbau befindlichen Naturhistorischen Museums erhielt. Außerdem richtete er 1870 die naturwissenschaftliche Fakultät von Córdoba (Argentinien) ein. Burmeister gilt als der eigentliche Erforscher des Río-de-la-Plata-Gebietes.

Literatur
H. Burmeister, Reise nach Brasilien. o. O. 1853
–, Systematische Übersicht der Tiere Brasiliens. o. O. 1854/56
–, Landschaftliche Bilder Brasiliens. Mit Atlas. o. O. 1856
–, Reise durch die La-Plata-Staaten. 2 Bde. o. O. 1861

BURTON, SIR RICHARD FRANCIS

Britischer Afrikareisender und Orientalist, geb. 1841 in Torquay, gest. 1890 in Bombay.

1854 besuchte der ungewöhnlich sprachbegabte Ire, als Mohammedaner verkleidet, unter Lebensgefahr die islamischen Heiligtümer von Mekka und Medina. Diese Methode, sich kurzerhand in einen Einheimischen zu verwandeln, wandte er auch erfolgreich an, um 1854 durch das Somaliland zu reisen, dessen Einwohner Fremden gegenüber äußerst feindlich auftraten.

1855 nahm er auf der Seite der Türken am Krimkrieg teil.

1857 wurde Burton von der Londoner Geografischen Gesellschaft mit der Erforschung der großen innerafrikanischen Wasserfläche, dem so genannten »Udschidschimeer«, beauftragt. Von Sansibar aus marschierten Burton und Speke mit ihrer 132 Mann starken Truppe durch das Hoheitsgebiet der arabischen Sklavenhändler und gelangten im Februar 1858 an den Tanganjikasee. In Udschidschi erzählten ihnen die Eingeborenen, dass ungefähr 12 bis 15 Tagesmärsche vom Tanganjikasee entfernt große Seen lägen. Während der fieberkranke Burton im Lager zurückbleiben musste, gelangte Speke an den Ukerewesee, den er auf den Namen »Victoria-Nyanza« taufte. Als Speke zu Burton zurück-

Der Ire Robert O'Hara Burke wanderte mit 33 Jahren nach Australien aus und reiste dann kreuz und quer durch den gewaltigen Kontinent.

Der Deutsche Hermann Burmeister konzentrierte seine Forschungstätigkeit auf Südamerika.

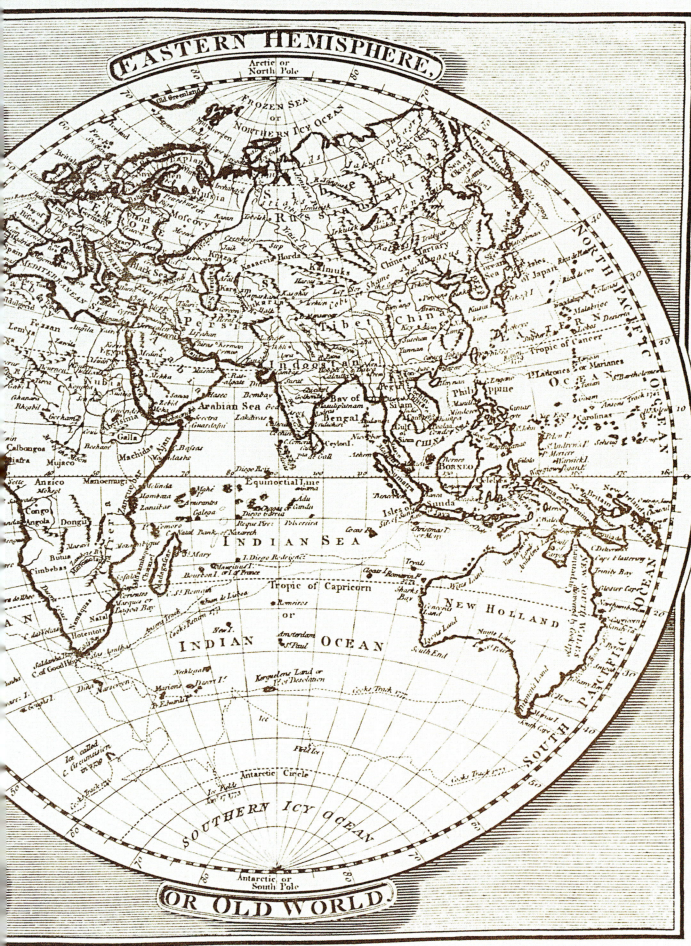

Die weißen Flecken
auf den Weltkarten
verschwanden immer
schneller. Diese Karte
von Samuel Dunn, die
die westliche und öst-
liche Hemisphäre zeigt,
dokumentiert, welche
Erdteile Ende des
18. Jahrhunderts
bereits bekannt waren.

OF THE EARTH.

kehrte und von seiner Entdeckung berichtete, glaubte ihm niemand. Später musste ihm Burton allerdings Recht geben.

Burton unternahm noch zwei weitere Afrikareisen: zum Golf von Benin und nach Dahomey. Seine letzte Expedition führte ihn nach Brasilien, wo er den São-Francisco-Fluss erforschte.

Burton arbeitete auch als Übersetzer. Seinen Lebensabend verbrachte er in Bombay, wo er u. a. den portugiesischen Nationaldichter Camões übersetzte.

Literatur
R. F. Burton, Zanzibar, City and Coast. 2 Bde. London 1860
–, The lake regions of Central Africa. 2 Bde. London 1860
K. Andrée, Forschungsreise in Arabien und Ostafrika, nach den Entdeckungen von Burton, Speke, Krapf usw. 2 Bde. Leipzig 1861

BYRD, RICHARD EVELYN

Amerikanischer Offizier und Polarforscher, geb. 1888 in Winchester (Virginia), gest. 1957 in Boston.

Studium am Virginia Military Institute, an der University of Virginia und an der US Naval Academy, dann Marineflieger. 1925 leitete er die »MacMillan Polar Expedition« nach Grönland. 1926 gelang Byrd mit seinem Kopiloten Bennett von Kingsbay (Spitzbergen) aus mit der dreimotorigen Fokkermaschine »J. Ford« als Erstem ein erfolgreicher Nordpolflug (9. Mai). Für die 2200 km lange Strecke benötigten sie $15^1/_2$ Stunden und kamen Amundsen um einen Tag und eine Nacht zuvor.

Seine erste Antarktisexpedition führte Byrd 1928 durch und errichtete die Station »Little America I« (der noch zwei weitere folgten) und ein Jahr später überflog er mit B. Belchen am

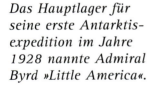

Das Hauptlager für seine erste Antarktisexpedition im Jahre 1928 nannte Admiral Byrd »Little America«.

28. November 1929 den Südpol, eine Leistung, die ihm den Rang eines Konteradmirals einbrachte.

1933 bis 1935 begab er sich ein zweites Mal in die Antarktis, lebte während sechs Monaten ganz allein in der südlichen Eiswüste und stieß rund 200 km weit ins Innere vor. Während dieser Expedition machte er bedeutende geografische Entdeckungen: das »Marie-Byrd-Land«, die »Edsel-Ford-Range« und das »Rockefellerplateau«.

Zwischen 1939 und 1941 hielt er sich als Leiter der »US Antarctic Service Expedition« in der Antarktis auf und überflog viermal Westantarktika. 1946–47 führte er im Rahmen der »High-Jump«-Operation verschiedene Forschungsarbeiten durch und 1955 nahm er an der »Operation Deep Freeze« in der Ross-See teil.

Byrd überflog beide Pole. Seine geografischen Forschungsarbeiten verleihen ihm mit Recht den Rang eines der bedeutendsten Polarforscher der zwei letzten Jahrhunderte.

Literatur
C. Foster, Rear Admiral and the Polar Expeditions. New York 1930
Fr. T. Miller, Byrd's great Adventure. With the complete story of polar expeditions for one thousand years. London 1930
R. E. Byrd, Little America. London 1931

H. Adams, Beyond the Barrier with Byrd. An authentic story of the Antarctic Exploration Expedition. Chicago und New York 1932
R. E. Byrd, Antarctic Discovery. The story of the second Byrd Antarctic Expedition. London 1936
Exploring with Byrd. Episodes from an adventurous life, completed and revised by Rear Admiral R. E. Byrd. New York 1937
R. E. Byrd, Alone. London 1938
–, Allein. 5. Aufl. Wiesbaden 1963
R. E. Byrd, Aufbruch ins Eis, München 2002

Byrd war der erste Forscher, der Süd- und Nordpol intensiv per Flugzeug erkundete. Sein erster Flug führte ihn im Mai 1926 zusammen mit Floyd Bennet von Spitzbergen aus über den Nordpol.

C

Cabot hat auf seinen beiden Fahrten zwar keinen materiellen Gewinn erzielen können, doch hat er die Suche nach der Nordwestpassage eingeleitet.

Literatur
Barrera Pezzi (C.), Di Giovanni Caboto rivelatore del settentrionale emisfero d'America con documenti inediti esistenti nei R. R. Archevj. di Stato di Milano. Venedig 1881
Sir Charles R. Beazley, John and Sebastian Cabot, the discovery of North America. London 1898

CABOT, JOHN (GIOVANNI CABOTO)

Italienischer Seefahrer in englischen Diensten, geb. 1450 in Venedig, verschollen 1498.

1484 ließ sich Cabot in der englischen Handelsstadt Bristol nieder. Beteiligte sich mutmaßlich an verschiedenen Fahrten in die Levante. Cabot soll vor Columbus die Meinung vertreten haben, man könne Indien und China über die Nordwestpassage erreichen und somit das Gewürzmonopol der Araber brechen.

Nach Columbus' Überfahrt in die Neue Welt gelang es Cabot, die Bristoler Handelsherren von der Wichtigkeit der Entdeckung dieser Nordwestpassage zu überzeugen. Der englische König Heinrich VII. erteilte Cabot die Erlaubnis, einen Vorstoß in den noch unbekannten amerikanischen Norden zu unternehmen und alle neuen Inseln und Länder zu erforschen: Dies trotz des Vertrages von Tordesillas, durch welchen sich die Portugiesen und Spanier mit dem Einverständnis des Papstes die Welt geteilt hatten.

Cabot verließ am 2. Mai 1497 mit der »Matthiew« den Hafen von Bristol und gelangte am 24. Juni 1497 an die nordamerikanische Küste, entweder nach Labrador, Neufundland oder auf die Insel Cap-Breton (nördlich von Neuschottland). Bei seiner Rückkehr wurde Cabot als der wahre Entdecker Nordamerikas gefeiert und gleich darauf mit einer zweiten Expedition beauftragt: Jetzt folgte er der Küste nach Süden bis Kap Hotteras.

CABOT, SEBASTIAN (SEBASTIANO CABOTO)

Italienischer Seefahrer, geb. spätestens 1484 in Venedig (?), gest. 1557 in London.

Nahm an den Fahrten seines Vaters John Cabot zwischen 1497 und 1503 an die nordamerikanische Küste teil. 1512 wanderte er nach Spanien aus und diente zuerst König Ferdinand dem Katholischen, dann Karl I.

Sein Plan, Magellans Fahrt zu wiederholen, endete jedoch bereits in der Bucht von La Plata (Buenos Aires), als er dort im Sturm mehrere Schiffe verlor. Beim Versuch, den Uruguay zu befahren, wurde er von den Uferbewohnern angegriffen und musste den Rückzug antreten. Mit nur einem Schiff gelangte er wieder nach Spanien. Wegen angeblichen Machtmissbrauchs während seiner Expedition wurde er eine Zeit lang nach Nordafrika verbannt. Nach seiner Freilassung trat er in den Dienst des englischen Königs Eduard VI., der ihn auf Lebenszeit zum Direktor der Gesellschaft der »Merchant Adventurers« (waghalsige Handelsherren) ernannte. Fortan oblag Cabot die Ausweitung des Handels mit Russland und die Suche nach der Nordostpassage. Er wurde einer der Begründer der englischen Seemacht.

Literatur
C. A. P. d'Avezac Macaya, Les navigations terre-neuviennes de Jean et de Sébastien Cabot. Lettre au Révérend Léonard Woods. Paris 1869
Sir Ch. R. Beazley, John and Sebastian Cabot. The discovery of North America. London 1898

CABRAL, PEDRO ALVAREZ

Portugiesischer Seefahrer und Entdecker, geb. 1462 in Belmonte, gest. 1526 in Santarém.

Cabrals historische Leistungen datieren vom Jahre 1500 an, also nach der Eröffnung der Handelsroute Lissabon–Kalikut (in Ostindien). Von König Manuel dem Großen erhielt er den Auftrag, die gesamte Küste von Malabar (Südwestindien) für Portugal in Besitz zu nehmen und wirtschaftlich zu erschließen.

Zur Ausführung dieses Planes wurden Cabral eine mit Artillerie vorzüglich ausgerüstete Flotte sowie 1.200 Mann zur Verfügung gestellt. Bartolomëu Diaz, der Bezwinger des »Kap der Guten Hoffnung«, sowie sechs Franziskaner, unter Leitung von Pater Henrique aus Coimbra, begleiteten Cabral. Mit dem Segen des Bischofs von Viseu stachen die dreizehn Karavellen am 9. März 1500 in See. Ohne besondere Zwischenfälle erreichte die Flotte Kap Verde. Bei der Umschiffung dieses Vorgebirges brach ein furchtbarer Sturm aus. Eine Karavelle ging verloren, die übrigen wurden auseinander getrieben. Nach einer 30-tägigen Odyssee auf dem Atlantik landete Cabral an einer noch unbekannten Küste (Porto Seguro), errichtete ein steinernes Kreuz und taufte das Gebiet auf den Namen »Terra de la Cruz«. Auf einer Insel, die heute »Coro Vermelha« heißt, wurde die erste Messe gefeiert, an der auch eine Gruppe von Eingeborenen teilnahm.

Noch während der Vorbereitungen zur Abfahrt übergab Cabral dem Historiker und Chronisten Pero Vaz de Caminha einen detaillierten Bericht über die Landung auf dem südamerikanischen Halbkontinent. Ob der »Abstecher« nach Brasilien gewollt oder ungewollt war, konnte nie einwandfrei festgestellt werden. Wirtschaftlich war der neu entdeckte Landstrich für die Portugiesen noch uninteressant, denn die einzige Gewinn bringende Quelle bestand in der Nutzung der harten Farbhölzer, »brazil« genannt (daher auch der Name »Brasilien«).

Mit einem günstigen Wind im Rücken segelte Cabral bis zum Kap der Guten Hoffnung. Unweit dieses Vorgebirges brach ein Orkan aus, in dessen Verlauf vier Karavellen, auch die mit Diaz, verloren gingen. Cabral überstand den Sturm ohne Schaden und steuerte direkt Kalikut an. Dort war die politische Lage verworren. Sechzig

Pedro Alvarez machte seine Entdeckungen mit einer Handelsflotte. Sein größter Verdienst ist die Entdeckung Brasiliens.

Außer den interessanten Berichten aus fernen exotischen Ländern war man in Europa an einem besonderen Gut interessiert, das viele der Entdecker in ihren Schiffen, besonders mit den Handelsflotten, mitbrachten: Gewürze verschiedenster Art. Diese galten in Europa als große Kostbarkeit. Der Holzstich aus dem Jahr 1575 zeigt die Ernte von Zimt in Ost-Indien.

Portugiesen waren vor Cabrals Ankunft von fanatischen Moslems ermordet worden. Kurzerhand ließ der Admiral die Städte Kalikut, Cochin und Cananore beschießen. Der Samurin gab nach und die portugiesischen Schiffe füllten sich mit den ersehnten Gewürzen. Auf der Rückfahrt ging unweit von Sofala (ostafrikanische Küste) noch eine Karavelle verloren und am 23. Juli 1501 traf Cabral mit sechs Schiffen in Lissabon ein. Durch seine Fahrt war die arabische Monopolstellung im Gewürzhandel endgültig gebrochen.

Cabrals weit ausholende Route führte schneller als die Vasco da Gamas nach Ostindien und wurde zur nautischen Regel.

Dieser Stich aus dem Jahr 1673 zeigt eine portugiesische Siedlung in Brasilien. Von hier führte man Baumwolle, Tabak, Gewürze und Zucker nach Europa.

Literatur
C. Pereyra, *La conquête des routes océaniques d'Henri le Navigateur à Magellan. Paris 1923*
G. de Reparaz, *La época de los grandes descubrimientos españoles y portugueses. Barcelona 1931*
D. Peres, *Historia da expansao portuguesa no mundo. Lisboa 1937–1940*
–, *Historia dos descubrimientos portugueses. Porto 1943*
E. Prestage, *Descobridores portugueses. Porto 1943*

CA DA MOSTO (CADAMOSTO), ALVISE (ODER LUIGI)

Italienischer Seefahrer in portugiesischen Diensten, geb. um 1432 in Venedig, gest. um 1510 in Rovigo.

Trat in den Dienst Heinrichs des Seefahrers und besuchte in dessen Auftrag die Kapverdischen Inseln und den Senegal.

1456 entdeckte er auf einer Fahrt längs der afrikanischen Westküste die Goldküste. Ca da Mosto ist der erste (portugiesische) Seefahrer, der nachweislich bis zum Äquator vorgestoßen ist.

Literatur
S. Grynaeus, *Novis Orbis. Navigatio ad terras ignotas Aloysii Cadamosti. Basil (Übersetzung: Jost Reichamer: Unbekannte Leute und eine Welt in kurz vergangenen Zeiten erfunden. Nürnberg 1503)*
Ca da Mostos Werke wurden ebenfalls im Jahre 1519 in Mailand gedruckt.

CAILLIÉ, RENÉ

Französischer Saharaforscher, geb. 1799 in Mauzé (Deux-Sèvres), gest. 1838 in La Baderre.

Caillié entstammte einer mittellosen Familie. Die Lektüre des Abenteuerromans »Robinson

Crusoe« weckte in ihm die Berufung zum Forscher.

1816 fuhr er mit einem Truppentransporter nach Westafrika. Vergebens versuchte Caillié, sich der Expedition des Engländers Laing anzuschließen, die nach dem verschollenen Mungo Park suchte. Teilnahme an einer französischen Expedition zur Erforschung des senegalesischen Binnenlandes, während der er am Fieber erkrankte. Zur Genesung kehrte er nach Frankreich zurück. Kaum wieder hergestellt, begab er sich erneut in den Senegal, mit dem festen Entschluss, das Geheimnis der sagenumwobenen Stadt Timbuktu (im heutigen Mali) zu lüften. Als er den französischen Behörden seinen Plan vortrug und um finanzielle Unterstützung bat, wurde er als Abenteurer und Grillenfänger abgewiesen. Daraufhin begab er sich in die englische Kolonie Sierra Leone (Westafrika), wo der Gouverneur Caillié einen gut bezahlten Posten verschaffte. Fortsetzung des bereits begonnenen Sahara-Studiums und Erlernen verschiedener westafrikanischer Dialekte.

Inzwischen hatte die Pariser »Société Géographique« eine Belohnung von 10.000 Franken für den französischen Forscher ausgesetzt, der als Erster aufschlussreiche Nachrichten über Timbuktu nach Frankreich mitbringen würde.

Als Ägypter verkleidet, wagte Caillié im April 1827 das Abenteuer. Nach einem fast einjährigen strapaziösen Marsch traf er in Djenné (Ort im Niger-Binnendelta) ein und gelangte wenige Stunden später unbehelligt, aber völlig erschöpft in die legendäre Stadt Timbuktu. Caillié hatte sein Lebensziel erreicht.

Die Wirklichkeit dieser einstigen Handelsmetropole entsprach nicht den Vorstellungen, die das Abendland von ihr hatte. Caillié suchte umsonst nach den gewohnten prachtvollen Moscheen, den mit kostbaren Waren voll gestopften Bazaren und den prunkvollen Palästen der islamischen Würdenträger. Sogar zweistöckige Wohnhäuser waren selten. Caillié selbst musste in einer schäbigen, aus getrocknetem Lehm gebauten Herberge übernachten. Nach einem vierzehntägigen Aufenthalt schloss sich der Forscher einer Karawane in Richtung Tanger an. Ende Juli erreichte er die Oasengruppe von Tafilalet (Südmarokko), und am 14. August traf er in Fès ein. Über Rabat und Tanger trat er die Heimreise an und nahm in Paris die wohlverdiente Belohnung entgegen.

Das von ihm veröffentlichte Werk »Journal d'un voyage à Tombouctou et à Djenné dans l'Afrique Centrale« in drei Bänden und mit einem Atlas hat noch heute seinen wissenschaftlichen Wert nicht verloren.

Caillié hatte unter fast unmenschlichen Bedingungen 4.500 km durch die Sahara zurückgelegt und erforscht, und dies ohne spezielle Ausrüstung und mit geringem finanziellem Aufwand. Der deutsche Afrikaforscher H. Barth bezeichnete Caillié als den größten und verdienstvollsten Saharaforscher. Fast vergessen starb er bereits im Alter von 39 Jahren.

Literatur
R. Caillié, *Journal d'un voyage à Tombouctou et à Djenné dans l'Afrique Centrale. Paris 1830*
J. Boulenger, *Le voyage de René Caillié à Tombouctou. Paris 1932*

CAMERON, VERNEY LOVETT

Englischer Afrikareisender und Entdecker, geb. 1844 in Radipole (Dorsetshire), gest. 1894 bei Leighton Buzzard, Bedford.

Marineoffizier in der britischen Flotte. Ursprünglich dem in Bedrängnis geratenen David Livingstone zu Hilfe gesandt, unternahm Cameron im Auftrag der Londoner Geografischen Gesellschaft 1873 eine große Forschungsreise von Sansibar aus ins Innere von Zentralafrika, wo er den Lukuga, den »Ableitungskanal« des Tanganjikasees, entdeckte. Am Kasaisee entlang marschierend, die Quellgebiete des Sambesi und des Kasai durchstreifend, erreichte er nach einem anstrengenden Marsch Catambela, eine kleine Hafenstadt von Benguela (Angola): Als

Der Brite Verney Lovett Cameron (Abb. links) engagierte sich vehement gegen den Sklavenhandel.

Der Portugiese Diogo Cão (Abb. rechts) fand auf seinen beiden Expeditionen den Kongo. Auf seinen Erfahrungen basierte Bartolomeu Dias de Novaes mit einer neuen Reise.

Erster hatte er Äquatorialafrika durchquert. Das Verdienst Camerons besteht sowohl in der wissenschaftlichen Erforschung Zentralafrikas als auch im Kampf gegen das Sklaventum.

Literaturhinweis
V. L. Cameron, Across Africa. 2 Bde. London 1877.

CÃO, DIEGO

Portugiesischer Seefahrer, geb. 1462, verschollen 1486.

Cão verließ 1482 Lissabon, um an der Küste Westafrikas entlangzusegeln. Schließlich erreichte er die Kongomündung. König Johann II. war mit den Ergebnissen dieser ersten Expedition zufrieden und beförderte Cão zum Cavalleiro.

1485 ging Cão auf seine zweite Reise zum Kongo, wo es ihm gelang, mit dem einheimischen Herrscher in Kontakt zu treten. Cão fuhr weiter und erreichte Monte Negro (heute Cabo Negro). Er gelangte noch bis zum heutigen Kap Cross, dann verliert sich seine Spur in der Geschichte. Es ist nicht bekannt, ob er den Tod fand oder ob er nach Lissabon zurückkehrte, jedoch wegen seines Misserfolgs, die Südspitze

zu erreichen, vom Hof verbannt wurde. Die Umstände seines weiteren Lebens oder seines Todes bleiben im Dunkeln.

CAPELO, HERMENEGILDO CARLOS DE BRITO

Portugiesischer Marineoffizier und Forschungsreisender, geb. 1841 auf Schloss Palmela (Portugal), gest. 1917 in Lissabon.

1877 wurde Capelo (mit Serpa Pinto und R. Ivens) von der Lissaboner Regierung beauftragt, die Gebiete zwischen Angola und Moçambique zu erforschen und die Zusammenhänge der Flusssysteme des Kongo, Quanza, Cumene und Sambesi zu studieren. Die Leitung des Unternehmens wurde dem Afrikaforscher Serpa Pinto übertragen. Während Serpa Pinto die Quelle des Cubango entdeckte, mussten Capelo und Ivens fieberkrank nach Luanda zurückkehren. Ihr Ziel, die Mündung des Quango in den Kongo zu erreichen, war fehlgeschlagen.

1884 unternahmen Capelo und Ivens eine zweite, diesmal erfolgreiche Expedition von Moçamedès (Angola) bis Quelimane (Ostküste Afrikas). Während der 4.500 km langen strapaziösen Reise von Osten nach Westen quer durch

Afrika hatten die beiden Forscher wertvolle geografische Erkundigungen über Innerafrika eingezogen.

Literatur
Mitteilungen der Gesellschaft für Erdkunde. Berlin 1877
Mitteilungen der k. u. k. geographischen Gesellschaft zu Wien. 1877
Bolletin da Sociedade geographica de Lisboa, 1878
Pello-Hermeneu de Brito Capelo & R. Ivens, Expedicão scientifica ao interior de Africa. Observacoes meteorologicas e magneticas. Lisboa 1879
H. Capelo & R. Ivens. De Angola à contra-costa. Lisboa 1886

CARPINI, GIOVANNI DE PLANO

Franziskanermönch und Reisender, geb. um 1182 in Umbrien, gest. um 1255 in Antivari.

1245 unternahm Carpini mit einem anderen Franziskanermönch, Stefan von Böhmen, im Auftrag des Konzils von Lyon eine diplomatische Reise an den Hof des Großkhans Güjük in Karakorum. Von Lyon über Breslau, wo sich Benedikt von Polen, ebenfalls vom Franziskanerorden, Carpini anschloss, erreichten die drei Wandermönche Kiew am Dnjepr; dort blieb Stefan zurück. Nach einer kurzen Rast durchstreiften Carpini und Benedikt das Gebiet der Goldenen Horde und wurden von Batu, einem Enkel Dschingis Khans und Herrscher der Goldenen Horde, empfangen. Besuch von Alt- und Neusarai an der unteren Wolga. Weitermarsch nördl. vom Aralsee, entlang des Syr-Darja-Flusses und Ankunft in Otrar, einer bedeutenden Ortschaft im Khanat Tschaghatai. Längerer Aufenthalt in Balagasun, Durchquerung der Wüste Gobi und Empfang durch den Großkhan Güjük in Karakorum. Nach einem viermonatigen Aufenthalt traten sie den beschwerlichen Heimweg an. Sie brachten gute Nachrichten über die Friedensvorstellungen des Mongolenkaisers nach Europa mit. Güjük übergab Carpini drei Briefe an den Papst, die heute in den Archiven des Vatikans

aufbewahrt sind. Wieder in seiner Heimat (im Winter 1247/48) angelangt, schrieb Carpini die »Historia Mongolarum«. Carpini verdanken wir neben einem konkreten Charakterbild der beiden Mongolenfürsten Batu und Güjük (Kuyuk) eine ziemlich wahrheitsgetreue Geschichte der Mongolenvölker Asiens, die sowohl historische wie auch geografische Fakten enthält.

Literatur
P. Bergeron, Voyages faits principalement en Asie dans les XIIe, XIIIe, XIVe et XVe siècles par Benjamin de Tudèle, Jean Plan du Carpini ... accompagnés de l'histoire des Sarrazins et des Tartares et précédés d'une introduction concer

nant les voyages et les nouvelles découvertes des principaux voyageurs. La Haye 1735
C. Charton, Voyageurs anciens et modernes ou choix des relations de voyages les plus intéressantes et les plus instructives. 2 Bde. Paris 1857
Johann de Plano Carpini, Geschichte der Mongolen und Reisebericht. Übersetzung von Fr. Risch. Leipzig 1930

CARTIER, JACQUES

Französischer Seefahrer und Kolonisator, geb. 1491 in St. Malo (französische Kanalküste), gest. 1557 ebd.

Über Cartiers Familienverhältnisse ist nichts bekannt. Es ist jedoch anzunehmen, dass er bereits in jungen Jahren die bretonischen Fischer bis nach Neufundland begleitete, denn als er dem Admiral Philippe de Chabot und König Franz I. seinen Plan, noch unbekannte Gebiete in Nordamerika zu erforschen und die Nordwestpassage zu entdecken, um nach China zu gelangen, vorlegte, wusste er jedenfalls über das Bestehen der Halbinsel Labrador Bescheid.

König Franz I., der koloniale Gegenspieler Spaniens und Portugals, nahm Cartiers politischen und militärischen Plan sofort an. Am 20. April 1543 verließ dieser mit zwei Schiffen den Hafen von St. Malo, überquerte den Nordatlantik, befuhr die Belle-Ile-Straße, stellte die Insel-

Der französische Naturforscher Comte de Castelneau erforschte Südamerika. Das Foto zeigt die Iguacufälle von der brasilianischen Seite aus.

natur von Neufundland fest, drang etliche Kilometer in den St.-Lorenz-Strom vor und erforschte dessen Ufer. Auf Kap Gaspé auf der Gaspé-Halbinsel ging er an Land und feierte den ersten französischen Vorstoß in Nordamerika mit der Errichtung eines zehn Meter hohen Kreuzes. Am 5. September 1534 traf er wieder in St. Malo ein.

Seine zweite Nordamerikafahrt unternahm Cartier am 19. Mai 1535, diesmal mit drei Schiffen. Sie hatte neben politischem vor allem ökonomischen Charakter, denn Cartier vermutete in Kanada große Gold- und Silbervorkommen. Am 1. September landete der Bretone an der nordamerikanischen Küste. Nach der gründlichen Erforschung des St.-Lorenz-Stromes überwinterte er im Indianerdorf Stadacone, dem später von Champlain gegründeten Québec. Mit leichten Booten stieß er bis zu einem Ort namens »Hochelaga« vor, dem 1642 gegründeten »Ville-Marie«, aus dem dann »Mont Royal« und schließlich Montreal wurde. Unweit von Hochelaga erblickte Cartier den Ottawafluss, der nach den Behauptungen der Eingeborenen aus dem Land »Saguenay« reich an Goldminen war. Am 16. Juli 1536 gelangte Cartier wieder in St. Malo an. Der kühne Forscher hatte zwar wertvolle Biberpelze mitgebracht, das Gold jedoch hatte er nicht entdecken können.

Trotz der Beteuerung des mitgebrachten Häuptlings aus Stadacone, »Kanada« (das Wort stammt von dem Begriff »kanata« und heißt nach dem Sprachgebrauch der Huronen und Irokesen so viel wie Dorf oder Gemeinschaft) sei reich an Edelmetallen und sogar Gewürzen, dauerte es noch fast fünf Jahre, bis Franz. I. eine neue Expedition nach Nordamerika ausrüstete.

Am 23. Mai 1541 verließ Cartier Frankreich mit rund vierhundert Mann Besatzung, darunter Bauern, Soldaten, Händlern und dem »Vizekönig« von Kanada, F. de la Roque de Roberval, und gelangte diesmal bis zu den Wasserfällen von La Chine. Am 21. Oktober 1542 kehrte Cartier nach St. Malo zurück. Die mitgebrachten Gesteinsproben, von denen er behauptete, es

seien Gold und Diamanten, erwiesen sich nach eingehender Prüfung als Kupfer und Lehm.

Vor Cartier hatten Cortereal, Cabot und Verrazano die Halbinsel Labrador betreten, doch war Cartier der Erste, der eine systematische Kolonisierung in Ostkanada versuchte. »Nouvelle-France« oder Neufrankreich geriet jedoch mangels Interesse und vor allem wegen der Finanzmisere des französischen Königs bald in Vergessenheit. Erst ein halbes Jahrhundert später baute Champlain die französische Kolonie in Nordamerika aus.

Literatur
M. Lescarbot, Histoire de la Nouvelle France ...
Paris 1609, 1611, 1612, 1617, 1618
Société littéraire et historique de Québec, Voyages de découverte au Canada, entre les années 1534 et 1542, par Jacques Cartier, le Sieur de Roberval, Jean-Alphonse de Xaintoigne ... Québec 1843
P. Levôt, La Biographie bretonne, article sur Cartier. o. O. 1852

CASTELNEAU, FRANCIS DE LA PORTE

Französischer Naturforscher und Reisender, geb. 1812 in London, gest. 1880 in Melbourne.

Großzügig durch das französische Königshaus Orléans unterstützt, unternahm Castelneau als Amateurgeologe seine erste Forschungsreise nach Nordamerika.

1843 reiste er in Begleitung des französischen Mineningenieurs Orsery und des englischen Botanikers Weddell nach Südamerika, um die Gebiete zwischen Rio de Janeiro und Lima sowie von Britisch- und Französisch-Guayana zu erforschen. In Brasilien begann das Team mit der Erforschung des Rio Tocantins (Nordbrasilien) und des Rio Araguaia (linker Nebenfluss des Rio Tocantins). Vom Diktator López an der Erforschung von Paraguay gehindert, begab sich Castelneau in den Chaco (nordargentinische Provinz), wo er die verwegenen Reiterstämme der Guaykurus und der Guatos auskundschaftete.

In Otto von Kotzebues Reisebericht »Entdeckungs-Reise in die Süd-See und nach der Bering-Straße zur Erforschung einer nordöstlichen Durchfahrt...« finden sich Porträts der Einwohner der Marshall-Inseln. Die Abb. oben zeigt einen Einwohner, die Abb. unten den Häuptling der Insel Otdia. An dieser Reise nahm auch der Dichter Adalbert von Chamisso teil.

Nach der Durchquerung des Mato Grosso marschierte er über Santa Cruz de la Sierra ins Landesinnere von Bolivien und Peru. Sein Begleiter Orsery, den er mit einer wertvollen Sammlung von exotischen Pflanzen nach Rio de Janeiro zurückgeschickt hatte, wurde unterwegs von seinen Trägern ermordet. Auf seinem Weitermarsch entdeckte Castelneau die Quellen des Paraguay und befuhr allein den Amazonas bis zu dessen Mündung in den Atlantik.

Schwer krank und fast erblindet kam der Forscher 1847 in Paris an und veröffentlichte zwischen 1854 und 1859 fünfzehn Bände über die Flora, Fauna und Geografie Südamerikas.

Literaturhinweis
Comte de Castelneau, Expéditions dans les parties centrales de l'Amérique du Sud de Rio de Janeiro à Lima au Paraguay pendant les années 1843–1847. Paris 1850

CHAMISSO, ADALBERT VON

Dichter und Naturforscher, geb. 1781 auf Schloss Boncourt (Champagne), gest. 1838 in Berlin.

Chamissos Familie wurde durch die Wirren der Revolution nach Deutschland verschlagen. 1796 wurde er Page der Königin von Preußen, später preußischer Offizier. Von 1815 bis 1818 nahm er an einer Weltumsegelung teil, die er in einem Buch »Bemerkungen und Ansichten auf einer Entdeckungsreise« in meisterhafter Prosa festhielt. Das Werk erweiterte er und brachte es 1836 unter dem Titel »Reise um die Welt mit der Romanzoffischen Entdeckungs-Expedition in den Jahren 1815–18 auf der Brigg Rurik« heraus.

Die Entdeckungsreise in die Südsee wurde von Otto von Kotzebue verantwortet. Es war etwas Außergewöhnliches, dass ein Dichter an einer solchen Expedition teilnahm. Er beschrieb nicht nur die Stationen der Reise, sondern hielt auch sehr anschaulich das Leben auf dem Schiff fest.

Adalbert von Chamisso war bereits vor Antritt seiner Reise berühmt durch die Märchennovelle »Peter Schlemihls wundersame Geschichte«.

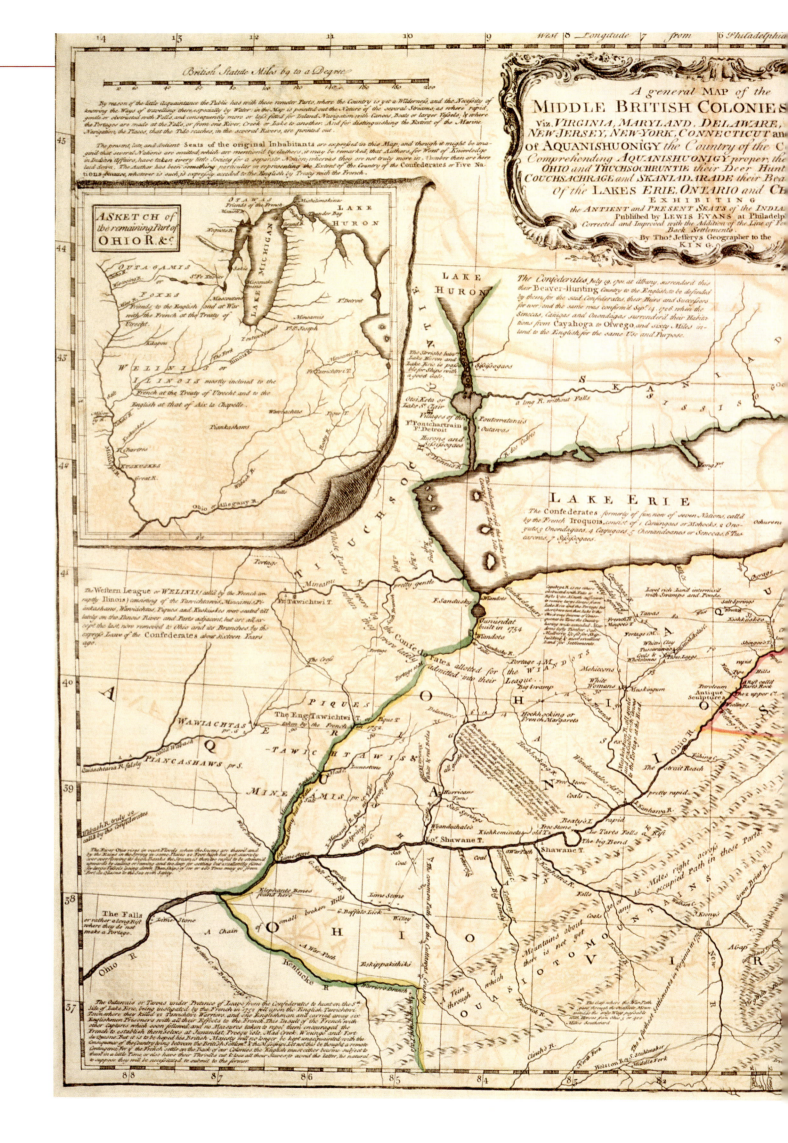

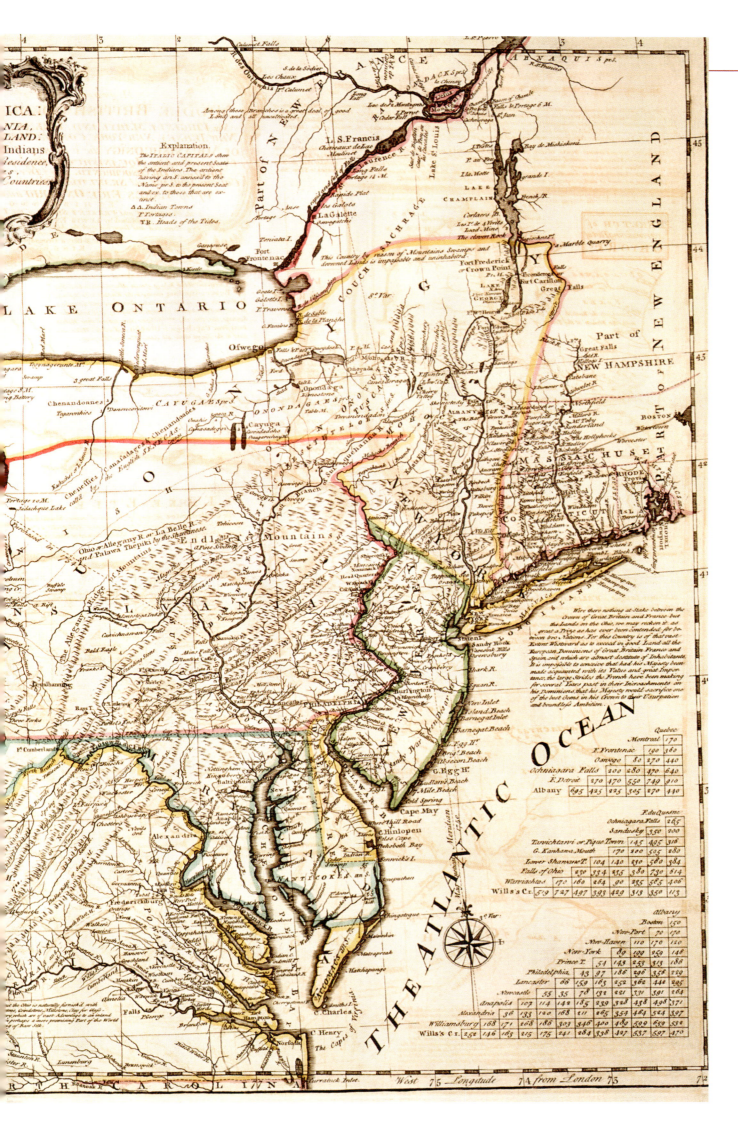

Samuel de Champlain
konzentrierte seine
Forschung auf Kanada,
das auf dieser General-
karte der mittelbriti-
schen Kolonie in Ame-
rika zu sehen ist.

CHAMPLAIN, SAMUEL DE

Französisch-kanadischer Forschungsreisender und Geograf, geb. 1567 in Brouage, gest. 1635 in Québec.

Entstammte einer alteingesessenen Seefahrerfamilie. Nahm an den Kämpfen gegen die Aufständischen in der Bretagne 1593–98 teil und begab sich nach Beendigung der Revolte mit seinem Freund, dem Kaufmann Du Pont-Gravé aus St. Malo, nach Kanada, wo sie die einstige Walfängersiedlung Tadoussac besuchten, den St.-Lorenz-Strom befuhren und in freundschaftliche Beziehungen zu den Huronen, den Bewohnern von Stadacone und Hochelaga, traten.

Nach seiner Rückkehr nach Frankreich schrieb Champlain in seinem Werk »Des Sauvages« (Wilde), dass sich das Gebiet nördl. des St.-Lorenz-Stromes besonders für eine Kolonisierung durch die Franzosen eigne.

1604 segelte Champlain unter dem Kommando des Vizeadmirals Pierre des Monts und in Begleitung seines Freundes Du Pont-Gravé sowie 120 Mann Besatzung nach Kanada, ging an der Küste des heutigen Neubraunschweigs an Land und gründete zwei Forts und Pelzkontore auf der »Ile de la Croix« (Insel des Kreuzes) und in Port-Royal.

Um eine feste Inbesitznahme Ostkanadas durch Frankreich zu gewährleisten, begab sich Champlain ein drittes Mal (1608) nach Nordamerika und gründete Québec (Kanadas älteste Stadt) am unteren St.-Lorenz-Strom. Nach und nach entstanden Siedlungen von St. Anne des Monts, Tadoussac (Neugründung), Trois-Rivières und Montréal.

Besonders schwierig gestaltete sich der Tauschhandel mit den Ureinwohnern Kanadas, den Indianern, wegen deren Stammesfehden untereinander. Champlain entschied sich für ein Bündnis mit den Algonkins und den Huronen, den militärisch schwächeren, gegen die Irokesen und die Montagnais. Die ersten Biber-, Marder-, Hermelin-, Zobel-, Iltis- und Otterpelze gelangten jetzt nach Europa. Langsamer aber als Champlain es erwartet hatte, kamen die französischen Siedler nach Ostkanada. Die englischen Kolonisatoren jedoch nahmen in diesem Gebiet zahlenmäßig ständig zu.

1615 begann Champlain mit der Erforschung des gewässerreichsten und mit ungeheuer großen Nadelwäldern überzogenen Gebietes Französisch-Kanadas. Mit einigen Gefährten befuhr er den Ottawa (Fluss in Ostkanada), entdeckte den Nipissingsee und den Huronsee und gelangte an den Ontariosee. Champlain erlitt eine Verwundung im Kampf mit den Irokesen.

Knapp zwei Jahrzehnte nach der Gründung Québecs fiel die Stadt nach einjähriger Belagerung in die Hände der zahlenmäßig stärkeren Engländer. Durch den Vertrag von Saint-Germain-en-Laye (1632) musste Frankreich die spätere Hauptstadt Kanadas an die Briten abtreten. Champlain gilt als der Gründer von Französisch-Kanada.

Literatur
S. Champlain, Des Sauvages, ou voyage de Samuel Champlain, de Brouage fait en la France Nouvelle l'an mil six cent trois. Paris 1603
F. Parkman, Pioneers of France in the New World. Boston 1865
Voyages of Samuel Champlain. Translated from the French by Ch. Pomeroy Otis. With historical illustrations and a memoir by Rev. Ed. F. Slafter. 3 Bde. Boston 1880
H. R. Casgrain, Les origines du Canada. Champlain, sa vie. o. O. 1898
N. E. Dionne, Samuel Champlain, fondateur de Québec. 2 Bde. Québec 1891–1906
G. Gravier, Vie de Samuel Champlain. Paris 1900
A. H. Gosselin, Le vrai monument de Champlain. Ses œuvres éditées par Laverdière (From the »Mémoires de la Société Royale du Canada«, 3e série, 1908–1909, Vol. II, section 1). Société Royale du Canada, Ottawa 1909
R. Finley, Samuel de Champlain. Founder of New France. Toronto 1925
Morris G. Bishop, Champlain. The life of fortitude. London 1949
H.-O. Meissner, Kundschafter am St.-Lorenzstrom. Die Abenteuer des Samuel de Champlain. Stuttgart o. J.

Samuel de Champlain gründete Französisch-Kanada.

CHANCELLOR, RICHARD

Englischer Seefahrer, geb. ?, gest. 1556 auf See.

1553 unternahm Chancellor als Kapitän der »E. Bonaventure« mit Sir H. Willoughby auf Geheiß reicher Londoner Kaufleute den Versuch, Indien über die Nordostpassage zu erreichen. Bei den Lofoteninseln wurden die Schiffe durch einen Sturm auseinander getrieben. Chancellor segelte allein um das Nordkap herum, stieß ins Weiße Meer vor und warf in der Dwinabucht nahe des heutigen Archangelsk Anker. Über Land marschierte er die fast 2.500 km lange Strecke nach Moskau an den Hof Iwans des Schrecklichen und unterzeichnete den ersten englisch-russischen Handelsvertrag, der hauptsächlich gegen die Hanse gerichtet war. Bei seiner Rückkehr nach London wurde die Moskowitische Handelsgesellschaft gegründet, und es setzte ein reger Warenaustausch zwischen beiden Ländern ein. Die Entdeckung der Nordostpassage wurde auf später vertagt. 1555 begab sich Chancellor ein zweites Mal nach Moskau. 1556 ertrank er in der Nähe der schottischen Küste.

Literatur
R. Hakluyt, Principall Navigations, Voiages and Discoveries of the English Nation (Beschreibung von Chancellors Aufenthalt in Moskau). London 1589

Richard Chancellor fädelte als Erster Handelsbeziehungen zwischen England und Moskau ein. Unten eine zeitgenössische Darstellung der russischen Metropole.

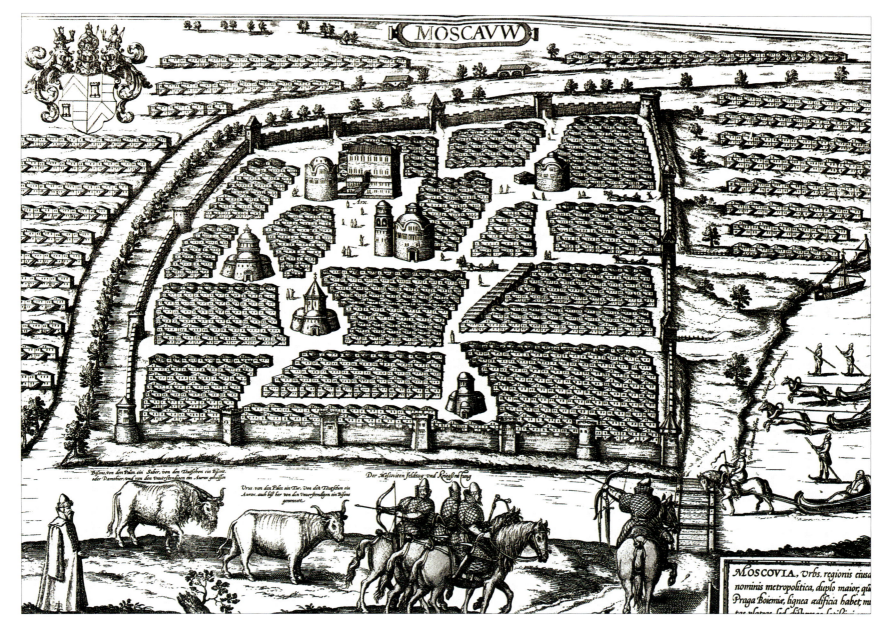

Cl. Adams, Anglorum navigatio ad Moscovitas (A narrative of the voyage of R. Chancellor). London 1600
J. V. Hamel, England and Russia comprising the voyages of R. Chancellor and others in the White Sea. London 1854

Bei den Lofoteninseln (Abb. links) wurde Richard Chancellors Flotte durch einen heftigen Sturm auseinander getrieben und er musste alleine weitersegeln.

CHARCOT, JEAN

Französischer Wissenschaftler und Polarforscher, geb. 1867 in Neuilly-sur-Seine, gest. 1936 auf See.

Sohn des berühmten Arztes J. M. Charcot. Nach dem Studium der Medizin wandte sich Charcot der Erforschung der Arktis und Antarktis zu.

1904 wurde er von der französischen Admiralität beauftragt, die Westküste des Grahamlandes (Antarktis) zu erforschen. Von Feuerland aus erreichte er die unwirtlichen Brabant- und Antwerpinseln (südl. der Süd-Shetland-Inseln). Auf seiner Weiterfahrt entdeckte Charcot auf der Wienckeinsel einen schützenden Hafen (selten in der Antarktis), den er auf den Namen Port-Lockroy taufte, und erforschte von dort aus die Biscoe-Insel. Überwinterung auf der westl. Seite des Grahamlandes.

1905 unternahm er einen weiteren Vorstoß nach Süden, erreichte aber nur 67° 30' südl. Br. und ging auf der Insel an Land, die er auf den Namen »Terre Loubet« taufte (in Wirklichkeit handelte es sich um die Adelaideinsel, von Biscoe 1832 entdeckt). Nach der Erforschung des Grahamlandes musste er wegen der heftigen Stürme seine Expedition abbrechen und kehrte nach Frankreich zurück.

1907–10 unternahm er mit der »Pourquoi-Pas?«, einem eigens für die polaren Gewässer gebauten Schiff, eine groß angelegte Antarktisfahrt ins Grahamland.

Nach dem Ersten Weltkrieg befasste sich Charcot mit der Erforschung der Arktis. Sein Hauptaugenmerk richtete er auf Grönland, wo er hydrografische Erkundigungen einzog. 1934 unternahm er auf der »Pourquoi-Pas?« eine wissenschaftliche Expedition an die grönländische Ostküste. Dort setzte er den jungen Polarforscher P. E. Victor in der Bucht von Kangerdlugsuak ab. 1936 ergründete Charcot den nach dem französischen Hydrografen Blosseville benannten Teil der Küste Ostgrönlands, musste aber wegen des zu schlechten Wetters auf Island Zuflucht nehmen. Am 15. September 1936 verließ er Island in Richtung Grönland. Da brach ein furchtbarer Sturm aus.

Trotz äußerster Kraftanstrengung der Matrosen, das Schiff wieder flottzumachen, sank die »Pourquoi-Pas?«. Bis auf einen Mann fanden alle Besatzungsmitglieder den Tod.

Charcots Tod bedeutete für die französische Polarforschung einen schweren Verlust.

Literatur
J. B. Charcot, Le Pourquoi-Pas? dans l'Antarctique. Paris 1910
–, La mer du Groenland, croisières du Pourquoi-Pas? Paris 1929

CLAPPERTON, HUGH

Schottischer Afrikareisender, geb. 1788 in Annan (Dumfriesshire), gest. 1827 bei Sokoto (Nigeria).

1806–17 stand Clapperton im Dienst der britischen Flotte und brachte es bis zum Leutnant. 1822 unternahm er in Begleitung von Dr. W. Oudney, dem englischen Konsul von Bornu, und Major Dixon Denham eine Forschungsreise in die Sahara. Von Tripolis aus erreichte das Dreiergespann nach unsäglichen Schwierigkeiten die »Hauptstadt« von Bornu, Kuka am Tschadsee. Sie waren nachweislich die ersten Europäer, die diesen flachen Süßwassersee in der Wüste mit eigenen Augen sahen. Während Denham den Tschadsee, den Schari und dessen bedeutendsten Nebenfluss, den Logone, erforschte, wandten sich Clapperton und Oudney westwärts. Als Oudney nach einigen Tagesmärschen den Strapazen erlag, marschierte Clapperton weiter und gelangte nach Kano, einem der damaligen Haupthandelsplätze der Sahara. Auf seinem Weitermarsch

Hugh Clapperton

erreichte der unentwegte Schotte Sokoto, die Hauptstadt der sieben Haussa-Staaten. Der dortige Sultan ließ Clapperton nur mit dem Versprechen weiterziehen, einen Arzt, einen Konsul und Kartenmaterial aus England nach Sokoto zu senden.

Kaum war Clapperton in seine Heimat zurückgekehrt, als er von der »African Association« den Auftrag erhielt, vom Golf von Benin aus das Gebiet von Sokoto, Bornu und den Oberlauf des Niger zu erforschen.

In Begleitung von R. Lander und drei anderen Engländern, die bis auf Clapperton und Lander unweit von Badagri (Nigeria) an den Strapazen zugrunde gingen, hielten der Schotte und Lander feierlichen Einzug in Sokoto. Erstmals in der afrikanischen Entdeckungsgeschichte war das Gebiet längs des zehnten östlichen Längengrades erforscht worden. Als Clapperton sich anschikkte, das Gebiet Sokoto–Timbuktu zu ergründen, erlag er am 13. April unweit Sokoto einem Herzanfall.

Clapperton war der erste Forscher, der feststellte, dass der Niger aus nordwestlicher Richtung kommt und dann nach Süden fließt, und der konkrete Erkundigungen über den Tschadsee anstellte. Außerdem lieferte er den Historikern wichtige Hinweise über das bereits im Verfall begriffene ehemalige mächtige Reich von Kanem-Bornu.

Literatur
H. Clapperton, Journal of a second expedition into the interior of Africa. London 1828
R. Lander, Records of Clapperton's last expedition to Africa. London 1830
Barrow, Narrative of Travels and Discoveries in northern and central Africa in the years 1822, 1823 and 1824 by Major Denham, Capt. Clapperton and the late Dr. Oudney. London 1862

CLARK, WILLIAM

Nordamerikanischer Forschungsreisender, geb. 1770 in Virginia (USA), gest. 1838 in St. Louis.

Trotz bescheidener Schulbildung entwickelte Clark besondere Fähigkeiten im Kartenzeichnen. 1803 wählte Meriwether Lewis, ein anderer nordamerikanischer Forschungsreisender, ihn als Begleiter und Berater für seine große Far-West-Expedition (Einzelheiten der Forschungsreise siehe unter Lewis).

Nach der Rückkehr von dieser historisch einmaligen Reise wurde Clark zum Brigadegeneral der Miliztruppen (Bürgerwehr) und zum »Indian Agent« ernannt; Ämter, die er 1807–13 in St. Louis ausübte. 1813–21 regierte er als Gouverneur über das Mississippi-Territorium und 1822 wurde er zum Generalbevollmächtigten der »Indian Affairs« in St. Louis bestellt.

Clark und Lewis gelten als die letzten großen Erforscher des »Far West«.

COLUMBUS (KOLUMBUS), CHRISTOPH

Genuesischer Seefahrer und Entdecker, geb. 1451 in Genua, gest. 1506 in Valladolid.

Stammte aus einer einfachen Weberfamilie. Elementare Schulbildung. Columbus' Lebensweise bis zu seinem 25. Lebensjahr in Genua ist kaum bekannt. 1475 gelangte er im Auftrag der Bank Centurione in Genua zu der Insel Chios (Ägäis), begleitete zeitweise die genuesischen Fischer auf ihren Mittelmeerfahrten und ging mancherlei Beschäftigungen nach. Sein damaliges Weltbild wurde durch die Werke »Ymago mundi« von Peter von Ailly, die »Historia rerum ubique gestarum« von Papst Pius II., Marco Polos »Wunderbare Reisen« und Ptolemäus' »Astronomie« geprägt.

1476 kam er nach Lissabon, wo er 1478 D. Felipa Perestrello y Moñiz ehelichte, und zog nach Madeira, wo sein Sohn Diego geboren wurde. 1483 unterbreitete er dem portugiesischen König Johann II. den ehrgeizigen Plan, den direkten Seeweg nach Indien in westl. Richtung zu suchen, eine Allianz mit dem Großkhan einzugehen, den Islam einzukreisen und in enge

Das Wappen von Christoph Columbus

Handelsverbindungen mit »Cipango« (Japan), »Cathay« (Nordchina) und »Mangui« (Südchina) zu treten. Nach gründlicher Prüfung durch ein Team von Mathematikern, Theologen und Nautikern wurde Columbus' Plan abgelehnt.

1485 begab sich Columbus nach Spanien. Aufenthalt in La Rabida (bei Huelva) und Empfang durch das spanische Herrscherpaar in Alcalá de Henares (Januar 1486) und in Madrid (Februar). Zeitweilige Residenz in Córdoba. 1489 trat er in enge Beziehungen zu den mächtigen Herzögen Medinaceli und Medina Sedonia, zu Kardinal Mendoza und zum königlichen Schatzmeister Quintanilla. Nach dem Fall von Granada konnte Columbus endlich sein ehrgeiziges Ziel durchsetzen.

In Santa Fé unterzeichnete er den politisch bedeutsamsten Vertrag, der je zwischen einem Privatmann und einem Herrscher abgeschlossen wurde (die »Kapitulationen von Santa Fé«). Columbus wurde zum Vizekönig der »Neuen Welt« und zum Admiral befördert, wurde oberster Richter für alle Streitigkeiten zwischen Spaniern in den zukünftigen Kolonien, erhielt den Titel »Don« und das Recht, Waffen zu tragen.

Zur Finanzierung des Unternehmens steuerte die Krone eine Million Maravedis (spanische Goldmünzen) bei. Die restliche Million wurde vom finanzstarken Martín Pinzón aufgebracht.

Das Ei des Columbus: Der Seefahrer beeindruckte seine Widersacher, indem er ein Ei so auf die Spitze stellte, dass es nicht umfiel.

Columbus bricht von Palos nach Amerika auf.

Ob Columbus bei seiner Ankunft in Indien tatsächlich so demütig von den Eingeborenen empfangen und beschenkt wurde, wie es de Bry in seinem Buch darstellte, ist eine andere Frage. Jedenfalls sahen sich die Eroberer in dieser Rolle sehr gerne.

Mit aufrührerischen Zeitgenossen wurde kurzer Prozess gemacht. Columbus befiehlt, diese an Bäumen zur Abschreckung für jedermann aufzuhängen.

*Landung des Columbus
in Amerika*

Am 3. August 1492, vor Sonnenaufgang, stachen die drei Karavellen, die »Santa María« (auch »Marie-Galante« genannt, Eigentümer: J. de la Cosa), die »Niña« (Eigentümer: Niño) und die »Pinta« (Eigentümer: Pinto) von Palos aus in See. Die kosmopolitische Mannschaft bestand u. a. aus Andalusiern, Basken, einem Matrosen aus Valencia und Seeleuten unbekannter Nationalität. Ferner nahmen ein Notar, ein Dolmetscher sowie die Seefahrer J. de la Cosa, V. Y. Pinzón, N. Peralonso und S. R. Gama an der Überfahrt teil.

Auf Gomera (Kanaren) musste die »Pinta« bereits ausgebessert werden. Columbus kundschaf-tete während des erzwungenen Aufenthaltes die Inseln Hierro, Fuerteventura und Lanzarote aus.

Am 12. Oktober hatte Columbus nach einer recht dramatischen Fahrt sein Ziel erreicht: von M. Pinzón und einer bewaffneten Eskorte begleitet, betrat der Admiral mittelamerikanischen Boden. Die Insel »Guanahani« oder »Watlin«, auf der sie gelandet waren, tauften sie zu Ehren des Erlösers auf den Namen »San Salvador«. Ein notarieller Akt legalisierte die Inbesitznahme der Insel durch die spanische Krone. Auf seiner Weiterfahrt entdeckte Columbus die Inseln »Fernandina« (Name zu Ehren des spanischen Königs), auf der die Spanier erstmals die Hängematte

Kurz bevor Columbus zur dritten Reise aufbrach, brachte er diese Zeilen an seinen Sohn Diego zu Papier. Eine markante Handschrift, die von einem äußerst willensstarken Menschen spricht.

(»hamac«) bestaunten, »Santa María de la Concepción«, Kuba, auf der Columbus reiche Goldminen vermutete und deren Bewohner er für Untertanen des Großkhans hielt, und Haiti, das er auf den Namen »Hispaniola« taufte. Inzwischen war die »Santa María« verloren gegangen und Pinzón hatte sich von Columbus getrennt. Bau des Forts »La Novidad« auf Haiti.

Unter Zurücklassung von 39 Getreuen, unter dem Kommando von Diego de Arenas und auf die Unterstützung des Kaziken (Häuptling) Guacanagari zählend, kehrte Columbus mit M. Pinzón, der sich dem Admiral wieder angeschlossen hatte, nach Spanien zurück. Ein Orkan trieb die beiden Schiffe auseinander. Am 18. Februar 1493 landete Columbus auf den Azoren, am 4. März warf er Anker in der Bucht des Tejo, wo der portugiesische König ihm seine Aufwartung machte, und am 15. März erreichte er endlich den Hafen von Palos. M. Pinzón, in dem Columbus ein Widersacher erwachsen war, starb kurz nach seiner Ankunft in Spanien. Am Hof wurde der Vizekönig mit allen Ehren empfangen. Die mitgebrachten Insulaner stellte er dem Herrscherpaar als Untertanen des Großkhans vor.

Columbus erhielt die enorme Summe von 335000 Maravedis sowie eine Rente, die eigentlich dem Maat Berjemo zustand, denn dieser hatte zuerst Land gesehen. Mit einem Federstrich erklärte der »Dominus orbis« (Papst) den überseeischen Besitz für rechtsgültig.

Während Columbus seine neue Stellung genoss, liefen bereits intensive Vorbereitungen für eine zweite Fahrt. Der Herzog Medina Sedonia finanzierte fast das ganze Unternehmen. Die systematische Besiedlung, die Bekehrung der Insulaner zum Christentum und die Aufnahme »diplomatischer Beziehungen« zum Großkhan waren die gesteckten Ziele des Unterfangens.

Am 25. September 1493 segelte die Armada, aus 17 Schiffen bestehend, mit 1500 Mann an Bord von Cádiz ab. Zwanzig Farmer sollten sich um die Agrarwirtschaft in der »Neuen Welt« kümmern. Auf der zweiten Entdeckungsfahrt stieß Columbus auf »Dominica« (Sonntag). Weitere Inseln, »Marie-Galante«, »Guadeloupe«, »Martinique« (Medina), »Montserrat«, »Santa María de la Redonda«, »San Martin« sowie »Santa Cruz«, wechselten den Besitzer. Als Columbus auf Haiti landete, war »La Novidad« zerstört und von der Besatzung fehlte jede Spur. Errichtung des zweiten Forts »Isabella«. Mit der ersten Verwaltung auf amerikanischem Boden wurde Pater Boyle beauftragt. Gründung von Santo Domingo. Weil die Inselbewohner keinen physischen Anstrengungen gewachsen waren, erwies sich die Einführung schwarzer Arbeitskräfte als unentbehrlich. Columbus legte so, wenn auch nicht mit Absicht, den Grundstein zur Sklavenhaltung in der »Neuen Welt«. Beginn der ersten schweren Zwischenfälle unter den Spaniern, die Columbus zur Last gelegt wurden. Zu seiner Rechtfertigung kehrte er am 10. März 1496 nach Spanien zurück. Frostiger Empfang am Königshof. Wenige Wochen später jedoch wurden alle Anschuldigungen gegen Columbus fallen gelassen.

Nach zweijährigem Aufenthalt in Spanien unternahm Columbus seine dritte Expedition in die »Neue Welt«. Sechs Karavellen verließen am 30. Mai 1498 den Hafen von Sanlucar de Marrameda und am 31. Juli 1498 erreichte er Trinidad an der Orinokomündung. Ergründung des Golfes von Paria, in dessen Nähe er die Quellen des Indus und des Ganges vermutete. Die Gegend hielt er für eine große Insel und taufte sie auf den Namen »Isla de Gracia«. Landung in Santo Domingo, wo er die Verwaltung in einem desolaten Zustand vorfand. Zur Untersuchung der administrativen Missstände auf Haiti war inzwischen eine Kommission unter der Leitung von Hojeda und Bobadilla eingetroffen. Columbus wurde daraufhin von N. de Ovando als Vizekönig abgelöst und als Strafgefangener nach Spanien überführt. In Granada wurde er jedoch vom Herrscherpaar als willkommener Gast empfangen und Bobadilla wurde seines Amtes enthoben. Trotz seiner Rehabilitierung zog sich Columbus vorläufig ins Kloster Zurbia bei Granada zurück und zeichnete eine Karte aller von ihm entdeckten Inseln, die im Original nicht mehr erhalten ist. Eine Kopie (in Türkisch) von Piri Reis befindet sich in Istanbul.

Am 9. Mai 1502 trat Columbus seine vierte und letzte »Amerikareise« an, für die er genaue Anordnungen erhalten hatte, die im Einklang mit dem Vertrag von Tordesillas standen. Am 15. Juni landete er auf Madinina, dann auf Santa Lucía und Martinique. Durch einen Sturm wurde er bis an die Einfahrt des heutigen Panamakanals getrieben, wo er vergebens nach »Vertretern« des Großkhans suchte. Doch Columbus' Glanzzeit war endgültig vorbei. Am 12. September 1504 trat der von Gicht geplagte und gebrochene Seefahrer den Heimweg an. Zwei Jahre später verschied er in Valladolid.

Columbus ist die umstrittenste Figur unter allen großen Abenteurern und Seefahrern. Noch niemals hat ein Entdecker den Historikern und Biografen so viel Kopfzerbrechen im Hinblick auf eine gerechte Beurteilung seiner Person bereitet wie dieser stolze und anmaßende Autodidakt aus Genua. Roselly de Lorgues z. B. sieht in Columbus einen »Heiligen«, Marius André einen »Unwissenden«. Noch heute beanspruchen über zwanzig Städte, u. a. Nervi, Calvi, Savone, Quinto, Columbus' Geburtsstadt zu sein, obschon in seinem Testament der Satz »Essendo io nato in Genua« zu lesen ist, und Historiker schreiben ihm die armenische, französische, englische, galizische und jüdische Nationalität zu. Columbus' angebliche Bittgesuche an die Könige von Frankreich und England sind historisch nicht belegt. Hätte Lissabon dem Antragsteller Columbus Gehör geschenkt, wäre Portugals Einfluss nicht auf Brasilien beschränkt geblieben.

Der Kontinent, den Columbus bei seiner vierten Reise betreten hatte, erhielt den Namen des Seefahrers Amerigo Vespucci, und zwar durch den deutschen Gelehrten Waldseemüller. Nur die südamerikanische Republik Kolumbien ist nach dem Namen des Entdeckers benannt.

Literatur
H. Harrisse, *Chr. Colomb, son origine, sa vie, ses voyages, sa famille et ses descendants. Paris 1884*
R. Altamira, *Historia de España y de la civilización española. Barcelona 1910–1911*
C. Pereyra, *Historia de América. México 1920–1925*
H. Vignaud, *Le vrai Ch. Colomb et la légende.*

Paris 1921

M. André, La véridique aventure de Ch. Colomb. Paris 1927

S. E. Morison, admiral of the Ocean Sea, a life of Ch. Columbus. Boston 1942

Ballesteros, Cristobal Colón y el descubrimiento de América. 2 Bde. Barcelona 1945

Christoph Columbus, Das Bordbuch 1492. Leben und Fahrten des Entdeckers der Neuen Welt in Dokumenten und Aufzeichnungen, hg. v. R. Grün. 3. Aufl. Tübingen 1974

G. Granzotto, Christoph Kolumbus. Eine Biographie. Hamburg 1988

G. Faber, Auf den Spuren von Kolumbus. Rastatt 1989

Das Logbuch des Christoph Kolumbus, hg. v. R. H. Fuson. Berg.-Gladbach 1989

S. Fischer-Fabian, Um Gott und Gold. Columbus entdeckt die neue Welt. Berg.-Gladbach 1991

U. Bitterli, Die Entdeckung Amerikas von Kolumbus bis Alexander von Humboldt. 4. Aufl. München 1992

J. D. Clare, Christoph Kolumbus – Mutiger Seefahrer und Entdecker der neuen Welt. Nürnberg 1992.

G. Faber, Auf den Spuren des Christoph Kolumbus. Neuaufl. München 1992

R. Humble, Die Reisen des Christoph Kolumbus. Nürnberg 1992

S. de Madariaga, Kolumbus. Leben, Taten und Zeit des Mannes, der vor 500 Jahren Amerika entdeckte und damit die Welt veränderte. München 1992

P. Marc, Kolumbus entdeckt Amerika. Zürich 1992

F. Niess, Am Anfang war Kolumbus. Die Geschichte einer Unterentwicklung – Lateinamerika 1492 bis heute. 2. Aufl. München 1992

B. Smith, Die erste Fahrt des Christoph Kolumbus 1492. Mödling/Österreich 1992

A. Venzke, Christoph Kolumbus. Reinbek 1992

Ch. Verlinden, Kolumbus. Vision und Ausdauer, hg. v. D. Junker. Unveränd. Nachdruck, Göttingen 1992

Christoph Columbus, Das Bordbuch. Leben und Fahrten des Entdeckers der Neues Welt in Dokumenten und Aufzeichnungen – 1492. München 2001

COOK, FREDERICK ALBERT

Amerikanischer Nordpolbezwinger, geb. 1865 in Callicoon, gest. 1940 in New Rochelle.

Frederick Albert Cook war ursrprünglich Arzt und kam als Schiffsarzt mit Peary in Kontakt. Er gilt als einer der profiliertesten Nordpolexperten.

Cook war das jüngste von fünf Kindern des deutschen Arztes Dr. Theodor Koch, der gegen 1840 in die USA auswanderte. Als Cook fünf Jahre alt war, starb sein Vater. Obwohl die Familie ziemlich arm war, konnte Cook dennoch das Gymnasium und die Universität besuchen. 1891 erwarb er den Doktortitel und ließ sich als Arzt in Brooklyn nieder.

Als Peary einen Schiffsarzt für seine geplante Grönlandexpedition suchte, bewarb sich Cook um den Posten und erhielt ihn. Peary und Cook, die späteren großen Widersacher im Kampf um den Nordpol, waren zuerst gute Freunde. 1891 machte Cook auf der Nordgrönlandfahrt mit Peary seine ersten arktischen Erfahrungen. 1898–99 nahm Cook, der von nun an von der Arktis wie besessen war, an der Südpolexpedition des belgischen Arktisforschers Adrien de

Gerlache de Gomery auf der »Belgica« teil. Ein anderer bekannter Begleiter war der spätere Südpolbezwinger Roald Amundsen. Die »Belgica« fror in der Bellinghausensee am 10. März 1898 bei 71° 31' südl. Br. und 85° 16' westl. L. fest, und Cook machte die erste südpolare Überwinterung mit. Nach dieser Fahrt wurde er durch den belgischen König Leopold II. für seine Verdienste geadelt. In New York fasste er seine Erlebnisse zu einem Buch zusammen.

1902 begab sich Cook ein zweites Mal im Zuge einer Unterstützungsexpedition nach Grönland zu Peary. Danach widmete er sich dem Bergsteigen. Ein erster Versuch, den Mount MacKinley, Nordamerikas höchste Erhebung, in der Alaska Range (6.193 m hoch), bis zum Gipfel zu besteigen, misslang. 1906 begab sich Cook mit zehn Begleitern noch einmal zum MacKinley. Nach detaillierten Vorbereitungen, während deren etwa 8.000 Quadratkilometer um den Berg herum kartografiert wurden, begannen Cook und

Edward Barill, ein Minenarbeiter aus Montana, vom Ruth Glacier aus die Ersteigung und am 16. September 1906 hatten beide den Gipfel erreicht. Trotzdem galt Hudson Stuck, der sieben Jahre später den Gipfel erreichte, lange als der Erstbesteiger.

Als Cook von Alaska zurückkehrte, hörte er, dass Peary auf seinem Vorstoß zum Nordpol 87° nördl. Br. erreicht hatte. Nur gut 300 km zum »Dach der Welt« fehlten noch. Jetzt kam Cook, der die Arktis gut kannte und sich mit den Techniken der Inuit vertraut gemacht hatte, auf den Gedanken, ebenfalls den Pol zu erreichen. Sein Plan bestand darin, quer über die Ellesmere-Insel bis zur Axel-Heiberg-Insel (zu den Sverdrupinseln gehörend) vorzustoßen und von hier den Pol direkt zu erreichen.

Am 19. Februar 1908 gelangte Cook in Begleitung seines deutschen Freundes Rudolf Francke, mit zehn Inuit und 105 Polarhunden von Annoatok an der Naresstrait (Nordwestgrönland) aus

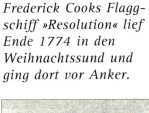

Frederick Cooks Flaggschiff »Resolution« lief Ende 1774 in den Weihnachtssund und ging dort vor Anker.

über die Ellesmeere-Insel nach Staelworth, der nördlichsten Spitze der Axel-Heiber-Insel. Alle 80 km wurden unterwegs Vorratslager errichtet. Am 18. März verließ Cook mit vier Schlitten und nur noch vier Inuit die Axel-Heiberg-Insel in Richtung Nordpol. Nach 100 km sandte er zwei Inuit zurück. Mit den beiden Inuit Etukishook und Ahwelah sowie 26 Hunden trat Pearys Widersacher den Marsch zum Pol an und erreichte ihn am 21. April 1908, also ein Jahr vor R. E. Peary.

Cook ließ eine Schneehütte bauen, hisste die amerikanische Flagge, machte verschiedene wissenschaftliche Beobachtungen und schrieb einen kurzen Brief, den er in ein versiegeltes Messingrohr legte. Dann begann der strapaziöse Rükkmarsch. Die Eis- und Witterungsverhältnisse hatten sich sehr verschlechtert. Durch eine westliche Strömung wurden sie von ihrer Route abgetrieben. Anstatt nach der Axel-Heiberg-Insel zu gelangen, wo sich die Vorratslager befanden, wurden sie in die Kronprinz-Gustav-See getrieben und konnten nur mit Mühe den Jonessund erreichen, wo sie bei Kap Sparbo überwinterten. Nach der Wiederkehr der Sonne marschierten sie nach Etah an der Naresstrait auf Nordwestgrönland, wo Cook den dänischen Dampfer »Hans Egede« bestieg und aller Welt verkündete, dass er den Nordpol erreicht habe.

In Kopenhagen wurde Cook als Nordpolbezwinger stürmisch gefeiert. Dann begann die Kontroverse um den Nordpol. Pearys Anhänger behaupteten, Cook habe den Nordpol überhaupt nicht erreicht, ohne allerdings Beweise zu bringen. Gleichzeitig wurden Cooks Angaben über die Besteigung des Mount MacKinley angezweifelt. Der Streit über die Frage, wer tatsächlich den Nordpol bezwungen hat, ging über viele Jahre. Cook hatte keine genauen Messinstrumente dabei und konnte deshalb keinen eindeutigen Beweis dafür liefern, dass er tatsächlich den Nordpol erreicht hatte. Allgemein wird eher R. E. Peary Glauben geschenkt, er gilt deshalb als der wahre Eroberer des Pols.

Literatur
F. A. Cook, Through the First Antarctic Night. New York 1900
–, My attainment of the Pole. o. O. o. J.
–, Die Erreichung des Nordpols. Hamburg 1912
E. S. Balch, Der Nordpol und das Bradleyland. Hamburg 1914 (für Cook)
M. Lewels, Dr. Cook und der Nordpol. Schulprogramm, Hamburg 1916 (gegen Cook)
F. Cook, Zum Mittelpunkt der Arktis. Braunschweig, Berlin, Hamburg 1928
–, Wo Norden Süden ist. Hamburg 1953
A. Freemann, The Case for Dr. Cook. New York 1961
Russell W. Gibbons, An historical evaluation of the Cook-Peary controversy. o. O. 1954
R. Amundsen, Close calls in my life as an Explorer. World's Work, o. O. June 1927

COOK, JAMES

Englischer Seefahrer, Entdecker und Erdumsegler, geb. 1728 in Marton (Yorkshire), gest. 1779 auf Hawaii.

Stammte aus bescheidenen Verhältnissen. Mit achtzehn Jahren arbeitete er auf einem Kohlenschiff und avancierte, dank seiner durch Selbststudium erworbenen mathematischen und hydrografischen Kenntnisse, zum Ersten Offizier. 1755 gab Cook seine private »Laufbahn« auf und trat als einfacher Matrose in die »Royal Navy« ein.

Teilnahme an der Belagerung von Québec. 1760–67 kartografierte der neu gebackene »Master« (eine Art Deckoffizier) im Auftrag der britischen Admiralität den Orléanskanal, die Hudsonmündung sowie die Küstengebiete von Neufundland, Labrador und Neuschottland. 1768 wurde Cook zum Leutnant und zum Kommandanten der »Endeavour« befördert und beauftragt, den gesamten Pazifik wissenschaftlich zu erforschen. Insgesamt unternahm Cook drei ausgedehnte Forschungsreisen in die Südsee.

Am 5. August 1768 stach die »Endeavour«, mit 90 Mann Besatzung, darunter der Astronom Green, der schwedische Naturforscher Solander und der einflussreiche Sir J. Banks, bei Plymouth

James Cook, genannt Kapitän Cook, fand ein probates Mittel gegen Skorbut, jene chronische Krankheit der frühen Seeleute, bei denen es zu Zahnfleischblutungen und zum Ausfallen der Zähne kam. Cook nahm Sauerkraut auf die Reise mit und konnte seine Mannschaft so mit dem notwendigen Vitamin C versorgen.

Cook interessierte sich sehr für die Lebensgewohnheiten der Ureinwohner. Die Abbildung stellt ihn anlässlich eines Gastmahls, das ihm zu Ehren veranstaltet wurde, bei einem Aufenthalt auf den Hawaii-Inseln dar.

in See. Durch die »Le-Maire-Straße« um Kap Hoorn herum gelangte Cook am 13. April 1769 nach Tahiti, ging an Land, errichtete ein befestigtes Lager, nahm Beziehungen zur Königin Oberea auf und befuhr in Begleitung des ortskundigen Oberpriesters Toupaia das gesamte Inselmeer, das er auf den Namen »Gesellschaftsinseln« taufte.

Auf seiner Weiterfahrt warf er auf Neuseeland in der »Poverty Bay« (Bucht der Armut) Anker, umrundete dann die Insel, bestieg in der »Charlotte Bay« einen Berg und erblickte den Durchgang zwischen der Nord- und Südinsel.

Auf seiner zweiten Rundfahrt bewies er die doppelte Inselnatur Neuseelands. Auch machte er interessante Feststellungen, so u. a., dass die Maori (das neuseeländische Inselvolk) sowohl fantasievoll als auch diebisch und streitsüchtig veranlagt waren, dem Kannibalismus huldigten, dass nur die Häuptlinge sich tätowieren durften, dass die Bevölkerung sich von einer Art Farnkrautwurzel ernährte und dort eine Art von Flachs (»phormicum tenax«) produziert wurde.

Als Cook entlang der »Botany Bay« (heutiges Siedlungsgebiet von Sydney) segelte, lief sein

Schiff auf Grund. Nach Behebung der Havarie konnte er seine Fahrt fortsetzen. Er durchfuhr die »Torresstraße« und ergründete die Küste von Neuguinea und der Insel Savu-Raja. In Batavia angelangt, stellte Cook fest, dass der größte Teil der Mannschaft durch die schlechte Sumpfluft von Inselindien dienstunfähig war. Mitte März 1771 ankerte er in Kapstadt und am 13. Juli ging er mit noch 56 Mann Besatzung in Dover vor Anker.

Zwar hatte Cook den sagenhaften Südkontinent, die »Terra australis incognita«, nicht finden können und seine Reise hatte ein hohes Soll an Menschenleben gefordert; das wissenschaftliche Resultat jedoch war beachtlich: Die doppelte Inselnatur von Neuseeland war bewiesen und die »Torresstraße«, die fortan »Endeavourstraße« hieß, war wieder entdeckt worden. Neusüdwales (Australien) gehörte nun den Briten und aus dem Seefahrer Cook war ein bedeutender Geograf und Hydrograf geworden.

1772 wurde Cook von der Admiralität mit einer zweiten Forschungsreise in den Pazifik beauftragt. Am 13. Juli stachen die »Resolution« unter Cook und die »Adventure« unter Furneaux von Plymouth aus in See. Die beiden deutschen Naturforscher Forster (Vater und Sohn) machten die Reise ebenfalls mit. Über Funchal, Santiago (Kapverdische Inseln) und um das Kap der Guten Hoffnung herum überquerte Cook auf der Suche nach dem Südkontinent am 17. Januar 1773 den südl. Polarkreis und erreichte 67° 15' südl. Br. Weil ein weiteres Vordringen durch die Eismassen unmöglich war, steuerte Cook auf Nordkurs, entdeckte die »Pitcairninseln«, durchfuhr das Inselmeer der Paumotu, landete auf Tahiti, wo er Dedidi, einen 17-jährigen Inselbewohner, an Bord nahm, segelte nach der Insel Tongatapu (Nukualofa), landete wiederum auf Neuseeland und gelangte auf seiner Weiterfahrt bei 71° 10' an den südlichsten Punkt der Erde, den bis dahin je ein Mensch gesehen hatte.

Eine unüberwindliche Eisbarriere und eine unzufriedene Mannschaft hinderten Cook an einem weiteren Vordringen. Auf Nordkurs kreuzend, steuerte er zuerst die Juan-Fernández-Inseln, dann die Marquesasinseln und die Oster-

insel an. Erneuter Aufenthalt auf Tahiti. Nach einem Besuch auf Tonga und den Neuen Hebriden entdeckte Cook, auf Südwestkurs segelnd, Neukaledonien.

Auf der Heimreise durch den Südpazifik stieß er auf Neugeorgien und auf die Süd-Sandwich-Inseln (»südliches Thule«). Das »Bouvetland« jedoch fand er nicht. Am 19. Juli 1775 traf die »Resolution« nach dreijähriger Abwesenheit wieder in Plymouth ein.

Cooks zweite Erdumsegelung hatte nur wenige Menschenleben gefordert. Seine Maßnahmen gegen Skorbut (große Mengen Sauerkraut waren zur Vorbeugung an Bord) hatten gewirkt. Er wurde zum Kapitän befördert, in die »Royal Society« aufgenommen und erhielt die Mitgliedschaft eines »Vierten Kapitäns beim Hospital für Seeleute zu Greenwich«.

Bereits dreißig Jahre vor Cooks zweiter Weltreise hatte das englische Parlament in London die Belohnung von 20.000 Pfund für den Engländer ausgesetzt, der die Nordwestpassage ent-

Bei einer Auseinandersetzung zwischen Cooks Leuten und den Eingeborenen auf Hawaii wurde Cook im Februar 1779 erschlagen.

decken würde. Diese Herausforderung nahm Cook, 48 Jahre alt, an.

Am 12. Juli 1776 verließ er mit der »Resolution« in Begleitung des Naturforschers Anderson sowie des zukünftigen Kommandanten der »Bounty«, des Steuermanns William Bligh, und des Schweizer Malers Weber den Hafen von Plymouth. Cook hatte u. a. den Auftrag, direkt nach Neu-Albion (»Drakeland«) zu steuern, mindestens 65˚ nördl. Br. zu erreichen und die nordpolare Fauna und Flora zu studieren. In Kapstadt stieß Kommandant Clerke mit der »Discovery« hinzu und die Flottille nahm Kurs auf die Kerguéleninseln, dann auf Tasmanien und Neuholland (Australien). Im Tonga-Inselmeer kartografierte Cook 61 Inseln und ging auf Tahiti an Land, wo der junge Dedidi seine Heimat wiedersah. Am 18. Januar 1777 besuchte Cook die Sandwichinseln Niihau und Hawaii, kreuzte dann vor der nordamerikanischen Küste, suchte vergebens die »Juan-de-Fuca-Straße« (Nootka) und stieß bis zum Kap »Prince of Wales« vor. Nach einem kurzen Aufenthalt bei den gastfreundlichen Tschuktschen fuhr er auf Ostkurs und drang bis in die Beaufortsee hinein, musste aber wegen der Eismassen umkehren. Überwinterung auf den Sandwichinseln. Ein erneuter Versuch, die Hudsonbucht durch das Nördliche Eismeer zu finden, schlug fehl.

Am 17. Januar 1779 landete Cook wieder auf Owhehee (Hawaii) in der Bucht von Karakua, wo er und seine Mannschaft Gäste des Königs Paria und des Oberpriesters Koah waren. Ein Zwischenfall – Bewohner einer benachbarten Insel hatten eine von Cooks Schaluppen gestohlen – löste eine bewaffnete Auseinandersetzung zwischen den Engländern und den Insulanern aus, bei der Cook am 14. Februar 1779 erschlagen wurde.

Unter Clerkes Kommando lichteten die Briten schnell die Anker und gingen in Petropawlowsk (Kamtschatka) an Land. Auch Clerkes Versuch, die Hudsonbucht über das Nördliche Eismeer zu finden, misslang. Während der Heimfahrt starb

auch dieser Kapitän. Durch die Sundastraße hindurch und um das Kap der Guten Hoffnung herum gelangte die Flottille nach 51 Monaten wieder in ihren englischen Heimathafen.

Cook ist nicht nur der bedeutendste englische Seefahrer und Entdecker, sondern auch einer der größten Forscher der Welt überhaupt. Seine wissenschaftlichen Kreuzfahrten auf drei Weltmeeren übertrafen an Länge alle Fahrten seiner Vorgänger und seine ethnografischen Studien über die Völker der pazifischen Inseln, Neuseelands und Australiens vermittelten den Europäern im 18. Jahrhundert einen ersten nahezu vollständigen Einblick über diesen vorher kaum erforschten Raum des Stillen Ozeans. Vasco da Gama hatte den Indischen Ozean für Portugal erobert, Cook eroberte den Pazifik für die Engländer.

Literatur
A voyage towards the south pole and round the world performed in H. M. S. »The Resolution« and »Adventure« in the years 1772 to 1775. I/II. London 1777
Des Kapitäns James Cook dritte Entdeckungsreise in das Stille Meer und nach dem Nordpol hinauf der Jahre 1776 bis 1780. Aus d. Engl. übers. v. G. Forster. Band I/II. o. O. 1787
E. Forster, Cook, der Entdecker. o. O. 1843
Captain Cook's journal during his first voyage round the world made in H. M. bark »Endeavour« in the years 1768–1771. London 1893
H. Zimmermann, Die Reise um die Welt mit Kapitän Cook. Mannheim 1781. Bearb. Neuausg. v. H. Franke. Heidelberg 1948
J. W. Vandercook, Great Sailor. A life of the discoverer Captain James Cook. New York 1950
K. Lütgen, Der große Kapitän. o. O. 1951
Capt. James Cook, Entdeckungsfahrten im Pazifik. Die Logbücher der Reisen 1768 bis 1779, hg. v. A. Grenfell Price. 2. Aufl. Tübingen 1972
Biographie von Kap. Cook in »Cambridge History«, Band VII S. 686. o. O. o. J.
J. Cook, Entdeckungsfahrten im Pazifik. Die Logbücher der Reisen 1768–1779, hg. v. A. Grenfell Price. Stuttgart 1983.
G. Forster/G. Ch. Lichtenberg, Cook der Entdecker. Schriften über James Cook, hg. v. K. G. Popp. Leipzig 1991
Otto Emersleben, James Cool. Reinbek 1998

CORTEZ, HERNANDO

Spanischer Entdecker, Seefahrer und Konquistador, geb. 1485 in Medellín (Estremadura), gest. 1547 in Castilleja de la Cuesta (bei Sevilla).

Nach dem Studium der Rechtswissenschaften an der Universität von Salamanca begab sich der geborene Abenteurer nach Mittelamerika. Während seines dortigen Aufenthaltes hatte H. de Córdoba die Küste der mexikanischen Halbinsel Yucatán bis Campeche ergründet und J. de Grivalja den Panucofluss erreicht. Beide brachten wertvollen Gold- und Silberschmuck mit nach Kuba. Daraufhin beschloss der Gouverneur in Havanna, das an Edelmetallen reiche Land der Azteken für die spanische Krone zu erobern. Cortez, Alcalde (Schultheiß) von Santiago de Cuba, wurde mit diesem heiklen Unternehmen beauftragt. Cortez' Feldzug stand von vornherein unter einem günstigen Stern, denn die Azteken

erwarteten den einst vertriebenen Gott Quetzalcoatl (Federschlangengott) aus dem Osten, und zwar für das Jahr 1519.

Am 18. Februar 1519 verließ Cortez mit zehn Schiffen, 100 Matrosen, davon 32 Bogenschützen und 13 Arkebusier (Scharfschützen), 16 Pferden, 10 Feldgeschützen und vier Falkonetten (kleine Kanonen) den Hafen von Havanna, gründete sofort nach seiner Landung die Stadt Veraruz und ließ sich von dem zusammengestellten »cabildos« (Bürgerrat, Senat) unumschränkte Machtbefugnisse geben.

Um jeden Fluchtversuch zu verhindern, ließ Cortez alle Schiffe versenken. Mit den von den Azteken unterdrückten Stämmen der Totonacs und der Tlaxcalaner (oder Tlaxcalteken) schloss er ein Bündnis. Kampflos erreichte der Konquistador Tenochtitlán, die Hauptstadt des Aztekenreiches, nahm Montezuma gefangen und regierte in seinem Namen. Der von Velásquez nach Mexiko ausgesandte Panfilo de Narvaez, der Cortez in seinen Machtbefugnissen beschneiden sollte, wurde durch einen Überraschungsangriff ausgeschaltet.

Während Cortez' Abwesenheit von Tenochtitlán hatte sein Freund P. de Alvarado durch Akte der Grausamkeit die Azteken in Aufruhr gebracht. Unter Zurücklassung seiner gesamten Artillerie musste Cortez (der inzwischen nach Tenochtitlán zurückgekehrt war, um die Ordnung wieder herzustellen) die Stadt während der »traurigen Nacht« zum 1. Juli 1520 (»noche triste«) fluchtartig verlassen. Einige Tage vorher war Montezuma an den Verletzungen eines Steinwurfs gestorben. Bei Otombo jedoch besiegte Cortez (ohne Artillerie) eine ihm weit überlegene Aztekenarmee und verschaffte sich dann eine dringende Atempause.

Zum Endsturm auf Tenochtitlán ließ Cortez eine Flotte von Brigantinen bauen, um die Lagunenstadt vom See her über die Wasserstraße bezwingen zu können. Nach einer 85-tägigen Belagerung fiel die Hauptstadt den Spaniern in die Hände und sank in Schutt und Asche.

Hernando Cortez ging bei seinen Eroberungszügen weder mit den eigenen Leuten noch mit den Ureinwohnern zimperlich um. Um Erfolg zu haben, war ihm jedes Mittel recht.

Nach einem dreijährigen Aufenthalt in Mexiko kehrte Cortez nach Spanien zurück, erhielt aber nur den Titel eines Generalkapitäns von Neuspanien. Die Verwaltung des früheren Aztekenreiches wurde zuerst der Audiencia, den Beamten des höchsten Gerichts, dann dem Vizekönig A. de Mendoza übertragen. Cortez wurde anschließend zum »Marqués del Valle de Oaxaca« (mexikanische Stadt mit reichen Goldvorkommen und 28 Dörfern) ernannt und unternahm von dort aus neue Expeditionen nach Niederkalifornien. Weil Cortez die Bevormundung durch die ihm übergeordneten Beamten nicht ertragen konnte, kehrte er nach Spanien zurück. Er starb 1547 auf seinem Gut von Castilleja de la Cuesta, ohne Mexiko wiedergesehen zu haben.

Neben Pizarro ist Cortez die bemerkenswerteste Gestalt unter den spanischen Konquistadoren.

Durch die Eroberung Mexikos wurde Spanien in der ersten Hälfte des 16. Jahrhunderts zur reichsten Nation der Erde. Leider wurden die gewaltigen Einnahmen der mittelamerikanischen

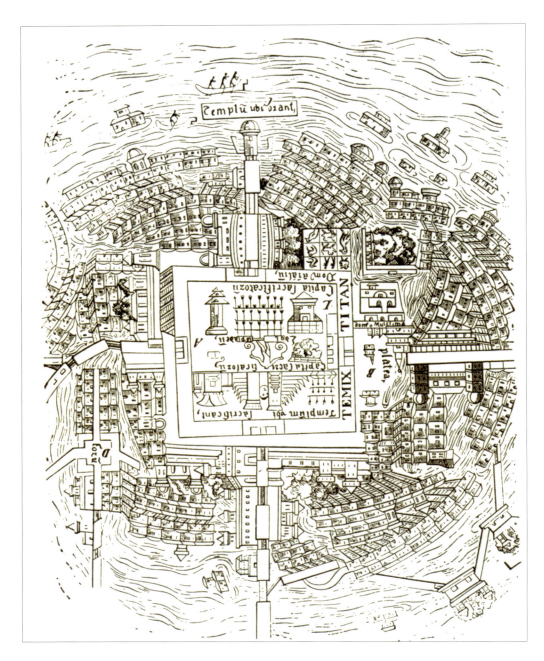

Nach Briefen von Cortez an Kaiser Karl V. wurde Tenochtitlan, die sagenhafte Metropole der Azteken, rekonstruiert. Die Anlage der Stadt war eine architektonische Meisterleistung.

Montezuma, der Herrscher der Azteken, wurde von Cortez heimtückisch überlistet.

Die vollständige Eroberung der Yucatán-Halbinsel nahm noch zwei volle Jahre in Anspruch. Während Cortez die noch unbotmäßigen Stämme bezwang, eroberten seine Waffengefährten P. de Alvarado Guatemala und C. de Olid die Republik Honduras. Auf die Nachricht hin, dass Olid seine Machtbefugnisse überschritten habe und für sich selbst ein Reich erobern wolle, marschierte Cortez durch unerforschtes tropisches Urwaldgebiet nach Honduras. Als er an Ort und Stelle eintraf, war der unfolgsame Olid bereits von Fr. de las Casas umgebracht worden.

Gold- und Silberminen für unnütze Machtpolitik auf dem europäischen Kontinent vergeudet.

Die Eroberung Mexikos ist vom spanischen Historiker Gomera (der nicht immer sachlich blieb) niedergeschrieben worden. Ein Augenzeuge, Bernal Díaz del Castillo, der die Zerstörung Tenochtitláns miterlebt hatte, erzählte den Ablauf ihrer Vernichtung in einer lebhaften und fantasievollen Weise.

Literatur
W. H. Prescott, History of the conquest of Mexi-
co. 3 Bde. Boston 1843
Díaz del Castillo, Die Eroberung von Mexiko.
Übersetzt von H. Seebeck. Gotha 1847
W. H. Prescott, The Spanish Conquistadores.
London 1905
C. Pereyra, Historia de América. México
1920–1925
Hernán Cortéz, Testamento de Hernán Cortés. La
edición facsimile. México 1930
H. M. Robinson, Stout Cortez. A biography of the
Spanish conquest. New York 1931
L. Torres, Hernán Cortés. Saragossa 1939
F. A. Kirkpatrick, The Spanish Conquistadores.
2d Ed. London 1946
K. Klein-Schonnefeld, Cortez und Marina. In:
Berliner Hefte für geistiges Leben. Jg. 3, Halbj. I,
Heft 5. Berlin 1948
M. Collins, Cortes and Montezuma. London 1954
J. Descola, Les Conquistadores espagnols. Paris
1957
R. Manzano, Los grandes conquistadores. Barce-
lona 1958
Fr. R. Majo, Conquistadores españoles del siglo.
XVI. Madrid 1963
H. Cortez, Die Eroberung Mexicos. Eigenhändige
Berichte an Kaiser Karl V. 1520–1524. Frank-
furt/M. 1979
H. Cortez, Die Eroberung Mexikos, 1520–1524.
Auszug aus den Memoiren des Bernal Diaz del
Castillo. München 2001

COUSTEAU, JACQUES YVES

Französischer Hydrograf, Unterwasserforscher, Dokumentarfilmer und Schriftsteller, engagierter Vertreter des Umweltschutzes, geb. 1910 in Saint-André-de-Cubsac, gest. 1997 in Paris. An Bord des von Cousteau persönlich ausgerüsteten

Spezialschiffs »Calypso« befuhr er in Begleitung eines ausgewählten Teams von Hydrografen und Unterwasserforschern viele Jahre lang die Weltmeere. Sein Forschungsprogramm reichte von der Tiefenmessung des Meeres bis zum Auffinden und Studium seltener Meerestiere. Cousteau ist einer der Erfinder des Schwimmanzugs (Aqualunge), mit dem man unabhängig und ohne Risiken bis zu 30 m tief tauchen kann, einer Spezial-Unterwasserkamera und einer schwimmenden Insel zur meereskundlichen Beobachtung. Ferner hat er eine Reihe ozeanografischer Filme gedreht, u. a. »Epaves« (Treibgut), »Le monde du silence« (Die Welt des Schweigens) und »Le monde sans soleil« (Die Welt ohne Sonne).

Ab den 1970er Jahren engagierte sich Cousteau beim Umweltschutz und gründete die »Cousteau Society«, eine Stiftung zum Erhalt der weltweiten Wassersysteme.

Literatur
J. Y. Cousteau, The silent world. London 1953
– und F. Dumas, Le monde du silence. Paris o. J.
– Le monde sans soleil. Paris o. J.
– und J. Dugan, The living sea. o. O. 1963
– und Ph. Cousteau, Haie. Herrliche Räuber der
See. München 1971

Cousteau wurde einem breiten Publikum durch seine faszinierenden Unterwasserfilme bekannt.

– und Ph. Diole, Korallen. Bedrohte Welt der Wunder. München 1972
– und Ph. Diole, Silberschiffe. Tauchen nach versunkenen Schätzen. München 1972
– und Ph. Diole, Wale. Gefährdete Riesen der See. München 1972
– und Ph. Diole, Kalmare. Wunderwelt der Tintenfische. München 1972
– und Ph. Diole, Calypso. Abenteuer eines Forschungsschiffes. München o. J.
– (Hg.), Cousteau almanac, o. O. 1981ff.

CRIPPEN, ROBERT LAUREL

US-amerikanischer Astronaut, geb. 1937 in Beaumont (Texas).

Robert Crippen gilt als einer der erfahrensten Astronauten in der Ära des Space Shuttle. Er war zusammen mit John Young an Bord des ersten Space Shuttles »Columbia« und nahm zwischen April 1981 und Oktober 1984 an drei weiteren Flügen teil. Das Space Shuttle ist ein Trägersystem für den Transport einer Nutzlast von der Erdoberfläche auf eine Satellitenbahn und umgekehrt. Darüber hinaus kann es, im Gegensatz zu Trägerraketen, wieder verwendbar zur Erde zurückgeführt werden, was eine spektakuläre Neuerung in der Raumfahrt darstellte.

In der Morgendämmerung des 12. April 1981, genau 20 Jahre nach dem ersten Weltraumflug des Kosmonauten Jurij Gagarin, hoben die Astronauten Crippen und Young mit der Raumfähre »Columbia« von Kap Kanaveral ab. Dies war der erste Testflug in der Ära der Shuttleflüge. Der Raumtransporter war das größte und schwerste Einzelgerät, das je mit einem einzigen Start in die Umlaufbahn befördert wurde, und konnte eine Geschwindigkeit von 28.000 km/h erreichen. Die beiden Astronauten trugen bei diesem ersten Flug Druckanzüge und waren an Schleudersitzen angeschnallt. Die Startphase verlief ruhig und der Testflug konnte am 14. April 1981 erfolgreich abgeschlossen werden. Einige Jahre später war das Transportsystem betriebsbereit. Die Anzahl der Starts häufte sich. Sie waren nun auch bei Nacht und schlechtem Wetter möglich, Druckanzüge und Schleudersitze waren überflüssig geworden. Die während des ersten Fluges leer gebliebenen Frachtbuchten sind jetzt bei jedem Flug gefüllt. Bis zu sechsköpfige Besatzungen nehmen regelmäßig an Space-Shuttle-Missionen teil.

Im Juni 1983 gehörte neben Crippen und einigen anderen auch die erste amerikanische Frau im Weltraum, die Astronautin Sally Ride, zur Besatzung der »Challenger«. Der dritte Flug des Astronauten im April 1984 war gekennzeichnet durch die Rettung eines defekten Satelliten; seine vierte Mission im All im Oktober 1984, erneut an Bord einer »Challenger«, ist dafür bekannt geworden, dass zum ersten Mal sieben Astronauten zu einer Besatzung gehörten. Während dieses Fluges unternahm die Astronautin Kathryn Sullivan als erste amerikanische Frau einen Weltraumspaziergang. Robert Crippen verbrachte insgesamt 506 Stunden im Weltraum. Nach der »Challenger«-Katastrophe vom 28. Januar 1986, bei der alle sieben Astronauten ums Leben kamen, war Crippen in der Untersuchungskommission tätig, die die Ursachen des Unglücks aufklären sollte.

CUNNINGHAM, ALLAN

Englisch-australischer Forschungsreisender, geb. 1791 in Wimbledon, gest. 1839 in Sydney.

Cunningham studierte zuerst einmal Rechtswissenschaften. Dann erst wandte sich der Botanik zu und verließ im Jahr 1814 England, um Australien zu erforschen. In den Jahren 1816–27 durchstreifte er Queensland und Neusüdwales und studierte ausgiebig die Flora und Fauna dieser ungeheuer weiten ostaustralischen Gebiete. 1828 versuchte er vergebens, die Sanddünen am Darlingfluss zu erreichen.

Cunningham gilt als einer der frühen Erforscher Südostaustraliens.

Literatur
E. Favenc, The history of Australian Exploration. London 1888

J. D. Rogers, A historical geography of the British dominions. Bd. 6 Australasia. Oxford 1923
A. W. José, Histoire de l'Australie depuis sa découverte jusqu'à nos jours. Paris 1930
Australian Dictionary of Biographies. o. O. o. J.
Australian Encyclopedia. o. O. o. J.

CUNNINGHAM, RONNIE WALTER

US-amerikanischer Astronaut, geb. 1932 in Creston (Iowa).

Am 11. Oktober 1968 begann die US-Weltraumbehörde mit dem Start des Weltraumunternehmens »Apollo 7« die vorgesehene Eroberung des Mondes. »Apollo 7« ist das erste bemannte Raumschiff der Apollo-Serie. An Bord befanden sich neben Ronnie Cunningham die Astronauten Donn Eisele und Walter Schirra. Sie führten während der 164 Erdumkreisungen des Raumschiffs bis zum 22. Oktober zahlreiche Versuche durch, darunter ein Anlegemanöver mit der zweiten Raketenstufe. Die drei Astronauten waren die ersten, von denen Liveübertragungen per TV auf die Erde gesandt wurden. Die »Wally, Walt und Donn Show« gewann sogar einen Special Emmy Award. Cunningham verbrachte während seines einzigen Fluges insgesamt 263 Stunden im All. Seit seinem Abschied von der NASA ist er als Vorsitzender verschiedener amerikanischer Firmen tätig.

Literatur
R. Cunningham, The All-American boys. New York 1977

Der Brite Allan Cunningham sammelte und dokumentierte die Flora und Fauna Australiens.

inseln. Hier studierte Darwin fast einen Monat lang die dort lebenden Tiere und entwickelte auf der Basis der so gewonnenen Daten sein wissenschaftliches Hauptwerk »Über die Entstehung der Arten« (1859). Mit Fitzroy zusammen verfasste er zudem einen dreibändigen Forschungsbericht, der zu den Klassikern der Entdeckungsgeschichte zählt. Seine Evolutionstheorie bildet bis heute den Mittelpunkt der Biologie.

Literatur
Ch. Darwin, Reise um die Welt 1831–36, hg. v. G. Giertz. Stuttgart 1981

DAMPIER, WILLIAM

Englischer Seefahrer und Pirat, geb. 1652 in Somersetshire, gest. 1715 in London.

Dampier hatte während seiner langen Freibeuterfahrten gegen spanische Silberschiffe zahlreiche wichtige geografische Daten nach England mitgebracht. Deswegen beauftragte ihn die britische Admiralität mit einer Erkundungsfahrt in den Südpazifik. Er segelte 1699 mit dem Schiff »Roebuck« um das Kap der Guten Hoffnung herum und weiter in Richtung Australien. Seine kartografischen Aufzeichnungen gingen allerdings verloren, als sein Schiff in der Nähe der Insel Ascension im Südatlantik Schiffbruch erlitt.

1703–07 nahm Dampier an einer Erdumseglung teil und begleitete 1708 Francis Drake auf einer Kaperfahrt. Drei Jahre später brachte er eine Beute von 200.000 Pfund Sterling mit.

Dampier gilt als Vorkämpfer der britischen Herrschaft über Australien. Einige Inseln und Landstriche wurden nach ihm benannt.

DARWIN, CHARLES ROBERT

Englischer Naturforscher, geb. 1809 in Shrewsbury, gest. 1882 in Down. Begründer der Selektionstheorie (Darwinismus).

Nach dem Studium der Medizin und Theologie nahm Darwin am Bord des Schiffes »Beagle« unter Kapitän Robert Fitzroy 1831–36 an einer Weltreise teil. Sie führte an die südamerikanische Küste bis nach Feuerland und auf die Galapagos-

Charles Robert Darwin

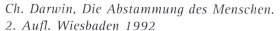

Ch. Darwin, Die Abstammung des Menschen. 2. Aufl. Wiesbaden 1992
-, Über die Entstehung der Arten durch natürliche Zuchtwahl oder Die Erhaltung der begünstigten Rassen im Kampfe ums Dasein, hg. v. G. H. Müller. (Nachdr. d. 9. unveränd. Aufl. Stuttgart 1920) Darmstadt 1992.
-, Mein Leben. Autobiographie. Frankfurt/M. 1993
A. Desmond/J. Moore, Darwin. Reinbek 1994
J. Hemleben, Charles Darwin. Reinbek o. J.
E. Mayr, ... und Darwin hat doch recht. Charles Darwin, seine Lehre und die moderne Evolutionstheorie. München 1994
St. Parker, Charles Darwin und die Evolution. Triumphe der Wissenschaft. Hanau 1994

Paul Strathern, Darwin und die Evolution. Frankfurt 1999
Johannes Hemleben, Charles Darwin. Reinbek 2000

DAVID-NÉEL, ALEXANDRA

Französische Asienreisende, geb. 1868 in St-Mandé, gest. 1969 in Digne.

Bereits während ihres Studiums am »Collège de France« interessierte sich Alexandra David-Néel für Tibet und den Himalaja. Längere Aufenthalte in verschiedenen Lama-Klöstern ermöglichten ihr, in den Lamaismus (den tibetanischen Buddhismus) eingeführt zu werden.

Im Alter von 45 Jahren fasste sie den kühnen Entschluss, nach Lhasa, der »Stadt der heiligen Bücher«, zu gelangen. Das Unternehmen dauerte ganze acht Monate. Als Bettlerin verkleidet, erreichte sie in Begleitung ihres Adoptivsohnes, eines jungen Lama, sich nur von »tsampa« (Gerstenmehl), ein wenig Tee und Butter ernährend, unerkannt die tibetanische Hauptstadt. Hier stellte sie fest, dass sich seit dem Besuch des Engländers Manning im Jahre 1811 nichts geändert hatte. Alexandra David-Néel ist die erste europäische Frau, die Lhasa betreten hat. Sie hat ihr Ziel nur erreichen können, weil sie noch schäbigere Kleidung trug als die meisten Bewohner Tibets.

Literatur
E. de Margerie, Voyage d'une Parisienne à Lhasa. Paris 1927
A. David-Néel, My journey to Lhasa. New York und London 1927
-, Initiations and Initiates in Tibet. London 1931
-, Au pays de brigands gentilhommes (Grand Tibet). Paris 1933
-, Le Bouddhisme. Paris 1936
-, Le vieux Tibet face à la Chine nouvelle. Paris 1953
-, Wanderer mit dem Wind. Reisetagebücher in Briefen 1904–1917. Mannheim 1979
-, Heilige und Hexer. Glaube und Aberglaube im Lande des Lamaismus. Neuausg. d. 3. Aufl. von

Blick auf die auch farblich faszinierende Vegetation der Galapagosinseln

Die Galapagos-Inseln erregten wegen ihrer fremdartigen Tierwelt große Aufmerksamkeit. Die farbenprächtigen Zeichnungen entstammen dem Werk von William Beebe („Galapagos, das Ende der Welt"), das 1926 erschien.

142

1936, 2. Aufl. Mannheim 1984
-, Mein Weg durch Himmel und Höllen. Das
Abenteuer meines Lebens. München 1989
-, Der Lama der fünf Weisheiten. Basel 1990
-, Ralopa. Der Meister geheimer Riten und andere
unbekannte tibetische Texte. München 1991
-, Liebeszauber und Schwarze Magie. Abenteuer
in Tibet. 3. Aufl. Basel 1992
-, Mein Indien. Die abenteurlichen Reisen einer
ungewöhnlichen und mutigen Frau. München
1992
-, Leben in Tibet. Kulinarische und andere Tra-
ditionen aus dem Lande des ewigen Schnees.
4. Aufl. Basel 1994
Jean Chalon, Alexandra David-Néel. München
1998

DAVIS, JOHN

Englischer Seefahrer und Entdecker, geb. 1550 (?) in Sandridge (Dartmouth), gest. 1605 bei Bintan (Sumatra).

1585 unternahm Davis nach sorgfältiger Vorbereitung einen Vorstoß ins Nordpolargebiet, um die Nordwestpassage zu finden. Mit zwei Schiffen segelte er nach Norden, entdeckte Grönland (»Land of Desolation«) wieder, umschiffte die Südspitze der Insel, die er auf den Namen »Kap Farvel« taufte, ging unweit des heutigen Städtchens Godthaab (an der Westküste Grönlands) an Land und trat in freundschaftliche Beziehung zu den Einheimischen. Auf seiner Weiterfahrt erforschte er Cumberland auf der Baffininsel, fuhr anschließend in die eisfreie Meeresstraße hinein, die heute seinen Namen trägt, und kehrte dann zur Auswertung der gewonnenen Kenntnisse nach England zurück. 1586 versuchte er ein zweites Mal, mit vier Schiffen, von denen allerdings zwei nach Island abgetrieben wurden, ins Nordpolargebiet vorzustoßen. Davis erreichte den Gilbertsund, musste aber wegen der Eismassen sein Vorhaben, 80° nördl. Br. zu überqueren, aufgeben.

1587 übernahm Davis die Leitung einer dritten Polarexpedition, gelangte mit seinen drei Schaluppen bis zu 72° 12' nördliche Breite in die Baffinbai, entdeckte das hohe Vorgebirge »Sanderson's Hope«, drehte wegen gefährlichen Packeises ab, erforschte die Einfahrt der Hudsonbai und trat die Heimreise an. 1591 begleitete er den Engländer Thomas Cavendish auf einer Fahrt in die nördlichen Gewässer, fuhr auf eigene Faust südwärts und entdeckte die »Falklandinseln«.

1598–1600 nahm er an einer holländischen Ostindien-Expedition teil und segelte 1604 in der Eigenschaft als Steuermann, im Auftrag von S. E. Michelbourne, nach Inselindien, wo er unweit der Insel Sumatra in einem Gefecht mit japanischen Seeräubern getötet wurde. John Davis, Erfinder des »Davis-Quadranten«, ist nachweislich der erste Europäer, der die Gewässer des Nordpolarkreises wissenschaftlich erforscht hat.

Literatur
The voyages and works of John Davis the Navi-
gator. Edited with an introduction and notes, by
Albert Hastings Markham. London 1880
J. Hakluyt, The Principal Navigations, Voyages,
Traffiques and Discoveries of the English nation.
London 1904 (1. Druck 1598 bis 1600, zahlrei-
che Auflagen)

DECKEN, BARON KARL-KLAUS VON DER

Deutscher Afrikareisender, geb. 1833, gest. 1865. Decken gab seine Karriere beim Militär auf und fuhr nach Afrika. Er bestieg bis zu 4.260 m den Kilimandscharo, erforschte den Pangani-Fluss (am Fuße des Kilimandscharo) und organisierte eine große Expedition zur Erforschung des Tana, des größten Flusses in Kenia. Im Kampf mit fanatischen Somalis kam Decken zusammen mit vielen seiner Leute um. Seine geografischen und naturwissenschaftlichen Erkundigungen wurden von O. v. Kersten ausgewertet.

DESCHNEW, SEMION IWANOWITSCH (DESCHNJOW)

Russischer Entdeckungsreisender, geb. um 1605, gest. 1672 oder 1673.

1645 unternahm Deschnew in Begleitung von Stadukhin, einem anderen Kosaken, eine Expedition nach Ostsibirien, erreichte den Kolyma (Fluss in Ostsibirien), musste aber wegen ungünstiger Wetterverhältnisse seine Forschungsreise abbrechen. Bald danach versuchte Deschnew ein zweites Mal, den Kolyma zu erreichen. Zusammen mit 25 Kosaken und auf mehreren »Koltschis« (flache Boote) segelte er durch das Ostsibirische Meer, umfuhr die äußerste Spitze Sibiriens (Kap Deschnew) und gelangte in die Mündung des Anadyrflusses (1648). Deschnew hatte also 80 Jahre vor Bering und 130 Jahre vor Cook die Meerenge zwischen Alaska und Sibirien entdeckt.

1650 unternahm der unermüdliche Kosak eine weitere Expedition, diesmal in Begleitung von Motora an den Anadyr und erforschte dessen Ufer. Hier wurde Motora ermordet.

Deschnews Reisebericht wurde insbesondere von dem nordamerikanischen Historiker F. A. Gold heftig kritisiert. Gold behauptete nämlich, Deschnew habe zwar die äußerste Spitze Asiens erreicht, aber nicht auf dem Seewege, sondern auf dem Landweg.

Der deutsch-russische Geschichtsschreiber G. F. Müller brachte Licht in die Geschichte. Müller fand 1736 in den Archiven der Stadt Jakutsk den von Deschnew abgefassten und an den Woiwoden (Landeshauptmann) dieser Stadt gerichteten Reisebericht mit dem Hinweis auf das Unternehmen. Leider hatte der russische Gouverneur es unterlassen, den Bericht nach Moskau oder St. Petersburg weiterzuleiten. Deschnew, nicht Bering, hatte das sibirische Ostkap erstmals umschifft. Ein Kap trägt den Namen dieses großen russischen Entdeckungsreisenden.

Literatur
Y. Semionov, La conquête de la Sibérie du IXe siècle au XIXe siècle. Paris 1938

DIAZ, BARTOLOMËU

Portugiesischer Seefahrer und Entdecker, geb. um 1450 an der Algarve, gest. 1500 am Kap der Guten Hoffnung. Nachkomme des bekannten Seefahrers Diniz Diaz, des Bezwingers des »Kap Verde«. 1481: Teilnahme an einer Fahrt von Diego de Azambuja an die Guineaküste. Fünf Jahre später erhielt der an Erfahrung reiche Diaz den Auftrag, die Küste Westafrikas »bis zu ihrem Ende« hinunterzusegeln. Die Flottille, die König Johann II. zur Verfügung stellte, bestand aus zwei kleinen, aber wendigen und eigens für den stürmischen Südatlantik gebauten Schiffen: der »São Cristavao« und der »São Pantalea«. Ein zusätzliches Versorgungsschiff stand unter dem Befehl von Pero Diaz, Bartolomëus Bruder. Wegen der strikten Geheimhaltung der Expedi-

Nuces Judicæ

Die Reichtümer der Natur in Indien begeisterten die Eroberer derart, dass ihre späteren Darstellungen oft mehr eine Idylle zeichneten, als dass sie die Realität wiedergaben. Dieser Stich von Theodor de Bry (1528–98) zeigt, wie Kokosnüsse gepflückt wurden.

tion liegen über das Datum der Abfahrt widersprüchliche Angaben vor. J. D. Barros, ein portugiesischer Historiker (1496–1570), gibt ebenfalls nur einen dürftigen Bericht über die historisch bedeutsame Fahrt wieder.

Im August 1487 dürfte Diaz den Tejo verlassen haben. Nach der Umrundung des »Schwarzen Kap« brach ein Sturm aus, der die beiden Schiffe herumwarf. Eisige Winde und dichter Nebel machten der Mannschaft während der dreizehn folgenden Tage schwer zu schaffen. Vorsichtshalber hatte Diaz das Versorgungsschiff an der sicheren Küste zurückgelassen. Als am 14. Tag die See ruhiger geworden war, stellte Diaz fest, dass er den südlichsten Punkt Afrikas umrundet hatte, den er »Kap der Stürme« nannte (vom portugiesischen König in »Kap der Guten Hoffnung« geändert). Er steuerte in Richtung Norden und ging an einer geschützten Stelle an Land, die die Portugiesen wegen der Anwesenheit großer Rinderherden auf den Namen »Bahia dos Vaqueiros« (heute Mosselbai) tauften. Obschon ein großer Teil seiner Mannschaft an Skorbut litt und phy-

sisch auf dem Tiefpunkt war, setzte er eine dreitägige Fahrt nach Norden durch in der Hoffnung, die Verbindung von Ostafrika zur Malabarküste zu finden. Diaz stieß bis zum Great Fish River (andere Quellen geben den Kowiefluss an) vor, musste aber dann wegen Meuterei der Mannschaft umkehren.

Auf der Rückfahrt hatte die Mannschaft Gelegenheit, das Kap der Stürme in Ruhe zu umrunden, fand einige Meilen nördlich davon das Versorgungsschiff wieder, auf dem nur noch vier Mann übrig waren, warf Anker auf Principe (Golf von Guinea) und landete nach einer anderthalbjährigen Abwesenheit in Lissabon. König Johann war zufrieden, denn er wusste jetzt, dass der lukrative Gewürzhandel in greifbarer Nähe lag und dass er den Islam aus Indien verdrängen konnte.

Im Jahre 1500 nahm Diaz an Cabrals Brasilienfahrt teil. Während die Flotte von der südamerikanischen Küste aus nach Indien segelte, ging Diaz' Schiff bei der Umrundung des Kaps der Guten Hoffnung durch einen Orkan unter. Über Diaz' Tod bestehen noch immer Unklarheiten. Es steht nicht einwandfrei fest, ob Diaz während dieser Fahrt aus Gram über den Tod seines einzigen Sohnes gestorben ist oder ob er vor dem Anbrechen bzw. während des Sturmes auf Befehl des Königs (oder Vasco da Gamas?) ermordet wurde. Diaz' waghalsige und erfolgreiche Fahrt hat wesentlich zum Gelingen von Vasco da Gamas Unternehmen beigetragen. Die Beherrschung des Indischen Ozeans durch die Portugiesen war jetzt nur noch eine Frage der Zeit.

Der Holzstich von 1528 zeigt Gewürzhändler beim Abpacken ihrer begehrten Ware. (Ordonnances de la jurisdiction de la prévostè des Marchands de Paris, 1528)

Literatur
C. Pereyra, La conquête des routes océaniques d'Henri le Navigateur à Magellan. Paris 1923
G. de Reparaz, La época de los descubrimientos españoles y portugueses. Barcelona 1931
E. Prestage, Descobridores portugueses. Porto 1934
D. Peres, Historia da expansão portuguesa no mundo. Lisboa 1937–1940
–, Historia dos descobrimentos portugueses. Porto 1943

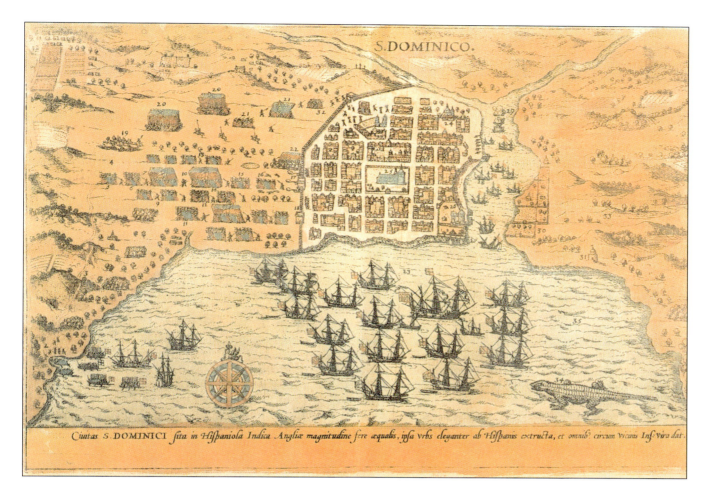

Die englische Flotte unter Francis Drake greift die Stadt Santo Domino auf Haiti an.

Ciuitas S. DOMINICI sita in Hispaniola Indica Angliæ magnitudine fere æqualis, ipsa vrbs eleganter ab Hispanis extructa, et omniò circum vicinis Inss vira dat.

DJOBEIR, IBN

Spanisch-arabischer Reisender, geb. 1145 in Valencia, gest. 1217 in Alexandrien.

Djobeir unternahm nach seinem Studium der Rechts- und Literaturwissenschaften an den Universitäten von Granada und Ceuta drei lange Reisen in den Vorderen Orient. Er bereiste Alexandrien, fuhr mit einem Pilgerschiff nach Mekka, kam nach Bagdad, Damaskus, Akkra und Tyrus und hielt seine Eindrücke über politische und religiöse Verhältnisse sowie über islamische Bauwerke fest. Seine Beobachtungen und Beurteilungen sind zwar voller religiöser Kommentare, doch geografisch sehr zuverlässig.

DRAKE, SIR FRANCIS

Englischer Seefahrer, Pirat und Erdumsegler, geb. um 1540 in Tavistock (Devonshire), gest. 1596 vor Portobelo (Panama). Drake stammte aus bescheidenen Verhältnissen. Trat bereits im Alter von zwölf Jahren in den Dienst eines Küstenschiffers, der Waren von England nach Frankreich und Holland transportierte. Beim Tod seines Brotgebers erbte Drake dessen Schiff. Welchen Beschäftigungen er bis 1567 genau nachging, ist historisch nicht belegt. 1565 begleitete er Kapitän John Lovell auf eine Reise nach Mexiko, der dort Sklavengeschäfte abwickelte. Als beide am Ort Río de la Hacha ankamen, wurden sie ihrer sämtlichen Habe durch die Spanier beraubt.

1567 unternahm Drake mit einem seiner Verwandten namens John Hawkins eine Expedition nach Mexiko. Die Flottille, deren viertes Schiff, die »Judith«, von Drake befehligt wurde, verließ am 2. Oktober 1567 den Hafen von Plymouth. Auf den Kapverdischen Inseln wurde Proviant geladen und an der Guineaküste wurden zweihundert Sklaven gekauft. Als Drake und Hawkins in Río de la Hacha ihre Menschenfracht verkaufen wollten, lehnten die Spanier jeden Handel

Sir Francis Drake, der berühmte englische Seefahrer, der als Erster eine Weltum-seglung überlebte.

mit ihnen ab. Kurzerhand ließ Drake den Ort beschießen. Als die Engländer im Hafen von St. Johann von Ulloa Anker werfen wollten, eröffneten diesmal die Spanier das Feuer und zwei englische Schiffe wurden versenkt. Drake und Hawkins jedoch konnten der von den Spaniern gelegten Falle entweichen und erreichten den Hafen von Plymouth am 25. Januar 1568. Der Vorfall hatte den Zorn der Engländer gegen die Spanier auf einen Höhepunkt gebracht.

1570 und 1571 segelte Drake »privat« nach Inselindien, um, wie er angab, die karibische Inselwelt näher kennen zu lernen.

Ein Jahr später fasste er den Plan, in Konkurrenz mit den großen Seefahrern Spaniens und Portugals zu treten. Mit zwei Schiffen und der heimlichen Zustimmung der Königin stach Drake in Plymouth am 24. Mai 1572 in Richtung des Golfs von Darien (Bucht im Karibischen Meer) in See und ging am Río Francisco an Land. Bei der Stadt Nombre de Díos jedoch wurde er von den Spaniern zurückgeschlagen. Bei Cartagena allerdings kaperte er zwei spanische Schatzschiffe. Nach manchen kriegerischen Auseinandersetzungen im Golf von Mexiko kehrte Drake am 9. August 1573 nach England zurück. Inzwischen war er in ganz England berühmt geworden.

1573–76 trat er in den Dienst des Adligen Walter Devereux, Earl of Essex, der während dieser Zeit eine Revolte in Ulster (Nordirland) zurückschlug.

Nach dem frühen Tod Devereux' wurde Drake durch Sir Chr. Hutton Königin Elisabeth I. vorgestellt. Die Monarchin stimmte Drakes Plan zu, in das »Meer des Südens« vorzustoßen und mit den Spaniern in »koloniale« Konkurrenz zu treten. Er erhielt den Oberbefehl über fünf Schiffe (»Pelican«, die spätere »Golden Hind«, »Elizabeth«, »Swan«, »Marygold« und »Christoph«) sowie 164 Mann Elitetruppen und verließ am 15. November 1577 den Hafen von Plymouth. Auf den Kapverdischen Inseln nahm die Flottille Proviant auf. Von hier aus segelte Drake durch den südlichen. Atlantik, die brasilianische und argentinische

Küste entlang und ging in der Bucht von Río de la Plata vor Anker. Die Durchquerung der Magellanstraße dauerte sechzehn Tage, von denen er sich einige Tage auf der Horninsel aufhielt. Auf seinem Vorstoß längs der Küste von Chile wurde die Stadt Valparaíso geplündert. Weiter ging es zum Hafen Callao, wo Drake einen weiteren Überfall auf spanische Schiffe, die im Hafen lagen, verübte. Auf der Höhe von Kap San Francisco holte er das spanische Schatzschiff »Cacafuego« ein und erbeutete Gold und Silber im Werte von 360 000 Pesos. Nach einem kurzen »Besuch« im kleinen Hafen von Guatulco (Mexiko), den er mitsamt der Kirche zerstörte, steuerte er auf Nordkurs und landete in der Bucht von San Francisco, die von Miwok-Indianern bevölkert war, die sich den Engländern gegenüber friedlich zeigten. Er nahm von dem Küstenstreifen im Namen der englischen Königin Besitz und taufte ihn auf den Namen »New Albion«. Ende Juli verließ er nordamerikanischen Boden und segelte zu den Ladroneninseln (von Magellan entdeckt). Von hier aus nahm er Kurs auf die Gewürzinseln, wo er auf Timor einen Teil des gekaperten Goldes gegen Gewürze eintauschte. Nach einem kurzen Aufenthalt auf Timor durchfuhr Drake den Indischen Ozean, umschiffte das Kap der Guten Hoffnung und landete nach einem Zwischenaufenthalt in Sierra Leone am 26. September 1580 in Plymouth. Für seine lukrative Kaperfahrt als erster Engländer rund um die Erde wurde er von Königin Elisabeth I. geadelt.

1585 unternahm Drake als Oberkommandierender einer Flotte von fünfundzwanzig Schiffen eine groß angelegte Kaperfahrt in die Karibische See und zwei Jahre später zerstörte er 33 Schiffe im Hafen von Cádiz. Dieser Angriff verschob die geplante spanische Invasion Englands um zwei volle Jahre. Ein Feldzug gegen Lissabon scheiterte. 1595 erfolgte der große Überfall auf Westindien. Nach einem missglückten Angriff auf Puerto Rico nahm Drake Kurs auf den Isthmus von Panama, ließ den Ort Río de la Hacha nochmals beschießen und nahm die Stadt Nombre de

Erich von Drygalski

Dios fast kampflos ein. Hier erkrankte er am 20. Januar an der Ruhr und starb acht Tage später. Die Spanier konnten aufatmen.

Das 16. Jahrhundert sah in Drake einen Volkshelden. Der Engländer John Corbett verglich ihn mit Nelson und setzte so den Piraten dem Strategen gleich. Das erste Urteil war dem Jahrhundert angepasst, das zweite zeugte von naiver Voreingenommenheit. Drake blieb während seiner »Laufbahn« in der erst in Entstehung begriffenen »Royal Navy« ein Haudegen, dem alle Mittel recht und billig waren, seiner Königin, seinem Land und sich persönlich auf Kosten der Spanier materielle Vorteile zu verschaffen.

Die Meeresstraße zwischen der Südspitze Amerikas und der Nordantarktis trägt den Namen dieses Seefahrers und Piraten.

Literatur
(Drake hat keine schriftlichen Dokumente von seinen Kaperfahrten hinterlassen. Das Britische Museum besitzt einige Briefe von ihm, die jedoch historisch keinen großen Wert haben.)
Th. Greepe, the true and perfect newes of the worthy and valiant exploits performed by the valiant knight Sir Francis Drake. London 1587
Fr. Petty, The famous voyage of Sir Francis Drake into the south sea and there hence about the whole globe of the earth in the years 1577
and 1580. London 1600 u. 1618
F. de Louvencourt, Sieur de Vauchelles, Le voyage de l'illustre seigneur et chevalier François Drake, admiral d'Angleterre, à entour du monde. Paris 1613
S. Clarke, Life and death of the valiant and renown Sir Fr. Drake. London 1681
R. Burton, The English hero or Sir Fr. Drake, London 1687, 1739, 1756
G. L. Browne, Leben des englischen Helden und Ritters F. Drake. Leipzig 1720
J. Barrow, The life, voyages and exploits of admiral Sir F. Drake. London 1844
K. R. Andrews, Admiral and pirate Francis Drake. London 1967
Francis Drake. Pirat im Dienst der Queen. Berichte, Dokumente und Zeugnisse des Seehelden und seiner Zeitgenossen 1567–1596, hg. v. J. Hampden. Stuttgart 1977
Wolf Cropp, Goldrausch in der Karibik. Auf den Spuren von Sir Francis Drake. Bielefeld 2000

DRYGALSKI, ERICH DAGOBERT VON

Deutscher Polarforscher, Geograf und Geophysiker, geb. 1865 in Königsberg, gest. 1949 in München.

1891–93 erforschte Drygalski das grönländische Binneneis und 1901 wurde er mit der Leitung der deutschen Südpolarexpedition beauf-

Wenn man heute die damaligen Schiffe im Museum betrachtet, fragt man sich zu Recht, wie es eigentlich möglich war, damit Ozeane zu überqueren, monatelang auf See zu sein und heftigste Stürme zu überstehen (Abb. folgende Doppelseite). Man vergisst dabei aber leicht, dass unzählige Schiffe auch versanken. Zum Mut gehörte auch Glück. Jeder Seefahrer und Entdecker forderte sein Schicksal heraus.

Chronik der Südpolexpeditionen

1774 James Cook erreicht 71° 10' südlicher Breite.

1820 Die englischen Walfänger Palmer und Powell unternehmen die ersten Expeditionen in die Antarktis.

1821 Der Engländer Weddell dringt bis zu 74° 15' südlicher Breite vor (Weddell-See).

1899 Der Norweger E. Borchgrevink überquert 78° 5' südlicher Breite.

1909 Der irische Polarforscher E. H. Shackleton erreicht erstmals 88° 23' südlicher Breite, muss aber 178 km vor dem Südpol umkehren.

1911 Amundsen erreicht als erster Mensch am 15. Dezember den Südpol.

1912 R. F. Scott erreicht am 17. Januar als zweiter Mensch den Südpol.

1929 Der Amerikaner Byrd überfliegt als erster Mensch am 28. November den Südpol.

1946 Die Byrd-Expedition unternimmt Forschungsfahrten in der Antarktis.

tragt. In Begleitung von Kapitän H. Ruser stieß er mit der »Gauß« (Forschungsschiff) in den südl. Indischen Ozean vor, kam an der Prinz-Edward-Insel vorbei, besuchte die Inseln Crozet, Kerguélen und MacDonald und entdeckte 1902 das »Kaiser-Wilhelm-II.-Land« in der Ostantarktis. Während sein nach den Plänen der »Fram« gebautes Schiff im Eis festlag, unternahmen er und seine Mannschaft ausgedehnte Schlittenfahrten und eine Ballon-Erkundungsfahrt ins Landesinnere bis zu einem eisfreien Vulkan, den sie auf den Namen »Gaußberg« tauften. Erst im Februar 1903 gab das Eis die »Gauß« frei. Ein Fjord auf Südgeorgien (Scotiameer) und eine Insel an der Küste der Ostantarktis tragen den Namen dieses großen deutschen Antarktisforschers.

Literatur
Grönland-Expedition der Gesellschaft für Erdkunde in Berlin 1891 bis 1893. Unter der Leitung von E. v. Drygalski. Gesellschaft für Meereskunde. 2 Bde. Berlin 1897
Die deutsche Südpolarexpedition auf dem Schiff »Gauß« unter der Leitung von E. v. Drygalski. Friedrich-Wilhelm-Universität. Institut für Meereskunde. Heft 1. Berlin 1902

Eisberg in der Weddell-See, Antarktis

151

Allgemeiner Bericht über den Verlauf der deutschen Südpolar-Expedition mit Vorbemerkungen von Fr. v. Richthoven und einem Anhang. Bericht über die Arbeiten der Kerguélen-Station von K. Luyken. Berlin 1903
Die deutsche Südpolarexpedition 1901–1903. Berlin 1905–1931. 20 Bde.
E. D. v. Drygalski, Das Deutsche Südpolarwerk. München 1932
–, Die Staatsbildungen des arabischen Raumes. München 1947
–, Das ostasiatische Gebirgsdreieck und das Chinesische Reich. München 1948.

DU CHAILLU, PAUL BELLONI

Französisch-amerikanischer Forschungsreisender, geb. 1835 in Paris, gest. 1903 in St. Petersburg.

Du Chaillu verließ im Alter von zwanzig Jahren seine nordamerikanische Wahlheimat und begab sich nach Westafrika, wo sein Vater an der Mündung des Gabunflusses ein Handelskontor besaß. Sein Ziel bestand in der Erforschung des Fernando-Vaz-Deltas (Gabun) und in der Eröffnung einer nördl. Handelsroute.

Während seiner vierjährigen Forschungsreise entdeckte er die Quellen des Ogoweflusses, besuchte die kulturell hochentwickelten Pahouins, deren Schmiedemeister ein besseres Eisen als die Europäer herstellen konnten und die die besondere Gewohnheit hatten, das Fleisch ihrer toten Stammesgenossen zu verzehren. Außerdem entdeckte er die Gorillas, von deren Existenz man in Europa kaum etwas wusste. Zum Beweis fing er zwei Tiere ein, die jedoch bald eingingen. Deshalb schenkten viele seiner Entdeckung keinen Glauben.

Literatur
P. du Chaillu, Voyages et aventures dans l'Afrique équatoriale. Paris 1863

D'Urvilles Schiff, die »Astrolabe«, beim Ankern in einer Bucht der Kokosinsel in Neu-Irland

DUMONT D'URVILLE, JULES SÉBASTIEN CÉSAR

Französicher Erdumsegler und Entdecker, geb. 1790 in Condé-sur-Noireau (Calvados), gest. 1842 in Meudon.

Studium der alten und neuen Sprachen, der Physik, Botanik, Astronomie und Entomologie (Insektenkunde). 1819–20: Teilnahme an einer hydrografischen Expedition im Mittelmeer. Zum Fregattenkapitän befördert, erhielt er von der französischen Regierung den Auftrag, die Südsee zu erforschen und das rätselhafte Verschwinden des französischen Seefahrers La Pérouse aufzuklären.

1828 erreichte er die Insel Vanikoro, südöstlich der Salomonen im Pazifik, und konnte den Fall »La Pérouse« klären: Seine beiden Schiffe, die »Astrolabe« und die »Boussole«, waren nach der Kollision mit einem unter Wasser befindlichen Riff untergegangen. Ein Teil der Mannschaft hatte das Ufer noch erreicht, wo die meisten allerdings von Eingeborenen erschlagen worden waren.

Auf der Weiterfahrt besuchte d'Urville die Marianen, die Karolinen, Celebes, Batavia (auf Java) und kehrte mit einer reichen botanischen und zoologischen Sammlung von Inselindien über St. Helena nach Marseille zurück. Die fast neunhundert Gesteinsproben und über fünzehnhundert Pflanzenarten, die d'Urville von seiner Erdumsegelung mitbrachte, gaben den europäischen Forschern einen aufschlussreichen Einblick in die Mannigfaltigkeit der Südsee. Von nun an wurde das Inselmeer des Stillen Ozeans in vier große ethnografische Gruppen aufgeteilt: den Malaiischen Archipel, Mikronesien, Melanesien und Polynesien.

1836 unterbreitete d'Urville dem französischen König Louis Philippe I. den Plan, die Antarktis zu erforschen. Ein Jahr später unternahm er mit zwei Korvetten, der »Astrolab« und der »Zélée«, einen Vorstoß in den Südpolarkreis und entdeckte zwei Gebiete, die er auf die Namen »Joinvilleland« und »Louis-Philippe-Land« taufte. Weil seine Mannschaft stark an Skorbut litt, musste er vorläufig seine Pläne aufgeben und

D'Urvilles Schiff steuert auf der Fahrt 1827 in die Admiralitätsbucht durch ein gefährliches Riff. Ohne Glück und eine unerwartete Windbrise wäre das Schiff an der Untiefe gescheitert.

Karavane in der Sahara

Tasmanien anlaufen. 1840 unternahm er von Hobart (Tasmanien) aus einen neuen Anlauf in die antarktischen Gewässer, berührte den »Eiskontinent« an zwei Stellen, die er »Adélieland« und »Clarieküste« nannte. Die angetroffenen Pinguine erhielten den Namen »Adéliepinguine«.

D'Urville wusste nicht, dass der Engländer J. Balleny im Auftrag des Londoner Geschäftsmannes Enderby bereits wenige Monate zuvor dieselben Gebiete besucht hatte. Auf der Heimreise begegnete er dem Amerikaner Wilkes, der auf der Suche nach dem magnetischen Südpol war. Am 8. Mai 1842 kam der Seefahrer durch einen tragischen Zugunfall bei Meudon ums Leben. Dumont d'Urvilles Entdeckungen wurden 1911 vom australischen Polarforscher D. Mawson in ihrem vollen Wahrheitsgehalt bestätigt.

Literatur
Dumont d'Urville, Voyage au pôle sud et dans l'océanie sur les corvettes de l'Astrolabe et la Zélée. Paris 1846
E. Goep et G. L. Cordier, Les grands hommes de la France, navigateurs (Bougainville, La Pérouse, d'Entrecasteaux, Dumont d'Urville). Paris 1878
E. Marget, Histoire générale de la navigation du XVe au XXe siècle. Paris 1931

DUVEYRIER, HENRI

Französischer Saharaforscher, geb. 1840 in Paris, gest. 1892 in Sèvres.

Stammte aus einer Familie niederen Adels, besuchte eine Privatschule in Bayern, dann 1855 bis 1857 die Handelsschule in Leipzig. Studium der Naturwissenschaften, nebenbei des Fränkischen und Altdeutschen. Bei dem bekannten Orientalisten Fleischer erlernte er die arabische Sprache. 1857 begegnete er dem deutschen Afrikaforscher Heinrich Barth in London. Barth wurde Duveyriers Freund und beriet ihn in allen »Sahara-Angelegenheiten«. Ein Jahr lang bereitete Duveyrier seine erste Afrikareise vor und nahm Unterricht in Ethnografie und Linguistik. Duveyriers Ziel bestand in der wissenschaftlichen Eroberung der Sahara.

1859 trat er mit neunzehn Jahren seine erste Reise an. Von Algier aus gelangte er nach Ghardaia, der größten Stadt des Oued-Mzab, und nach harten Strapazen als erster Europäer nach El-Goléa, 1.000 km südlich von Algier. Die Einwohner verweigerten dem Franzosen und Christen jede Nahrungsbeschaffung. Zeitweise musste er von Eidechsen und Würmern leben.

1860 unternahm Duveyrier seine zweite Saharareise, diesmal im Auftrag der Regierung Napoleons III., um die Region von Constantine (Algerien) und die tunesische Wüste zu erforschen. Auf dieser Reise hatte Duveyrier genaue Kenntnisse erlangt, sodass er anschließend seine große Reise zu den Tuaregs des Nordens antreten konnte. Von Ghadamès (Libyen) aus drang Duveyrier – mit der Unterstützung von Ikenuken und Scheich Othman – in die Sahara vor und gelangte bis nach Rhat (Ghat). Wegen der verworrenen Lage in diesem Gebiet musste er nach Tripolis zurück; dort bat er den türkischen Konsul um Schutz. Trotz häufiger Fieberanfälle machte sich Duveyrier erneut auf. In Rhat entging er trotz des Schutzes durch die beiden großen Tuaregführer nur knapp der Steinigung. Dennoch verbrachte er ein Jahr bei den Tuaregs, um das wirkliche Leben dieser »Adligen der Wüste« genau zu studieren, und erlernte deren Sprache »Temacheq« und Schrift »Tifinar« (altes libysches Alphabet).

Von Rhat aus begab er sich nach Mursuk, der »Hauptstadt« des Fessan, zur Erforschung des südl. Teils von Libyen. Er suchte die Spuren der Garamanten, die im ersten Jahrhundert n. Chr. die Phenizia bewohnten. Im Wadi El Adjal entdeckte er den Stamm der Daudas, die sich von Würmern ernährten und ohne jeden Kontakt zu anderen Wüstenbewohnern lebten. 1861 Rückkehr nach Algier: Ausführlicher Bericht über die Expedition und Zeichnung einer Karte der Südsahara. Wegen schweren Nervenfiebers erst ver-

spätete Heimreise. Duveyrier veröffentlichte seine Erlebnisse 1864 in dem Buch »Les Touaregs du Nord« (Tuaregs des Nordens). Diese Studien brachten genaue Aufschlüsse über das Leben dieser Stämme (von denen manche Historiker behaupten, sie seien die Nachfahren der einstigen Kreuzritter) und über die Geografie, Hydrologie, Geologie, Fauna und Flora der Sahara.

Duveyrier wurde schon mit 21 Jahren Ritter der Ehrenlegion und erhielt die Goldmedaille der Geografischen Gesellschaft in Paris. Bei seinen Saharareisen hatte er ebenfalls wirtschaftliche Beziehungen mit den Tuaregs angeknüpft; leider wusste die französische Regierung diese nicht voll zu nutzen.

Nach der Ermordung des französischen Obersten Flatters durch die Tuaregs wurde Duveyrier sogar beschuldigt, ein falsches Bild von diesen Wüstenbewohnern gegeben zu haben. Daraufhin ging er auf eigene Kosten nach Tripolis, ohne aber etwas ausrichten zu können.

1874 begleitete er eine französische Expedition in die Umgebung von Constantine und 1885 den Sultan von Marokko auf dessen Reise von Tanger nach Meknes. Auf dieser Reise fasste er den Plan, das Rifgebirge sowie dessen Bewohner, die Rif-Berber, zu erforschen. Inzwischen war Duveyriers Gesundheit stark angegriffen und nach seiner Rückkehr nach Frankreich wurde für ihn das Leben in Paris immer unerträglicher. 1892 nahm er sich das Leben.

Duveyrier ist einer der »Großen« der Saharaforscher. Noch heute genießt er als Tuareg-Spezialist internationalen Ruf.

Literatur
H. Duveyrier, Exploration du Sahara. Les Touaregs du Nord. Paris 1864
–, Journal de route. Paris 1905
De la Vergne de Tressan, La pénétration française en Afrique. Paris 1906
A. Bernard/N. Lacroix, Historique de la pénétration saharienne. Algier 1906
R. Pottier, Un prince saharien méconnu: H. Duveyrier. Paris 1938

EGEDE, HANS

Norwegisch-dänischer Pfarrer und Polarforscher, geb. 1686 in Trondenäs, gest. 1758 in Stubbeköbing.

Hans Egede entstammt einer Familie, die in drei Generationen Grönlandforscher hervorbrachte. Er isr der bekannteste.

Egede verbrachte fünfzehn Jahre als Missionar und als Forschungsreisender in Grönland. Während dieser Tätigkeit gründete er das Städtchen Godthaab an der Südwestküste Grönlands, von wo aus 1888 Fridtjof Nansen seine West-Ost-Durchquerung der Insel unternahm und das gesamte Gebiet der grönländischen Westküste erforschte.

1740 zeichnete Egede eine Karte, die die bereits 982 von Erik dem Roten entdeckte Insel Grönland bekannt machte. Seine geografischen Erkundigungen stellen die erste konkrete Beschreibung dieses damals noch fast unbekannten Landes dar. Dieser wissenschaftlich gebildete Missionar gab der Besiedlung der Insel neuen Auftrieb. Er begann das Neue Testament in die Eskimosprache zu übersetzen.

Literatur
H. Egede, Des alten Grönland Neue Perlustration, Oder Eine kurze Beschreibung der Alten Nordischen Colonien. Frankfurt 1730
–, A. Description of Greenland. London 1745
–, Beschreibung und Natur = Geschichte von Grönland. Berlin 1763
–, Die Heiden im Eis. Als Forscher und Missionar in Grönland 1721–1736, hg. v. H. Barüske. Stuttgart 1986

EHRENREICH, PAUL

Deutscher Brasilienforscher, geb. 1855, gest. 1914.

Ehrenreich erforschte das Gebiet des Rio Doce, das erstaunlich lange Zeit unbekannt geblieben war, und kartografierte die Landschaft dort. Von 1884 bis 1885 war er Teilnehmer an der Botokudenexpedition von Maximilian Prinz zu Wied. Von 1887 bis 1888 nahm Ehrenreich an der zweiten Xingu-Expedition teil, die der deutsche Arzt und Ethnologe Karl von den Steinen durchführte. Später erforschte Ehrenreich den Araguayafluss und das östliche Mato-Grosso-Gebiet. Sein besonderes Interesse galt den verschiedenen Indianerstämmen, die er genau beobachtete und beschrieb.

Bücher verfasste Ehrenreich leider keine; er beschränkte sich auf kurze Artikel in Fachzeitschriften.

EISELE, DONN FULTON

US-amerikanischer Astronaut, geb. 1930 in Columbo (Ohio), gest. 1987 in Tokio.

Eisele war Kommandant der Mondlandeeinheit an Bord der »Apollo 7«, des ersten bemannten Apollofluges im Oktober 1968.

Die elftägige Mission der Astronauten Eisele, Walter Schirra und Ronnie Cunningham bestätigte das »Apollo«-Programm. Dieses war zuvor stark infrage gestellt worden, nachdem es bei einem Test zu einem katastrophalen Feuer in der Kommandokapsel kam und alle drei Astronauten starben.

Der Flug an Bord der »Apollo 7« war Eiseles einziger. Nach seinem Rückzug aus der NASA gründete Eisele eine eigene Consulting Firma. In Tokio eröffnete er ein Spacecamp für japanische Kinder.

Eisele starb am 1. Dezember 1987 in Tokio an den Folgen eines Herzinfarkts.

ELIAS, NEY

Britischer Zentralasien-Reisender, geb. 1844, gest. 1897.

Als Sohn eines Fernkaufmanns kannte Elias China von Kind an. Zunächst studierte er den Unterlauf des Hoangho. Er durchquerte Zentralasien von Ost nach West und versuchte, die Höhenprofile der alten Handelsstraßen durch exakte Messungen zu dokumentieren. 1880 wurde er zur Belohnung für seine Tätigkeit britischer Konsul in Ladakh. Die Regierung beauftragte ihn später, die alten Hochpässe nach Kaschgar zu erkunden. Er überquerte den Pamir und erforschte die Amu-Darja-Region. Elias publizierte die Ergebnisse seiner Forschertätigkeit in Fachzeitschriften wie Petermanns Mitteilungen.

ELLSWERTH, LINCOLN

Amerikanischer Polarforscher, geb. 1880, gest. 1951.

Ellswerth war von Haus aus Ingenieur und hatte sich besonders mit Geologie auseinander gesetzt. Viele Jahre war er nach dem Studium beim Bau von Eisenbahnlinien und im Bergbau tätig.

Im Jahr 1924 erhielt er von privaten Sponsoren und der Johns Hopkins University den Auftrag, mit einer Expedition in die Anden zu reisen.

Von 1925 bis 1926 flog er zusammen mit Amundsen und später auch mit dem Italiener Nobile über den Pol. Überhaupt hatte es ihm das Fliegen angetan. So überquerte er mit einem halbstarren Luftschiff den Nordpol und 1931 war Ellswerth Teilnehmer an der Überquerung der

Der Konfuziustempel von Kiautschou

sibirischen Eismeerküste im berühmten Luftschiff »Graf Zeppelin«. Diese Leidenschaft hätte ihn 1935 beinahe das Leben gekostet, als er mit einer Propellermaschine auf einem Polarflug in einen Schneesturm geriet. 1939 startete er einen ausgedehnten Antarktisflug, mit dem die USA ein großes Gebiet des südpolaren Festlandes beanspruchten. Nach 1940 widmete sich Ellswert wieder den Anden und erforschte vor allem die Bergfestungen der Inkas.

ENGELHARDT, OTTO MORITZ LUDWIG VON

Baltisch-deutscher Forschungsreisender und Mineraloge, geb. 1779 in Wieso (Estland), gest. 1842.

Nach dem Studium an der Bergakademie im sächsischen Freiberg ging Engelhardt zuerst mit K. von Raumer auf eine mineralogische Erkundungstour durch Deutschland und Frankreich. In den Jahren 1811 und 1812 forschte er auf der Krim und im Kaukasus. Von 1815 bis 1817 erkundete er die Mineralogie von Estland und Finnland. Der russische Zar schickte ihn dann auf eine Expedition mit den Zielen Archangelsk, Perm und Saratow.

Literatur
Otto Moritz Ludwig von Engelhardt und G.
Ewers, Beyträge zur Kenntniß Rußlands und seiner Geschichte. Berlin 1816

ENNIN

Der buddhistische Mönch aus Japan gilt als einer der skurrillsten Forschungsreisenden des Mittelalters; geb. 793, gest. 864.

Im Jahr 838 begab er sich mit einer Gruppe von Mönchen auf eine ausgedehnte Chinareise und besuchte unter anderem den Hafen Hangtschou. Einige Zeit lebte er in einem koreanischen Kloster. 845 warf ihn Kaiser Wu-Tsung, der den Buddhisten feindlich gesonnen war, aus dem

Überreste einer Siedlung der Wikinger auf Grönland, 985 von Erik dem Roten gegründet.

Land, freilich dauerte seine Rückreise bis 848, da er sich zum Zeitpunkt der Ausweisung im Landesinneren befand. So konnte er noch zahlreiche andere interessante Stationen auf dem Weg zur Küste erkunden. 848 fuhr er von der Küste der Provinz Shantung wieder nach Japan zurück.

Sein Reisebericht gilt zwar als verschollen, doch haben sich viele Textfragmente bei anderen Autoren erhalten und stellen so eine interessantes Quelle der chinesischen Kultur des 9. Jahrhunderts dar.

ERIK DER ROTE

Norwegischer Wikingerfürst, Seefahrer, Entdecker und Staatengründer, geb. um 940 (950) in Norwegen, gest. um 1007 (1010) auf Grönland.

Erik der Rote gilt nach den isländischen Sagas als Entdecker Grönlands, das jedoch bereits zufällig um 900 von dem Norweger Gunnbjörn Ulfson entdeckt worden war.

Erik kam um 950 aus Norwegen nach Island, das er wegen Totschlags wieder verlassen musste. 982 fand er die Küste Grönlands, das er »Grünes Land« nannte, und gründete 986 im Süden der Insel eine Siedlung, von der aus Eriks Sohn Leif Eriksson um 1000 an die Küste Nordamerikas fuhr.

Nach einem dreijährigen Aufenthalt kehrte Erik nach Island zurück, um Siedler anzuwerben. Die aus 35 Schiffen bestehende Flotte mit etwa 300 Ansiedlern, Vieh, Ackergerät und Saatgut geriet auf halbem Wege zwischen Island und Grönland in einen Sturm. Nur knapp die Hälfte der »Drachenboote« erreichte die Insel. Erik gründete zwei Siedlungen, die »Westbygd« und die »Ostbygd«. Viehzucht, Ackerbau und Fischfang waren die Haupterwerbsquellen der europäischen Grönländer. Unter Eriks Herrschaft entstand auch das erste bescheidene Gebetshaus, »Thjodhild« genannt, im nördlichen. Polarkreis.

Der Name Erik der Rote (so genannt wegen seines flammend roten Haars) ist eng mit der Geschichte Grönlands verbunden. Gerätefunde be-

weisen, dass die Grönländer in einigem Wohlstand lebten. Das Problem des Holzmangels löste Leif, Eriks Sohn, durch die Entdeckung des »Marklandes« (Waldland, wahrscheinlich Neufundland). Im 11. Jahrhundert errichtete Rom den ersten nordpolaren Bischofssitz. 1261 kam Grönland unter norwegische Herrschaft. 1327 nahmen Grönländer an dem von Papst Johannes XXII. initiierten Kreuzzug teil. 1355 hörte Westbygd auf zu bestehen. 1418 sandten die Bewohner von Ostbygd 2.500 Walrosszähne als »Peterspfennig« nach Rom. Dann wurde es still um die Insel.

1476 versuchte der Däne Jon Skolp vergeblich, auf der Insel Fuß zu fassen, und Rom scheiterte bei der Wiedererrichtung seiner nördlichsten Diözese durch die Bischöfe Holar und Skalholt.

Im 19. Jahrhundert grub Dr. Nordland auf dem Kirchhof von Herjolfsnes (Südspitze Grönlands), am Ort Ikigart«, Skelette aus, von denen die ältesten in einer Tiefe von 140 cm, die jüngsten in einer Tiefe von 40 cm lagen. Nach dem Zustand ihrer Zähne zu urteilen, müssen die Siedler durch einen plötzlichen Klimaumschwung innerhalb kurzer Zeit zugrunde gegangen sein.

Literatur
J. Fiske, The discovery of America. London 1892
Monografien über Brattalid, Gardar, Herjolfsnes:
Dr. P. Nordlund, in: »Meddelelser om Gronland«,
Nr. 76, 1930 und Nr. 88, o. O. 1934
H. R. Haggard, Eric der Wikinger. Berlin 1986
G. Jones, The Norse Atlantic Saga. 6. Aufl.
Oxford 1986

ERIKSSON, LEIF

Norwegischer Seefahrer, geb. um 975, gest. um 1020.

Leif, Sohn Eriks des Roten, kam um 1000 auf der Fahrt nach Grönland vom Kurs ab und gelangte an die Küste Nordamerikas (vermutlich das Gebiet von Nova Scotia, Labrador). Er nannte das neu entdeckte Land »Vinland«, das den Wikingern zur Besiedlung geeignet erschien, denn es war reich an Beeren (zur Weinherstellung), Pelztieren und Wald. Bis ins 12. Jahrhundert besuchten die Wikinger immer wieder diesen Küstenstreifen und besiedelten ihn zeitweise. Leif selbst kam auf seinen Segelfahrten bis in die Gegend von Boston und hatte damit vor Columbus Amerika entdeckt, ein Ereignis, das jedoch ohne historische Folgen blieb.

EVEREST, SIR GEORGE

Britischer Offizier Feldmesser und Geograf, geb. 1790 in Gwernvale (Brocknockshire), gest. 1866 in London.

Everest diente zuerst in der britischen Armee. Im Jahr 1806 wurde er als Artillerieoffizier zur Indienarmee abkommandiert. Sieben Jahre später beauftragte ihn die Londoner Regierung mit einer Inspektionsreise zur Insel Java. 1823–43 leitete er die trigonometrische Vermessung Indiens. Während dieser Zeit vermaß er mit großer Genauigkeit fast das gesamte Himalajagebiet. 1843 zog er sich nach England zurück und wurde 1861 geadelt. Der höchste Gipfel der Welt (Mount Everest) trägt seinen Namen.

Literaturhinweis
An account of the Measurement of two sections
of the meridional Arc of India. o. O. 1847

EYRE, EDWARD-JOHN

Englischer Australienforscher, geb. 1815 in Hornsea (Yorkshire), gest. 1901 bei Tavistock (Devonshire).

Als Eyre beim Aufnahmeexamen für Offiziers-Aspiranten durchfiel, wanderte er 1833 nach Australien aus und ließ sich in Neusüdwales nieder. Zuerst als Viehtreiber, durchstreifte er ab 1836 – immer auf der Suche nach neuen Weideplätzen – die noch unerforschten Gebiete des Darling- und Murrayflusses bis zum Torressee

Chronik der Besiedlung Australiens

50.000 v. Chr.	Verschiedene Volksstämme aus Asien gelangen nach Australien.
Ab 1500	Seefahrer aus Spanien, Portugal und Holland segeln zu den »Gewürz-inseln« Indonesiens und ahnen nicht, dass sie nahe daran sind, auf das sagenumwobene Südland zu stoßen.
1606	Willem Jansz geht als erster Europäer in Nordaustralien an Land.
1642	Abel Janszoon Tasman und Ide Holman erkunden die australische Westküste von Nord nach Süd und stoßen auf eine Insel, die sie »Van-Diemen's-Land« (heißt später Tasmanien) taufen.
1644	Die Holländer sind von der Wertlosigkeit des Landes überzeugt und sehen von einer Besitznahme Australiens ab. Sie geben dem Kontinent den Namen »Neu-Holland«.
1688	Dampier betritt als erster Brite nordwestaustralischen Boden.
1770	Captain James Cook erreicht als erster Europäer die Ostküste Australiens. Er nimmt sie für die britische Krone in Besitz und nennt sie wegen ihrer Berge, Wälder und grünen Wiesen »New South Wales«.
1786	England braucht ein neues Exil für seine Strafgefangenen und neue Waldgebiete zur Sicherung der Holzlieferungen für den Schiffbau. Das waldreiche Neusüdwales wird zur Strafkolonie gemacht.
1788	Etwa 1400 englische Gefangene gehen an Land und gründen Sydney.
Ab 1793	Die ersten britischen Einwanderer kommen nach Australien.

und dem See, der heute seinen Namen trägt. Als er 1840 bei seinem Aufenthalt in Adelaide von fetten Weideplätzen im Westen Australiens hörte, unternahm er in Begleitung eines Weißen namens Baxter und dreier einheimischer Träger im Februar 1841 einen kühnen Vorstoß in Richtung Torressee. Während eines ganzen Monats marschierte die kleine Truppe durch wasserloses Gebiet. Als Baxter ermordet wurde und zwei Träger die Flucht ergriffen, änderte Eyre seine Marschroute. Mit dem verbliebenen Träger wanderte er die Küste der Großen Australischen Bucht entlang in westlicher Richtung weiter. Durch einen glücklichen Zufall wurden beide durch ein französisches Walfangschiff, das am Kap Recherche ankerte, mit Frischwasser und Lebensmitteln versorgt. Anfang Juli 1841 kamen sie in der heutigen Stadt Albany an. Die erste Ost-West-Durchquerung Australiens war damit geschafft.

Vier Jahre später kehrte Eyre nach London zurück. 1864 wurde er zum Gouverneur von Jamaica ernannt. Als er während der im folgenden Jahr ausgebrochenen Revolte 400 Insulaner hinrichten ließ, berief London ihn 1866 wieder von seinem Gouverneursposten ab. Die britische Öffentlichkeit zeigte sich über seine Grausamkeiten erregt, und es wurde sogar ein Strafverfahren verlangt. Den Rest seines Lebens verbrachte er in völliger Zurückgezogenheit auf dem Lande.

E. J. Eyre gilt heute als der bedeutendste Forscher Süd- und Südwestaustraliens.

Literatur
E. Favenc, The history of Australien Explora-tions. London 1888
A. W. José, Histoire de l'Australie depuis sa découverte jusqu'à nos jours. Paris 1930

F

FILCHNER, WILHELM

Deutscher Asien- und Antarktisforscher, geb. 1877 in München, gest. 1957 in Zürich.

Die ersten Expeditionserfahrungen machte Filchner 1900 bei einer Pamirüberquerung. 1903–05 unternahm er eine wissenschaftliche Expedition nach Tibet und 1911–12 erforschte er die arktische Weddellsee und entdeckte dabei das »Prinzregent-Luitpold-Land« sowie das »Filchner-Schelfeis« (Edith-Ronne-Land).

Rund 20 Jahre nach seiner ersten Asienexpedition durchstreifte er 1926–28 und 1934–38 Tibet. Ein Jahr später verlegte er seine Forschertätigkeit nach Nepal und kehrte von dort erst nach dem Zweiten Weltkrieg 1951 zurück. Während seiner letzten Expedition widmete er sich hauptsächlich dem Studium des Erdmagnetismus.

Literatur
W. Filchner, Ein Ritt über Pamir. Berlin 1903
–, Das Rätsel des Matschu. Meine Tibet-Expedition. Berlin 1907
H. Philipp, Ergebnisse der W. Filchner Vorexpedition nach Spitzbergen. Petermanns Mitteilungen. Gotha 1914
W. Filchner, Zum 6. Erdteil. Zwei deutsche Südpolar-Expeditionen. Berlin 1923
–, Kartenwerk der Erdmagnetischen Forschungsexpedition nach Zentral-Asien, 1926–1928. Petermanns Mitteilungen 215, 231. Gotha 1933
–, Bismillah. Vom Huang-Ho zum Indus. Leipzig 1938
–, A scientist in Tartary: from the Hoang-ho to the Indus. New York 1939

FLINDERS, MATTHEW

Englischer Seefahrer und Entdecker, geb. 1774 in Donington (Lincolnshire), gest. 1814 in London.

Flinders ging schon in frühen Jahren zur See und erwarb sich durch Selbststudium eine Menge mathematischer und nautischer Kenntnisse. 1795 begab sich Flinders nach Australien, wo er in Begleitung von G. Bass, einem Schiffsarzt, mit einem kleinen Schoner namens »Tom Thumb« eine Entdeckungsfahrt in die australische Südsee unternahm. Beide durchfuhren die Meerenge zwischen Südostaustralien und Tasmanien, umrundeten die Insel und stellten deren Inselcharakter fest.

Diese Leistung brachte Flinders den Titel eines Kommandanten ein. 1801 erhielt er von der britischen Admiralität den Auftrag, mit der »Investigator« die Küsten Australiens zu erforschen. Während dieser ausgedehnten Fahrt erforschte Flinders den Spencergolf (zwischen Cape Catastrophe und der York-Halbinsel, Südaustralien) und den St.-Vincent-Golf (Adelaide), segelte an der gesamten ostaustralischen Küste entlang und gelangte durch die Torresstraße in den Golf von Carpentaria. Als Flinders auf der Insel Mauritius landete, weil sein Schiff leckgeschlagen war, hatte er ganz Australien umrundet.

Nach seiner Gefangennahme durch die Franzosen und einer harten siebenjährigen Kerkerhaft auf Mauritius kehrte Flinders 1810 nach England zurück.

Flinders gilt als der erste englische Seefahrer, der Australien umrundet und konkrete geografische Erkundigungen über die Umrisse des Kontinentes erbracht hat. Ein Fluss im Norden von Queensland, der in den Golf von Carpentaria mündet, eine kleine Insel in der Großen Australischen Bucht (südlicher Indischer Ozean) und eine Stadt im Bundesland Südaustralien tragen den Namen dieses bedeutenden Seefahrers und Geografen.

Literatur
M. Flinders, Narrative of his Passage in the Schooner Francis. London 1798
A voyage to Australia undertaken for the purpose of completing the discovery of that vast country and prosecuted in the years 1801, 1802 and 1803 in H. M. S. The Investigator and subsequently in the purpose and Cumberland Schooner. 2 Bde. London 1814
E. Scott, Life of Captain Matthew Flinders. Sydney 1914
J. Briant, Captain Matthew Flinders. o. O. 1928
E. Hill, My love must wait. The story of Matthew Flinders. o. O. 1941
M. Flinders, Die erste Umsegelung Australiens 1801–1876, hg. v. W. D. Grün. Stuttgart 1984

FORBES, JOAN ROSITA

Englische Forschungsreisende und Abenteurerin, geb. 1893, gest. 1967.

1920 erreichte J. R. Forbes in Begleitung von Hassanein bey, einem ägyptischen Saharaforscher und Diplomaten, unter dem Schutz des Sultans der Senussi (Araberstamm auf der Cyrenaika), die Al-Kufra-Oasengruppe in der Libyschen Wüste.

Von 1922 bis 1923 unternahm die unermüdliche Forscherin eine ausgedehnte Asienreise und durchstreifte auf ihrer Rückkehr den Jemen und Syrien.

Ein Jahr später durchwanderte sie Abessinien und zog umfangreiche topografische Erkundigungen ein. Obwohl sie sich stilecht als Araberin verkleidet hatte, schaffte sie es nicht, nach Mekka, die Stadt des Propheten, zu gelangen.

1934 begab sie sich nach Zentral- und Südamerika und überflog weite Strecken des Amazonasgebietes.

Joan Rosita Forbes' Reisen brachten allerdings keine nennenswerten neuen geografischen Erkenntnisse. Forbes ist allerdings die erste Frau in der Forschungsgeschichte, die die mysteriöse Kufra-Oasengruppe erreicht hat.

Literatur
J. R. Forbes, The Secret of the Sahara: Kufora. London 1921 (und 1937)
–, Abessinian Adventures. London 1925
–, Forbidden Road – Kabul to Samarkand. London 1937
–, From Red Sea to Blue Nile. New York 1939
–, Russian Road to India by Kabul and Samarkand. New York 1940

FOUCAULD, CHARLES EUGÈNE VICOMTE DE

Französischer Saharaforscher und Missionar, geb. 1858 in Straßburg, gest. 1916 in Tamanrasset (Südsahara).

1876 Eintritt in die Offiziersschule von St. Cyr und 1878 Aufnahme in die Kavallerieschule von Saumur.

1881 beteiligte er sich an einer Befriedungsaktion in Bu-Amana (Marokko). 1883–84 unternahm Foucauld seine erste groß angelegte Expedition durch die marokkanische Wüste. Als armer Jude verkleidet, zog er am 20. Juni 1883 von Tanger aus über Tetuan, Xauan, Tasa und Sefru und gelangte nach Bou el-Djad, von wo er weiter in die Westsahara drang.

Auf seiner zweiten Reise besuchte er die Oasenorte von Laghuat, Ghardaia, El Goléa, Ouargla und gelangte nach Touggout (Südalgerien). Durch Südtunesien über Gabès (Stadt in Südtunesien) kehrte er wieder an seinen Ausgangpunkt zurück.

1904 machte er (1901 war er zum katholischen Priester geweiht worden) mit General Laperrine, einem anderen französischen Saharaforscher, eine politische und administrative Reise in das Gebiet der Tuaregs. Während dieser Expedition zog Foucauld eine solche Menge geografischer und ethnografischer Erkundigungen ein, dass man in Paris von einem »Inventarium« der Sahara sprach. 105 zog er in den Hoggar (Gebirgsmassiv in der Sahara) und ließ sich in

Matthew Flinders

Tamanrasset nieder, einem Oasenort in Südalgerien, dann in Asekrem, einem kleinen Ort im Hoggar, wo er sich der Bekehrung und der Betreuung der Wüstenbewohner widmete. 1916 wurde er in seiner Klause in Tamanrasset von einem fanatischen Tuareg ermordet.

Foucaulds Verdienste liegen vor allem im Studium des »Temacheq«, der Sprache der Tuaregs, und des »Tifinar«, der Schrift der Tuaregs. Bereits zu Foucaulds Lebzeiten erschien der Sprachband »Grammaire et dictionnaire français-touareg«.

Literatur
R. Bazin, Charles de Foucauld. Paris 1925
S. E. Howe, Les Héros du Sahara (Le Père de Foucauld, Gén. Laperrine). Paris 1931
A. Goldie, Vie du Père Foucauld. 1858–1916. Paris 1938
P. J. H. Bonnette, L'œuvre des médecins sahariens, collaborateurs du Père de Foucauld au Hoggar. Tours 1938
R. V. C. Bodley, The Warrior Saint (A biography of Ch. de Foucauld). London 1954

FRANKLIN, SIR JOHN

Englischer Seefahrer und Polarforscher, geb. 1786 in Spilsby (Lincolnshire), gest. 1847 in der kanadischen Arktis.

Im Alter von vierzehn Jahren trat Franklin bereits in die »Royal Navy« ein und zeichnete sich in der Schlacht von Trafalgar und in der Auseinandersetzung mit den Vereinigten Staaten 1812–15 durch besondere Tapferkeit aus.

1818 wandte sich Franklin der Arktisforschung zu. Auf der »Trent« versuchte er unter der Leitung von Buchan, einem anderen Seefahrer und Polarforscher, die Nordostpassage zu entdecken. Er umrundete Spitzbergen, musste aber dann auf Buchans Befehl seinen geplanten Vorstoß ins westsibirische Eismeer abbrechen.

1819 erhielt der nun erfahrene Arktisforscher von der britischen Admiralität den Auftrag, das Gebiet des Großen Sklavensees (Nordkanada) und den gesamten Lauf des Coppermineflusses zu erforschen. Unter harten Bedingungen er-

Sir John Franklin

gründete er die westliche Küste vom Kupferfluss bis zum Kap Turnagain und kehrte nach 16-monatiger Abwesenheit zum Fort Chippewyan (Athabaskasee) zurück.

1824 erforschte Franklin wiederum im Auftrag der britischen Admiralität den gesamten Lauf des Mackenzie- und des Peelflusses. 1825–26 überwinterte er am Großen Bärensee (Nordkanada) und erreichte auf seinem darauf folgenden Streifzug Point Beechey (Alaska). Während dieser Expedition hatte Franklin rund 4.000 km der nördl. Küste von Kanada und Alaska ergründet.

Die Jahre 1836 bis 1843 verbrachte er auf Tasmanien und wirkte als Gouverneur dieser Region.

1845 erhielt er den heiklen Auftrag, die Nordwestpassage zu bezwingen. Laut den Anweisungen der britischen Admiralität sollte Franklin von der Baffinbai aus durch den Lancastersund, die Barrowstraße, den Melvillesund und die McClure-Straße in möglichst gerader Linie in die Beringstraße stoßen.

Mit zwei Schiffen, der »Erebus« und der »Terror« – Letztere von Kapitän Crozier befehligt–, mit den modernsten Messinstrumenten ausgerüstet und für drei Jahre Proviant an Bord, gelangte die Flottille in den Lancastersund. Am 26. Juli 1845 wurden die beiden Schiffe zuletzt von einem schottischen Walfangboot gesichtet. Dann blieb jede Nachricht von Franklin und seiner Mannschaft aus.

Suchexpeditionen unter Richardson (1848), J. Ross (1849), Penny (1850), W. Kennedy (1852), McClure (1852) brachten keine konkreten Nachrichten über das Verschwinden der Franklin-Expedition. Erst die Nachforschungen von Dr. Rae und vor allem von McClintock ergaben, dass Franklin an der Nordwestküste des King-William-Landes umgekommen war.

Mit Franklins Tod war das Geheimnis der Nordwestpassage gelüftet. Die dramatischste Periode des Kampfes um die Bezwingung der nordwestlichen Durchfahrt war vorbei.

Sir John Franklin fand den Tod nicht beim Untergang seines Schiffes, sondern er starb wohl mit seiner ganzen Besatzung an einer Vergiftung. Die zeitgenössische Abbildung illustriert die Rettungsexpedition, die nach Franklin suchte.

Ein Isthmus, ein Landstreifen (südlich der Adelaide-Halbinsel), eine Bucht (im Amundsengolf) und ein Kap tragen den Namen Franklins.

Literatur
J. Franklin, Narrative of a Voyage to the Shores of the Polar Sea in the years 1819, 1820, 1821 and 1822. London 1823
–, Narrative of a Second Expedition to the Shores of the Polar Sea in the years 1825, 1826 and 1827. London 1828
Fr. L. McClintock, The Voyage of the »Fox« in the arctic Seas. A Narrative of the Discovery of the Fate of Sir J. Franklin and his companions. Philadelphia 1860
H. D. Traill, The life of Sir John Franklin. London 1896
R. J. Cyriax, Sir J. Franklin's Last Arctic Expedition. London 1939
Owen Beattie, John Geiger: Der eisige Schlaf. Das Schicksal der Franklin-Expedition. München 1998

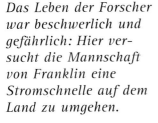

Das Leben der Forscher war beschwerlich und gefährlich: Hier versucht die Mannschaft von Franklin eine Stromschnelle auf dem Land zu umgehen.

FRANZ XAVER (FRANCISCO DE JASSU Y JAVIER)

Spanischer Theologe und Jesuit, Heiliger, geb. 1506 auf Schloss Javier (Navarra), gest. 1552 auf der Insel Sancian (bei Kanton).

Mitbegründer des Jesuitenordens. Ging 1541 als päpstlicher Legat im Auftrag des portugiesischen Königs Johann III. nach Indien. Unternahm von dort Missionsreisen u. a. nach Ceylon, Malakka und Japan. Am 15. August 1549 landete er im Hafen von Kagoshima an der Südküste der japanischen Südinsel Kiushu und gilt als der eigentliche Entdecker Japans. Zwei Jahre lang durchwanderte er das Land. 1551 kehrte Franz Xaver nach Indien zurück, um von dort aus die Missionierung Chinas zu beginnen. Er starb vor Erreichung seines Ziels auf der Insel Sancian vor der südchinesischen Küste.

Ein Stützpunkt der Franklin-Expedition in der Nähe des Großen Bärensees

FRÉMONT, JOHN CHARLES

Nordamerikanischer Entdeckungsreisender, geb. 1813 in Savannah (Georgia), gest. 1890 in New York.

Obwohl Frémont jeden Schulzwang ablehnte, besaß er im Alter von 17 Jahren bei seinem Eintritt in die amerikanische Marine bereits umfassende Kenntnisse der Geometrie und Algebra. An Bord des Schulschiffes »Natchez« führte er die jungen Matrosen in die Mathematik und Nautik ein.

Frémont wollte weder die Eroberung der von den Spaniern besetzten südlichen Gebiete der späteren Vereinigten Staaten noch die Vertreibung der Indianer aus den großen Ebenen, sondern die wissenschaftliche Erforschung der riesigen Gebiete westwärts des Mississippi. In Begleitung Nicolets, eines anderen Naturwissenschaftlers und Forschers, durchstreifte Frémont 1838–40 die Allegheny-Gebirgskette und befuhr den Mississippi und den Missouri.

Erst durch die Heirat mit der reichen Senatorentochter Jessie Benton konnte er seinen Plan verwirklichen, den noch fast unbekannten »Wilden Westen« zu erforschen (zwischen 1842 und 1844). Der Schwiegervater machte seinen Einfluss geltend und verschaffte dem jungen Mann die Leitung der Expedition.

In Begleitung seiner Frau durchwanderte er mit einem Planwagen das Gebiet der heutigen Staaten Oregon, Idaho, Wyoming, Nevada, Utah und Kalifornien, zog geologische und ethnografische Erkundigungen ein, kartografierte die Gegend und studierte die Sitten und Gebräuche der Ureinwohner Nordamerikas.

Nach seinem »Ausflug« in die Rocky Mountains bewarb er sich um die Präsidentschaft der Vereinigten Staaten, kam aber nicht durch. Vor Ausbruch des Sezessionskrieges wurde Frémont zum General der Mississippi-Armeen ernannt und ließ sich nach dem Feldzug zum Gouverneur von Arizona wählen (1878).

John Charles Frémont, der Eroberer Kaliforniens

Das Basislager der Expedition von John Charles Frémont

Frémont war einer der größten und letzten wissenschaftlichen Forschungsreisenden Nordamerikas. In den USA gilt er noch heute als der »Eroberer« von Kalifornien.

Literaturhinweis
J. Ch. Frémont, Narrative of the exploring expedition to the Rocky Mountains in the year 1842 and to Oregon and North California in the years 1843–1844. London 1846

FREYCINET, LOUIS-CLAUDE DESAULES DE

Adliger französischer Seeoffizier und Weltumsegler, geb. 1779, gest. 1842,

Als junger Offizier nahm er 1800-04 an der Baudin-Expedition teil. Bei der Weltumseglung der »Uranie« 1817–29 hatte er die Position des wissenschaftlichen Leiters inne. Das Unternehmen erforschte vor allem die Marianen-Gruppe. Freycinet erkundete auch das Innere der Inseln Guam, Rota und Tinian. Es wurden aber noch weitere, bis dato unbekannte Inseln auf der Weiterreise der Expedition gefunden und karto-

grafiert. Anfang 1820 lief das Schiff auf ein Riff und versank. Mit einem neuen Schiff konnte Freycinet aber fast alles Material seiner Reise nach Frankreich retten.

Diese Reise fand sogar einen literarischen Niederschlag: Der Zeichner und Dichter Jacques-Etienne Victor Arago schrieb einen eindrucksvollen Bericht in Briefform über diese Weltreise und vermittelte so außer den naturwissenschaftlichen Fakten die Atmosphäre dieses Abenteuers.

FROBISHER, SIR MARTIN

Englischer Seefahrer und Entdecker, geb. um 1535 in Normanton (York), gest. 1594 in Plymouth.

1553-54 nahm Frobisher an einer Expedition an die Guineaküste teil, und zwischen 1563 und 1573 stand er im Dienst von John Hawkins, einem anderen englischen Seefahrer und Piraten.

1576 unternahm er eine Fahrt in die nordischen Gewässer, um die Nordwestpassage zu entdecken. Mit zwei Schiffen, der »Gabriel« und der »Michael«, verließ er den englischen Hafen Depford, entdeckte wieder die Südspitze Grönlands, das Kap Farvel, erblickte die Küste Labradors und stieß in die Bucht vor, die heute seinen Namen trägt. Frobisher hatte bei seinem ersten Versuch, die Nordwestpassage zu bezwingen, 62° 2' nördlicher Breite erreicht. 1577 versuchte er ein zweites Mal, die nördliche Polarroute zu entdecken, und gelangte immerhin bis zur Hallinsel. Auf seiner dritten Fahrt ging er in Südgrönland an Land, die Durchfahrt zum Pazifik entdeckte er aber auch dieses Mal nicht.

1580 nahm er an der Niederwerfung einer Revolte in Irland teil und fünf Jahre später begleitete er Francis Drake auf dessen großer Kaperfahrt nach Westindien.

Für seine geleisteten Dienste im Kampf gegen die spanische Armada wurde Frobisher 1588 geadelt. Als er im Auftrag des französischen Königs Heinrich IV. die Ligueurs (Rebellen) bekämpfte, wurde er bei der Belagerung von Crozon (Finistère, Westfrankreich) tödlich verletzt. Frobisher leitete durch seine kühnen Vorstöße in die arkti-

schen Gewässer die Suche nach der Nordwestpassage ein.

Literatur
A true discourse of the late voyages of discoveries for the finding of a passage to Cathay by the North-West under the conduct of Martin Frobisher. General: divided into three books. London 1578
J. Campbell, Lives of the Admirals and other eminent British Seamen. London 1750
W. McFee, Sir Martin Frobisher. London 1928
The three voyages of Martin Frobisher in search of a Passage to Cathay and India by the North-West. 2 Bde. London 1938

FUCHS, SIR VIVIAN ERNEST

Englischer Geologe und Antarktisforscher, geb. 1908 in Freshwater (Isle of Wight), gest. 1999 in Cambridge. Fuchs wurde für seine Forschungsreisen nach Grönland und Afrika bekannt. Als Leiter der Transantarktis-Expedition durchquerte er 1957/58 erstmals die gesamte Antarktis auf dem Landweg – in 99 Tagen.

Freycinets Expeditionsschiff »Uranie« bei der Landung vor einer der angelaufenen Inseln im Januar 1819. Die Weltumsegler wurden immer sofort von den Eingeborenen empfangen, leider nicht immer freundschaftlich wie offenbar in dieser Szene.

GAGARIN, JURIJ ALEXEJEWITSCH

Sowjetischer Kosmonaut, geb. 1934 in Kluschino (Gebiet Smolensk), gest. 1968 bei Nowosjolowo (Gebiet Wladimir).

Nach dem Besuch der Mittelschule, einer Berufsausbildung als Gießer und einem Studium am Industrietechnikum in Saratow erhielt Gagarin 1957 eine militärische Ausbildung zum Düsenpiloten der sowjetischen Luftwaffe – für ihn die Erfüllung seines Kindheitstraums. Anschließend wurde er in den Kreis der Kandidaten für die Astronautenausbildung aufgenommen.

Der sowjetische Kosmonaut Jurij Alexeje-witsch Gagarin umkreiste als erster Mensch die Erde.

Nach dem Sputnikschock von 1957 überraschte die Sowjetunion am 12. April 1961 die Weltöffentlichkeit zum zweiten Mal. Sie gab bekannt, dass Major Gagarin soeben in 89 Minuten mit dem Raumschiff »Wostok 1« als erster Mensch die Erde umkreist habe. Er startete um 9.07 Uhr Moskauer Zeit von Baikonur und umrundete den Planeten in einer Entfernung zwischen 175 und 327 km auf einer elliptischen Bahn. Während des Fluges überwachte Gagarin die Arbeit der Bordsysteme, beobachtete durch drei Bullaugen die Erde und den Weltraum, notierte seine Wahrnehmungen oder sprach sie auf Band. Gagarins Befinden war gut, seine Arbeitsfähigkeit blieb auch im Weltraum erhalten. In der Start- und Landephase waren Atmung und Puls etwas erhöht, in der Schwerelosigkeit jedoch weitgehend normal. Der Abstieg der »Wostok 1« dauerte vom Einschalten des Bremstriebwerks bis zur Landung 30 Minuten, wobei 8.000 km zurückgelegt wurden. Während dieses Landemanövers positionierten sich die Such- und Bergungsgruppen im vorgesehenen Landegebiet. In 7 km Höhe wurde der Pilotensitz aus der »Wostok 1« katapultiert, ab 4 km Höhe öffnete sich dann der Fallschirm und Gagarin landete um 10.55 Uhr bei Smolensk im Gebiet von Saratow.

Am 27. März 1968 kam Jurij Gagarin bei einem Trainingsflug ums Leben.

Literatur
J. Gagarin/ W. Lebedew, Survival in space.
New York 1969
W. Gagarin, My brother Jurij. o. O. 1973
–, 108 minutes and an entire life. o. O. 1981
O. Nudenko, Orbits of a life. o. O. 1971
W. Stepanow, Gagarin. o. O. 1986

GAMA, VASCO DA

Portugiesischer Seefahrer, geb. um 1460 (1469?) in Sines (Alemtejo), gest. 1524 in Cochin (Indien).

Handschriftlicher Brief von Vasco da Gama aus seiner Zeit als Gouverneur von Indien

L'Amirante Don   Vasco de Gama

Vasco da Gama

Im Alter von 20 Jahren war da Gama, der Sohn des Gouverneurs von Sines, bereits Kapitän in der portugiesischen Marine. Im Gegensatz zu Columbus besaß er umfangreiche Kenntnisse der Mathematik und Nautik. 1496 fasste sein König, Manuel I., den kühnen Plan, von den ostafrikanischen Gestaden aus an die Malabarküste (Indien) vorzustoßen, um die lang ersehnte Handelsroute Lissabon–Kalikut herzustellen. Mit der Ausführung dieses bedeutsamen politischen Unternehmens beauftragte der König den tüchtigen da Gama.

Nach intensiver und geheimer Vorbereitung stachen die eigens für diese Fahrt gebauten vier Karavellen, die »São Gabriel«, da Gamas Flaggschiff, die »São Raphael«, von Paulo, Vasco da Gamas Bruder befehligt, die »Berrio« und ein Versorgungsschiff vom Tejo aus am 8. Juli 1497 in See. Neben da Gama und seinem Bruder nahmen noch N. Coelho und B. Diaz an der Fahrt teil. Das Kartenmaterial stammte von Bischof Ortiz aus Tanger und die Deklinationstabellen von Zarco. B. Diaz führte das Kommando bis zum »Cabo Verde«. Sein Befehl lautete, das Fort El Mina an der Guineaküste anzulaufen. Infolge dichten Nebels verlor die »São Raphael« in der Nähe des »Cabo Bojador« die Flottille aus der Sicht, konnte jedoch wenig später wieder anschließen. Von nun an segelte da Gamas Geschwader während 93 Tagen, teilweise sogar 3000 km von der westafrikanischen Küste entfernt, im stürmischen Südatlantik und warf am 4. November auf der Insel St. Helena an der Westküste Südafrikas Anker. Nach einer zwölftägigen Rast stach die Flottille wieder in See, umrundete das stürmische »Kap der Guten Hoffnung« und landete in der »Mosselbai«, wo die Eingeborenen sich erst nach einer Woche zeigten und die Portugiesen Waren austauschen konnten. Die ostafrikanische Küste entlangfahrend, erreichte da Gama am 1. Dezember den Rio do Infante (Great Fish River), am 25. den Küstenstreifen, den er auf den Namen »Natal« (port.: Weihnacht) taufte, am 10. Januar 1498 die Bucht von Laurenco Marques und zwölf Tage später den Quilimane-Arm des Sambesi.

Am 1. März traf da Gama in Moçambique, der reichen Handelsstadt des Scheichs von Quiloa, ein. Als die Araber erkannten, dass die Ankömmlinge Nichtmuslime waren, brach offene Feindseligkeit aus. Da Gama lichtete schleunigst die Anker und steuerte den Hafen von Mombasa an, wo er sich sogar der Artillerie bedienen musste, um sich Respekt zu verschaffen. Die nächste und letzte Etappe vor der Überfahrt hieß Melinde, wo die Portugiesen freundlich empfangen wurden, lukrative Geschäfte abschlossen und zu ihrem größten Erstaunen einen erfahrenen Lotsen vom Herrscher zur Verfügung gestellt bekamen. Meleno Cana (alias Ahmed ibn Majid) führte die Portugiesen sicher nach Kalikut, wo da Gama am 20. Mai 1498 Anker warf.

Ein aus Portugal mitgebrachter Sträfling wurde als Erster an Land gesetzt. Durch Zufall traf er einen aus Sevilla stammenden Spanier, der ihm riet, nichts zu unternehmen, was den

»Samurin«, den König von Kalikut und der Malabarküste, verärgern könne. Schließlich erteilte der indische Potentat da Gama die Erlaubnis, ihn in seiner Residenz zu besuchen. Als da Gama die bescheidenen Geschenke am Hof des Samurin ausbreitete, brachen die Höflinge in spöttisches Gelächter aus. Mit diplomatischer Geschicklichkeit überwand der Portugiese diese offene Beleidigung und es gelang ihm nach anstrengenden Verhandlungen, den ersten portugiesisch-indischen Handelsvertrag abzuschließen. Die Laderäume der portugiesischen Schiffe füllten sich mit den begehrten Handelswaren. Als der launenhafte Samurin da Gama die Erlaubnis verweigerte, an Bord zurückzukehren, gelang es diesem jedoch, der zurückgebliebenen Besatzung den Befehl zu erteilen, die Schiffsartillerie gefechtsklar zu machen: eine Maßnahme, die sofort half.

Am 29. August 1498 lichtete die Flottille die Anker. Ein von Cananor ausgesandtes indisches Geschwader konnte durch einige wohlgezielte Bombardenschüsse auf Distanz gehalten werden. Weil der günstige Monsunwind vorbei war, gestaltete sich die Rückkehr ungemein schwierig. 30 Mann starben an Skorbut, sodass die »São Raphael« aus Mangel an Bedienungsmannschaften aufgegeben werden musste. In Melinde, an der ostafrikanischen Küste, wurde nochmals Halt gemacht. Mit großer Mühe wurde das Kap der Guten Hoffnung umrundet. Auf Terceira (Azoren) starb Paulo, da Gamas Bruder. Die »Berrio« erreichte am 16. Juli 1499 als erstes Schiff Lissabon. Am 9. September 1499 empfing Manuel den ruhmreichen da Gama am Restelo in Lissabon.

Das von Heinrich dem Seefahrer gesteckte Ziel, Portugals Macht bis nach Indien auszudehnen, war erreicht. Der Einbruch in das arabisch-islamische Hoheitsgebiet war gelungen. Da Gamas Indienfahrt hatte vor allem ökonomische Resultate und Konsequenzen. Der Preis des Pfeffers fiel manchenorts um die Hälfte. Verschiedene Geschäftshäuser meldeten Konkurs an. Venedig, Genua und Pisa waren durch die Eröffnung

Portugal als See- und Kolonialmacht

1179 Portugal wird von Papst Innozenz III. als Königtum anerkannt.

Ab 1279 Unter König Dinis I. erlebt in Portugal die Seefahrt einen erheblichen Aufschwung.

1385 Das portugiesische Parlament wählt João I. zum König. Die Entwicklung zur Kolonialmacht beginnt.

Ab 1418 Der portugiesische Kronprinz Heinrich der Seefahrer fördert Entdeckungsreisen im Atlantik und an der afrikanischen Küste.

Ab 1419 Portugiesische Seefahrer entdecken und erschließen Madeira, die Azoren und die Kapverdischen Inseln.

1471 Der portugiesische Seefahrer Fernão do Póo geht als erster Europäer an der westafrikanischen Küste im Gebiet des heutigen Guinea an Land und beginnt mit der Erforschung des Hinterlandes, mit dem Sklavenhandel und der Christianisierung.

1486 Diogo Cão geht als erster Europäer an der Küste des heutigen Namibia an Land.

1488 Bartoloméu Diaz umsegelt als erster Europäer die Südspitze Afrikas.

1494 Portugal und Spanien einigen sich auf eine Trennung ihrer Interessenssphären: etwa 600 km westlich der Azoren wird die Welt von Nord nach Süd in zwei Hälften geteilt. Spanien erhält die westlich davon liegenden Gebiete, Portugal die östlichen.

1495 Unter König Manuel I. wird Lissabon Zentrum des Welthandels. Niederlassungen in Ostindien, Südafrika und Brasilien werden gegründet.

1498 Vasco da Gama erreicht als erster Europäer die Küste des heutigen Mosambik und Ostindien.

1500 Cabral landet an der Nordostküste Brasiliens und nimmt das Land für Portugal in Besitz.

1500 Diego Díaz landet als erster Europäer auf Madagaskar.

1502 Amerigo Vespucci erkundet Küstenteile Südamerikas.

1510 Handelsniederlassungen im fernen Osten begründen die Vormachtstellung Portugals im Gewürzhandel.

1580 König Philipp II. von Spanien wird als Filipe I. gleichzeitig König von Portugal.

Ab 1607 Unter spanischer Oberhoheit muss Portugal einige Kolonialgebiete an die Niederlande abtreten. Die bisherige Macht erreicht Portugal nicht wieder.

der neuen Handelsroute besonders betroffen, denn von jetzt an wurden die Preise für die Gewürze in Lissabon bestimmt. Der Reichtum der drei See- und Handelsrepubliken am Mittelmeer schwand langsam dahin. Ohne da Gamas Verdienste infrage zu stellen, muss jedoch hervorgehoben werden, dass B. Diaz ihm den Weg nach Indien teilweise vorgezeichnet hatte. Für da Gama blieb noch die letzte, allerdings schwierige Hürde zu nehmen. 1502 segelte er ein zweites Mal nach Indien und gründete die Faktoreien von Cochin und Cananor. Vor seiner dritten und letzten Überfahrt wurde ihm 1524 der Titel eines Vizekönigs von Indien verliehen. Der portugiesische Nationaldichter Camões hat da Gamas Taten in seinem Epos »Die Lusiaden« besungen. Die Gebeine des Indienfahrers wurden 1558 nach Lissabon überführt.

Literatur
Fr. Hümmerich, Vasco da Gama und die Entdeckung des Seewegs nach Ostindien. München 1898
C. Pereyra, La conquête des routes océaniques d'Henri le Navigateur à Magellan. Paris 1923
H. Plischke, Vasco da Gama. Leipzig 1924
Fr. Hümmerich, Vasco da Gama und die Entdeckung des Seeweges nach Indien. In: Iberia, Heft 5, 74–82. o. O. 1926
P. L. Marini, Vasco da Gama. Turin 1929
E. Prestage, Descobridores portugueses. Porto 1934
A. Kammerer, Les guerres du poivre, les Portugais dans l'Océan Indien et la Mer Rouge au XVIe siècle. Le Caire 1935
D. Peres, Historia dos decobriementos portugueses. Porto 1943
Vasco da Gama – Die Entdeckung des Seewegs nach Indien. Ein Augenzeugenbericht 1497–1499, hg. von G. Giertz. 2. Aufl. Stuttgart 1986

GESSI, ROMOLO

Italienischer Afrikareisender, geb. 1831, gest. 1881.

1876 erhielt Gessi von Gordon Pascha den Auftrag, das noch unbekannte Gebiet zwischen dem Weißen Nil und dem Albert-Nyanza-See zu erforschen. In Begleitung von C. Piaggia, einem anderen italienischen Afrikareisenden, erledigte er seine Aufgabe zur vollsten Zufriedenheit des Auftraggebers. Sie entdeckten den Ausfluss des Albertsees, den sie auch umfuhren, und brachten ebenfalls die Kunde mit, dass dieses Wasserbecken nicht den Ausdehnungen entsprach, die Baker auf seiner Karte angegeben hatte. Ende August befuhren Gessi und Dr. Junker den Sobat (rechter Nebenfluss des Weißen Nils) bis zur Militärstation Nasser. Hier mussten sie ihre Expedition jedoch abbrechen, weil Gessi zu den Waffen gerufen wurde. Während der Kampagne verfolgte er Suliman Sibér, den Sohn des Eroberers des Darfur, bis in das Gebiet der Niam-Niam (Stamm im Kongo). Nachdem der Friede wieder eingekehrt war, erforschte Gessi den Sudan.

Durch seine Forschungsreisen in den Sudan hatte Gessi die geografischen Kenntnisse über dieses große Land maßgeblich erweitert. Während seiner Unternehmungen scheute er sich nicht, die Haltung der arabischen Sklavenhändler öffentlich zu brandmarken.

Literatur
P. Strobel, La spedizione italiana nell'Africa equatoriale. Parma 1875
Petermanns Mitteilungen. Gotha 1876
Bulletin de la Société Géographique de Paris 1876
Giornale delle colonie. o. O. 1878
Memorie della societa geografica Italiana. o. O. 1878
P. Matteucci, Spedizione Gessi-Matteucci. Sudan e Gallas. Milano 1879
R. Gessi, Sette anni nel Sudan Egiziano. Esplorationi, Caccie e guerre contro i negrieri. Milano 1891 (Neubearbeitung 1930)

GRANDIDIER, ALFRED

Französischer Geograf und Naturforscher, geb. 1836 in Paris, gest. 1921 in Paris.

Grandidiers Name ist untrennbar mit der Insel Madagaskar verbunden, die er nach Reisen durch

Südamerika und Asien als Erster genau erforsch- te. 1865–70 durchstreifte er in allen Richtungen die Insel und legte dabei mehr als 5.000 km zu- rück. Flora und Fauna wurden erforscht und Grandidier entdeckte die fossilen Reste eines ausgestorbenen Riesenstraußes, des legendären »Vogel Rok«. Zudem sammelte er Gesteinsproben und führte exakte Vermessungen durch.

Seine Forschungsergebnisse veröffentlichte der französische Wissenschaftler in einem mehr- bändigen Werk.

Bucht Diego Suarez, Madagaskar

H

HANNO
Karthagischer Seefahrer, um 500 v. Chr.

Hannos Fahrt entlang der Westküste Afrikas, auf der er neue Handelsplätze erschließen konnte, gilt als eine der bedeutendsten Entdeckungsreisen des Altertums. Dabei scheint der Karthager über die Mündung des Senegal hinaus bis in den Golf von Guinea gelangt zu sein. Eine Übersetzung seines Berichts ist erhalten.

Literaturhinweis
W. Hörnemann, Hanno zwischen zwei Welten.
Ein abenteuerliches Schicksal. Recklinghausen
1993

HARRER, HEINRICH
Österreichischer Forschungsreisender, geb. 1912 in Kärnten.

Schon als Junge zeichnete sich Harrer durch bemerkenswerte Abenteuerlust aus. Später nahm er an den Olympischen Spielen 1936 teil und wurde akademischer Weltmeister im Abfahrtslauf. 1938 bestieg er mit A. Heckmair als Erster die berüchtigte Eiger-Nordwand und 1939 nahm er an der deutschen Nanga-Parbat-Expedition teil. Bei Kriegsanfang wurde er in Indien interniert. Flucht nach Tibet. Nach Überquerung von 65 Himalajapässen erreichte er die tibetanische Hauptstadt Lhasa. 1944–51 war er Berater und Lehrer des Dalai-Lama, des Gottkönigs und Herrschers von Tibet.

1962 durchquerte er die Tropeninsel Neugui-

Isaak Israel Hayes

nea. Dort bestieg Harrer als Erster 32 schneebedeckte Gipfel und entdeckte Jä-Li-Me, die Quelle der Steinäxte. 1965 wurde er vom österreichischen Bundespräsidenten zum Professor ernannt. 1966 und 1969 unternahm er eine Amazonasexpedition, teilweise in Begleitung des belgischen Königs Leopold III., und 1971 durchstreifte er den Sudan und die Insel Borneo.

Heinrich Harrer ist einer der letzten großen Forscher des 20. Jahrhunderts. Seine Bücher wurden in alle Weltsprachen übersetzt. Er gestaltete viele Film- und Fernsehserien, ab 1967 auch in den USA, und ist Besitzer der größten Tibetsammlung der Welt. Seine Neuguinea- und Amazonas-Sammlung ist im Völkerkundemuseum der Universität Zürich untergebracht.

Literatur
H. Harrer. Huka-Huka. Bei den Xingu-Indianern im Amazonas-Gebiet. Berlin 1979
–, Ladakh. Götter und Menschen hinter dem Himalaya. Berlin 1980
–, Die letzten Fünfhundert. Expedition zu den Zwergvölkern auf den Andamanen. Berlin 1983
–, Meine Forschungsreisen. Innsbruck 1986
–, Sieben Jahre in Tibet. Mein Leben am Hofe des Dalai Lama. Berlin 1988
–, Das Buch vom Eiger. 2. Aufl. Innsbruck 1989
–, Die weiße Spinne. Die Geschichte der Eiger-Nordwand. Berlin 1989
–, Tibet. Zeitdokumente aus den Jahren 1944–1951. Zürich 1991
–, Erinnerungen an Tibet. Berlin 1993
–, Geister und Dämonen. Magische Erlebnisse in fernen Ländern. Berlin 1993

HAYES, ISAAK ISRAEL
Nordamerikanischer Arktisforscher, geb. 1832, gest. 1881.

Hayes studierte zuerst Medizin. 1853 nahm er an der zweiten Polarfahrt E. K. Kanes, eines anderen amerikanischen Arktisforschers, teil und erkundete die noch unbekannte Gegend von Kap

Sabine auf Ellesemere-Land. Im darauf folgenden Jahr durchfuhr er den Smith-Sund und die Dobbin-Bai. Während einer zweiten Überwinterung unternahm er mit acht Mann eine Erkundungsfahrt nach den dänischen Außenposten von Grönland. Nur unter großen Anstrengungen und mit Unterstützung der Inuit konnte er Kanes Schiff, die »Advance«, noch erreichen.

Inzwischen war Hayes von dem Gedanken überzeugt, man müsse den Nordpol durch ein offenes Polarmeer erreichen können.

1860 verließ er, von der »American Geographical Society« großzügig unterstützt, mit der »United States« den Hafen von Boston in Richtung Grönland, wo er im Foulke-Fjord (bei Littleton Island) im Gebiet der Etah-Inuit eine Nachschubbasis einrichtete. Trotz des schlechten Wetters gelangte er bis zu 81° 35' nördlicher Breite. Kurz zuvor hatte er noch Grinnell-Land erforscht.

Im Jahr 1869 begleitete er den Polarforscher W. Bradford auf der »Panther« ein drittes Mal in die Antarktis.

Hayes gilt als einer der Wegbereiter für den Sturm auf den Nordpol.

HEARNE, SAMUEL

Englisch-kanadischer Polarforscher, geb. 1745 in London, gest. 1792 in England.

Marineoffizier, dann Agent und Pelzhändler im Auftrag der Hudson Bay Company (HBC), für die er ausgedehnte Streifzüge durch die »Northwest Territories« unternahm.

1769 erhielt er von Norton, dem Kommandanten des Forts »Prince of Wales« in der Churchillbucht, den Auftrag, den Copperminefluss und die Nordwestpassage zu entdecken.

Vom Fort Churchill (Hudsonbai) erreichte Hearne in Begleitung von Waldläufern der Cree- und Chippewayan-Indianer nach anstrengendem

Marsch durch das Tal des Sealflusses den Kazanfluss, musste aber wegen der Abtrünnigkeit der einheimischen Führer wieder umkehren.

Sein zweiter Versuch war erfolgreich. In Begleitung eines sicheren Führers und Freundes, des Indianerhäuptlings Matonabbee, und dessen Frauen als Trägerinnen, den Hass zwischen Inuit und Indianern ausnutzend, erreichte Hearne als erster Europäer über die Barren Grounds das eisbedeckte Nördliche Eismeer und den Copperminefluss und gelangte im Juni 1772 wieder im Fort Churchill an.

Die erhofften reichen Kupfervorkommen hatte Hearne zwar nicht gefunden, doch waren die neu entdeckten und reichen Pelzgründe unter dem

Samuel Hearne

In seinem Reisebericht beschreibt Hearne auch die Erfindung der Schneeschuhe, mit denen er und seine Mannschaft sich sicher auf dem schneebedeckten Boden fortbewegen konnten.

Inuit im Kanu

nördlichen Polarkreis für die HBC genauso wichtig wie Kupfererz. Außerdem hatte Hearne einen regen Pelzhandel zwischen dem Gebiet der Hudsonbai, dem Großen Sklaven- und Athabaskasee festgestellt. Zugleich setzte aber eine unerbittliche Konkurrenz zwischen den Pelzrivalen HBC und Northwest Company ein, die erst 1821 durch deren Zusammenschluss beendet wurde.

Literatur
A journey from Prince of Wales Fort in Hudson's Bay to the Northern Ocean, undertaken by Samuel Hearne, from the discovery of Coppermines, a North West passage, in the years 1769–1772. London 1795
J. B. Tyrrell, Journals of Samuel Hearne and Philipp Turner. Toronto 1934
S. Hearne, Abenteuer im arktischen Kanada. Auf der Suche nach der Nordwestpassage 1769–1772, hg. v. V. Matthies. Tübingen 1981.

HEDIN, SVEN ANDERS VON

Schwedischer Asienforscher, geb. 1865 in Stockholm, gest. 1952 ebd.

21-jährig unternahm Hedin bereits eine ausgedehnte Informationsreise quer durch Asien und 1893 startete er seine erste wissenschaftliche Expedition in die 400000 Quadratkilometer große Takla-makan-Wüste.

Ein Jahr später durchquerte er ein zweites Mal das unwirtliche Sandmeer von Takla-makan. Schneestürme, »Kara-bouraus« (Sandstürme) und sintflutartige Regengüsse waren die Elemente,

Sven Hedin

gegen die Hedin dauernd kämpfen musste. Erforschung des inneren Deltas des Tarimflusses. Ankunft im Land der »Heiligen Bücher« (Tibet). Im Gebiet des »Wilden Yaks« (Yak = Wildrind Innerasiens) kartografierte er eine große Anzahl von Salzseen. Durchquerung der Wüste Gobi. Entdeckung der antiken Ruinenstadt Loulan, die er freigraben ließ. Die Ausgrabung brachte eine große Anzahl von Buddhabildern, chinesischen Urkunden, Schriften und zahlreichen bemalten Plättchen zutage. Die Texte berichteten über einen regen Handelsaustausch zwischen dem chinesischen und dem Römischen Reich. 1897 erreichte er Peking.

Hedins nächste große Reise (1899–1902) sollte nach Lhasa führen, dem religiösen und kulturellen Zentrum von Tibet. Als Mongole verkleidet, in Begleitung eines Kosaken und eines Bettelmönchs, brach Hedin zu diesem abenteuerlichen Ritt auf. Straßenräuber und feindlich gesinnte Lamas (buddhistische Priester in Tibet und in der Mongolei) machten dem kleinen Trupp schwer zu schaffen. Nach Erreichen der Route nach Lhasa zerschlug sich Hedins Wunsch, die »verbotene« Stadt zu besuchen: Tibetanische Krieger schoben ihn nach Indien ab.

1905 bis 1908: Dritte groß angelegte Reise, um die noch unbekannte Gebirgskette des Karakorum zu erforschen und das berühmte Kloster von Tashi-Lumpo zu besuchen. Grimmige Kälte, Angriffe wilder Yaks und die Feindseligkeit der tibetanischen Mönche erschwerten die Expedition. Erneut erschien der Provinzgouverneur und forderte Hedin auf umzukehren. Nach langen Verhandlungen gab dieser jedoch nach und Hedin erreichte den Brahmaputra. Nach Überquerung der steilen Himalajahänge gelangte er in die Stadt Shigatse und zum berühmten Tashi-Lumpo-Kloster. Teilnahme an einem buddhistischen Fest und Besuch beim Tashi-Lama, dem Stellvertreter des Dalai-Lama und Inkarnation des Dyana-Buddha.

Nach einem 47-tägigen Aufenthalt musste der Forscher Shigatse verlassen. Auf seiner Rückrei-

1923 reiste Hedin auch nach den USA. Hier interessierte ihn vor allem der Grand Canyon.

Illustrationen aus
Sven Hedins Reisebe-
richt »Jehol – Die
Kaiserstadt« aus dem
Jahre 1940: Aus feier-
lichem Anlass sind
die Straßen beflaggt.
Man erkennt fliegende
Händler, eine Peking-
Karre und einen Kuli,
der Pferdeäpfel auf-
sammelt, um sie als
Brennstoff weiterzu-
verkaufen.

In den Straßen Pekings wird der Geburtstag des Kaisers mit Reitern, Elefanten und einer Ehrenpforte gefeiert.

se besuchte er noch eine Anzahl von Klöstern; in einem fand er eine riesige Gebetsmühle, die Tag und Nacht von zwei Mönchen in Betrieb gehalten wurde. Am Fuße eines Berges traf er auf einen alten Bettelmönch, der in einem winzigen Raum in fast völliger Dunkelheit lebte.

Beim Durchqueren des Transhimalaja wurde er abermals von den tibetanischen Behörden gezwungen, seine Marschrichtung zu ändern. Hedin beschloss hierauf, bis zu den Quellen des Brahmaputra vorzudringen. Er folgte einem Fluss in südwestlicher Richtung und gelangte an einen grünblauen Gletscher, der den Brahmaputra speist. Weitermarsch zum heiligen See Manasarova (4.565 m über dem Meeresspiegel), dessen Befahren nach dem Glauben der Tibetaner den See verunreinigt und den Zorn der Götter hervorruft.

Im September erreichte er die Quellen des Indus. Hedin war der erste Europäer, der die Quellen des Indus und des Brahmaputra während einer einzigen Reise erreicht hatte, und er kartierte als Erster den Transhimalaja. Trotz dieser umfangreichen Unternehmen waren noch weite Gebiete Innerasiens unerforscht und nicht kartografiert. Als Hirte verkleidet durchstreifte Hedin ein siebtes Mal den Transhimalaja. 1908 kehrte Hedin nach Schweden zurück.

1927–35 erforschte und kartierte Hedin weitere unerschlossene Gebiete der Mongolei, der Wüste Gobi und Chinesisch-Turkestans.

Der »schwedische Marco Polo« war der erste Weiße, dem es gelang, das für Fremde streng verbotene Land der »Heiligen Bücher« wissenschaftlich zu erforschen. Durch seine Expeditionen verschwanden nicht nur viele weiße Flecke von der Karte Innerasiens, sondern er brachte auch die ersten konkreten Nachrichten über das »Dach der Welt« mit nach Europa. Hedins Aufnahmen von Tibet und von Lhasa waren für die Historiker und Geografen Europas von großer Bedeutung.

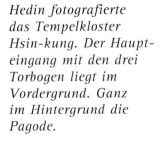

Hedin fotografierte das Tempelkloster Hsin-kung. Der Haupteingang mit den drei Torbogen liegt im Vordergrund. Ganz im Hintergrund die Pagode.

Literatur

S. Hedin, Die geographisch-wissenschaftlichen Ergebnisse meiner Reise in Zentralasien 1893–1897. Erg. Heft Petermanns Mitteilungen. Gotha 1897

–, Durch Asiens Wüsten. 2 Bde. Leipzig 1899

–, Im Herzen von Asien. 2 Bde. o. O. 1903

–, Scientific Results of a journey in Central Asia. 6 Bde., 2 Kartenbde. Stockholm und London 1904–1907

–, Transhimalaja. 3 Bde. o. O. 1909–1912

–, Zu Land nach Indien. 2 Bde. o. O. 1910

–, Southern Tibet. 9 Bde., 2 Kartenbde. Stockholm und Gotha 1917–1922

A. Hedin, Mein Bruder Sven. Leipzig 1925

Sven Hedin und A. Brockhaus. Eine Freundschaft in Briefen. 2. Aufl. o. O. 1956

R. Essén, Sven Hedin. Ein großes Leben. Leoni 1959

W. Hess, Die Werke Sven Hedins. Stockholm 1962

E. Wennerholm, Sven Hedin. o. O. 1978

S. Hedin, Transhimalaja. Entdeckungen und Abenteuer in Tibet. Neuausg. d. 7. Aufl. Mannheim 1985

D. Brennecke, Sven Hedin. Mit Selbstzeugnissen und Bilddokumenten. Reinbek 1986

S. Hedin, Abenteuer in Tibet. 12. Aufl. Mannheim 1987

Heinrich der Seefahrer

HEINRICH DER SEEFAHRER (HENRIQUE O NAVEGADOR)

Portugiese, dritter Sohn des portugiesischen Königs Johann I., geb. 1394 in Porto, gest. 1460 in Sagres.

Nach der Erstürmung der maurischen Festung Ceuta (1415), an der Heinrich teilgenommen hatte, zog er sich vom Hofleben zurück und ließ auf dem Felsplateau von Kap São Vicente, Europas südwestlichster Spitze, die »Villa Tercanabal« (auch »Nautische Akademie« genannt) errichten, um hier in aller Ruhe mit einigen Gleichgesinnten den Plan für das zukünftige portugiesische Weltreich auszuarbeiten.

Auf seine Initiative hin nahmen die Seefahrer T. V. Teixeira und J. G. Zarco zwischen 1418 und 1420 Madeira und Porto Santo für Portugal wieder in Besitz, die Azoren wurden kolonisiert und das Kap Bojador umrundet. Während die Eroberung der Kanarischen Inseln im Jahre 1425 fehlschlug, glückte dagegen die strategische Einverleibung der Kapverdischen Inseln in Portugals werdendes Kolonialreich.

Heinrichs Hauptziel jedoch bestand in einem gemeinsamen Vorgehen mit dem Herrscher von Äthiopien gegen den Islam. Ein solches Vorhaben aber setzte eine dauernde Landverbindung mit dem Negus voraus. Da ein derartiger Kontakt quer durch Zentralafrika in den Dreißigerjahren des 15. Jahrhunderts aber unmöglich war, musste er über den Seeweg hergestellt werden. Das wiederum bedeutete einen Vorstoß über den Äquator hinaus.

Im Jahre 1441 begann das so genannte »Kapspringen« an der westafrikanischen Küste. N. Tristão gelangte 1442 als Erster über das Kap Blanco hinaus in die Arguinbai und Diniz Diaz umrundete das Kap Verde und ging auf der Insel

Bezeguiche an Land (1444). In einem neuen Anlauf fuhr Tristão in die Mündung des Rio Grande hinein (1446). Ein Jahr später erreichten die Portugiesen Guinea und 1448 wurde in der Bucht von Arguin die erste Siedlung errichtet. Zwei Jahre vor Heinrichs Tod war San Jorge da Mina am Golf von Guinea der bedeutendste Umschlagplatz für Gold, Weizen und schwarze Sklaven. Portugal kaufte im Jahr zwischen 700 und 800 Sklaven von arabischen Händlern. Zwar verbot Heinrich formell sämtliche Razzien zwischen Kap Verde und Kap Blanco, doch der Menschenhandel warf für beide Seiten hohe Gewinne ab.

Als Heinrich, genannt der »Seefahrer«, obwohl er selbst nie zur See gefahren war, 1460 starb, war der Grundstein des portugiesischen Kolonialreiches gelegt, der direkte Seeweg nach Indien vorgezeichnet. Die Seefahrer Bartolomëu Diaz und Vasco da Gama vollendeten Heinrichs Werk.

Heyerdahls abenteuerliches Floß, die »Kon-Tiki« hier vor Beginn der Reise im Hafen von Callao. Es handelt sich um eine Kopie der historischen Indianerflöße des Stillen Ozeans.

Literatur
E. Engel, Heinrich der Seefahrer. In: O Comercio do Porto. Porto 1894
C. Pereira, La conquête des routes océaniques d'Henri le Navigateur à Magellan. Paris 1923
E. Prestage, Descobridores portugueses. Porto 1934
D. Peres, Historia dos descobrimentos. Porto 1943
Heinrich der Seefahrer oder Die Suche nach Indien. Eine Dokumentation mit Alvise da Ca Da Mostos erstem Bericht über Westafrika und den Chroniken Zuaras und Barros über den Infanten, hg. v. R. Kroboth/G. Pögl. Stuttgart 1989

HEYERDAHL, THOR

Norwegischer Ethnologe, Zoologe, Geograf und Forschungsreisender, geb. 1914 in Larvik.

Heyerdahl interessierte sich bereits in jungen Jahren für die Anthropologie Polynesiens; das Studium wurde ihm durch den Zugang zur Kroepelien-Bibliothek, der größten privaten Sammlung polynesischer Literatur, beträchtlich erleichtert. Spezialisierung in der Zoologie und Geografie an der Osloer Universität.

1937 erhielten Heyerdahl und seine junge Gattin auf Kroepeliens Empfehlung vom obersten Häuptling Tahitis, Tiriiero, die Einladung, in die Südsee zu kommen. Einjähriger Aufenthalt auf der Insel Fatuhiva (Marquesasgruppe) und Studium der Sitten und Gebräuche der Insulaner. 1938 verließ Heyerdahl die Südsee und begab sich nach Großbritannien, den USA und nach Kanada, um in den dortigen Museen den Ursprung der polynesischen Rasse und Kultur zu studieren. Während seiner Nachforschungen im Museum von British Columbia veröffentlichte er seine Theorie (New York, 1941), dass Polynesien von zwei Einwanderungsströmen, dem einen von Peru, dem anderen von British Columbia aus, bevölkert wurde.

Nach dem Zweiten Weltkrieg unternahm Heyerdahl 1947 zum Beweis seiner Behauptungen, die selbst in engsten Freundeskreisen auf Widerstand und Kritik stießen, seine weltberühmt gewordene »Kon-Tiki«-Fahrt (Name zu Ehren des legendären Herrschers Kon Tiki der Vor-Inkazeit, der von Callao aus in 101 Tagen zum rund 8000 km entfernten Atoll Raroia in der Tuamotugruppe gesegelt war). Heyerdahl bewies, dass es möglich war, mit einem Balsa-Boot (»Balsa« = spanisch: Floß, ein aus Binsenbündeln erbautes Wasserfahrzeug, wie es an der Westküste Südamerikas gebraucht wurde) von der Westküste Südamerikas aus Polynesien zu erreichen. Gleichzeitig stellte er die Seetüchtigkeit dieser Boote unter Beweis.

1952 organisierte und leitete der Forscher die Norwegische Archäologische Expedition zu den Galapagosinseln, rund 1000 km von Peru entfernt. Berufsarchäologen aus Norwegen und aus den USA entdeckten bei ihren umfangreichen Ausgrabungsarbeiten 130 tönerne Schiffchen, die vom Smithonian Institute zu Washington als vorkolumbianische Keramik, aus Ecuador und Nordperu stammend, bezeichnet wurden.

1955–56 unternahm Heyerdahl eine hauptsächlich archäologische Expedition in Begleitung von 23 Fachleuten, darunter vier Archäologen von Weltruf, aus den USA und Norwegen zur Osterinsel. Untersuchungen ergaben, dass die Insel rund ein Jahrtausend früher bevölkert wurde, als die Gelehrten bisher annahmen. Ferner zog Heyerdahl interessante Erkundigungen über die kolossalen Steinfiguren der Insel ein. Bei weiteren Ausgrabungen wurde das befestigte Hügeldorf Morongo Uta (auf Rapa Iti) freigelegt. Die Resultate dieser großen Forschungsreise wurden auf dem 10. Pazifischen Kongress der Wissenschaften in Honolulu (1961) in vielen archäologischen, geografischen und ethnografischen Sitzungen diskutiert und in ihrer Richtigkeit bestätigt.

1969–70 unternahm er seine berühmte »Ra-I-Expedition«. Mit einem aus Papyrus nachgebauten, 50 Fuß langen ägyptischen Boot aus der Pharaonenzeit segelte er in Begleitung eines internationalen Fachteams vom antiken phönizischen Hafen Safi (Westküste Marokkos) aus in

Richtung Mittelamerika. Nach einer Strecke von rund 5.000 km und einer achtwöchigen aufregenden Fahrt (Stürme und Ruderdefekt) musste Heyerdahl sein Unternehmen unweit der Insel Barbados (Insel der kleinen britischen Antillen) aufgeben.

Zehn Monate später wiederholte Heyerdahl die Fahrt. Mit der »Ra II«, von vier Aymara-Indianern (Stamm im Süden Perus, ehemals Träger der Tiahuanaco-Kultur) gebaut, 12 m lang, segelte er von Safi aus in 57 Tagen quer durch den Atlantik und ging nach einer 6.100 km langen Fahrt auf der Insel Barbados an Land.

1977–78 erreichte Heyerdahl mit dem nach sumerischen Vorbildern gebauten Schilfboot »Tigris« von Basra aus durch den persischen Golf die Stadt Djibouti.

1983 entdeckte der Norweger Reste einer alten Hochkultur auf den Malediven.

Es hatte sich also gezeigt, dass die Theoretiker im Unrecht waren und es möglich war, selbst mit leichten und einfachen, aber starken Booten die mittelamerikanische Inselwelt von Westafrika aus zu erreichen und große Kulturen miteinander in Verbindung zu bringen. Heyerdahl hatte ebenfalls bewiesen, dass die Ozeane kein Hindernis für den kulturellen Austausch zwischen den Völkern bildeten.

Literatur
T. Heyerdahl, Paa jakt efter Paradiset. Oslo 1938
–, The Kon-Tiki Expedition. Oslo 1948
–, American Indians in the Pacific. The Theory behind the Kon-Tiki Expedition. Stockholm, London, Chicago 1952
–, Archaeological Evidence of Pre-Spanish Visits to the Galapagos Islands. Memoir of the Soc. for American Archaeology, No. 12. Salt Lake City 1956
–, Reports of the Norwegian Archaeological Expedition to Easter Islands and the East Pacific. 2 Bde. Santa Fé, London, Chicago, Oslo 1961
–, Vanished Civilizations. London 1963
–, Indianer und Alt-Asiaten im Pazifik, Wien 1965
–, Sea Routes to Polynesia. London, Chicago 1967
–, The Ra Expedition. Oslo 1970

Blick auf den imposanten Mount Everest

–, Die Kunst der Osterinsel. München 1975
–, Zwischen den Kontinenten. Archäologische Abenteuer. München 1975
–, Kon-Tiki. Berlin 1976
–, Kon-Tiki. Ein Floß treibt über den Pazifik. Berlin 1980.
–, Tigris. Auf der Suche nach unserem Ursprung. Neuaufl. München 1990
–, Wege übers Meer. Völkerwanderungen in der Frühzeit. Neuaufl. München 1990
–, Fua Maluku. Reise zu den vergessenen Kulturen der Malediven. Neuaufl. Wien 1991
–, Fatu Hiva. Zurück zur Natur. Neuaufl. Wien 1993

HILLARY, SIR EDMUND

Neuseeländischer Alpinist und Forscher, geb. 1919 in Auckland.

Am 29. Mai 1953 gelang dem neuseeländischen Bienenzüchter Hillary im zweiten Anlauf – zusammen mit dem nepalesischen Scherpa Tensing Norgay – die Erstbesteigung des Mount Everest (8.840 m).

Literatur
E. Hillary, Ich stand auf dem Everest. Meine Erstbesteigung mit Scherpa Tensing. 5. Aufl. Mannheim 1974

HOLUB, EMIL

Tschechischer Afrikareisender, geb. 1847, gest. 1902.

Im Jahr 1872 begab sich der junge Arzt zu den Diamantenfeldern am Vaalfluss. Neben der Ausübung seines Berufes beschäftigte er sich intensiv mit Geografie und Ethnografie und unternahm ausgedehnte Reisen in die Gegend von Potchefstroom (Ort in Südwesttransvaal), wo er die ethnografischen und geografischen Gegebenheiten von Griqualand studierte. Auf seiner Weiterreise besuchte er große Teile des östl. Transvaalstaates.

Zwischen 1874 und 1876 erforschte er den Sambesi. Von Potchefstroom aus überquerte er den Limpopo und erreichte im August den Oberlauf des ostafrikanischen Riesenflusses, dessen

Die höchsten Berge der Welt

1. Mount Everest, Himalaja, 8872 m
2. K2, Karakorum, 8611 m
3. Kangchenjunga, Himalaja, 8579 m
4. Lhotse, Himalaja, 8501 m
5. Makalu I, Himalaja, 8475 m
6. Lhotse Shar, Himalaja, 8383 m
7. Dhaulagiri, Himalaja, 8172 m
8. Manaslu, Himalaja, 8156 m
9. Tscho Oju, Himalaja, 8153 m
10. Nanga Parbat, Himalaja, 8126 m
11. Aconcagua, Anden, 6958 m
12. Mount McKinley, Alaska, 6193 m

Ufer er auf 100 km gründlich untersuchte. Mit einer Karte von den Victoriafällen und einer reichen ethnografischen Sammlung gelangte er im April 1876 wieder nach Kimberley (nördl. Kapprovinz). 1883–87 erfolgte Holubs dritte Afrikareise. Diesmal ergründete er den Mittellauf des Sambesi, durchwanderte Barotseland (heutige Provinz im Westen von Sambia) und das Land der Maschukulumbwe (Bantustamm am mittleren Kafue, Sambia). Dr. Holub zog zahlreiche geografische und ethnografische Erkundigungen über die Landschaften am Bangweolosee und Nyassasee sowie über den Sambesi ein.

Literatur
Mitteilungen der k. k. geografischen Gesellschaft in Wien 1875 und 1877
Petermanns Mitteilungen. Gotha Jg. 1876 und 1877
E. Holub, Few words on the native question. Kimberley 1877
–, The Victoriafalls. Grahamstown 1879
–, Eine Kulturskizze des Marutse-Mambunda-Reiches in Südafrika. Wien 1879
–, Sieben Jahre Südafrika. Wien 1880
–, Von Kapstadt ins Land der Maschkulumbe. 2 Bde. Wien 1889–1890

Karavane in der Libyschen Wüste

HORNEMANN, FRIEDRICH KONRAD

Deutscher Afrikareisender, geb. 1772 in Hildesheim, gest. 1801 in Bokane (Nigeria).

Auf Empfehlung von Professor Blumenbach reiste Hornemann im Auftrag der Londoner »African Association« nach Ägypten, um von dort aus den Sudan und den Niger zu erforschen.

Von Kairo aus gelangte er in Begleitung des zum Islam übergetretenen deutschen Reisenden J. Fremdenburgh in die Oasen Siwa und Audschila (größte der Dschalu-Oasen) in der Libyschen Wüste und von hier aus am 17. November 1798 nach Mursuk im Fessan. Rückkehr nach Tripolis und Vorbereitung einer zweiten Sudanexpedition.

1799 begab sich Hornemann von Tripolis aus nach Mursuk, um sich im Januar 1800 einer Karawane in Richtung Südwesten nach Bornu anzuschließen und um das Land der Haussa (Volk in der zentralen Sudanzone mit Kolonien z. B. in Nordnigeria) zu erforschen. Während dieser Forschungsreise starb Hornemann.

Ob Hornemann während seiner letzten Expedition den Niger erreicht hatte, konnte nie einwandfrei festgestellt werden. Jedenfalls war er der erste Europäer, der konkrete Nachrichten über Bornu nach Europa sandte, und der zweite nach dem Italiener Malfante, der den Sudan bereiste.

Literatur
F. Hornemanns Tagebuch seiner Reise von Kairo nach Mursuk in den Jahren 1797–1798, bearbeitet von C. König. Weimar 1802
F. Pahde, Der erste deutsche Afrikaforscher F. K. Hornemann, geb. 1772, gest. 1801. o. O. 1895

HUDSON, HENRY

Englischer Seefahrer und Polarforscher, geb. um 1550, gest. 1611, wahrscheinlich an der Westküste der Hudsonbai.

Herkunft und Alter dieses bedeutenden englischen Seefahrers sind ungewiss. Sein historischer

»Auftritt« erfolgte 1607, als er von der moskowitischen Handelskompanie beauftragt wurde, Indien auf der Nordostpassage zu erreichen. Am 23. April 1607 verließ er London, segelte von den Shetlandinseln an die Ostküste von Grönland bis zu 73° nördl. Br., folgte der Eisgrenze in nordöstl. Richtung und landete auf Spitzbergen. Östlich von dieser Inselgruppe wurde er durch Packeis an der Weiterfahrt gehindert. Nach fünfmonatiger Abwesenheit traf er wieder in London ein.

Ende April 1608 versuchte er einen erneuten Anlauf, um die Nordostpassage zu bezwingen. Diesmal folgte er den Spuren der Engländer Pet, Willoughby und Burrough. Die Eismassen von Nowaja Semlja durchkreuzten jedoch ein zweites Mal seinen Plan.

Seine dritte Polarfahrt trat er im März 1609 auf einem Schiff der Holländischen Kompanie an, in holländischen Diensten also. Der Grund für den Dienstwechsel ist nicht bekannt. Jetzt folgte er der Route, die die Holländer Heemskerck und Barents bereits befahren hatten. Wiederum gelang es Hudson nicht, die Eismassen um Nowaja Semlja herum zu bezwingen und in die gefürchtete Karasee einzudringen. Er machte kehrt, änderte die Richtung, umschiffte die Südspitze Grönlands, erreichte die nordamerikanische Küste auf der Höhe von Neuschottland und versuchte von hier aus Indien über die Nordwestpassage zu erreichen. Als er in der Nähe des 41. Breitengrades eine breite Meeresstraße erblickte, glaubte er den Anfang der Passage gefunden zu haben. Bald stellte sich jedoch heraus, dass es sich um einen Irrtum handelte. Er hatte die Mündung des nach ihm benannten Hudson River gefunden, an der der Holländer Peter Minuit 1626 die Hafenstadt Neuamsterdam, das spätere New York, errichtete. Auf seiner Weiterreise durch die Davisstraße zwang ihn eine Meuterei zur Umkehr.

Kurz nach seiner Rückkehr nach England rüsteten drei englische Kaufleute eine weitere Expedition zur Auffindung der Nordwestpassage aus und übertrugen Hudson das Kommando. Von London aus (17. April 1610) über die Färöerinseln, Island, um das Kap Farvel (Südspitze Grönlands) herum gelangte er in die Frobisherbai, fand bei der heutigen Resolutioninsel die ebenfalls nach ihm benannte »Hudsonstraße«, eine Wasserfläche, die sich sowohl nach Süden als auch nach Norden ausweitet. In ihr sah Hudson jetzt die »Südsee« und er glaubte, das Problem der Nordwestpassage gelöst zu haben. Weiter nach Süden vordringend, ging er an der heutigen Jamesbai an Land und überwinterte dort. Die Beschäftigungslosigkeit der Matrosen, die ungewohnte Kälte und die Lebensmittelknappheit lösten im Juni 1611, als Hudson zur Weiterfahrt rüstete, eine offene Meuterei aus. Der Kapitän, sein Sohn und sieben seiner treuen Mitglieder wurden in einer Schaluppe ausgesetzt und ihrem Schicksal überlassen; sie blieben verschollen. Nur ein kleiner Teil seiner Mannschaft gelangte nach England, wo alle, trotz der Schilderung von Hudsons Härte gegenüber den Matrosen, ins Gefängnis wanderten.

Während seiner Vorstöße in die Arktis hatte Hudson eine rege Forschertätigkeit entwickelt. Seine Logbücher enthalten Aufzeichnungen, die für seine Nachfolger eine wertvolle Hilfe darstellten.

Die Hudsonbai, die Hudsonstraße und der Hudsonfluss sind, obwohl schon vor dem Erscheinen Hudsons in Nordamerika bekannt, nach diesem bedeutenden Seemann benannt.

Literatur
H. R. Cleveland, Life of Henry Hudson. In: Library of American Biography T. 10, o. O. 1834
G. M. Asher (ed. by Hakluyt Society), Henry Hudson, the Navigator. The original documents in which his career is recorded, partly translated and annotated, with an introduction. London 1860
John M. Jr. A. Read, A Historical Inquiry concerning Henry Hudson. New York 1909
L. Powys, Henry Hudson. London und New York 1928
C. H. L. Ewen, The North-West Passage. Light on the murder of Henry Hudson. London 1938
L. J. Burpee, The fate of Henry Hudson. Reprin-

ted from the Canadian Historical Review. o. O. 1940

–, The discovery of Canada. Toronto 1944

HUMBOLDT, ALEXANDER FREIHERR VON

Deutscher Naturwissenschaftler und Weltreisender, geb. 1769 in Berlin, gest. 1859 ebd.

Stammte aus einer Familie von preußischen Großgrundbesitzern. Studium in Frankfurt/Oder, Göttingen und Freiberg (Sachsen). Vervollständigung seiner theoretischen Kenntnisse durch ausgedehnte Reisen nach Frankreich, England und den Niederlanden. Freundschaftliche Beziehungen in Deutschland zu Goethe, Schiller, Fichte und Schelling. Trotz seiner aristokratischen Herkunft empfand Humboldt eine gewisse Bewunderung für die Französische Revolution. Er verzichtete auf die Ausübung eines technischen Berufes, verkaufte seine Ländereien und begab sich 1797 nach Paris. Hier machte er die Bekanntschaft namhafter Franzosen wie Geoffroy Saint-Hilaire, Laplace und Monge. In der französischen Metropole fasste er den Plan, entweder Napoleon auf dessen Feldzug nach Ägypten zu begleiten oder an der in Vorbereitung begriffenen Weltreise des Seefahrers N. Baudin teilzunehmen.

In Marseille warteten Humboldt und sein Freund, der französische Botaniker Aimé Bonpland, auf ein Schiff, das sie nach Algier bringen sollte. Weil sich die Abfahrt aber zu lange hinausschob, reisten beide nach Spanien, wo sie nach langen Verhandlungen schließlich von der Regierung in Madrid die Erlaubnis erhielten, das spanische Südamerika wissenschaftlich zu erforschen.

Am 5. Juni 1799 verließen die beiden Naturwissenschaftler Teneriffa und gingen am 17. Juli in Cumaná (östl. der Mündung des Río Manzanares, damals Neuandalusien) an Land. Mit den modernsten Messinstrumenten ausgerüstet und tatkräftig von den spanischen Behörden unterstützt, marschierten sie landeinwärts und erreichten über den Río Apure (linker Nebenfluss

des Orinoko) den Orinoko, den sie fast bis zu seinen Quellen in der Sierra Parima an der brasilianischen Grenze erforschten. Ihr Plan, danach Brasilien zu erkunden, wurde vom portugiesischen Gouverneur zunichte gemacht. Als sie dann wieder in Cumaná eintrafen, hatten beide fast das gesamte Stromgebiet des Orinoko, das drittgrößte von Südamerika, erforscht und die bisher umfangreichsten Erkundigungen über die Geografie und Zoologie der Llanos, über die Urwaldindianer und über die Herstellung des Curare (Pflanzengift) eingezogen. Über Guayana segelten sie im November 1800 nach Havanna auf Kuba und von dort aus nach Cartagena (Nordkolumbien), wo sie den Río Magdalena, den größten Fluss Kolumbiens, erforschten. Auf dem Rücken eines Maulesels erreichten die beiden das 2.460 m über dem Meer liegende Bogotá, wo sie von dem berühmten spanischen Botaniker, dem Geistlichen José C. Mutis, besonders herzlich empfangen wurden. Eine Woche später, im Januar 1802, trafen sie in Quito, der Hauptstadt Ecu-

Humboldt beim Vortrag vor der Akademie

Alexander von Humboldt in seiner Bibliothek, 1856. Farblithografie nach einem Aquarell von Hildebrandt

adors, ein. Anschließend bestiegen sie den erloschenen Andenvulkan Chimborazo (6.297 m), erreichten aber nicht den Gipfel. In Ciudad de los Reyes (Lima) erholten sie sich von ihren bisherigen Strapazen. Auf ihrem Weitermarsch durch Mexiko besuchten sie die alten Ruinenstätten des früheren Aztekenreiches und befassten sich mit dessen Geschichte. Über Havanna und New York gelangten sie 1804 wieder nach Bordeaux (Frankreich).

1827–28 hielt Humboldt Vorträge über physische Kosmografie an der Universität Berlin, die eine neue Blütezeit der Naturwissenschaften in Deutschland eröffneten.

1829 reiste er auf Empfehlung des Zaren nach Russland und unternahm zusammen mit dem Naturwissenschaftler Ehrenberg, dem Chemiker G. Rose und dem Ingenieur Menchenine eine ausgedehnte Forschungsreise nach Sibirien. Von St. Petersburg über Moskau, Nishni-Nowgorod, Kasan, durch das Land der Kirgisen, über das Uralgebirge erreichten sie Tobolsk, umgingen das Altaigebirge und gelangten in die Dsungarei. Das russische Turkestan durchstreifend, kehrten die Forscher über Astrachan am Kaspischen Meer durch das Gebiet des Don nach St. Petersburg zurück.

In den Jahren 1845–62 arbeitete Humboldt an seinem berühmten »Kosmos« (5 Bände), einer Synthese seiner gesamten wissenschaftlichen Erkenntnisse.

Die spanischen und portugiesischen Eroberer waren nach Südamerika ausgesandt worden, um große Indianerreiche zu erobern. Humboldt war auf den südamerikanischen Halbkontinent gekommen, um ihn für die Wissenschaft zu erschließen. Er gilt als einer der Begründer der Klimatologie, Ozeanografie, Meteorologie und der Glaziologie.

Literatur
A. v. Humboldt, Versuch über den politischen Zustand des Königreiches Neu-Spanien, enthaltend Untersuchungen über die Geografie des Landes, über seinen Flächeninhalt. 4 Bde. Tübingen 1809–1813
–, Voyages aux régions équinoxiares du Nouveau Continent, faits en 1799–1804. 30 Bde. Paris 1814–1826
–, L'examen critique de l'histoire de la Géografie du Nouveau Continent. 5 Bde. Paris 1836–1839
–, Reise nach dem Ural, dem Altai und dem Kaspischen Meer auf Befehl seiner Majestät des Kaisers von Rußland im Jahr 1829, ausgeführt von A. v. Humboldt, G. Ehrenberg und G. Rose. 2 Bde. Berlin 1837–1842
–, Reisen in Amerika und Asien. 4 Bde. Berlin 1842

Während der nächsten zwanzig Jahre widmete sich Humboldt, der inzwischen weltbekannt geworden war, der Veröffentlichung seiner wissenschaftlichen Reiseberichte. Sie wurden 1834 in 36 Bänden veröffentlicht.

Sehr fragil sieht diese Hängebrücke über den Chambofluss bei Penipé in Peru aus. Nach einer Skizze von Humboldt schuf der Maler P. A. Marchais dieses Reisedokument. Diese Methode war damals üblich.

–, Asie centrale. Recherches sur les chaînes de Montagnes et la climatologie comparée. 3 Bde. Paris 1843

–, Lettres américaines (1798–1807). Paris 1906

H. Beck, Alexander von Humboldts Reise durchs Baltikum nach Rußland und Sibirien 1829. 2. verb. Aufl. Stuttgart 1984

K. Schleucher, Alexander von Humboldt. Der Mensch. Der Forscher. Der Schriftsteller. Darmstadt 1984

H. Beck, Alexander von Humboldts Amerikanische Reise. Stuttgart 1985

A. v. Humboldt, Ansichten der Natur. 2. Aufl. Frankfurt/M. 1987

A. Gebauer, Alexander von Humboldt. Forschungsreisender – Geograph – Naturforscher. Ein großer Sohn Berlins. Berlin 1987

W. Rübe, Alexander von Humboldt. Anatomie eines Ruhms. München/Berlin 1988

A. v. Humboldt, Aus meinem Leben. Autobiographische Bekenntnisse. 2. Aufl. München 1989

–, Reise in die Äquinoktial-Gegenden des Neuen Kontinents, hg. v. O. Ette. 2 Bde. Frankfurt/M. 1990

Alexander von Humboldt. Weltbild und Wirkung auf die Wissenschaften, hg. v. U. Lindgren. Köln 1990

K. R. Biermann, Alexander von Humboldt. 4. Aufl. Leipzig 1990

A. v. Humboldt, Die Wiederentdeckung der neuen Welt. München 1992

Alexander von Humboldt und das neue Geschichtsbild von Lateinamerika, hg. v. M. Zeuske/B. Schröter. Leipzig 1992

Alexander von Humboldt – Die andere Entdeckung Amerikas, hg. v. W. Greive, Loccum 1993

A. v. Humboldt, Briefe aus Amerika 1799–1804, hg. v. U. Moheit, Berlin 1993

–, Die Reise nach Südamerika. Göttingen 2000

Julius Schrader malte 1859 den alten Humboldt in Öl.

JÄHN, SIGMUND

Deutscher Kosmonaut, geb. 1937 in Rautenkranz.

Der in der ehemaligen DDR aufgewachsene und dort lebende Sigmund Jähn trat 1955 in die Armee ein, wo er als Pilot und Kommandant der Luftwaffe tätig war. 1976 wurde er von der damaligen UdSSR für das Kosmonautentraining ausgewählt und flog am 26. August 1978 als erster Deutscher, zusammen mit dem Kosmonauten Walery Bykowsky, mit der Raumkapsel »Sojus 31« ins All. Während dieses acht Tage dauernden Fluges besuchten sie die Kosmonauten Wladimir Kowalenok und Alexandr Iwanchenkow an Bord der »Saljut 6«. Nach dieser Mission kehrte Jähn zurück in die DDR und wurde dort zum Generalmajor befördert.

Seit der Wiedervereinigung Deutschlands ist Jähn als Berater an der Deutschen Forschungs- und Versuchsanstalt für Luft- und Raumfahrt in Köln-Porz tätig.

Literaturhinweis
S. Jähn, Experiencing space. o. O. 1983

JERMAK, TIMOFEJEWITSCH (YERMAK, TIMOFEEVIC)

Kosakenführer (Atamen), geb. zwischen 1520 und 1530, gest. 1584 am Irtysch (Sibirien).

Jermaks Laufbahn ist historisch nicht einwandfrei erwiesen. Fest steht, dass er eine Zeit lang die livländischen Ritter und die Schweden an der livländischen Grenze bekämpfte, wo er eine Kosakenabteilung befehligte. Nach der Wiederherstellung des Friedens begab sich der freiheitsliebende Kosak an die Wolga, wo er abwechselnd als Fischer und als Flusspirat lebte. Als die Truppen des Zaren dieses Gebiet von unbotmäßigen Untertanen zu säubern begannen, zog Jermak in Begleitung Koltsos, eines anderen Kosakenführers, in den hohen Norden.

Dort trat er in den Dienst der Stroganows, einer russischen Pionierfamilie, die ihn mit der Eroberung der Gebiete um die Flüsse Tobol und Irtysch beauftragte. Hauptziel dieser Kampagne war jedoch die Beherrschung der Handelswege vom Ural nach Mangaseia (Land der Samojeden), die vom sibirischen Khan Kukum kontrolliert wurden.

Am Fluss Tura (Zufluss des Tobol) wurden die Stämme der Ostiaks und der Voguls zu Tributzahlungen verpflichtet. 1582 erreichte Jermak mit seinen mit Gewehren und Kanonen ausgerüsteten Truppen den Tobol. Nach einem Sieg Jermaks über Kukum zog Mahmetkul, der Sohn Kukums, alle verfügbaren Streitkräfte zusammen und brachte dem Ataman eine empfindliche Niederlage bei. Während einer dritten Auseinandersetzung wurden Mahmerkuls Horden wiederum geschlagen. Überwinterung bei Isker, Kukums Lager, und dritter Sieg Jermaks über die Tataren. Der Weg zur systematischen Kolonisierung des Gebietes zwischen Ob und Jenissei stand zwar offen, die sibirischen Fürsten aber lehnten es weiterhin ab, von Moskau abhängig zu sein.

Als Jermak zur Stadt Buchara (russisches Turkestan) ziehen wollte, um mit dieser mächtigen Handelsmetropole in wirtschaftliche Beziehungen im Auftrag der Stroganows zu treten, wurde er von Kukum, der ihm auf den Fersen blieb, in seinem Lager am oberen Irtysch überfallen und umgebracht (5. August 1584).

Der Eroberer Sibiriens,
Timofejewitsch Jermak.
Das Ölgemälde stammt
von einem unbekannten
russischen Meister aus
der ersten Hälfte des
18. Jahrhunderts.

Abbildung nächste
Doppelseite: Sibirien,
wo Timofejewitsch Jer-
mak geboren wurde,
galt immer schon als
ein sehr unwirtlicher
Landstrich. Zeitgenös-
sische Abbildungen wie
dieses Gemälde von
Vasilly Ivan Surikoc
zeigen dies sehr ein-
prägsam.

199

Jermak leitete die systematische Kolonisierung Sibiriens ein. Erst ein Vierteljahrhundert nach seinem Tod war Sibirien bis zum Jenissei durch die Gründung der Städte Surgut (1594), Tobolsk (1587), Tara (1594) und Tomsk (1604) fest in Moskaus Hand.

Literatur
A. F. Golder, Russian Expansion on the Pacific, 1641–1850. Cleveland 1914
Y. Semionov, La conquête de la Sibérie du IXe siècle au XIXe siècle. Paris 1938

JOLLIET, LOUIS

Französisch-kanadischer Forschungsreisender, geb. um 1645 bei Québec, gest. 1700 ebd.

Studium am Jesuitengymnasium in Québec, 1662 Beitritt zum Jesuitenorden. Fünf Jahre später verließ er jedoch diesen Orden und begab sich nach Frankreich. 1668 Rückkehr nach Kanada. 1670 unternahm Jolliet seine erste große Reise durch Westkanada. 1672 beauftragte der Gouverneur von Neufrankreich (Nouvelle-France = Siedlungsgebiet der Franzosen in Ostkanada), Talon, den »coureur de bois« (Waldläufer) Jolliet, das »Meer des Südens« und die Mündung des Mississippi zu entdecken, von der man annahm,

Bewohner Sumatras aus Willem Lodewijcksz' Reisebeschreibung von 1598

sie liege im Pazifik. (Über den Verlauf der Reise siehe unter Marquette, Jacques.)

Nach dieser historisch bedeutsamen Mississippi-Fahrt begab sich Jolliet von Sault Sainte-Marie nach Québec. 1676 bat er den französischen Minister Colbert, in Illinois eine französische Kolonie gründen zu dürfen. Als der Minister Jolliets Antrag ablehnte, begab sich der Entdeckungsreisende an den unteren St.-Lorenz-Strom. 1679 erhielt er die Liegenschaft von Sept Iles Minqan, und in der Jahresmitte unternahm Jolliet in Begleitung von acht Französisch-Kanadiern eine ausgedehnte Forschungsreise durch Ostkanada. Er befuhr den Sagenayfluss von Tadoussac (Walfängersiedlung) bis zum See Saint-Jean. Ob er den Mistassinisee über den Ashwapmuchuanfluss oder über den Washimeskafluss erreichte, konnte nie einwandfrei festgestellt werden. Ob er ebenfalls während dieser Reise den Martenfluss bis zu dessen Zufluss, dem Rupert (rund 25 km vom Nemiskausee entfernt), erforscht hat, ist nicht bekannt. Am 25. Oktober war Jolliet wieder in Québec.

Für seine geografischen Erkundigungen, die er während dieses Unternehmens eingezogen hatte, erhielt er die Insel Anticosti in der Mündung des St.-Lorenz-Stromes als Lehen. Während seiner nächsten Entdeckungsreise zeichnete Jolliet eine Karte vom St.-Lorenz-Strom bis zur Mündung und kartografierte die Westküste Neufundlands.

Bei seiner letzten Erkundungsreise im Jahre 1694 umschiffte er das Kap Saint-Charles (Belle-Ile-Straße) und segelte nordwärts die Küste Labradors entlang bis zum Ost Zoar.

Über den Tod dieses berühmten Waldläufers herrscht noch immer Unklarheit. In der Mitte des Jahres 1700 verließ er Québec, wahrscheinlich in Richtung seiner Liegenschaft Anticosti, und starb vermutlich auf halbem Weg.

Jolliet und Marquette hatten durch ihre kühne Fahrt das geografische Problem des Mississippi gelöst. Sie leiteten die große Expedition des französischen Mississippiforschers Cavelier de la

Salle ein, der den Fluss bis zu seiner Mündung befuhr.

Literatur
A. Hamy, Au Mississippi, La première explo-
ration 1673. Le père Jacques Marquette de
Laon 1637–1675 et Louis Jolliet, d'après M. E.
Gagnon. Paris 1878
Fr. B. Steck, The Jolliet-Marquette Expedition,
rev. ed. Quincy (Ill., USA) 1928
J. Delanglez, The life and voyages of Louis
Jolliet. Chicago 1948

JUNGHUHN, FRANZ WILHELM

Deutscher Südostasienforscher, geb. 1812 in Mansfeld, gest. 1864.

Junghuhn kam erst über ein abenteuerliches Leben zur Forschung. Er studierte in Halle und Berlin Medizin, Botanik und Geologie. In der preußischen Armee avancierte er zum Kompaniechirurgen. Ein Duell brachte ihm aber eine langjährige Festungshaft ein. Nach kurzer Zeit entfloh er jedoch und rettete sich in die Fremdenlegion, wo er als Sanitätsoffizier tätig war. Schließlich wurde er Gesundheitsoffizier in Batavia. So kam er schließlich Schritt für Schritt zu Forschungsaufträgen, die ihn zu den Inseln Java und Sumatra führten.

Eine schwere Krankheit zwang ihn, sich zwischen 1849 und 1855 in Holland aufzuhalten. Jedoch zog es ihn anschließend wieder nach Indonesien zurück, wo er seine Forschungen der beiden Inseln weiterführen wollte.

Junghuhn gilt als einer der interessantesten Erforscher der Inseln Java und Sumatra.

JUNKER, WILHELM

Deutsch-russischer Afrikaforscher, geb. 1840 in Moskau, gest. 1892 in St. Petersburg.

1874 bereiste Junker Tunesien und Ägypten. Drei Jahre später unternahm er in Begleitung von Gessi und Russel eine wissenschaftliche Expedition in das Gebiet des Blauen Nil zur Vervollständigung der bestehenden Karten dieses Gebietes. Hierbei erforschte er das Wassersystem des Blauen Nils und dessen Nebenflüssen. 1880 durchstreifte Junker das Gebiet des Weißen Nils und drang bis zum Albertsee vor. Zwischen 1880 und 1885 entdeckte der unermüdliche Forscher den Nepoko, den Quellfluss des Aruwimi (rechter Nebenfluss des Kongos), und erforschte das Quellgebiet des Uëlle, das er allerdings mit demjenigen des Schari verwechselte.

1886 marschierte er von Lado (am oberen Nil) aus über Unyoro zum Victoriasee, besuchte Tabora, das damalige Zentrum für den arabischen Sklavenhandel, und gelangte nach Bogamoyo (nördlich von Daressalam).

Literatur
W. Junker, Reisen in Afrika 1875 bis 1886.
3 Bde. Wien 1889–1891
Petermanns Mitteilungen, Gotha Jg. 1876–1879

Urwald im Kongo.

K

Begleitung einer holländischen Handelsmission gelangte er von Batavia (Java) nach Japan (1690), wo er zwei Jahre lang naturwissenschaftliche Erkundigungen einzog. Das dort gewonnene Japan-Bild blieb bis ins 19. Jahrhundert für Europa maßgebend. 1694 kehrte er wieder nach Europa zurück.

Kaempfer gilt als der »Humboldt des 17. Jahrhunderts«.

KAEMPFER, ENGELBERT

Deutscher Forschungsreisender, geb. 1651 in Lemgo, gest. 1716 ebd.

Studium der Medizin und der Naturwissenschaften in Danzig, Krakau und Königsberg. Übersiedlung nach Schweden. Von Uppsala aus begab sich Kaempfer mit einer schwedischen Handelsmission nach Russland und Persien. In

Literatur
E. Kaempfer, Amoenitatum exoticarum. o. O.
1712 (Dieses Werk ist das einzige, das zu
Kaempfers Lebzeiten veröffentlicht wurde)
Sir H. Sloane, The history of Japan. o. O. 1727
Geschichte und Beschreibung von Japan. Lemgo
1777–1779
E. Kaempfer, Geschichte und Beschreibung von

Japan. 2 Bde. Neudr. d. Ausg. v. 1777–1779. Mannheim 1964
–, Am Hofe des persischen Großkönigs 1684–1685, hg. v. W. Hinz. Stuttgart 1977
–, Phoenix persicus. Die Geschichte der Dattelpalme. Marburg 1987

Arctic voyages and discovery. The exploring voyages of Dr. Kane. London 1860
The Far North: Explorations in the Arctic Regions. Edinburgh 1865
Kane der Nordpolfahrer. Arktische Fahrten und Entdeckungen der 2. Grinnell-Expedition (nach dem englischen Original bearbeitet von Dr. Fr. Kiesewetter). Feierstunden. Malerische Feierstunden. America. Bd. 1 Gotha 1874
Arctic Exploration in search of Sir J. Franklin. London 1903

KANE, ELISHA KENT

Amerikanischer Arktisforscher, geb. 1820 in Philadelphia, gest. 1857 in Havana (Kuba).

Studium der Medizin. Schiffsarzt. Nach der Erforschung der Philippinen wandte sich Dr. Kane dem Studium der Arktis zu. Er plante, den Nordpol auf dem offenen Wasserweg zwischen dem Ellesmereland und Westgrönland, dem Smithsund, dem nach ihm benannten »Kanebecken«, dem Kennedy- und Robesonkanal zu erreichen. 1850 nahm der Forscher an der Grinnell-Expedition teil, die nach dem seit 1845 verschollenen J. Franklin suchte.

1853 konnte Kane, dank der großzügigen Hilfe durch Grinnell, sein Vorhaben ausführen. In Begleitung von Dr. J. J. Hayes, einem anderen Polarforscher, und einer kleinen Besatzung durchfuhr er den Smithsund, überwinterte in einer Bucht an der westgrönländischen Küste (Inglefieldland) und erforschte das »Kanebecken«. Im Juni 1854 erreichte ein von Kane ausgesandter Matrose 80° 35' nördl. Br. Weil das Eis die »Advance«, Kanes Schiff, festhielt, musste die Besatzung ihr Boot aufgeben, doch mit Hilfe der Etah-Inuit konnte die Mannschaft nach mühevoller Fahrt in drei kleinen Rettungsbooten Upernavik an der westgrönländischen Küste erreichen.

1857 starb er auf Kuba an den Folgen seiner strapaziösen Grönlandfahrt.

Literatur
The US-Grinnell Expedition in search of Sir J. Franklin: a personal narrative by E. K. Kane. New York 1854

KERGUÉLEN DE TRÉMAREC, YVES JOSEPH DE

Französischer Seefahrer und Entdecker, geb. 1734 in Quimper, gest. 1797 in Paris.

Bereits in jungen Jahren befuhr Kerguélen die nordischen Gewässer bis nach Grönland.

1772 bereitete er auf der »Ile de France« (Mauritius) eine groß angelegte Expedition vor, um die Antarktis zu erforschen. Mit zwei Schiffen, der »Fortune« und der »Gros-Ventre«, stieß er in die Südsee vor und entdeckte am 12. Februar eine Insel (die spätere Kerguélen-Inselgruppe), die er umrundete, aber nicht betrat.

König Ludwig XV. übertrug Kerguélen nach dessen Rückkehr die Aufgabe, die Inseln zu kolonisieren, und gab ihm ein zweites Kommando über eine Flottille.

1774 verließ der Entdecker mit der »Roland«, einem Kriegsschiff, der »Dauphine« und der »Oiseau« Frankreich und fuhr auf Südwestkurs. Neben einer Anzahl von Landsleuten hatte die Flottille Haustiere, Saatgut und landwirtschaftliche Geräte an Bord, denn es galt diesmal, die Inselgruppe systematisch zu besiedeln. Als Kerguélen auf der Insel Mauritius an Land ging, glaubte der dortige Gouverneur nicht an das Bestehen jener Inseln im Südatlantik. Trotz dieser ungünstigen Umstände setzte Kerguélen die Fahrt fort, bekam die Inselgruppe am 14. Dezember in Sicht, verzichtete aber wegen der Stürme

Ende Dezember 1685 traf Kaempfer mit seiner Karawane am Persischen Golf in Bandar Abbas ein. Von hier ging nach einer Erholungspause wegen der tropischen Hitze die Reise nach Indien weiter (Abb. folgende Doppelseite).

auf eine Landung und kehrte über Madagaskar nach Brest zurück. Der Kommandant der »Oiseau« wagte jedoch die Landung in einer schützenden Bucht, die er auf den Namen »Baie de l'Oiseau« (Vogelbucht) taufte.

Aufgrund seines Misserfolgs wurde Kerguélen in Frankreich vor ein Kriegsgericht gestellt, verbrachte fünf Jahre in Festungshaft im Schloss von Saumur (Loire) und schrieb seinen Reisebericht. Kerguélens Entdeckung wurde 1776 von Cook bestätigt. Eine Inselgruppe im Süden des Indischen Ozeans trägt den Namen dieses französischen Seefahrers.

Literatur
Kerguélen de Trémarec, Relation de deux voyages dans les mers australes et les Indes faits en 1771, 1772, 1773 et 1774. Paris 1782
E. Marguet, Histoire générale de la navigation du XVe au XXe siècles. Paris 1931

KOLUMBUS s. Columbus

KOZLOW, PETER KUSMITSCH

Russischer Asienforscher, Geograf, Topograf und Naturwissenschaftler, geb. 1863 in einem Dorf bei Smolensk, gest. 1935 in Peterhof.

Studium der Geografie, Topografie und Naturwissenschaften. Als Beigeordneter der »Zweiten Przewalski-Expedition« erforschte er 1883 die Humboldtkette, das südl. Kuku-nor-Gebirge, die Täler des Gelben und des Blauen Flusses, das Burkhan-Buddha-Gebirge, die beiden Seen Djarin und Orin und gelangte an den Lob-nor-See, wo die ganze Expedition für fünfzig Tage Halt machte. Über Khotan durchquerte Kozlow mit einer kleinen Truppe die Takla-makan-Wüste und erreichte den See Kara-karul (Tadschikistan), wo die Expedition aufgelöst wurde. 1888–90 unternahm er unter der Leitung des Generals Pewtsow eine zweite Ostasienreise und von 1893 bis 1895 nahm er als wissenschaftlicher Berater an der Expedition von Raborowski teil. Während dieses Unternehmens erforschte er das Nanchan- (nördl. des Kuku-nor-Sees) und das Tienchan-Gebirge (Sinkiang) bis zum Amnyermatschin-Gebirgsmassiv, wo Raborowski krank wurde und Kozlow die Leitung der Expedition übernahm.

1899 startete er erstmals als Expeditionsleiter von Altaiskaja (Kasachstan) aus eine wissenschaftliche Forschungsreise in das Altaigebirge, dessen Topografie er gründlich studierte, erreichte Kharaussu, durchquerte die Wüste Gobi und gelangte an den Tsaidamnorsee (im südl. Großen Altai). Nach der Überquerung des Burkhan-Buddha-Gebirges erreichte er im Juni 1900 den Gelben Fluss dort, wo dieser in einer Höhe von 4.900 m ü. d. Meeresspiegel aus dem Orinsee fließt. Erforschung des nördl. Mekongdeltas und Rückkehr nach Russland.

Die meteorologischen Beobachtungen und die ethnografischen Untersuchungen, die Kozlow während dieser fast dreijährigen Forschungsreise gemacht hatte, brachten ihm den Ruf eines bedeutenden Wissenschaftlers ein.

Auf seiner vierten Reise marschierte er von Kiachta (im Süden von Transbaikalien) aus in Richtung Urga (heutiges Ulan Bator), durchquerte die Wüste Gobi in nord-südl. Richtung und gelangte nach Khara-khoto, der Hauptstadt des alten Königreiches von Si-hia, wo er Hunderte von Buddhastatuen, Gemälden und eine wertvolle Bibliothek mit Büchern und Manuskripten, in der Si-hia oder tangutischen Sprache abgefasst, fand.

Auf seiner Weiterreise durch das Nanchangebirge gelangte er nach Sining (östl. des Kuku-nor-Sees), besuchte das bedeutende Kloster von Gumbum, wo er vom Dalai-Lama empfangen wurde, befuhr den Kuku-nor-See, besichtigte das Kloster Labrang und kehrte auf Umwegen nach zweijähriger Abwesenheit nach Kiachta zurück.

1923–26 unternahm Kozlow eine letzte Reise in die nördl. Mongolei, wo er in Noin-ula, ungefähr 100 km nördl. von Urga entfernt, mehrere Gräber bedeutender Hunnenführer entdeckte.

Kozlow ist neben Przewalski und Potanin der bedeutendste russische Asienforscher und Archäologe des 19. und 20. Jahrhunderts.

Literatur
Rapport préliminaire sur un voyage de trois ans dans l'Asie centrale accompli par V. I. Raborovski et P. K. Kozlov. St. Pétersbourg 1897
Mongolie et Kam, travaux de l'expédition de la Société Impériale russe de géografie en 1899–1901 sous la direction de P. K. Kozlov. St. Petersburg 1905

KRAPF, JOHANN LUDWIG

Deutscher evangelischer Missionar und Afrikaforscher, geb. 1810 in Derendingen, gest. 1881 in Korntal.

Ausbildung als Missionar durch die Evangelische Missionsgesellschaft zu Basel. Im Auftrag der Londoner Mission wurde Krapf von Ägypten aus nach Abessinien gesandt, um seine Missionstätigkeit auszuüben. Flucht nach Mombasa (Ostafrika) und Gründung der Missionsstation von Neu-Rabai (Rabai Mpya) mit J. Rebmann, einem anderen Missionar. Studium der zentralafrikanischen Dialekte.

1847 erforschte er in Begleitung von J. Rebmann das nördliche Kenia und das heutige Tansania, und 1848 entdeckten die beiden den Kilimandscharo (höchstes Bergmassiv Afrikas) und den Kenia (zweithöchster Berg Afrikas). Ein Jahr später durchstreiften Krapf und Rebmann das Gebiet der heutigen Stadt Nairobi und das der

Blick auf den Kilimandscharo, den höchsten Berg Afrikas. Der deutsche Missionar Krapf entdeckte ihn im Jahr 1848. Bestiegen wurde das Bergmassiv erst 1889 von Hans Meyer und L. Purtscheller.

Die Abbildungen der vorhergehenden Doppelseiten zeigen Stationen der Weltreisen von Adam Johann von Krusenstern. Links: Krusensterns Schiff vor der Insel St. Georg. Rechts: Eine spanische Niederlassung bei St. Francisco. Krusenstern zeigte in seinem Buch auch handwerkliche Produkte der Eingeborenen, beispielsweise Handarbeiten aus Alaska (Abbildung rechte Seite).

Kikuyus (Nordost-Bantustamm in Zentralkenia). Mit Hilfe des Missionars J. Erhardt stellten sie das Vorhandensein großer innerafrikanischer Seen fest.

1867 begleitete Krapf Lord Napier als Dolmetscher nach Äthiopien.

Literatur
J. L. Krapf, Vocabulary of the Galla language. London 1842
–, Vocabulary of Six East African languages. Tübingen 1850
–, Outline of the elements of the Kishuali language, with special reference to the Kinika dialect. Tübingen 1850
–, Reisen in Ostafrika, ausgeführt in den Jahren 1837 bis 1853. 2 Bde. Korntal und Stuttgart 1858
–, Reisen in Ostafrika ausgeführt in den Jahren 1837–1855, hg. v. W. Raupp. (Neudr. d. Ausg. von 1858, Stuttgart). Münster 1994

KRUSENSTERN, ADAM JOHANN VON

Russischer Seefahrer, geb. 1770 in Hagudi (Estland), gest. 1846 in Ass (Reval). 1803 unternahm Krusenstern im Auftrag der kaiserlich-russischen Admiralität eine groß angelegte Erdumsegelung, deren Hauptziel jedoch in der Anknüpfung umfangreicher Handelsbeziehungen mit Japan bestand.

Mit zwei Schiffen, der »Neva« und der »Nadiejeda«, verließ er Kronstadt, umfuhr das Kap Hoorn (Südamerika), besuchte und erforschte u. a. Nuku-Hiwa (Marquesas) und nahm Kurs auf das japanische Kaiserreich. Als seine diplomatische Mission fehlschlug, erforschte er die Halbinsel Kamtschatka, die entlegenste Provinz des Zarenreiches, deren »Hauptstadt« St. Peter und Paul ihn wegen ihrer Armut sehr enttäuschte. Im Norden der Insel Sachalin stieß er nicht wie vermutet auf die Aïnus, die Eingeborenen, sondern auf verwahrloste Tataren. Nach einem Besuch der Städte Kanton und Macao und Erkundigungen über die chinesischen Geheimgesellschaften trat Krusenstern die Heimreise an. Er durchfuhr die Sundastraße, umschiffte das Kap der Guten Hoffnung und erreichte Kronstadt wieder nach dreijähriger Abwesenheit.

Krusenstern war der erste Russe, der die Welt umsegelte, und der erste Seefahrer, der mit russischen Schiffen den Äquator überquerte.

Literatur
A. J. v. Krusenstern, Reise um die Welt in den Jahren 1803, 1804, 1805 und 1806. 3 Bde. St. Petersburg 1810, 1811 und 1814
–, Recueil de mémoires hydrographiques pour servir d'analyse et d'explication à l'Atlas de l'Océan Pacifique. St. Petersburg 1824

LA CONDAMINE, CHARLES MARIE DE

Französischer Mathematiker, Maler und Forschungsreisender, geb. 1701 in Paris, gest. 1774 ebd.

Studium der Physik und Mathematik. Mitglied der »Académie des Sciences«, die La Condamine und die beiden Gelehrten Godin und Bouguer im Jahre 1735 beauftragte, die Gestalt der Erde am Äquator, die Abweichung der Magnetnadel vom astronomischen Meridian und die Dehnung der Metalle in Südamerika festzustellen.

Im Mai 1735 segelte er nach Cartagena (Kolumbien) und gelangte von dort nach Panama und Ecuador. Am Río Esmeraldas stieß er als erster Europäer auf Kautschuk und entdeckte ebenfalls das Edelmetall Platin. Nordöstlich der Inkastadt Quito führte er dann die wichtigsten Messungen durch und erkannte, dass die Erde tatsächlich rund war (wie gleichzeitig eine nach Lappland ausgesandte Expedition).

Nach Beendigung seiner wissenschaftlichen Untersuchungen im März 1743 beschäftigte sich der Gelehrte mit geografischen und ethnografischen Studien. Für seine Rückreise wählte La Condamine den gefährlichen Weg durch den Urwald des Amazonas, den einst Orellana, Pizarros Waffengefährte, Anfang des 16. Jahrhunderts eingeschlagen hatte. Vom heutigen Cuenca aus, der Hauptstadt der Provinz Azuay (Ecuador), befuhren La Condamine und seine Begleiter mit einem Floß den Chincipe bis zum Marañon, dann den Amazonas bis zu dessen Mündung. Die Uferbewohner waren den Forschern in der Regel friedlich gesinnt, sodass La Condamine ohne Schwierigkeiten wertvolle ethnografische Beobachtungen machen konnte, u. a., dass die Mitglieder eines Indianerstammes die Schädel ihrer Kinder bis zu sechs Jahren derart deformierten, dass sie dann wie »Teller« aussahen, und die Alban-Indianer ihre Wangen und Ohrläppchen mit Papageienfedern durchbohrten. Im Frühjahr 1745 kehrte er nach Paris zurück.

La Condamines geografische und ethnografische Reiseberichte haben noch heute ihre Gültigkeit.

Literaturhinweis
Ch. M. de La Condamine, Relation abrégée d'un voyage fait dans l'intérieur de l'Amérique méridional. Paris 1791

LAING, ALEXANDER GORDON

Schottischer Afrikareisender, geb. 1793 in Edinburgh, gest. 1826 bei Timbuktu.

Trat mit 17 Jahren in die englische Kolonialarmee ein, wurde Leutnant und später Major. 1822 begab er sich nach Sierra Leone (Westafrika), trat als Generaladjutant in den Dienst des Gouverneurs und wurde hauptsächlich mit der Entwicklung des Handels zwischen den Engländern und den Einheimischen beauftragt. Während dieser Tätigkeit unternahm Laing von der westafrikanischen Küste aus ausgedehnte Streifzüge zu den schwarzen Stämmen der Timanis-Kuranko und Solimani. Als er versuchte, die Nigerquellen am Osthang der Loma Mountains zu erforschen, machte die Feindseligkeit der Eingeborenen seinen Plan zunichte.

Nach einem Aufenthalt in England kehrte er 1825 wieder nach Afrika zurück, diesmal nach Tripolis. Von hier aus gelang es dem Major, über Gadames (Oase in Libyen) und In-Salah (Oasenstadt im Zentrum der algerischen Sahara) das legendäre Timbuktu zu erreichen und dort vom 18. August bis zum 22. September zu verbleiben. Während seiner Rückkehr nach Tripolis wurde er bei Arauan, nördl. von Timbuktu, von Arabern ermordet.

Laings Verdienst liegt in der Erforschung der noch unbekannten Landschaften Timanni, Kuranko und Sulima. Seine Behauptung, die Quellen des Niger entdeckt zu haben, wurden von den Geografen seiner Zeit stark angezweifelt. Laing war der erste Europäer, der sich nachweislich in Timbuktu aufgehalten hat.

Literaturhinweis
G. Laing, Travels in Timannee, Kooranko and Soolima, countries in Western Africa. London 1855

LANDER, JOHN

Englischer Afrikaforscher, geb. 1807, gest. 1839. 1830–31 begleitete John Lander seinen Bruder Richard auf eine Expedition an den Niger, wo beide feststellen konnten, dass der Niger in den Golf von Benin mündet. Anschließend entdeckten sie den Benue, den wichtigsten Nebenfluss des Niger.

Nach diesem strapaziösen Unternehmen leitete Lander einige Handelsmissionen des Liverpooler Geschäftsmannes McGregor Laird im Nigergebiet.

John Lander starb bereits im Alter von 32 Jahren an den Folgen einer Verwundung, die er sich auf einer Fahrt auf dem Niger zugezogen hatte. Von der Londoner Regierung wurde er als einer der verwegensten Pioniere des englischen Kolonialreiches bezeichnet.

Literatur
J. Lander, Journal of an expedition to explore the course and termination of the Niger. 3 Bde. London 1832

J. und R. Lander, Narratives of the adventures and sufferings of John and Richard Lander on their journey to discover the termination of the Niger. 2 Bde. London 1833

LANDER, RICHARD LEMON

Englischer Afrikaforscher, geb. 1804 in Truro (Cornwall), gest. 1834 auf der Insel Fernando Póo (Golf von Guinea).

1825 begleitete Lander den englischen Afrikaforscher H. Clapperton auf einer Expedition in das Nigergebiet. Nachdem die beiden Sokoto (im nordwestl. Nigergebiet) erreicht hatten, starb Clapperton. Lander kehrte nach England zurück und schrieb seine Reiseberichte.

1830 wurden Richard Lander und sein Bruder John von der englischen Regierung aufgefordert,

Eine Gruppe Afrikaner von Ruanda aus dem Reisebericht des Herzogs zu Mecklenburg, Adolf Friedrich, aus den Jahren 1907–08. Die Illustrationen der Reiseberichte wurden meist erst nachträglich zu Hause von Malern nach Vorgaben der Entdeckungsreisenden angefertigt. Insofern muss man ihre Authentizität mit einer gewissen Vorsicht nehmen.

Urwaldszenerie aus Zentralafrika

festzustellen, dass der Niger, der drittgrößte Fluss Afrikas, in den Golf von Benin mündet. Während derselben Expedition entdeckten sie den Benue, den größten Nebenfluss des Niger. Zwei Jahre später nahm Richard an der Forschungsreise McGregor Lairds an den Niger teil. Lander starb jedoch an den Folgen einer Verletzung, ohne nennenswerte geografische Erkundigungen eingezogen zu haben.

Literatur
R. Lander, Records of Captain Clapperton's Last Expedition to Africa with the subsequent Adventures of the author. 3 Bde. London 1830
–, Journal of an expedition to explore the course and termination of the Niger. London 1832
R. u. J. Lander, Narratives of the adventures and sufferings of John and Richard Lander on their journeys to discover the termination of the Niger. 2 Bde. London 1833
McGregor Laird/R. A. K. Oldfield, Narrative of an expedition into interior Africa by the river Niger in steam-vessels in 1832–1834. London 1837

LA PÉROUSE, JEAN FRANÇOIS GALAUP, COMTE DE

Französischer Seefahrer und Entdecker, geb. 1741 in La Gua (Albi), gest. 1788 bei der Insel Vanikoro (Pazifik).

Als La Pérouse Anfang 1785 von König Ludwig XVI. von Frankreich mit einer großen wissenschaftlichen Erdumseglung beauftragt wurde, hatte er bereits seine seemännischen Fähigkeiten während der französisch-englischen Auseinandersetzung vor der Küste Nordamerikas unter Beweis gestellt. Das zu bewältigende Programm dieser Weltumseglung umfasste u. a. eine Untersuchung des Handels der Spanier, Portugiesen, Engländer und Russen im Pazifik, das Sammeln positiver Nachrichten über die »Freundschaftsinseln« (Tongagruppe), die Louisiaden, die Awatscha- oder Beringinseln, die Kurilen, die Riu-Riu-Inseln, Formosa, die Marianen, die Karolinen, die Molukken, die Ile de France (Mauritius) und das Kap Bouvet. Zusätzlich sollten ebenfalls

Clappertons Werk fortzusetzen. Nach einem äußerst anstrengenden Marsch gelang es beiden

der Golf von Carpentaria (Nordaustralien) und Neuseeland erforscht werden.

Neben La Pérouse, der die »Astrolabe« befehligte, und dem Kommandeur der »Boussole«, Langle, nahmen noch eine Reihe von bedeutenden Wissenschaftlern, u. a. der Mathematiker Monge (der wegen Seekrankheit in Madeira von Bord gehen musste) und der Astronom Dagelet, teil. Die Abfahrt erfolgte am 1. August 1785 von Brest. Über Madeira und um das Kap Hoorn herum ging die Fahrt zur Osterinsel. Nach einem kurzen Besuch auf den Sandwichinseln steuerte La Pérouse nordwärts und erkannte den Mount St. Elias (5.486 m) in Alaska. Auf seiner Weiterfahrt entdeckte er nördl. der Sandwichgruppe die »Neckerinsel«, durchfuhr den Pazifik und nahm im portugiesischen Stützpunkt Macao Proviant auf (Anfang 1787). Anschließend ging er auf Formosa, den Riu-Riu-Inseln und Korea an Land und entdeckte die Meerenge (La-Pérouse-Straße) zwischen der russischen Insel Sachalin und der japanischen Insel Hokkaido. Auf Nordkurs segelnd, warf er Anker im Hafen von Petropawlowsk auf der Kamtschatka-Halbinsel, von wo aus B. de Lesseps, der Sohn eines französischen Konsuls, mit einem ersten Bericht nach Paris entsandt wurde. Die Kurilen waren wegen eines heftigen Westwindes unerreichbar. Er steuerte nun die Insel Manua (Samoa) an, wo Kapitän Langle und zehn Besatzungsmitglieder beim Wasserholen von den Eingeborenen erschlagen wurden.

Die nächste Etappe La Pérouses war die Botany Bay an der ostaustralischen Küste, von wo er einen Brief mit dem Hinweis abschickte, dass er sich gemäß seinen Instruktionen nach Neukaledonien und nach Santa Cruz de Mendaña begebe. Unweit der Insel Vanikoro (Santa-Cruz-Gruppe, Melanesien) gingen La Pérouses Schiffe verloren. Der Grund der Katastrophe konnte nie einwandfrei geklärt werden. Der französische Seefahrer Dumont d'Urville fand vierzig Jahre später spärliche Überreste der »Astrolabe«, des Flaggschiffes des Kapitäns.

Trotz des Unglücks war das wissenschaftliche Resultat der Unternehmung beachtenswert. La Pérouse hatte manchen kartografischen Fehler der Holländer im Pazifik korrigiert, den Inselcharakter der Insel Sachalin bewiesen und einen aufschlussreichen Bericht über die Osterinsel nach Frankreich gesandt. Die Meeresstraße zwischen der Insel Sachalin und Hokkaido trägt den Namen dieses Seefahrers.

Literatur
La Pérouse, Voyage autour du monde, publié conformément au décret du 22 avril 1791, et rédigé par L. A. Milet-Mureau. 4 Bde. Paris 1797
Fragments du dernier voyage de La Pérouse. Quimper 1797
B. de Lesseps, Voyage de La Pérouse rédigé d'après ses manuscripts originaux. Paris 1831
E. Goep et G. L. Cordier, Les grands hommes de la France, Navigateurs. Paris 1878
Centenaire de La Pérouse. Bulletin de la Société de Géographie. o. O. 1888
A. Bellessort, La Pérouse. Paris 1926
G. Chinard, Le voyage de La Pérouse sur les côtes de l'Alaska et de la Californie. Baltimore 1937
J. F. de La Pérouse, Zu den Klippen von Vanikoro. Weltreise im Auftrag Ludwigs XVI. 1785–1788, hg. v. K. Fischer. Stuttgart 1987

LA SALLE, RENÉ ROBERT CAVELIER, SIEUR DE

Französischer Entdecker und Forscher, geb. 1643 in Rouen, gest. 1687 in Texas.

Stammte aus einer begüterten Tuchhändlerfamilie. Trat im Alter von 15 Jahren dem Jesuitenorden bei, unterrichtete an mehreren Gymnasien und wanderte 1666 dann nach Kanada aus. 1669 verkaufte La Salle sein Besitztum von La Chine (unweit Québecs) und erhielt vom Gouverneur De Courcelles die Erlaubnis, sein Vorhaben, das »Meer des Südens« (Golf von Mexiko) vom Herzen Nordamerikas aus zu entdecken, auszuführen. Zwei Sulpizianer, Dollier de Casson und Breham de Gallimé, Topografen von Beruf, begleiteten La Salle auf einer Teilstrecke, kehrten dann aber nach Norden zurück, um die Indianer zu

Der Franzose René Robert Cavelier La Salle

missionieren. Im Alleingang erforschte La Salle den Ohio bis zu den »St. Louis Falls«. Ob er während seiner zweiten Forschungsreise den Mississippi erreicht hatte, konnte nie einwandfrei festgestellt werden.

Mit dem neuen Gouverneur Frontenac knüpfte La Salle freundschaftliche Beziehungen an, errichtete am Eingang des Ontariosees das Fort Frontenac und wurde für seine Verdienste geadelt.

1678 erhielt er von König Ludwig XIV. den Auftrag, eine Reihe von Befestigungen in »Neufrankreich« (östl. Teil von Kanada) zur Festigung der französischen Herrschaft zu errichten.

Nach dreijähriger detaillierter Vorbereitung trat La Salle am 4. Januar 1682 mit 23 Franzosen, 18 Mohegan- und Chuan-Indianern, zehn Indianerfrauen und drei kleinen Kindern seine große Mississippi-Reise an, und am 9. April 1682 erreichte er die Mündung des Riesenflusses, nahm das weite Gebiet des Deltas für Frankreich in Besitz und taufte es, zu Ehren des französischen Königs, auf den Namen »Louisiana«.

Nach Frankreich zurückgekehrt, ernannte der König La Salle zum Oberbefehlshaber von Louisiana und beauftragte ihn 1684, mit hundert Soldaten an den Mississippi zu fahren, um die Spanier, die inzwischen bis zum Río Bravo vorgedrungen waren, zurückzuwerfen. Die Flottille erreichte ohne Schwierigkeiten den Golf von Mexiko, fand aber die Mündung des Flusses nicht und landete rund 650 km westwärts des Deltas bei der heutigen Stadt Matagonda. Als La Salle nun versuchte, den Fluss vom Land aus zu erreichen, wurde er, nach Betreten des Gebietes der Ceni-Indianer, 1687 von einem seiner Landsleute ermordet.

La Salle ist der erste Europäer, der den Mississippi in seiner ganzen Länge, von den Großen Seen aus, befahren und erforscht hat.

Literatur
H. Joutel, *Journal historique du dernier voyage que Monsieur de la Salle fit dans le Golfe de Mérique. Paris 1713*

La Salle and the discovery of the Great West. London 1899
L. Lemonnier, *Cavelier de la Salle explorateur du Mississippi. Paris 1942*
Ch. de la Roncière, *Cavelier de la Salle explorateur de la Nouvelle France à Louisianne. Tours 1943*
H.-O. Meissner, *Louisiana für meinen König. Die Abenteuer des Robert de La Salle. Stuttgart 1966*

LEICHHARDT, FRIEDRICH WILHELM LUDWIG

Deutscher Australienforscher, geb. 1813 in Trebatsch, gest. 1848 im Innern Australiens.

Studium der Medizin in Berlin und London. 1841 begab sich Dr. Leichhardt nach Australien und ließ sich in Port Jackson (Sydney) nieder. Ein Jahr später unternahm er allein eine botanische Forschungsreise von Newcastle (australische Westküste) nach der Moretonbai (Brisbane) und erforschte anschließend den Brisbanefluss.

1843–44 ergründete er die Widebai (australische Westküste) und bereiste die Hügelländer des Darlingflusses. Bei einem neuen Vorstoß von Brisbane aus (1844–45) in nördl. Richtung gelangte er an den Golf von Carpentaria (Arnhemland). 1846 wurde er von der Londoner Royal Geographical Society mit einer Goldmedaille ausgezeichnet.

Zwei Jahre später brach Leichhardt von der Ostküste Australiens auf, um über den Eyresee die Westküste des Kontinents zu erreichen. Er ist auf dieser Ost-West-Durchquerung verschollen. 1851 fand eine Suchexpedition einige Gegenstände seiner persönlichen Ausrüstung.

Leichhardt war einer der ersten wissenschaftlichen Erforscher von Australien, insbesondere von Queensland (nordöstl. Teil).

Ein Fluss in Queensland, ein Ort in der Nähe von Sydney sowie ein Berg in Australien tragen den Namen dieses deutschen Australienforschers.

Literatur
F. W. L. Leichhardt, *Journal of an Overland Expedition in Australia from Moreton Bay to Port Essington. London 1847*

D. Bunce, Twenty-three Years' Wanderings including travels with Dr. Leichhardt in North and Tropical Australia. Geelong 1857
Dr. G. Neumayer, Dr. L. Leichhardt. Briefe an seine Angehörigen. Hg. v. Dr. G. Neumayer und O. Leichhardt als Naturforscher und Entdeckungsreisende. Hamburg 1881
F. von Müller, The Fate of Dr. Leichhardt. Melbourne 1885
J. F. Mann, Eight months with Dr. Leichhardt in the years 1846–1847. Sydney 1888
W. Beard, Journey Triumphant. The story of Leichhardt's famous expedition from the Darling Downs to Port Essington. Lewes 1955

LE MAIRE, JAKOB

Holländischer Seefahrer, geb. 1585 in Antwerpen, gest. 1616 auf See.

Am 14. Juni 1515 verließ Le Maire von Texel aus mit zwei Schiffen Holland, um im Süden Südamerikas die Durchfahrt zum Pazifik zu finden. Zwischen der Südspitze Feuerlands und der Stateninsel entdeckte er zusammen mit W. C. Schouten ein Jahr später die nach ihm benannte »Le-Maire-Straße«. Sie umsegelten das Kap, das nach Schoutens Geburtsort »Kap Hoorn« genannt wurde. Als Alternative zur Magellanstraße, die gefährlicher war und dem Monopol der Ostindischen Gesellschaft unterstand, entwickelte sich Kap Hoorn bis zur Eröffnung des Panamakanals zu Beginn des 20. Jahrhunderts zu einer viel befahrenen Handelsstraße.

Literatur
O. Le Maire, L'origine anversoise des célèbres navigateurs Isaac et Jacques Le Maire. Extrait des communications de l'Académie de Marine de Belgique. Anvers 1950
Bibliografie von Le Maire in »Biographie nationale« (S. 760–769). Bibliothèque Nationale de Bruxelles. o. J.

LENZ, OSKAR

Deutscher Afrikaforscher und Geograf, geb. 1848 in Leipzig, gest. 1925 in Sooß bei Baden (Österreich).

Der Holländer Jakob Le Maire

Assistent am Geologischen Institut in Wien. Im Alter von 26 Jahren unternahm O. Lenz seine erste Forschungsreise nach Gabun (Westafrika). Nach dem Studium des geologischen Unterbaus der Coriscobucht befuhr er den Muni (Coriscobucht des Golfes von Guinea), besuchte die Wasserfälle von N'Tambuni, zog ethnografische Erkundigungen über die Fans ein und erforschte den Munda und den Gabun. Im Januar 1875 befuhr Lenz den Ogowe bis zur Mündung des Ngunié (Nebenfluss des Ogowe) und erreichte den Schebe, einen dem Ogowe im Nordosten zufließenden Nebenfluss.

1879 erhielt er von der Deutschen Afrikani-

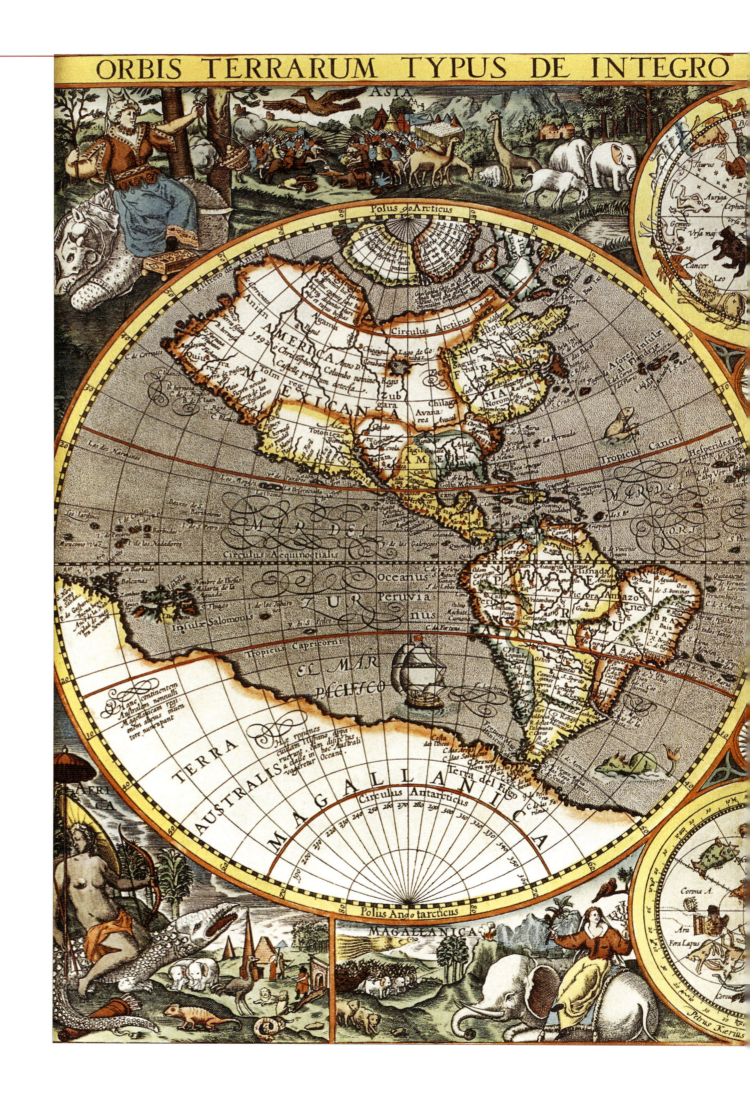

So stellte man sich die Welt noch im 16. Jahrhundert vor, als Jakob Le Maire nach Südamerika fuhr.

*Der sowjetische Kos-
monaut Alexei Arkhi-
powich Leonow*

Geldmangels musste er auf die Erforschung des
Hoggars verzichten und zog in den Senegal, wo
er von den französischen Behörden sehr freundlich aufgenommen wurde. Mit vielen geografischen und ethnografischen Neuigkeiten kehrte
Lenz nach Europa zurück.

1885–87 unternahm Lenz eine neue Expedition nach Äquatorialafrika, besuchte die Stanleyfälle, fuhr kongoaufwärts bis Kasongo (im Osten
des Kongos), gelangte an den Tanganjika- und
Nyassasee und erreichte den Sambesi.

Lenz' geologische und geografische Erkundigungen über den Hohen Atlas und Gabun sind
von hohem wissenschaftlichem Wert.

Literatur
Zeitschrift der Gesellschaft für Erdkunde zu
Berlin. o. O. 1875
Petermanns Mitteilungen. Gotha Jg. 1875–1878
Deutsche Geographische Blätter. o. O. 1877
und 1878
Mitteilungen der k. u. k. geographischen Gesell-
schaft zu Wien. o. O. 1877 u. 1878
O. Lenz, Skizzen aus Westafrika. Berlin 1878
Österreichische Monatsschrift für den Orient.
o. O. 1879
O. Lenz, Timbuktu. Reise durch Marokko, die
Sahara und den Sudan. 2 Bde. Leipzig 1882

LEONOW, ALEXEI ARKHIPOWICH

Sowjetischer Kosmonaut, geb. 1934 in Listuyan-
ka (Sibirien).

Leonow, der jüngste der ersten 20 sowjetischen Kosmonauten, die im März 1960 ihre Ausbildung begannen, war der erste Mensch, der im
Weltraum ein Raumschiff verlassen hat.

Mit dem Start des Raumschiffs »Wosschod 2«,
an Bord die Kosmonauten Leonow und Pawel
Beljajew, leitete die UdSSR im März 1965 ein
neues spektakuläres Weltraumexperiment ein.
Alexei Leonow verließ zu Beginn der zweiten
Erdumrundung in einem neuartigen Raumanzug
mit eigenem Lebenserhaltungssystem durch eine
Luftschleuse das Innere des Raumschiffs, hielt

schen Gesellschaft den Auftrag, den marokka-
nischen Teil des Atlasgebirges zu erforschen und
den geologischen Unterbau zu studieren. Von
Tanger aus überquerte Lenz in Begleitung des
arabischen Führers und Dolmetschers Butabel
und des Spaniers C. Benitez den Hohen Atlas und
gelangte als erster Europäer am 10. Mai 1880 in
den Oasenort Tindouf (westl. Sahara). Mit Hilfe
des örtlichen Sultans erreichte der Deutsche ohne
Schwierigkeiten am 1. Juli Timbuktu. Wegen

sich dann zehn Minuten in der zum All hin geöffneten Einstiegsluke auf und schwebte letztendlich, nur durch eine Sicherheitsleine mit dem Raumschiff verbunden, weitere zehn Minuten lang frei im Weltraum. Diese Leine enthielt Leitungen für Sprechfunk, medizinische und telemetrische Daten. Durch dieses Experiment konnten erstmals der Gesundheitszustand, die Arbeitsfähigkeit und Bewegungskoordination außerhalb des Raumschiffs im Weltraum untersucht werden. EKG und Atmung Leonows waren nicht besonders ungewöhnlich, er verlor auch nicht die durch die Raumschiffachsen festgelegte Orientierung. Somit wurde bewiesen, dass der Mensch sich auch außerhalb des Raumschiffs aufhalten kann, sei es bei Expeditionen zum Mond oder bei Außenarbeiten. Leonow widerlegte die Befürchtung, der Mensch könne beim freien Aufenthalt im All den Verstand verlieren, sodass Leonows Experiment zu einer der großen Pionierleistungen der Raumfahrt zu zählen ist.

Nochmals für Aufregung sorgte die Rückkehr zur Erde, denn die Landeautomatik versagte wegen einer Störung im Lagerregelungssystem. So wurde während einer zusätzlichen Erdumkreisung entschieden, die Landung erstmals manuell einzuleiten. Nach 26 Stunden und 17 Erdumkreisungen landete die Kabine der beiden Astronauten in einem verschneiten Wald im Uralgebirge. In dieser abgeschiedenen und unzugänglichen Region konnte die Suchgruppe Leonow und Beljajew erst nach Stunden in Empfang nehmen.

Leonow trainierte 1968 für eine Mondumkreisung in einer »Sojus«-Kapsel, wegen technischer Probleme wurde dieses Projekt jedoch aufgegeben. Bis Ende 1969 bereitete er sich auf eine mögliche Mondlandung vor, doch auch diese Mission wurde verschoben. Am 15. Juli 1975 starteten er und W. Kubassow an Bord der »Sojus 19« erneut ins All. Kurze Zeit später folgte das amerikanische Raumfahrzeug »Apollo« mit den Astronauten T. Stafford, D. K. Slayton und V. Brand. Ziel der beiden Flüge war das erste gemeinsame amerikanisch-sowjetische Weltraum-unternehmen in der Geschichte der Raumfahrt. Mithilfe eines neu entwickelten Verbindungsstückes wurden am 17. Juli die beiden Raumschiffe für fast 48 Stunden aneinander gekoppelt, eine Schleusenkammer ermöglichte das Überwechseln der Insassen. Am 21. (Sojus 19) bzw. am 24. Juli (Apollo) wurde diese Mission erfolgreich mit der Landung der beiden Raumschiffe beendet.

Literatur
A. Leonow, Wait for us, stars. o. O. 1967
–, Stellar roads. o. O. 1977
–, Life among the stars. o. O. 1981
–, Man and universe. o. O. 1984

LEWIS, MERIWETHER

Nordamerikanischer Forschungsreisender, geb. 1774 in Albermale (USA), gest. 1809 in Nashville.

Lewis interessierte sich bereits in jungen Jahren für Zoologie und Botanik und unternahm ausgedehnte Jagdexpeditionen in die nordamerikanische Wildnis. Studium der Mathematik und der lateinischen Grammatik. Er nahm dann später als Milizsoldat an den Kämpfen gegen die In-wurde er Privatsekretär von Präsident Jefferson. Zwei Jahre darauf beauftragte ihn sein Arbeitgeber mit einer großen »Far West Expedition«. Hauptziele dieses Unternehmens waren vor allem die Erforschung des Mississippi und des Missouri und deren Nebenflüsse sowie die Ausbreitung des nordamerikanischen Binnenhandels. Während der zweiten Hälfte des Jahres 1803 wurden die zukünftigen Teilnehmer dieser Expedition einer speziellen Ausbildung unterzogen, um den Erfolg des Unternehmens zu garantieren.

Am 14. Mai 1804 brachen Lewis, sein Begleiter W. Clark, ein anderer erfahrener nordamerikanischer Forschungsreisender, und 45 Mann auf, befuhren den Mississippi und gelangten zum Missouri. Ende Oktober hatte die Expedition die Siedlungen der Mandan-Indianer im heutigen Norddakota erreicht, wo sie sehr freundlich aufgenommen wurde. Ein glücklicher Zufall für die Forscher war die Begegnung mit dem französisch-kanadischen Pelzhändler Toussaint Charbonneau, der sich ihnen als Dolmetscher anbot, und dessen Frau Sacajawea, einer in ihrer Kindheit entführten Indianerin des Stammes der Schoschonen, die ihren Wohnsitz in den Rocky Mountains hatten. Im Frühjahr 1805 brach die Expedition erneut auf und erreichte nach dreiwöchigem Marsch die Mündung des Yellowstoneflusses. Am 12. August gelangte sie an die Quellen des Missouri-Arms, genannt »Jefferson Fork« (Jefferson-Gabel), und weiter an die Quellen des Columbiaflusses.

Während ihres Aufenthaltes in dieser besonders klimatisch angenehmen Gegend sah Sacajawea ihre Eltern nach jahrelanger Abwesenheit wieder. Dank der Hilfe der Schoschonen, die der Expedition Pferde und Boote zur Verfügung stellten, setzten Lewis und Clark ihren Weg in Richtung Pazifik fort. Nach der Überquerung der Bitter-Root-Berge stießen sie auf den Clearwaterfluss, wo sie den Nez-Percés-Indianern ihre Pferde in Obhut gaben. Den Snake River (Schlangenfluss) hinunterfahrend, kamen sie an den Columbiafluss und am 7. November waren sie bereits in Reichweite des Pazifiks. Bau des Forts Clatsop an der Mündung des Columbiaflusses in den Pazifik und Überwinterung an der nördl. Pazifikküste. Dieser erzwungene Aufenthalt war für die Mannschaft besonders hart und langweilig.

Trotz Lebensmittelmangels und grimmiger Kälte unternahmen Lewis und Clark ausgedehnte Streifzüge die Küste entlang und zogen geografische und ethnografische Erkundigungen ein. Am 23. März 1806 trat die Expedition den Heimweg an und am 23. September hatte sie St. Louis erreicht.

Lewis und Clark hatten die geografischen Verhältnisse des amerikanischen Westens nahezu vollständig geklärt. Daneben brachte die Expedition viele Neuigkeiten über Zoologie und die Botanik der Gebiete westwärts des Mississippi mit. Lewis, der 1809 zum Gouverneur von Louisiana ernannt worden war, starb aus ungeklärten Gründen im selben Jahr. Clark bekleidete mehrere hohe Staatsämter und starb 1838 als hochangesehener Bürger in St. Louis.

Lewis und Clark gelten als die beiden letzten großen Forscher des »Far West«.

Literatur

O. D. Wheeler, The Trail of Lewis and Clark 1804–1806. A story of the great exploration across the Continent in 1804–1806. 2 Bde. New York und London 1806

P. Gass, Voyage des Capitaines Lewis et Clark depuis l'embouchure du Missouri jusqu'à l'entrée de la Columbia-River dans l'Océan Pacifique, fait 1804, 1805 et 1806 par ordre du Gouvernement des Etats-Unis. Pittsbourgh 1807, Philadelphia 1812

C. Smyth, Builders of America (Bd. 9: Lewis and Clark. Pioneers in America's westward movement). New York und London 1931

J. Bakeless, Lewis and Clark. Partners in Discovery. New York 1947

Otto Lilienthal zeigte mit seinen wagemutigen Versuchen, dass es der Mensch den Vögeln durchaus gleichtun und sich in die Lüfte erheben kann.

LILIENTHAL, OTTO

Deutscher Ingenieur und Flugpionier, geb. 1848 in Anklam, gest. 1933 in Berlin.

Otto Lilienthal beschäftigte sich intensiv mit dem Vogelflug und erkannte den Vorteil des gewölbten Flügels. Seit 1891 führte er von erhöhten Geländepunkten mit selbst gebauten Hängegleitern über 2.000 Gleitflüge bis zu 3.000 m Länge durch. Seine Versuche vermittelten das erste gesicherte Wissen über das Fliegen, die Gebrüder Wright knüpften an Lilienthals Erkenntnisse.

Am 10. August 1896 starb Otto Lilienthal an den Folgen eines Absturzes.

Literatur
W. Schwipps, Otto Lilienthal und die Amerikaner. München 1985
–, Lilienthal. Die Biographie des ersten Fliegers. 2., neu bearb. Aufl. Planegg 1986
–, Der Mensch fliegt. Lilienthals Flugversuche in historischen Aufnahmen. Bonn 1988
O. Lilienthal, Der Vogelflug als Grundlage der Fliegekunst. Ein Beitrag zur Systematik der Flugtechnik. (Ausg. v. 1889) 3. Aufl. Dortmund 1992
K. D. Seifert/M. Wassermann, Otto Lilienthal – Leben und Werk. Eine Biographie. Hamburg/Wien 1992

LINDBERGH, CHARLES AUGUSTUS

Amerikanischer Flieger, geb. 1902 in Detroit, gest. 1974 auf Maui (Hawaii).

Als erster Mensch überquerte Lindbergh mit der »Spirit of St. Louis« am 21. Mai 1927 im Alleinflug den Atlantischen Ozean von New York nach Paris in $33^1/_2$ Stunden. Ohne Funkgerät und nur mit einem Kompass und einer Karte ausgestattet, überwand er 6.000 Flugkilometer.

LIVINGSTONE, DAVID

Schottischer Arzt, Missionar und Afrikaforscher, geb. 1813 in Blantyre bei Glasgow, gest. 1873 in Chitambo (Sambia).

Als Junge arbeitete Livingstone als Drahtknüpfer in der Manufaktur von Blantyre. Mit Ausnahme von Romanen las er alles, was er erhalten konnte, hauptsächlich jedoch alte Reiseberichte. In einer Abendschule lernte er Latein. Als Spinner in der Fabrik hatte er mit 18 Jahren die finanzielle Möglichkeit, Medizin und Theologie zu studieren. Promotion. Sein Plan, im Fernen Osten als Arzt und Missionar zu wirken, wurde durch den Opiumkrieg zunichte gemacht.

1841 begab er sich als Missionar nach Südafrika. Neun Jahre später begann er seine Forscherarbeit. In Begleitung zweier Engländer, Murray und Oswald, entdeckte er am 1. August 1849 den Ngamisee (Betschuanaland). Ein Jahr später erreichte er bei Seseke den Sambesi. 1852 ließ er seine Familie nach Afrika kommen. Mit Hilfe der Makololos (Volk in Südafrika) plante Livingstone, ganz Südafrika bis Angola zu erforschen. Aus dem Missionar war inzwischen ein bedeutender Forscher geworden. Mit einer Piroge (einem aus einem Baumstamm angefertigten schnellen Wasserfahrzeug) befuhr er als erster Europäer den Sambesi bis Kazembe. Um den Sklavenhändlern aus Portugiesisch-Afrika zu entgehen, begab sich Livingstone über Cassange und Bihé nach Luanda (portugiesische Hafenstadt und Hauptstadt von Angola), wo er in völlig erschöpftem Zustand am 31. Mai 1854 ankam. Kaum hatte er sich vom Fieber erholt, marschierte er an den Dilolosee, entdeckte die Quellen des Kasai (linker Nebenfluss des Kongo) und gelangte nach Linyanti, der »Hauptstadt« der Makololos. Bei der nun folgenden großen Sambesi-Expedition entdeckte er 1855 die Victoriafälle (Wasserfälle des mittleren Sambesi). Über Tete und Quelimane trat er die Heimreise an.

In London wurde er begeistert empfangen und man verlieh ihm den Titel eines Generalkonsuls der afrikanischen Ostküste. Austritt aus der Londoner Missionsgesellschaft.

1858–1864: Zweite große Forschungsreise nach Zentralafrika. Während einer neuen Sambesi-Expedition erforschte er den Shire, drang

Charles Lindbergh mit
seiner Frau Anne Mor-
row Lindberg vor einem
gemeinsamen Flug von
New York über Alaska
nach Tokio. Lindbergh
wurde durch seinen
spektakulären Flug
über den Atlantischen
Ozean von New York
nach Paris über
eine Strecke von
ca. 6000 km in
33,5 Stunden weltbe-
rühmt.

Die Zeichnung oben
stammt aus der Feder
von Henry Mortin
Stanley: Livingstone in
einer Hütte sitzend und
lesend. Der Stich rechts
zeigt Livingstone als
Frontispiz der Erstaus-
gabe von Stanleys Buch
»Wie ich Livingstone
fand«.

Ein Bild, das um die Welt ging: Stanley begrüßt Livingstone, den er gerade aufgespürt hatte.

Livingstone und Stanley forschen gemeinsam. An der Mündung des Ruzizi sammeln sie Tiere mit Netzen aus dem Wasser.

Livingstone lässt sich
von Eingeborenen in
einem Kanu auf dem
Kassai entlangrudern.

In dieser kleinen Hütte
im Dorf Tschitambo
starb Livingstone, der
an Ruhr erkrankt war.

bis zu den Murchisonfällen vor, entdeckte 1859 den Chiroua- (Schirwa-) und den Nyassasee. Um den Sklavenhandel auf dem Nyassasee besser bekämpfen zu können – auf diesem See wurden jährlich 20.000 Sklaven transportiert und nach Kilwa verkauft –, ließ er ein demontierbares Boot aus England kommen. Ein tragischer Vorfall, bei dem der englische Bischof Mackenzie während einer Auseinandersetzung mit der schwarzen Bevölkerung ums Leben kam, brachte den Forscher in Misskredit und die Londoner Regierung verweigerte ihm jede weitere finanzielle Hilfe. Resigniert kehrte Livingstone nach England zurück.

1866 unternahm er im Auftrag der englischen Regierung eine große wissenschaftliche Expedition nach Zentralafrika. Er fuhr den Rovuma stromaufwärts, umging den Nyassasee und marschierte in Richtung der Südspitze des Tanganjikasees. Im November 1867 entdeckte er den Merusee und im April 1868 den Bangweolosee.

Zur selben Zeit ergründeten zwei Engländer, Speke und Grant, die Ufer des Victoria-Nyanza-Sees. Die Nilquellen waren erforscht, aber über das Gewirr der Seen und Zuflüsse des Nilquellengebietes herrschte noch immer Unklarheit. Fortan bestand Livingstones Ziel in der Lösung dieses geografischen Rätsels. 1871 galt der Missionar und Forscher als verschollen.

H. M. Stanley, Journalist und Abenteurer, begab sich mit großem Gefolge nach Zentralafrika, um Livingstone zu suchen. Am 28. Oktober fand die historische Begegnung zwischen den beiden grundverschiedenen Afrikaforschern in Udjidji (am nördl. Ostufer des Tanganjikasees) statt. 1873 brach Livingstone trotz Fiebers auf, um den Sambesi gründlich zu erforschen und den Bangweolosee zu befahren. Im Dorf Chitambo (Bangweolosee) setzte der Tod seinem Vorhaben ein Ende. Sein Leichnam wurde nach Sansibar gebracht und von dort nach London überführt, wo er in der Westminster Abbey beigesetzt wurde. Livingstone verbrachte fast ein Vierteljahrhundert in Schwarzafrika. Er hat nicht nur den Ngami-, Nyassa-, Meru-, Schirwa- und den

Bangweolosee entdeckt, sondern ebenfalls die mächtigen Flüsse Sambesi und Lualaba erforscht.

Als Philanthrop und Freund der Schwarzen trat er unerschrocken gegen die schier allmächtigen Sklavenhändler auf. Livingstone war überzeugt, dass nur die Besetzung von ganz Zentralafrika durch die Engländer der Sklavenhaltung ein Ende bereiten könne. Dieser Gedanke kam der englischen Regierung allerdings sehr gelegen.

Livingstones Reiseberichte sind in fast alle Weltsprachen übersetzt worden. Eine Stadt in Sambia, 32 Wasserfälle des unteren Kongos und eine Gebirgskette in Tansania tragen den Namen dieses großen Forschers.

Livingstone durchquert mit seinen eingeborenen Helfern den Makata-Fluss

Literatur
D. Livingstone, Missionary travels and researches in South Africa, including a sketch of sixteen years' residence in the interior of Africa and a journey from the Cape of Good Hope to Loanda on the West Coast. London 1857
–, Narrative of an expedition to the Zambesi. London 1865
The last journals of David Livingstone in Central Africa from 1865 to his death. 2 Bde. London 1874

Livingstones ältere und neuere Forschungsreisen im Inneren Afrikas. Malerische Feierstunden. Afrika Bde. 1, 2. o. O. 1874
H. v. Barth, David Livingstone. o. O. 1882
The life and travels of D. Livingstone with a biographical note by G. S. Maxwell. London 1927
W. C. W. Kamp, Livingstone in darker Afrika. Pretoria 1936
H. Beck, Große Reisende. o. O. 1971
H. Wotte, David Livingstone. Das Leben eines Afrikaforschers. 4. Aufl. Leipzig 1988
P. Marc, Mit Livingstone durch Afrika. Zürich 1993

LOVELL, JAMES ARTHUR, JR.

US-amerikanischer Astronaut, geb. 1928 in Cleveland (Ohio).

Der ehemalige Marineflieger James Lovell war der erste Astronaut, der viermal ins All geflogen ist. Im Dezember 1965, als Pilot der »Gemini 7«, verbrachte er 14 Tage im Weltraum, was zu dieser Zeit einen Rekord darstellte. Im November 1966 war er Kommandant der »Gemini 12«, der letzten Mission dieser Art. Als Kommandant der Mondlandeeinheit nahm er im Dezember 1968 an Bord der »Apollo 8« an der ersten Umkreisung des Mondes teil. Im April 1970 gehörte er der Besatzung von »Apollo 13« an, die auf dem Mond landen sollte. Allerdings explodierte kurz nach dem Start ein Sauerstofftank in der Serviceeinheit, wodurch die meisten Systeme des Raumschiffs außer Betrieb gesetzt wurden. Die Astronauten konnten dennoch sicher zur Erde zurückgebracht werden.

James Lovell verbrachte insgesamt 30 Tage im All und ist heute Präsident einer amerikanischen Firma.

Eine fantastische Perspektive: So sahen die Mondfahrer die Erde vom Mond aus.

Mountains, erforschte den Fraser- und den Bella-Coola-Fluss und gelangte am 22. Juli 1793, unweit der Prince-of-Wales-Insel, an den Stillen Ozean, wo er ein Gedenktäfelchen mit folgender Inschrift hinterließ: »A. Mackenzie, von Kanada aus über Land gekommen. 22. Juli 1793.«

Mackenzie hat als erster Europäer die Ost-West-Passage über Land hergestellt, Hunderte von Quadratkilometer kanadischen Waldlandes kartografiert und neue ergiebige Pelzgründe erschlossen. 1802 wurde er aufgrund seiner Verdienste geadelt.

Literatur
Mackenzie's Voyage to the Pacific Ocean in
1793. Historical Introduction and footnotes by
Milo Milton Quaite. Chicago 1931
Voyages d'Alexandre Mackenzie dans l'intérieur
de l'Amérique septentrionale faits en 1789, 1792
et 1793. Paris o. J.
H.-O. Meissner, Immer noch 10.000 Meilen zum
Pazifik. Die Abenteuer des Alexander Mackenzie.
Stuttgart 1966

MACKENZIE, SIR ALEXANDER

Schottischer Forscher und Pelzhändler, geb. 1755 in Inverness (1764 in Stornoway?), gest. 1820 in Mulnain.

Als Pelzhändler im Auftrag einer englischen Handelsgesellschaft durchwanderte er jahrelang die kanadischen Wälder. Diese ausgedehnten Streifzüge weckten in ihm die Berufung zum Forscher.

Im Juni 1789 unternahm er, vom Pelzkontor und Fort Chipewyan (am Athabaskasee) aus, in Begleitung von vier Frankokanadiern und zwei Frankokanadierinnen, seine erste Forschungsreise in den hohen Norden. Über den Sklavenfluss erreichte der kleine Trupp den Großen Sklavensee und nach einem äußerst strapaziösen Marsch gelangte Mackenzie auf dem Fluss, der heute seinen Namen trägt, bis an dessen Mündung in die Beaufortsee (Nördliches Eismeer). Enttäuscht musste er feststellen, dass er im Nordpolarmeer gelandet war. Am 12. September 1789 fand sich Mackenzie wieder in Chipewyan ein, nachdem er eine Strecke von rund 4.000 km in der kanadischen Wildnis zurückgelegt und kartografiert hatte.

Seine zweite Forschungsreise (ab Oktober 1792) führte ihn an den Pazifik. Nach intensiver Vorbereitung und mit den modernsten Messinstrumenten ausgerüstet, brach er in Begleitung von sechs »coureurs de bois« (Waldläufer), seinem Stellvertreter Mackay und zwei Indianern von Chipewyan aus auf, bezwang die Rocky

MAGELLAN, FERNANDO (FERNÃO DE MAGALHÃES)

Portugiesischer Seefahrer und Entdecker, erster Erdumsegler, geb. um 1480 bei Sabrosa, gest. 1521 auf Mactán (Philippinen).

1505 trat Magellan in den Dienst der portugiesischen Marine. Teilnahme an der Eroberung von Goa (Malabarküste). Von Albuquerque beauftragt, die »Islas Especieirias« (Gewürzinseln) zu suchen, befuhr er den Pazifik über eine Strecke von fast 1.000 km und entdeckte einige Inseln. Entzweiung mit Albuquerque, Austritt aus der Indienarmee und Rückkehr nach Portugal.

Bei der Erstürmung der maurischen Festung Azamur wurde er verwundet. Nach einer Auseinandersetzung mit König Manuel I. begab er sich als »transfuga« (Flüchtling) 1517 nach Sevilla, wo er seine portugiesische Staatsangehörigkeit öffentlich widerrief, die spanische erwarb und die Tochter des reichen Portugiesen Diego Barbosa ehelichte. Beziehungen zu »Domus Indica« und Freundschaft mit dem niederländischen Reeder C. de Haro.

1518 unterbreitete Magellan dem spanischen König Karl I. (dem späteren deutschen Kaiser Karl V.) den Plan, Südamerika zu umfahren und den Pazifik mit seinen vielen Inselstützpunkten für Spanien zu gewinnen. Der Monarch stimmte unter der Bedingung zu, dass Magellan mindestens sechs rohstoffreiche Inseln entdeckte. Als Belohnung winkte ihm der Titel eines Gouverneurs, das Recht, öffentlich Waffen zu tragen, ein Zwanzigstel des Gewinnes des Unternehmens, ein Fünftel des Einkommens zweier Inseln und ein Fünftel des Verkaufspreises der mitgebrachten Schiffsladung (Vertrag von Valladolid, 22. März 1518). Nach Bekanntgabe des Unternehmens protestierte nicht nur der portugiesische Gesandte am spanischen Königshof dagegen, sondern auch viele einflussreiche Spanier erhoben Bedenken gegen den Beschluss, einen »Fremden« mit einer solch wichtigen Expedition zu beauftragen.

Die fünf Schiffe, die Karl I. Magellan zur Verfügung stellte, mussten vorher gründlich überholt werden. Am 20. September 1519 stach die Flottille – die »Trinidad«, Magellans Flaggschiff, die »San Antonio« (unter dem Kommando von J. de Cartagena), die »Concepción« (von Quesada befehligt), die »Victoria« (von L. de Mendoza geführt) und die »Santiago« (von J. Serrano gesteuert) – von San Lúcar aus in See. An Bord befand sich der italienische Edelmann und Historiograf Antonio Pigafetta, dem die Nachwelt einen recht pittoresken Bericht über diese erste Erdumseglung verdankt.

Ende November hatte das Geschwader die Höhe von Pernambuco (Ostbrasilien), am 13. De-

zember die Bucht von Rio de Janeiro, am 24. Februar 1520 den Golf von St. Mathias und am 31. März die Bucht von St. Julian erreicht, wo Magellan den Befehl gab, die Lebensmittelrationen drastisch zu kürzen, eine Maßnahme, die den Ausbruch einer offenen Rebellion zur Folge hatte. Daraufhin ließ Magellan die beiden Anführer Mendoza und Quesada kurzerhand beseitigen. Der Dritte im Bunde, J. d. Cartagena, wurde mit einem französischen Besatzungsmitglied an der unwirtlichen Küste ausgesetzt.

Als in der zweiten Oktoberhälfte die »Concepción« und die »San Antonio«, die zum Auskundschaften vorausgesegelt waren, eine Bucht entdeckten, die endlos zu sein schien, begann Magellan auf diese Nachricht hin sein waghalsiges Unternehmen. In 27 Tagen hatte Magellan den »paseo« bezwungen und die Verbindung zwischen dem Atlantik und dem Pazifik hergestellt. Die Meerenge wurde auf den Namen »Magellanstraße« getauft und das Land südl. davon erhielt

Fernando Magellan umsegelte als erster Mensch die Erde.

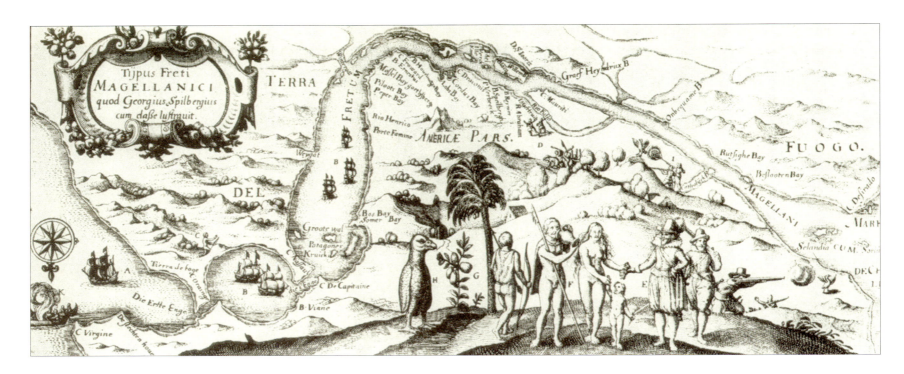

Theodor Bry schuf diesen Kupferstich, der die Magellanstraße darstellen soll, jene Meeresenge, die Magellan entdeckte. Magellan starb im Kampf gegen die Eingeborenen auf der Insel Macatán, die er gewaltsam zu christianisieren versuchte.

den Namen »Feuerland«. Die nun folgende Strecke von rund 5.000 km durch »El Pacífico« (das Friedliche Meer) von der Südspitze Amerikas bis zu den Philippinen wurde für die Spanier zur wahren Hölle. An den üppigen Phönix- sowie den Gilbert- und Marshall-Inseln vorbeisegelnd, steuerte Magellan nur zwei Inseln an, die »St. Paul« (Poumotou) und die »Hai-Insel« (Manihiki). Nach mühseliger Fahrt warf er auf den »Ladronen- oder Diebesinseln« Anker. Am 18. März 1521 kamen die »St.-Lazarus-Inseln« (Philippinen) in Sicht. Nach einem kurzen Aufenthalt auf den Inseln von Malhon und Limassova ging Magellan auf Cebu an Land. Dort begann er eine große Christianisierungskampagne, in deren Verlauf Götzenbilder zerstört und Massentaufen abgehalten wurden. Sogar der König und sein Gefolge ließen sich taufen. Als sich die kleine Nachbarinsel Mactán der Kolonialisierung widersetzte, rief Magellan zur Strafexpedition auf. Am 27. April fand Magellan den Tod im Kampf gegen die Übermacht der Krieger von Mactán. Unter dem Kommando Del Canos (auch: Delcano oder Elcano) lichteten die zwei übrig gebliebenen Schiffe, die »Victoria« und die »Trinidad«, die Anker. Als die »Trinidad« im Alleingang in Richtung Osten durch die Magellanstraße nach Spanien zurückkehren wollte, wurde sie unweit von der Molukkeninsel Ternate von den Portugiesen gekapert. Auf der Insel Tidor konnte Del Cano eine Ladung Pfeffer kaufen, die trotz des Verlustes von vier Schiffen die Kosten der Weltumseglung vollauf deckte.

Am 6. September 1522 traf die »Victoria« als einzige der fünf Karavellen in Spanien ein.

Durch Magellans Erdumseglung war die Kugelgestalt der Erde bewiesen. Der Pazifik war kein »mare incognitum« mehr. Für manche Portugiesen, insbesondere für den König von Portugal, war die Fahrt des abgewiesenen Seefahrers eine nationale Demütigung. Magellan hatte die Behauptung der Portugiesen, die Gewässer der

Molukken seien untief und daher für die Schifffahrt sehr gefährlich, widerlegt. Auf der anderen Seite hatte Magellan dazu beigetragen, dass das strittige Problem der Zugehörigkeit der Gewürzinseln zugunsten Portugals aus der Welt geschaffen worden war (Vertrag von Saragossa). Del Cano genoss die materiellen Vorteile der ersten Weltumseglung. Von Karl I. erhielt er das Wappen mit der stolzen Inschrift »Primus circum dedisti me«.

Literatur:
Magellan. Aus dem Logbuch einer Weltumseglung. Essen 1991
R. Humble, Die Reise des Magellan. Nürnberg 1991
St. Zweig, Magellan. Der Mann und seine Tat. 12. Aufl. Frankfurt/M. 1994

MAGYAR, AMERIGO LADISLAUS

Ungarischer Afrikareisender, geb. 1817, gest. 1864.

Als Magyar von den ersten namhaften Entdeckungen in Innerafrika hörte, verzichtete er auf seine Offizierslaufbahn in der argentinischen Kriegsmarine und begab sich 1847 nach Benguela (Angola). Dort ehelichte er die Tochter eines afrikanischen Fürsten aus Bihé (Bergland im Zentrum Westangolas) und unternahm mit Hilfe der Sklaven seiner Frau ausgedehnte Forschungsreisen nach Innerafrika. 1848 befuhr er den Kongo bis zu den Katarakten von Faro-Songa und 1849 durchstreifte er das Hochland von Bihé, das er dann auch gründlich erforschte. 1851–54 besuchte er den unteren Kongo, den Kasai und den oberen Sambesi. Anschließend zog er ethnografische Erkundigungen über den Stamm der Lowale in Angola ein. Zwischen 1860 und 1864 bereiste der unermüdliche Ungar die Küste von Benguela bis Moçamedes. Magyar starb bereits im Alter von 47 Jahren nach einer kurzen Dienstzeit in der portugiesischen Verwaltung in Benguela. Magyars Expeditionen ergänzten Livingstones wissenschaftliche Forschungs-

reisen. Weil er ohne jegliche Messinstrumente seine Streifzüge durchführte, bedurften seine geografischen Positionsbestimmungen mancher Korrekturen.

Literatur
J. Hunfalvy, Magyar Lazlo Del-afrikai levelei es naplokivonatai. Pest 1857
L. Magyar, Del-afrikai utazasai. o. O. 1849–1856 evekben. I. Pest 1859
Mitteilungen der k. u. k. geographischen Gesellschaft. o. O. 1860
Petermanns Mitteilungen. Gotha Jg. 1857
(Colley's Kommentar über Magyars Reisen)

MALFANTE, ANTONIO

Genuesischer Afrikareisender, geb. im 15. Jahrhundert. Todesjahr ist unbekannt. Seine Nationalität ist umstritten.

1447 bereiste Malfante im Auftrag des genuesischen Bankhauses Centurione als erster Europäer die Sahara. Ziel dieser Reise war die Erkundung der Goldvorkommen, denn in Genua nahm der Verbrauch laufend zu und das Ziel war sicherlich, den Portugiesen, die um diese Zeit bei der Erkundung der afrikanischen Westküste und der Randgebiete der Sahara einige Fortschritte erzielt hatten, zuvorzukommen. Über Malfantes Reise weiß man nur durch einen Brief, der von dem französischen Historiker Charles de la Roncière um 1918 in Paris entdeckt wurde. Von Beruf dürfte er Kaufmann gewesen sein, denn in seinem Brief schreibt er, dass »Kaufleute hier (in der Sahara) völlig sicher reisen«. Malfantes Schriftstück ist eine pittoreske geografische und ethnografische Beschreibung und muss in Bezug auf seinen wissenschaftlichen Inhalt mit Vorsicht aufgenommen werden. Er ist jedenfalls der erste Europäer, der von der Schlafkrankheit berichtet und der entweder über Oran oder Constantin (von beiden Handelszentren führten Handelsstraßen in die innere Sahara) nach Tamentit (am Niger), d. h. Tuat, vorgestoßen ist. Dort stellte Malfante fest, dass das Gold aus dem Sudan kam und in Tuat gegen Salz eingetauscht wurde. Mal-

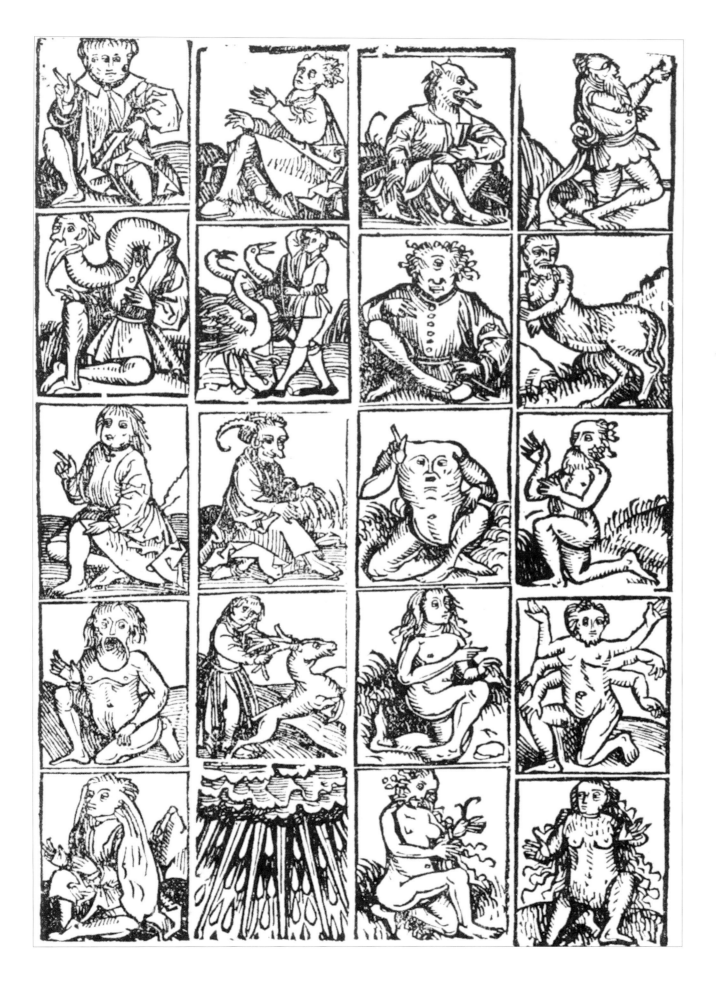

Natürlich interessierte man sich seit frühesten Zeiten brennend dafür, wie die Lebewesen in anderen Ländern aussahen. Schon in den frühesten Berichten spukten Fabelwesen und Ungeheuer herum. Der Fantasie waren dabei keine Grenzen gesetzt. Erst im 19. Jahrhundert begann man, die exotischen Welten sachlich und wissenschaftlich darzustellen und mit jenen Mythen von Schattenfüßlern, Brustgesichtern und Einäugigen aufzuräumen.

fante war während seines Aufenthaltes der Schutzbefohlene des Häuptlings Sidi-Yahia ben Sadir. Über die Oase Tuat kam Malfante nicht hinaus, denn den Niger sah er noch als den Oberlauf des Nils an. Sonderbarerweise wurde Malfante nie durch angeblich den Christen feindlich gesinnte Muslime belästigt.

Malfante brachte als erster Europäer konkrete Nachrichten über den Gold- und Salzhandel aus Innerafrika nach Europa.

Literatur
Mungo Park, Travels in the Interior of Africa.
London 1799
Pompilio Schiarini, Antonio Malfante, mercante genovese della prima metà des Secolo XV e Viaggiatore nell'interno del Continente africano, in:
Bollettino della R. Società Geografica Italiana.
o. O. 1921, S. 441ff.
Brief des Genuesen Antonio Malfante an den Genuesen Giovanni Marino, bei Charles de la Roncière in: La découverte de l'Afrique au moyen-âge. Le Caire 1929, Seite 145ff.

MANAROW, MUSA KHIRAMANOWICH

Sowjetischer Kosmonaut, geb. 1951 in Baku (Aserbaidschan).

Musa Manarow ist der erfahrenste Raumfahrer der Welt, er verbrachte während seiner zwei Aufenthalte an Bord der Raumstation »Mir« insgesamt 541 Tage im Weltraum.

Im Dezember 1987 wurde die Raumkapsel »Sojus TM-4« – zur Besatzung gehörte neben Manarow der Kosmonaut Wladimir Titow – an die Raumstation »Mir« angekoppelt.

»Mir« umkreist die Erde in rund 350 km Höhe, besteht aus drei zylindrischen Modulen von etwa zwei bis vier Metern Durchmesser, hat eine Gesamtlänge von 13,5 m und wiegt 21 Tonnen. Das Innenvolumen von etwa 100 Kubikmetern bietet Platz für eine erheblich verbesserte Inneneinrichtung mit Einzelkabinen und einer Dusche. »Mir« soll das Kernstück einer großen Orbitalstation bilden, an das nach und nach weitere Kompo-

nenten angedockt werden können. Dafür sind sechs Kopplungsstutzen vorhanden, an denen auch bemannte Sojus-Transporter sowie unbemannte Versorgungsschiffe anlegen können.

Während ihres Rekordaufenthaltes im All von 366 Tagen und 19 Stunden, der erste Aufenthalt überhaupt, der länger als ein Jahr dauerte, beschäftigten sich Manarow und Titow mit wissenschaftlichen Studien, Experimenten und unternahmen insgesamt drei Weltraumspaziergänge. Auf zwei dieser Spaziergänge reparierten sie ein Röntgenlabor, welches ebenfalls an der Raumstation angekoppelt war.

Auf ihrem Flug wurden Manarow und Titow von zwei internationalen Kosmonautenmannschaften besucht. Im letzten Drittel der Mission befand ein Arzt den physischen und psychischen Gesundheitszustand der beiden für gut, obwohl sie noch vor Rückflug des Mediziners unter einer ernsten Verstimmung litten: Drei Tage lang sprachen die beiden Kosmonauten nicht miteinander.

Am 21. Dezember 1988 kehrten sie zur Erde zurück und beendeten ihre Mission erfolgreich. Bereits zwei Tage nach ihrer Landung konnten Manarow und Titow ohne fremde Hilfe größere Strecken spazieren gehen, die Bewegungsabläufe waren koordiniert und den Schwerkraftbedingungen schon wieder gut angepasst – ein Beweis dafür, dass der Mensch belastbarer ist, als bisher angenommen wurde.

MARCHAND, ETIENNE

Französischer Seefahrer und Entdecker, geb. 1755 auf der Insel Grenada, gest. 1793 auf der »Ile de France« (Mauritius).

1790 wurde Marchand von einer Marseiller Handelsgesellschaft beauftragt, an die Nordküste Nordamerikas zu segeln, um lukrative Pelzgeschäfte abzuwickeln. Als Kommandant eines Dreihundert-Tonnen-Seglers nutzte Marchand die Gelegenheit zu einer Erdumsegelung. Er durchquerte den Atlantik, umrundete Kap Hoorn, steuerte in Richtung Marquesasgruppe, entdeck-

Viele Jahre arbeitete die Raumstation »Mir« als wissenschaftliches Labor im Weltraum. Im März 2001 wurde sie aufgegeben und zum kontrollierten Absturz gebracht, um Schäden auf der Erde zu vermeiden.

te die Inseln Fatu-Hiwa, Motane und Hiwoa, die er allesamt auf den Namen »Inseln der Revolution« (heute: Marquesas) taufte, besuchte die Insel Madre de Dios (Vaitahu), nahm Kurs auf Alaska und erforschte die Königin-Charlotte-Insel. Während eines Streifzuges durch diese Insel tauschte er abgenutzte Uniformen und alten Hausrat gegen teure Pelze, deren Wert die einheimischen Jäger nicht kannten. Südlich der Königin-Charlotte-Insel ergründete Marchand die Nootkainsel und segelte dann zu den Sandwichinseln weiter, wo er auf Hawaii an Land ging. In Macao (portugiesischer Stützpunkt in China), der nächsten Etappe, verkaufte Marchand seine wertvolle Pelzladung und kehrte über die Bourboninsel (La Réunion) und St. Helena 1792 nach Marseille zurück. Einige Monate nach seiner Rückkehr zog es Marchand wieder nach der Bourboninsel, wo er 1793 starb.

Marchands Reisebericht, vom zweiten Offizier der »Solide«, Kapitän Marchal, abgefasst und vom Schiffschirurgen Roblet niedergeschrieben, steht dem wissenschaftlichen Bericht von La Pérouse in seinem Inhalt kaum nach.

Literaturhinweis
Voyage autour du monde pendant les années 1790, 1791, 1792 et 1793 par Etienne Marchand, précédé d'une introduction historique, auquel on a joint des recherches sur les terres australes de Drake et un examen critique du voyage de Roggeveen, par P. Claret Fleuriau. Paris Jg. VI. und VIII o. J.

MARQUETTE, JACQUES

Frankokanadischer Forschungsreisender und Missionar, geb. 1637 in Laon (Frankreich), gest. 1675 am Michigansee.

Nach seinem Studium am Jesuitengymnasium in Nancy (Lothringen) trat er in den Jesuitenorden ein und ließ sich 1666 in Québec nieder. In der Stadt Trois-Rivières erlernte er die Sprache der Algonkins. Aufenthalte in Sault-Sainte-Marie, in der Missionsstation von La Pointe du Saint-Esprit und in der Chequamegonbucht an der äußersten Westspitze des Oberen Sees zur Missionierung der Ureinwohner Kanadas. Aufgrund der wiederholten Angriffe der Huronen und der Ottawas musste Marquette seine Bekehrungspläne aufgeben.

Er begab sich 1671 nach Michilimackinac (Michigan), wo er und Jolliet, ein frankokanadischer »Coureur de bois« (Waldläufer), den Auftrag erhielten, den Mississippi zu befahren, zu erforschen und seine Richtung endgültig zu bestimmen. Das Ziel dieser groß angelegten Expedition bestand darin, das »Meer des Südens« zu erreichen, denn noch immer glaubte man, der Mississippi münde in den Golf von Kalifornien und nicht in den Golf von Mexiko.

Mit fünf Begleitern verließen Marquette und Jolliet im Mai 1673 mit zwei Booten Michilimackinac. Sie folgten der Westküste der »Grünen Bucht« (Michigansee) bis zur Missionsstation Saint-François-Xavier, fuhren den Fox River (Fuchsfluss) aufwärts bis zum Dorf Mascoutens. Am 15. Juni erreichten sie den Wisconsin, einen Zufluss des Mississippi, bei Prairie du Chien. Dann begann die historische Fahrt auf dem Riesenstrom, von den Ureinwohnern Amerikas »Mississippi« genannt. Die ersten Indianer, denen sie begegneten, waren die Peorias, ein Stamm der Illinois, die ihren Hauptsitz an der Mündung des Iowa in den Mississippi hatten. Bei der Einmündung des Missouri in den Mississippi erblickten die Forscher riesige Felszeichnungen, die indianische Gottheiten darstellten. Mitte Juli hatte der kleine Trupp Quapaw, das südlichste Dorf des Arkansas, erreicht (34° 5' nördl. Br.). Marquette wusste jetzt, dass der Mississippi nicht in den Pazifik mündete, sondern in den Golf von Mexiko. Weil ein weiteres Vordringen nach Süden für die übrigen fünf Teilnehmer hätte gefährlich werden können, beschlossen Marquette und Jolliet umzukehren. Insgesamt befanden sie sich jetzt rund 1.100 km vom Golf von Mexiko entfernt. Ohne besondere Schwierigkeiten gelangten sie zum heutigen Memphis (Tennessee), wo die beiden

Jacques Marquette interessierte sich auf seinen Reisen besonders für die verschiedenen Indianerstämme und ihre Lebensart.

Forscher den Mosopolea-Indianern einen Bericht über ihre Expedition aushändigten, der dann zu Oberst Bird in Virginia gelangte. An der Einmündung des Illinois in den Mississippi verließen die Forscher den großen Strom und folgten diesem Nebenfluss bis zum Dorf Kaskaskia. Ende September 1673 waren sie in Chicago. Von dort aus marschierten sie längs der Westküste des Michigansees bis zur »Sturgeon Bay«, dann zur »Green Bay« und von dort aus zur Missionsstation von Saint-François-Xavier. Hier trennten sich die beiden Pioniere, nachdem sie eine Strecke von rund 4.300 km zurückgelegt und ergründet hatten.

Im Oktober 1674 unternahm Marquette in Begleitung von P. Morteret und J. Largilier, zwei frankokanadischen Forschern, eine Missionsreise, um im Dorf von Kaskaskia eine Missionsstation zu gründen. In Chicago musste wegen Mar-

quettes Erkrankung die Expedition unterbrochen werden. Nach der Überwinterung gelangten die drei Forscher und Missionare nach Kaskaskia (Ende März 1675). Weil Marquettes Gesundheitszustand sich von Tag zu Tag verschlechterte, kam ein weiteres Vordringen in das Gebiet des Mississippi nicht mehr infrage. Der kleine Trupp marschierte in Richtung Michilimackinac zurück. Es steht nicht fest, ob die Reisenden über Chicago, dann längs des südlichen Ufers des Michigansees den Saint-Joseph-Fluss erreichten oder über Kankakee und South Bend (Indiana). Von der Mündung des Saint-Joseph-Flusses aus begaben sie sich nordwärts, wo Marquette in dem heutigen Ort Ludington (Nordostküste des Michigansees) starb.

Marquette und Jolliet lösten durch ihre kühne Fahrt das geografische Problem des Mississippi. Sie leiteten die große Expedition des französi-

Der deutschstämmige Afrikaforscher Karl Mauch

schen Mississippi-Forschers Cavelier de la Salle ein, der den Fluss bis zur Mündung befuhr.

Eine Stadt am Südufer des Oberen Sees trägt den Namen des Forschers und Missionars Jacques Marquette.

Literatur
J. Sparks, Life of Father Marquette (Library of American Biography Bd. 10). o. O. 1838
Récit des Voyages et des Découvertes du Père Marquette (with a translation of the same). Unfinished letter of Father Marquette to Father C. Dablon, containing a journal of his last visit to the Illinois. Historical Collection of Louisiana. o. O. 1846
H. H. Hurlbut, Father Marquette at Mackinaw and Chicago. A paper read before the Chicago Historical Society. Chicago 1878
A. Hamy, Au Mississippi. La première exploration 1673 de Père Jacques Marquette de Laon 1637–1675 et de Louis Jolliet, d'après M. E. Gagnon. Paris 1878
Reuben G. Thwaites, The Jesuit Relations and Allied Documents. Bd. 59. Cleveland (Ohio USA) 1900
Fr. B. Steck, The Jolliet-Marquette Expedition. Rev. edition. Quincy (Ill. USA) 1928

MAUCH, KARL

Deutscher Afrikareisender, geb. 1837 in Stetten, gest. 1875 in Stuttgart.

Sohn eines Tischlermeisters. Wurde Volksschullehrer. Bereits in jungen Jahren lockte ihn der Forschungsdrang nach Südafrika. Weil er seine geringen Ersparnisse in Kürze ausgegeben hatte, musste er seine Überfahrt als Matrose verdienen.

Durch die Vermittlung des Geografen August Petermann, Begründer der »Petermanns Geographischen Mitteilungen«, und der deutschen Polarforschung erhielt Mauch die nötigen Mittel zur Beschaffung einer entsprechenden Ausrüstung. Er durchstreifte in zahlreichen Expeditionen den Transvaal und die angrenzenden Gebiete zwischen den beiden afrikanischen Flüssen Limpopo und Sambesi. Das Resultat seiner Wanderungen war die Kartierung Transvaals und die

Entdeckung ergiebiger Goldfelder (Tati-Goldfeld in Südrhodesien sowie die Goldadern des Matabele- und des Marchonalandes im östl. Rhodesien, dem heutigen Simbabwe).

Es ist Mauchs größter Verdienst, auf seiner letzten Reise 1871 die Ruinen des mächtigen Steinpalastes von Großsimbabwe, südl. des Kylesees, entdeckt zu haben, deren archäologische Bedeutung er als Erster erkannte. Diese alte afrikanische Königsresidenz wurde vom Volk der Shona wahrscheinlich zwischen dem 11. und 15. Jahrhundert erbaut. Von den Goldgruben in der Nähe fand Mauch fast nichts mehr. Dem Gold muss Simbabwe jedoch seinen Reichtum und seine politische Größe verdankt haben.

Zwar hatte der deutsche Afrikareisende Adam Renders die Ruinen vier Jahre vor Mauch entdeckt, Mauch aber machte die Archäologen auf Simbabwe aufmerksam. Trotz dieser archäologisch und geschichtlich wichtigen Entdeckung geriet Mauch schnell in Vergessenheit. Er kam durch einen tragischen Fenstersturz ums Leben.

Abb. oben: Eingeborene bearbeiten Baumrinden, um daraus Saft zu gewinnen.
Abb. unten: Eingeborenendorf.

Literatur
Petermanns Mitteilungen: Ergänzungsheft 37.
Gotha 1874
Karl M. Mager, Karl Mauch. o. O. 1895
Karl Mauch. In: Kurt Hassert, Die Erforschung
Afrikas. Leipzig 1941

MAWSON, SIR DOUGLAS

Englisch-australischer Forschungsreisender, geb. 1882 in Bradford, gest. 1958 in Adelaide.

Studium der Geologie und Mineralogie an der Universität von Sydney. 1903 unternahm Mawson eine wissenschaftliche Expedition zu den Neuen Hebriden (im Südwestpazifik), um den geologischen Unterbau der Inselgruppe zu studieren. Drei Jahre später begleitete er den englischen Polarforscher S. E. Shackleton auf dessen Südpolarfahrt und bestieg mit ihm den Mount Erebus (Südantarktis). 1911–14 leitete er die australische Antarktisexpedition und machte große geografische Entdeckungen, für die er geadelt wurde und die »Founders' Medal of the Royal Geographical Society« erhielt. 1929–31 führte er die englisch-australische und die neuseeländische Antarktisexpedition an.

Während seiner 34-jährigen Amtszeit als Professor für Geologie und Mineralogie leistete er der Geografie der Antarktis unschätzbare Dienste.

Literatur
D. Mawson, The Home of Blizzard, being the story of the Australian Antarctic Expedition, 1911–1914. 2 Bde. London 1915 (2. Auflage, London 1930)
Ch. F. Lascron, South with Mawson. Reminiscences of the Australian Antarctic Expedition, 1911–1914. London u. Sydney 1947

McCLINTOCK, SIR FRANCIS LEOPOLD

Englischer Polarforscher, geb. 1819 in Dundalk (Irland), gest. 1907 in London.

Trat in jungen Jahren in die britische Marine ein, wurde 1831 Leutnant, 1843 Kapitän, 1877 Vizeadmiral und schließlich 1884 zum Admiral befördert.

1848 begleitete er als zweiter Leutnant der »Enterprise« Sir J. C. Ross auf dessen »Franklin-Suche« und zwei Jahre später nahm er als Erster Offizier der »Assistance« an der Austin-Expedition teil. Während der Belcher-Expedition erforschte er mit einem Schlitten im Alleingang 2.270 km arktischen Gebietes, dies innerhalb von 105 Tagen, drang bis zum Prince-Patrick-Land vor und entdeckte die Smaragdinsel (nördl. der Melville-Insel).

1857 beauftragte Lady Franklin den weltberühmten Schlittenfahrer mit der endgültigen Aufklärung des rätselhaften Verschwindens ihres Mannes. Mit der Dampfjacht »Fox« (177 Tonnen) kreuzte McClintock in den arktischen Gewässern Kanadas, durchstreifte die Somerset- und Prince-of-Wales-Insel, die Halbinsel Boothia und das King-William-Land, an dessen Nordküste bei Point Victory McClintocks Leutnant Hobson am 5. Mai 1859 den Bericht der Franklin-Expedition entdeckte. Zudem wurden Skelette und ein Rettungsboot gefunden. Der Weg, den die Franklin-Expedition genommen hatte, konnte damit im Wesentlichen nachvollzogen werden.

Im September 1859 nach England zurückgekehrt, wurde er in den Adelsstand gehoben.

Der Meereskanal zwischen der Victoriainsel und der Prince-of-Wales-Insel tragen den Namen dieses bedeutenden Forschers.

Literatur
The Voyage of the »Fox« in the Arctic Seas. (Bericht der »Franklin-Suche«). o. O. 1859
J. Brown, The north-west Passage and the plans for the search for Sir John Franklin. London 1860
Die Franklin-Expedition und ihr Ausgang. Auffindung der Überreste von Sir Franklins Expedition durch Sir L. McClintock. Feierstunden, Malerische Feierstunden. Amerika Bd. 2, o. O. 1874
F. G. Jackson, A thousand Days in the Arctic. With preface by Admiral Sir L. McClintock. 2 Bde. London 1899

McCLURE, SIR ROBERT JOHN MESURIER

Englischer Polarforscher, geb. 1807 in Wexford (Irland), gest. 1873 in London.

1836 begleitete McClure den Polarforscher G. Back auf dessen Expedition von der Repulsebai bis zur Mündung des Großen Fischflusses und zwölf Jahre später nahm er an einer Franklin-Suchexpedition teil.

1850 unternahm er als Kommandant der »Investigator« in Begleitung von Sir Robert Collinson, der die »Enterprise« befehligte, eine neue Polarexpedition, die auf dem Umweg über Südamerika und dem Pazifik von Westen her in die Arktis vordringen sollte. Während dieser Fahrt entdeckte McClure die Prince-of-Wales-Straße zwischen dem Banksland im Norden, dem Beringland im Süden und dem Prince-Albert-Land. Im Schlitten gelangte McClure in der Barrowstraße zu dem Punkt, den die von Osten kommenden Schiffe bereits erreicht hatten. Die Nordwestpassage im hohen Norden Kanadas war erzwungen. Fast zwei Jahre nach McClures Erfolg saß sein Schiff noch immer im Eis fest. Die in England bereits als verschollen geltende Mannschaft McClures wurde wie durch ein Wunder von Leutnant Pim von der »Resolute« gerettet und traf im September 1854 wieder in England ein.

In London erhielt McClure die seit langem ausgesetzte Belohnung von 10.000 Pfund und den Adelstitel »Sir«.

Literatur
A. Armstrong, A Personal Narrative of the Discovery of the North-West-Passage. London 1857
A. Taylor, Geographical Discovery and Exploration in the Queen Elisabeth Islands. Ottawa 1955

MENDAÑA DE NEYRA, ALVARO DE

Spanischer Seefahrer und Entdecker, geb. 1541 in Spanien, gest. 1595 auf den Santa-Cruz-Inseln.

1566 erhielt Mendaña den Auftrag, die angeblich von Inka Tupac Yupanqui im Pazifik entdeckten »Glücklichen Inseln« wieder zu finden. Mit zwei Schiffen, der »Dos Reyes« und der »Todos los Santos«, segelte Mendaña von Callao (Hafen von Lima, Peru) aus in Richtung Australien und entdeckte 1567 eine Inselgruppe, die er auf den Namen »Salomon« taufte. Weil die Inseln den Spaniern nicht besonders gefielen, segelten sie weiter und Mendaña erblickte am 15. Januar 1568 eine kleine Insel, die er »Jesús« nannte, und zwei größere, die den Namen »Santa Isabella« erhielten. Wegen der bedrohlichen Haltung der Eingeborenen (sie huldigten dem Kannibalismus) gab Mendaña seinen Plan auf, einen weiteren Vorstoß in den westlichen Pazifik zu unternehmen, und kehrte wieder nach Peru zurück.

1595 unternahm er eine zweite Pazifikreise und entdeckte die Inselgruppe, der er zu Ehren des damaligen Gouverneurs von Peru, des Marqués de Mendoza, den Namen »Marquesas de Mendoza« gab. Eine andere Insel wurde »Santa Cruz« genannt; auf ihr gründeten Mendaña und seine Frau eine spanische Kolonie. Der plötzliche Tod Mendañas und die Liebesabenteuer der Spanier mit den Insulanerinnen, die den Zorn der männlichen Inselbevölkerung hervorriefen, brachten die Siedler in eine missliche Lage. Mendañas Frau und ihr Geliebter Francisco de Castro übernahmen jetzt das Kommando und segelten nach Manila, um Verstärkung heranzuholen. Weil aber die Bitte der beiden in Manila zurückgewiesen wurde, begaben sich Castro und Isabel Mendaña, die inzwischen Castros Frau geworden war, nicht mehr zu den »Marquesas de Mendoza«, sondern nach Mexiko und überließen die zurückgebliebene Mannschaft ihrem Schicksal.

Literatur
E. Charton, Relation de voyage que fit A. de Mendaña à la recherche de la Nouvelle-Guinée. Second voyage. Tome 4. Paris 1854
G. A. Marcel, Mendaña et la découverte des Iles Marquises. Paris 1898
W. A. T. Amherst. The discovery of the Salomon Island by Alvaro de Mendaña in 1568. London 1901

Sir Robert John Mesurier McClure

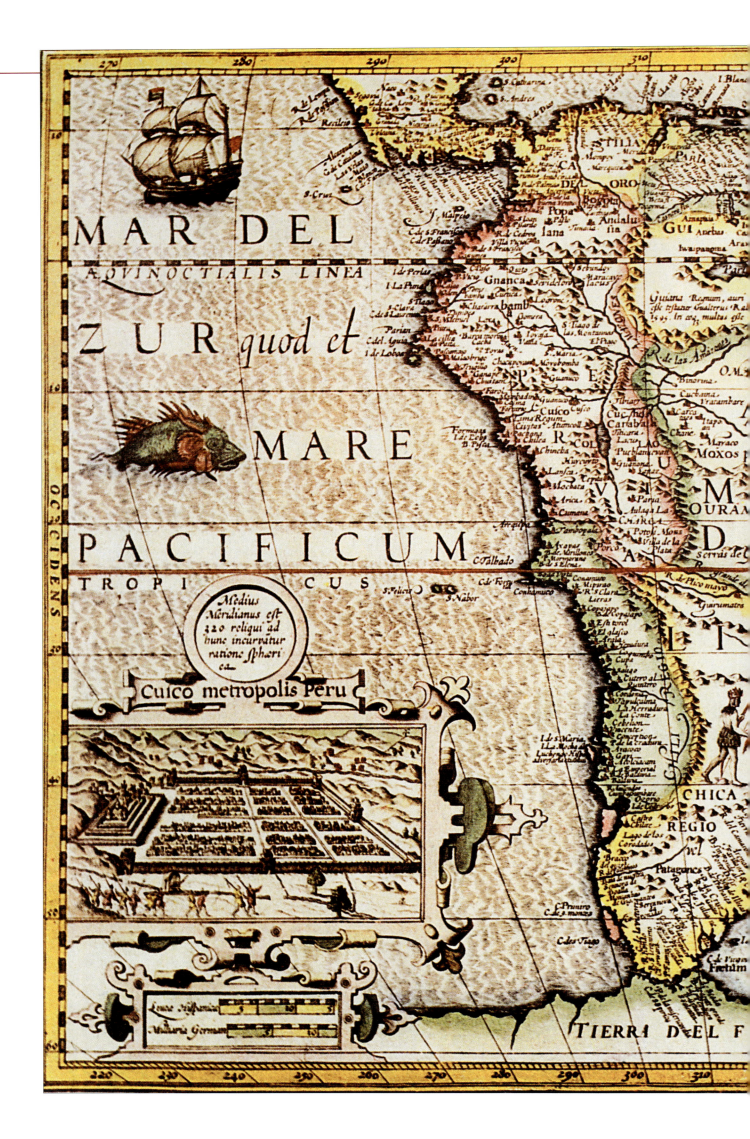

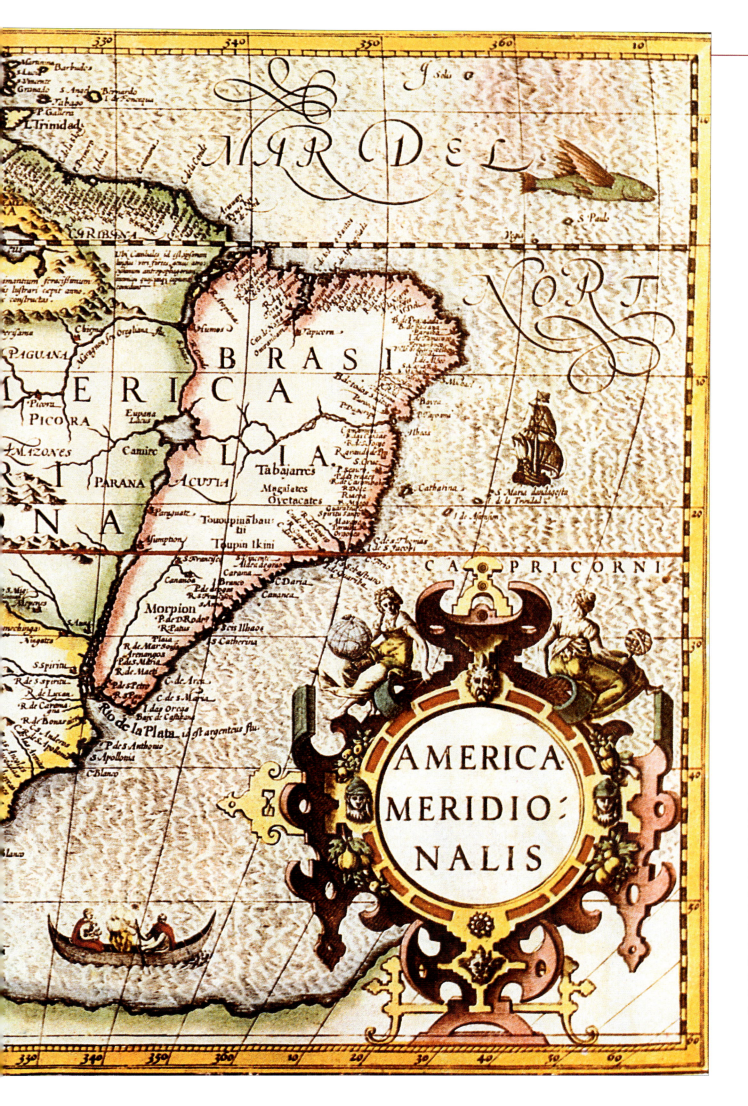

Mendaña de Neyra startete seine Unternehmungen vom Hafen von Peru aus. Die Karte aus der ersten Hälfte des 16. Jahrhunderts zeigt das damals bekannte Südamerika. Die für die Spanier wichtige Ausgangslage Peru wurde als stilisierte Stadtübersicht links gesondert dargestellt.

MERBOLD, ULF DIETRICH

Deutscher Astronaut, geb. 1941 in Greiz.

Ulf Merbold ist in der ehemaligen DDR auf-gewachsen, floh jedoch im Alter von 19 Jahren in den Westen Deutschlands. 1977 wurde er, da-mals als Wissenschaftler am Max-Planck-Institut tätig, als Spezialist für Nutzlasten des »Spacelab 1« für die Weltraummission »STS-9« ausgewählt. Eigentlich wollten die Amerikaner keinen Aus-länder in ihrer Astronautengruppe in Houston akzeptieren, doch als Gegenleistung für die Ent-wicklung des Spacelab wurde der ESA ein Platz an Bord des Space Shuttles »Columbia« ange-boten.

Ulf Merbold in seinem Raumanzug im Gagarin-Trainingslager bei Moskau im August 1994

Merbold war damit der erste Nichtamerikaner, der der Besatzung einer amerikanischen Raum-fähre angehörte.

Die Mission startete am 28. November 1983 ins All und kehrte am 8. Dezember 1983 zur Erde zurück. Vom 22. bis zum 30. Januar 1992 war Merbold erneut als Nutzlastenspezialist an Bord eines amerikanischen Space Shuttles, der »Disco-very«. Im Oktober 1994 nahm er an der Welt-raummission »Euromir« teil. Dieser Flug dauerte vier Wochen und wurde gemeinsam mit russi-schen Kosmonauten durchgeführt.

Merbold wurde nach seinem ersten Weltraum-flug Leiter des Astronautenbüros der Deutschen Forschungs- und Versuchsanstalt für Luft- und Raumfahrt in Köln-Porz. Diese Funktion gab er jedoch auf, als er sich für seinen zweiten NASA-Flug vorbereitete. Heute ist Ulf Merbold Mitar-beiter des Europäischen Astronauten Zentrums in Köln.

Literaturhinweis
U. Merbold, Flug ins All: Von Spacelab 1 bis zur D1-Mission: Der persönliche Bericht des ersten Astronauten der Bundesrepublik. Bergisch-Glad-bach 1986

MESSNER, REINHOLD

Italienischer Bergsteiger, Schriftsteller und Filme-macher, geb. 1944 in Brixen.

Ohne Höhenatemgerät bestieg Reinhold Mess-ner (gemeinsam mit Peter Haberer) den Mount Everest (8.848 m) und im Alleingang den Nanga Parbat.

Im Jahr 1979 bezwang er zusammen mit Mi-chael Dacher den K2 (Goodwin-Austin-Berg im Karakorumgebirge) und 1980 im Alleingang nochmals den Mount Everest. 1984 erfolgte die erste Achttausender-Doppelübersteigung (GI und GII im Karakorumgebirge). 1986 hat Messner als erster Mensch alle 14 Achttausender der Erde ohne Höhenatemgeräte bestiegen. Gemeinsam mit Arved Fuchs durchquerte er 1990 zu Fuß die Antarktis.

Reinhold Messner zieht einen Hightech-Schlitten hinter sich her, der speziell für ihn von Opel konstruiert wurde (im Dezember 1999). Zwei dieser Schlitten lassen sich mit einem Langlaufski zu einem Katamaran verbinden und so kann das Gerät auch auf Wasserflächen eingesetzt werden. Messner plante, dieses Gefährt bei einer künftigen Polarexpedition einzusetzen.

Messner verfasste bereits zahlreiche Bücher über seine Expeditionen und das Bergsteigen und ist Autor mehrerer Fernsehfilme.

Literatur
R. Messner, Wettlauf zum Gipfel. Strategie und Taktik meiner Höchstleistungen. München 1986
–, Die schönsten Gipfel der Welt. Künzelsau 1989
–, Die Freiheit, aufzubrechen, wohin ich will. Ein Bergsteigerleben. München 1991
–, Überlebt. Alle 14 Achttausender. 5. Aufl. München 1991
–, Grenzbereich Todeszone. Köln 1992
–, Antarktis. Himmel und Hölle zugleich. München 1993
–, Alle meine Gipfel. Das alpine Lebenswerk. Neuaufl. München 1993
–, Berge versetzen. Das Credo eines Grenzgängers. München 1993
–, Bis ans Ende der Welt. Alpine Herausforderungen im Himalaya und Karakorum. 3. durchges. Aufl. München 1994
–, Dreizehn Spiegel meiner Seele. München 1994

MEYER, HANS

Deutscher Afrikaforscher und Geograf, geb. 1856 in Hildburghausen, gest. 1929 in Leipzig.

Studium in Berlin und Straßburg. 1881–83 unternahm er eine Weltreise, besuchte den Nahen Osten, Indien und die Philippinen, wo er auf Anregung Virchows seine ersten anthropologischen Forschungen über die Igorraten, die damals noch Kopfjäger waren, unternahm. Ein Jahr nach seiner Rückkehr wurde Dr. phil. Meyer Leiter des Bibliografischen Instituts.

1887 begann er seine eigentliche Forschertätigkeit in Schwarzafrika. Er durchquerte Südafrika, Moçambique, Sansibar und unternahm eine Expedition zum Kilimandscharo, den er in Begleitung von Eberstein erstieg, wobei er allein die Höhe von 5.450 m erreichte.

1888 erfolgte bereits seine zweite Forschungsreise. Bei der Durchquerung des Usambaragebirges (im Nordosten von Tansania) wurde er von

Die grüne Hölle am Kilimandscharo, die der deutsche Afrikaexperte Hans Meyer erforschte.

Arabern gefangen genommen und erst nach Zahlung eines Lösegeldes wieder freigelassen.

1889 führte eine dritte Expedition Hans Meyer in Begleitung von L. Purtscheller aus Salzburg an den Schneeberg, den er diesmal am 6. Oktober bis zur Kaiser-Wilhelm-Spitze (heute Uhuru Point) erklomm, sodass er das Kraterinnere erforschen konnte. Anschließend unternahm er mehrere Versuche, den Mawenzi, den zweithöchsten Gipfel des Kilimandscharo, zu besteigen. Er erreichte 5.250 m und erforschte noch das Pare-Ugueno-Gebirge.

Zehn Jahre später umkreiste Hans Meyer in Begleitung von E. Platz den gesamten Kilimandscharo von Marangu (heute Ausgangspunkt für die Besteigung des Berges) aus, untersuchte erneut den Krater und zog glaziale und eiszeitliche Erkundigungen ein.

1911 erfolgte eine weitere Expedition nach Ruanda, während der Meyer geologische Untersuchungen der Virungavulkane (nördl. des Kiwusees) durchführte, den Karisimbi (erloschener Vulkan im Nordwesten von Ruanda) und den Niragongo bestieg. Der Rückmarsch erfolgte durch Nordburundi nach Tabora.

Hans Meyer wurde seiner Verdienste wegen zum Honorarprofessor für Kolonialgeografie an der Universität Leipzig bestellt. 1929 zog sich der unermüdliche Afrikaforscher eine Ruhrinfektion zu, die nicht zu behandeln war, und kurze Zeit später starb er an den Folgen der Erkrankung.

Hans Meyer verdanken wir insbesondere eine genaue geografische und geomorphologische Untersuchung des Kilimandscharo, eine wirtschaftspolitische Analyse des ehemaligen deutschen Interessengebietes sowie anthropologische Untersuchungen der Guanchen (Urbevölkerung der Kanaren).

Literatur
H. Meyer, Kilimandscharo. Berlin 1900

MITCHELL, SIR THOMAS LIVINGSTONE

Australischer Entdeckungsreisender, geb. 1792, gest. 1855.

1831 unternahm Mitchell, um den Nachweis der Behauptung des entwichenen Sträflings G. Clarke zu erbringen, im Herzen Australiens existiere ein großer Binnensee, eine wissenschaftliche Forschungsreise in das Innere des Kontinents, wo er den MacIntyre-See entdeckte.

1835 erforschte er in Begleitung von A. Cunningham, einem anderen australischen Forscher, den Darlingfluss. Während dieser Reise wurde Mitchells Begleiter von den Eingeborenen ermordet.

Ein Jahr später durchstreifte Mitchell das Gebiet des Murrayflusses, zeichnete eine Karte seines Wassersystems, und 1845 bereiste er weite Gebiete von Neusüdwales.

Mitchell galt als einer der größten Pioniere und Erforscher Südostaustraliens.

Literatur
The Australian Encyclopaedia
The Australian Dictionary of Biography
E. Favenc, The history of Australian Explorations. London 1888
A. W. José, Histoire de l'Australie depuis sa découverte jusqu'à nos jours. Paris 1930

MUNK, JENS

Norwegisch-dänischer Seefahrer und Polarforscher, geb. 1579 in Norwegen, gest. 1628 in Kopenhagen.

Nach einer bewegten Jugend, in der er sich schon vielfach als kühner Seefahrer bewährt hatte, erhielt der 40-jährige Jens Munk im Jahre 1619 vom dänischen König Christian IV. den Auftrag, die Küste Ostgrönlands zu erforschen und den Seeweg nach China und Indien über das nördl. Eismeer zu suchen.

Munk, der vom Gelingen dieses Unternehmens fest überzeugt war, verließ im Mai mit zwei Schiffen den Hafen von Elseneur und steuerte in Richtung Grönland. Im Juni umschiffte er das Kap Farvel, Grönlands südlichste Spitze, stieß in die Hudsonbai vor und erreichte 63° 20' nördl. Br. Die schlechten Klimaverhältnisse zwangen Munk und seine Mannschaft, in der kanadischen Arktis zu überwintern (»Munk Vinterhavn«). Diese Überwinterung im hohen Norden wurde Munks Mannschaft zum Verhängnis. Als die meisten Mitglieder der Expedition durch Skorbut umgekommen waren und auch Munk bereits sein Testament gemacht hatte, entschloss sich der Kapitän zur Aufgabe seines Planes und zur Heimfahrt.

Nach langer, stürmischer Überfahrt landete Munk zuerst in Norwegen, dann in Dänemark. Der dänische König war über Munks Rückkehr erfreut – denn in Dänemark galt Munks Expedition samt ihrem Kapitän bereits als verschollen –, doch fand er sich nur schwer mit dem Misslingen des Planes ab, in den er so große Hoffnungen für sein Herrscherhaus gesetzt hatte.

Ungeachtet dieses Fehlschlages, der besonders der mangelhaften Ausrüstung zuzuschreiben ist, stellt Munks Unternehmung eine beachtliche Leistung auf dem mühsamen und langen Weg zur Bezwingung der Arktis dar. Die geografischen Aufzeichnungen über die Hudsonbai (1610 entdeckt von H. Hudson), die Munk hinterließ, sind dagegen von geringem Wert.

Literatur
J. Munk, Navigatio Septentrionalis det er Realtion eller Beskrivelse om Seiglads og Reyse paa denne Norvestiske Passage. Kopenhagen 1623
The Expedition of J. Munk to Hudson's Bay in search of the North-West-Passage in 1619–1620. Translated from Munk's Navigation Septentrionalis. Kopenhagen 1624
A. & J. Churchill, The Expedition of Jens Munk to Hudson's Bay in search of the Hudson's Straits in order to discover a passage betwixt Greenland and America to the West Indies. A Collection of Voyages. Bd. 1. London 1744
C. P. Rothe, Den Danske Admiral J. Munk's Livs og Levnets Beskrivelse. Kopenhagen 1747 bis 1750
The Hakluyt Society, Danish Arctic Expedition. Book 2. London 1897

Norwegen, das Land der Fjorde, die Heimat von Jens Munk

J. Munk, Über den Nordpol nach China? Auf der Suche nach der Nordwestpassage. Eine Seefahrertragödie des 17. Jahrhunderts, hg. v. T. Hansen. Tübingen 1974

MUNZINGER PASCHA, WERNER

Schweizerischer Afrikaforscher, geb. 1832 in Olten, gest. 1875 in Aussa (Äthiopien).

Munzinger wuchs in Bern auf, besuchte das dortige Gymnasium und die Universität und

am Roten Meer) auf, um sich insbesondere dem Studium der semitischen Sprachen zu widmen. Von hier aus unternahm er seine erste Forschungsreise nach Keren (äthiopisches Alpenland) und in das Land der Bogos (Stamm der Agau in Eritrea), einer Gegend, die nur Missionaren bekannt war. 1855–61 durchstreifte er diese Region kreuz und quer. Im Westen gelangte er bis nach Kassala (Stadt im Osten des Sudan) am Gasch und Gos Redjeh am Atbara (rechter Nebenfluss des Nil). Im Osten des Bogolandes erreichte Munzinger die Küste des Roten Meeres. Inzwischen hatte sich der Schweizer den Ruf eines zuverlässigen Geografen und Ethnografen erworben. Unter der Leitung des österreichischen Vizekonsuls von Khartum, Th. v. Heuglin, nahm Munzinger an einer Expedition zum Sultanat Wadai teil, um nach dem verschollenen Dr. Vogel zu suchen. In Begleitung von Kinzelbach, einem anderen Expeditionsmitglied, erforschte Munzinger insbesondere das Land der Barea (Stamm im Norden von Äthiopien) und erreichte über Kassala und Khartum den Ort Al Obeid im Kordofan. Die Rückreise in die Schweiz trat er über Keren und Massaua an.

Im Jahre 1863 hielt sich Munzinger wieder in Ostafrika auf. Im Auftrag einer Schweizer Firma aus Alexandrien unternahm er ausgedehnte Geschäftsreisen ans Rote Meer. Anschließend übernahm er in Massaua das englische und das französische Vizekonsulat. Im Dienst der Londoner Regierung erkundete er alle Pässe des Äthiopischen Hochlandes und leistete so der englischen Regierung wertvolle strategische Dienste. Munzinger ist es zu verdanken, dass der britisch-abessinische Krieg, geführt von Lord Napier, schnell vorüber war. Diese Erkundungstour brachte dem Schweizer allerdings die Feindschaft der Äthiopier ein. 1869 entging er im Lande der Bogos nur knapp einem Attentat.

1871 unternahm Munzinger in Begleitung des englischen Kapitäns S. W. Miles einen Abstecher in den Nordosten des Abessinischen Hochlandes. Noch im selben Jahr ernannte ihn der Vizekönig

studierte Geografie, Geschichte und moderne Sprachen. An den Universitäten von München und Paris studierte er orientalische Sprachen.

Im Jahre 1852 reiste er nach Kairo und ein Jahr später hielt er sich in Massaua (Hafenstadt

von Ägypten zum Gouverneur von Massaua und 1872 zum Generalgouverneur der Provinz Suakim (Rotes Meer). Schließlich erhielt er den begehrenswerten Titel eines »Paschas« und wurde zum Generalgouverneur Ostsudans ernannt.

Inzwischen aber hatten sich die Beziehungen zwischen dem Herrscher der Tigre (Stamm in Nordäthiopien) und Ägypten verschlechtert, sodass ein Krieg die einzige Lösung zur Schlichtung dieses Streites zu sein schien. Menelik, König der Schoa (Stamm der Galla) und Kaiser von Abessinien, bot seine Vermittlungsdienste an. Munzinger wurde mit der Führung der Verhandlungen beauftragt. In Begleitung seiner Frau und Haggenmachers, eines anderen Schweizer Afrikaforschers, sowie von 350 Soldaten verließ Munzinger die Stadt Massaua und erforschte zunächst das Gebiet um Tedjura (Süderitrea). Von hier aus marschierte er landeinwärts und gelangte nach einer strapaziösen Reise an den Assalesee (Nordäthiopien, nördl. von Makale). Hier traf auch Meneliks Unterhändler Ras Buru ein. Eine Woche nach Munzingers Ankunft (Ende Oktober) drangen Gallakrieger in das Lager des Schweizers ein. Munzinger und seine Frau wurden ermordet. Haggenmacher und Ras Buru entkamen dem Massaker, starben jedoch unterwegs an Erschöpfung.

Munzinger gilt neben Burckhardt als der größte Schweizer Afrikaforscher. Seine geografischen und ethnografischen Erkundigungen, insbesondere über das Land der Bogos, verliehen ihm bereits zu seinen Lebzeiten die Stellung eines bedeutenden Wissenschaftlers.

Literatur
W. Munzinger, Sitten und Rechte der Bogos. Winterthur 1859

–, Ostafrikanische Studien. Schaffhausen und Leipzig 1864
J. V. Keller-Zschokke, Werner Munzinger Pascha. Leben und Wirken. Aarau 1891

MYLIUS-ERICHSEN, LUDWIG

Dänischer Polarforscher, geb. 1872 in Vyborg, gest. 1907 auf Grönland.

1902–07 leitete Mylius-Erichsen eine »literarische« Expedition auf Grönland, um die Dialekte sowie die Sitten und Gebräuche der Inuit zu studieren.

Während seiner zweiten Expedition zusammen mit dem Kartografen und Leutnant Höj Hagen und dem Inuit J. Brönland kartografierte er einen großen Teil der westgrönländischen Küste. Das Unternehmen endete allerdings mit dem tragischen Tod aller Teilnehmer der Expedition.

Eine Suchexpedition fand ein von Mylius-Erichsen unterzeichnetes Schriftstück vom 8. August 1907, aus dem hervorgeht, dass er und seine Begleiter der Grönlandexpedition von Koch begegnet waren, sie am 1. Juni die äußerste Spitze von Pearyland erreicht und festgestellt hatten, dass es keinen »Peary-Kanal« gab.

Die Landzunge zwischen dem Independenceund dem Denmarkfjord im Norden Grönlands trägt den Namen dieses Polarforschers.

Literaturhinweis
Rapporter fra L. Mylius-Erichsen og Alf Trolle om Danmark-Ekspedition til Grønlands Nordøstkyst 1906–1908. Jørgen Brønlund's Dagborg i Tidsrummet fra 1. Maj–19. Okt. 1907. Den Danmarks Havn i Foraaret 1908 foreløbigt udar bejdede Overseattlse Danmark-Ekspeditionens Deltagere. Kopenhagen 1934

Inuit mit Schlitten in der Arktis heute

NACHTIGAL, GUSTAV

Deutscher Afrikaforscher, geb. 1834 in Eichstedt, gest. 1885 bei Kap Palmas.

Studium der Medizin. Preußischer Militärarzt (1858). Aufgabe seines Berufes wegen Lungentuberkulose, Erholungsreise 1861 nach Nordafrika: Nachtigal verschrieb sich der Afrikaforschung. Erlernen der arabischen Sprache und Studium der Gebräuche der Wüstenbewohner.

1863 trat Nachtigal als Arzt in den Dienst des Beys von Tunis und wurde bald dessen engster Berater. In Tunis begegnete er dem deutschen Afrikaforscher Rohlfs, der vom König von Preußen beauftragt worden war, dem Sultan von Bornu für dessen freundliche Unterstützung der deutschen Afrikareisenden Geschenke zu überbringen. Nachtigal überredete Rohlfs, ihm diese Mission zu überlassen.

Um Kuka, die Residenz des Sultans von Bornu, zu erreichen, musste Nachtigal, der praktisch in Wüstenreisen noch unerfahren war, die Libysche Wüste durchqueren. Am 17. Februar 1869 brach er mit einem ortskundigen Führer, drei Dienern und zehn Kamelen von Tripolis auf und gelangte ohne Schwierigkeiten nach Mursuk, wo er die holländische Reisende A. Tinné antraf. Weil die Zusammensetzung einer Karawane Nachtigal zu lange dauerte, beschloss er, einen »Ausflug« in das noch unerforschte Gebirgsmassiv zu unternehmen. In Begleitung eines Führers erforschte Nachtigal das »Dach« der Sahara und dessen Bewohner, die »Tedas« (Männer

Gustav Nachtigall

der Felsen). Dieses Volk von knapp 25.000 Menschen betrachtete das Tibestigebirge als sein persönliches Eigentum. Die Männer waren äußerst widerstandsfähig und konnten 800 bis 1.000 km in der Wüste mit nur sehr wenig Wasser zurücklegen. Ihre Beute töteten sie mit Wurfmessern aus großer Entfernung. Wieder in Mursuk angelangt, musste er sich den ganzen Winter über von den Strapazen erholen. 1870 marschierte Nachtigal nach Kuka und gelangte im darauf folgenden Jahr nach Kanem-Bornu.

Anstatt den bereits bekannten Rückweg nach Tripolis einzuschlagen, begab sich Nachtigal 1872 nach Bagirmi (dem ehemaligen Sudanreich) und erforschte den Schari, den Hauptzufluss des Tschadsees. 1873 durchstreifte er das Sultanat Wadai, suchte nach den Spuren des hier ermordeten deutschen Afrikareisenden E. Vogel, marschierte 1874 durch Darfur (Landschaft im zentralen Westen des Sudans), durch Kordofan (Provinz im Zentrum der Republik Sudan) und erreichte Khartum, die sudanesische Hauptstadt.

Nach sechsjähriger Abwesenheit kehrte Nachtigal 1875 mit reicher geografischer Ausbeute nach Europa zurück. Er wurde Vorsitzender der »Geografischen Gesellschaft« in Berlin. 1882 ernannte ihn Bismarck zum Generalkonsul in Tunis und zwei Jahre später wurde der verdienstvolle Forscher Reichsbeauftragter für Togo und Kamerun.

Am 18. April 1885 starb Nachtigal an Bord eines Schiffes an seinem alten Leiden. Auf seinen Wunsch hin fand er in Kamerun seine letzte Ruhestätte.

Nachtigals Verdienst lag vor allem in der geografischen und ethnografischen Erforschung des Tibesti-Gebirgsmassivs. Seine Erkundigungen gelten heute noch als die wissenschaftlich exaktesten. Nachtigal gab ebenfalls eine genaue Beschreibung von Borku, am südöstl. Rande des Tibestigebirges.

Gustav Nachtigall in Siegerpose mit seinen einheimischen Dienern und einem jungen Löwen

Literatur
Petermanns Mitteilungen. Gotha Jg. 1869, 1871, 1873–1875
G. Nachtigal, Sahara und Sudan. Ergebnisse sechsjähriger Reisen. 3 Bde. Berlin 1879–1889
D. Berlin, Erinnerungen an Gustav Nachtigal. Berlin 1887

J. Wiese, Gustav Nachtigal. Berlin 1914
E. Banse, Große Forschungsreisende (darin Nachtigal). München 1933
G. Nachtigal, Sahara und Sudan. Erlebnisse sechsjähriger Reisen in Afrika. 3 Bde. (Nachdr. d. Ausg. Berlin u. Leipzig 1879–1889). Graz 1967

Fridtjof Nansen

Nansen und seine Mannschaft verlassen die „Fram" am 14. März 1895, um die Eiswüste zu erkunden.

NANSEN, FRIDTJOF

Norwegischer Zoologe und Polarforscher, geb. 1861 auf Hof Mellon-Frøen (bei Oslo), gest. 1930 in Lysaker.

Nahm bereits im Alter von 21 Jahren an einer Fahrt eines Walfangschiffes zur Jan-Mayen-Insel teil (Grönlandsee). 1888 durchquerte er mit O. Sverdrup als Erster auf Skiern und mit Schlitten auf Skikufen das 3.000 m hohe grönländische Binneneis von Osten nach Westen. Nach gründlichem Studium der Nordpolfahrten des Österreichers O. Lenz und des Nordamerikaners De Long fasste Nansen den Plan, sich mit einem gut gebauten Schiff vom Eis bis in die Nähe des Nordpols treiben zu lassen und den Rest zu Fuß zu bewältigen. Die genaue Marschroute konnte Nansen allerdings nicht festlegen. Viele seiner Landsleute und namhafte Wissenschaftler hielten Nansens Unterfangen für zu riskant oder gar für unmöglich.

Vom Erfolg seines Unternehmens überzeugt, ließ Nansen auf Kosten der Regierung durch den Schiffsbauer C. Archer ein speziell für die nordischen Gewässer konstruiertes Schiff, die »Fram« (vorwärts), bauen.

Am 24. Juli 1893 verließ er nach monatelanger und gründlicher Vorbereitung den Hafen von Christiana (Oslo). Acht Rettungsboote folgten Nansens Schiff, um bei einem Schiffbruch sofortige Hilfe zu leisten. In der Karasee hatte er schwimmende Vorratslager anlegen lassen. Am Nordkap vorbei, erreichte die »Fram« nach der Durchquerung der Barents- und Karasee das Kap Tscheljuskin und wenige Meilen östlich dieses sibirischen Vorgebirges wurde das Schiff von den Eismassen eingeschlossen (25. September 1893).

Nun begann die eigentliche »Treibfahrt«: Die Eismassen drifteten das Schiff weiter. Auf der Höhe von Franz-Joseph-Land konnte Nansen »aussteigen« (am 14. März 1895). Mit einer fast 600 Kilogramm schweren Ausrüstung, 3 Schlitten, 28 Samojedenhunden, 2 Kajaks und Proviant für 3 Monate verließ der Forscher mit Leutnant Johansen das Schiff in Richtung Nordpol.

Die Forschermann-
schaft der Nansen-Ex-
pedition bringt sich auf
Skiern und mit den
Hunden vor der Kamera
in Positur.

Mit mächtiger Anstren-
gung schaufelt die
Mannschaft im März
1895 Nansens „Fram"
frei.

Nansen beobachtet eine Sonnenfinsternis am 6. April 1894 und dokumentiert die Daten

Solche kleinen Zelte dienten den Polarforschern bei ihren Erkundigungen außerhalb des Schiffs als notdürftigen Schutz gegen den eisigen Polarwind.

Trotz gewaltiger Anstrengungen und Entbehrungen gelangten sie »nur« bis zu 86° 12' nördl. Br. (so weit war bisher noch niemand gekommen) und mussten dann umkehren. Unter Einsatz aller Kräfte erreichten sie das Kap Flora und Alexanderland. In Hammerfest erhielt Nansen die Nachricht, dass die »Fram« bis zu 85° 57' nördl. Br. vorgedrungen war und unbeschädigt im Hafen von Tromsö liege. Am 9. September 1896 trafen beide Nordpolforscher wohlbehalten in der norwegischen Hauptstadt ein. Die »Fram« erreichte mit Otto Sverdrup als Kapitän über Spitzbergen ebenfalls Oslo.

Nansen und sein Begleiter Johansen hatten der Welt durch ihre Tat ein einmaliges Beispiel von physischer Ausdauer, Mut und Zusammenarbeit gegeben. Der Umstand, dass sie den Pol nicht bezwungen hatten, schmälerte ihre Leistung kaum. Nansen hatte bewiesen, dass der Nordpol über das zugefrorene und dauernd in Bewegung befindliche Meer mit entsprechender Ausrüstung zu erreichen war.

Nach diesem Unternehmen betrat Nansen niemals mehr die nördl. Eiswüste und widmete sich dem Schicksal der Kriegsgefangenen und Flüchtlinge des Ersten Weltkrieges (»Nansenpass«). Er erhielt 1922 den Friedensnobelpreis.

Literatur
F. Nansen, Auf Schneeschuhen durch Grönland.
2 Bde. 1891
–, Eskimoliv 1891
–, In Nacht und Eis. 3 Bde. o. O. 1897/98
–, The Norwegian North Polar Expedition –
Scientific results. 6 Bde. Oslo 1906
E. v. Enzberg, Nansens Erfolge. 15. Aufl. Berlin,
1909
F. Nansen, Gjennem Sibirien. 1914
–, Sibirien, ein Zukunftsland. o. O. 1914
–, Spitzbergen. o. O. 1920
–, Unter Robben und Eisbären. o. O. 1926
–, Durch den Kaukasus zur Wolga. o. O. 1930
W. Bauer, Fridtjof Nansen. Humanität als Abenteuer. München 1956
F. Nansen, In Nacht und Eis. Die norwegische Polarexpedition 1893–1896. 4. unveränd. Aufl.
Mannheim 1985
D. Brennecke, Fridtjof Nansen. Reinbek 1990

NEARCHOS

Griechischer Flottenbefehlshaber und Jugendfreund Alexander des Großen, lebte im 4. Jh. v. Chr.

Nearchos begleitete Alexander den Großen auf dessen Zug nach Indien bis zur Indusmündung. Vom heutigen Karachi aus startete Nearchos mit 150 Schiffen, um den Seeweg bis zum Persischen Golf zu erkunden, während Alexander auf dem Landweg in Richtung Heimat zog. Über Hormus am Eingang des Persischen Golfes erreichte er die Tigrismündung.

NIEBUHR, CARSTEN

Deutscher Forschungsreisender, geb. 1733 in Lüdingworth, gest. 1815 in Meldorf.

Entstammte einem Bauerngeschlecht. Begab sich im Alter von 20 Jahren nach Hamburg und studierte Theologie und Mathematik. Zeitweiliger Aufenthalt in Göttingen. 1761 erhielt Niebuhr vom dänischen König Friedrich V. den Auftrag, eine Forschungsreise auf die arabische Halbinsel in Begleitung von F. v. Haven, Professor für morgenländische Sprachen, P. Forskål, Naturwissenschaftler, Chr. C. Cramer, Arzt und G. W. Baurenfeind, Maler und Kupferstecher, zu unternehmen.

Von Kopenhagen aus begab sich die Expedition nach Marseille und gelangte über die Insel Malta nach Smyrna. Von hier aus reiste Niebuhr nach Konstantinopel, besuchte Alexandrien, Kairo, die Häfen Djidda und Loheia am Roten Meer und erreichte Mekka. Erforschung der gesamten südlichen arabischen Halbinsel, insbesondere des Jemen und seiner mysteriösen Hauptstadt Sana. In Mekka bestieg Niebuhr ein Schiff und fuhr nach Bombay, das auf den Forschungsreisenden besonderen Eindruck machte. Auf seiner Rückreise besuchte er Maskat, Basra, Persepolis (Aufzeichnungen der altpersischen Schrift), Bagdad und Mossul und gelangte über Krakau, Dresden und Hamburg 1767 nach Kopenhagen.

MAKOU.

Die Schiffe der Entdecker vor der Hafenansicht von Macao, der Nachbarinsel von Hongkong.

Niebuhrs Verdienst liegt insbesondere in der geografischen Erforschung und Beschreibung des Jemen und des Roten Meeres.

Literatur
C. Niebuhr, Beschreibung von Arabien. Kopenhagen 1772
C. Niebuhrs Reisebeschreibungen nach Arabien und anderen umliegenden Ländern (Reise durch Syrien und Palästina). Kopenhagen 1774
B. G. Niebuhr, Carsten Niebuhrs Leben. Kiel 1817
C. Niebuhr, Reisebeschreibung nach Arabien und

den umliegenden Ländern. Einschließlich: Reisen durch Syrien und Palästina. 3 Bde. Unveränd. Nachdr. d. Ausg. Kopenhagen 1774–1778 und Hamburg 1837, Graz 1960
–, Beschreibung von Arabien. Aus eigenen Beobachtungen und im Lande selbst gesammelten Nachrichten. Unveränd. Nachdr. d. Ausg. Kopenhagen 1772, Graz 1969
–, Entdeckungen im Orient. Reise nach Arabien und anderen Ländern 1761 bis 1767. Neu bearb. v. R. u. E. Grün. Tübingen 1973
–, Reisebeschreibung nach Arabien und anderen Ländern. 2. Aufl. Zürich 1993

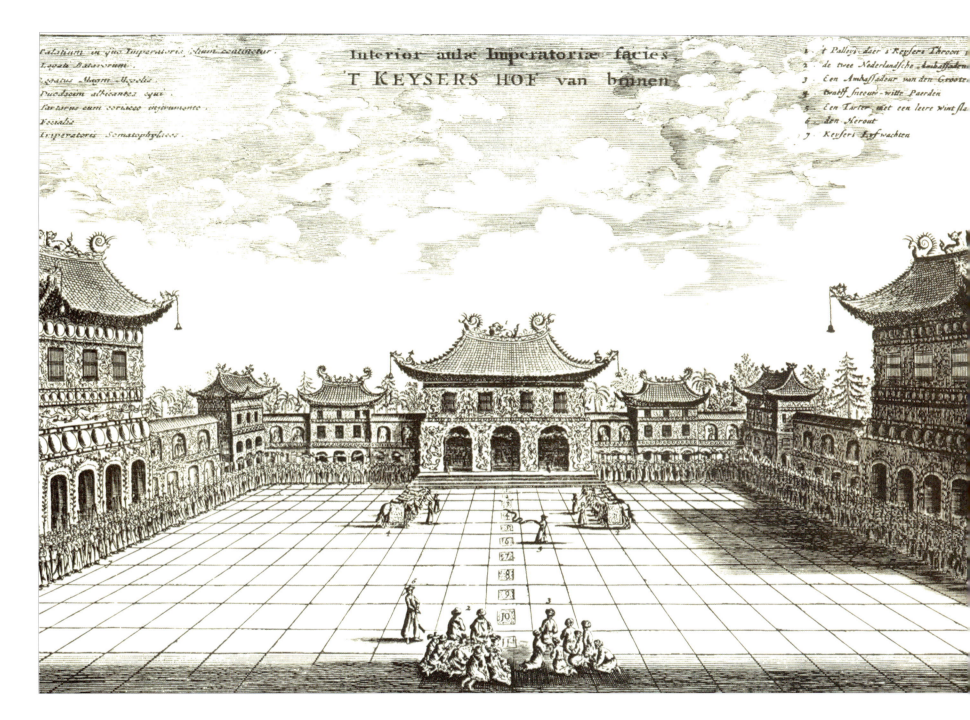

Interior aulæ Imperatoriæ facies
'T KEYSERS HOF van binnen

NIEUHOF (NIJHOF, NEUHOF), JOAN

Niederländischer Hofmeister und Kupferstecher, geb. 1618 in Uelzen, gest. 1672 an der Nordküste von Madagaskar.

Nach einem Aufenthalt in Brasilien brach Nieuhof 1653 zu seiner ersten Reise nach Ostindien auf. Er landete zuerst auf der Insel Java. Dort wurde er zum ersten Hofmeister der niederländischen Handelsdelegation ernannt, die nach China reisen sollte, um neue Beziehungen zwischen den Niederlanden und China zu knüpfen. Auf seiner Reise über Canton, den Pojang-See und den Kaiserkanal hinauf nach Peking fertigte Nieuhof zahlreiche sehr detaillierte Kupferstiche von den Städten und Landschaften, die nach ihrer Veröffentlichung (erst nach Nieuhofs Tod) in Europa ein überaus freundliches, friedliches Bild vom Reich der Mitte vermittelten.

Zwei Jahre nach seiner Rückkehr in den Niederlanden reiste er 1659 wieder nach Indien und wurde 1661 zum Oberbefehlshaber der Fes-

Die Darstellung des kaiserlichen Hofs aus Joan Nieuhofs Reisebericht „Bilder aus China".

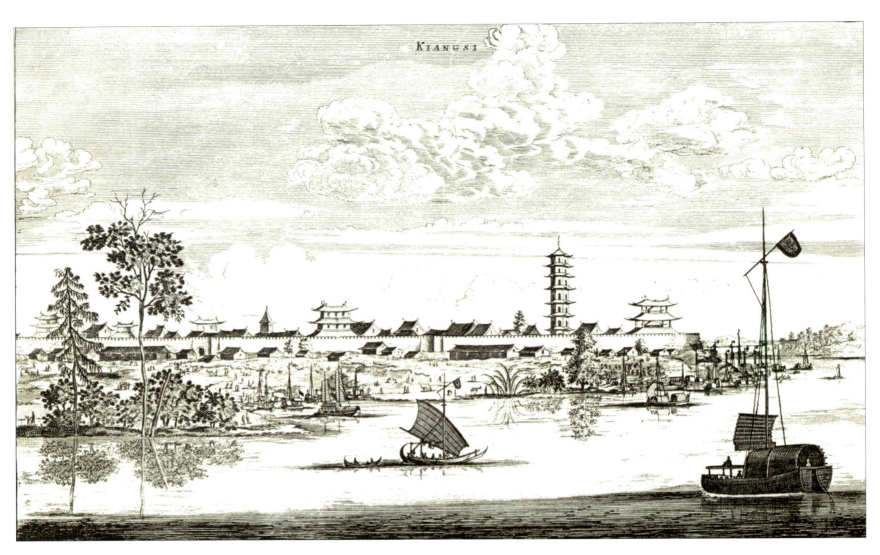

Mit überaus großem
Interesse nahmen die
Europäer Nieuhofs Rei-
seberichte und Illustra-
tionen wie diese auf.
Sie zeigten ein bis
dahin unbekanntes Bild
von dem Kaiserreich,
ohne beängstigende
Fabelwesen.

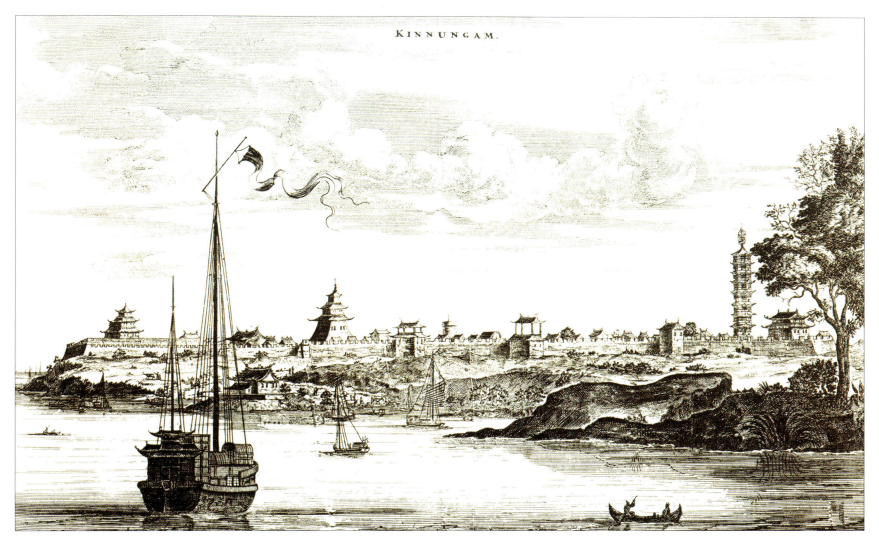

KINNUNGAM.

Viele Illustrationen aus Nieuhofs Buch zeigen die Schiffe der Entdecker vor den Küsten, die sie anlaufen, einmal ist es eine Stadt an der Küste, einmal sind es beeindruckende Bergketten.

Joan Nieuhof

tung Coylan an der Malabarküste ernannt. Nach 1666 schied er für einige Jahre aus dem Dienst aus und erkundete die Tier- und Pflanzenwelt in der Umgebung von Batavia. Die Bilder, die in dieser Zeit entstanden, wurden 1682 in einem Buch veröffentlicht.

Nach einem erneuten Aufenthalt in den Niederlanden begab sich Nieuhof 1671 zum dritten Mal nach Indien. Während eines Zwischenaufenthalts vor der Küste Madagaskars, bei dem die Schiffsvorräte aufgefrischt werden sollten, kam Nieuhof zusammen mit einigen Matrosen und dem Steuermann um.

NOBILE, UMBERTO

Italienischer General, Luftfahrtingenieur und Nordpolforscher, geb. 1885 in Lauro, gest. 1978 in Rom.

Nobile interessierte sich bereits in jungen Jahren für die Luftschifffahrt und die Polarforschung. 1926 begleitete er den norwegischen Polarforscher R. Amundsen und den amerikanischen Polarflieger A. Ellsworth als Steuermann des Luftschiffes »Norge« von Spitzbergen aus auf deren erfolgreichen Nordpolflug.

1928 versuchte Nobile, in Begleitung einer ausschließlich italienischen Mannschaft, mit dem Luftschiff »Italia« die Fahrt von 1926 zu wiederholen. Infolge eines Schneesturms verlor das Luftschiff an Höhe und verunglückte. Ein Besatzungsmitglied wurde getötet. Nobile und acht andere kamen mit Verletzungen davon. Erst 15 Tage nach der Katastrophe drangen die ersten Nachrichten davon nach Europa. Während einer groß angelegten Suchaktion verunglückten die beiden französischen Flieger Guilbaud und de Cuverville sowie der bekannte Polarforscher R. Amundsen tödlich. Am 20. Juni 1928 fand ein italienisches Suchflugzeug die Überreste des Luftschiffes, drei Tage später wurde Nobile von einem schwedischen Frachter geborgen, und am 13. Juli wurden Nobiles Begleiter von einem sowjetischen Eisbrecher gerettet. Bei seiner Rückkehr nach Italien wurde Nobile von den italienischen Luftfahrtbehörden für den Unfall verantwortlich gemacht und aus der Armee ausgestoßen.

1932 begab er sich nach Moskau, wo er die sowjetische Regierung in der Luftfahrt beriet. Vier Jahre später berief ihn Mussolini wieder nach Italien. Nach dem Krieg war er einige Jahre kommunistischer Abgeordneter.

Literatur
Die Vorbereitungen und die wissenschaftlichen Ergebnisse der Polarexpedition der »Italia«, hg. v. U. Nobile. Petermanns Mitteilungen. Gotha 1928
M. Gallian, I Segreti di Umberto Nobile. Rom 1928
E. Lundborg, The Arctic Rescue. How Nobile was saved (Translated by A. L. Olson). New York 1929
U. Nobile, Im Luftschiff zum Nordpol. o. O. 1930
W. Meyer, Der Kampf um Nobiles Versuch einer objektiven Darstellung und Wertung der Leistungen des italienischen Luftschiffers. Berlin 1931
E. Dithmer, The truth about Nobile (Including a preface to Nobile's book »In volo alla conquista

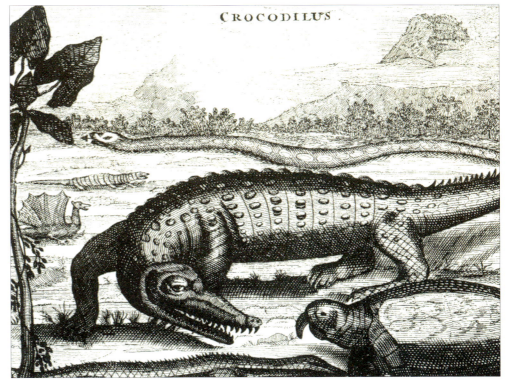

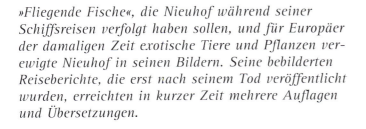

»Fliegende Fische«, die Nieuhof während seiner Schiffsreisen verfolgt haben sollen, und für Europäer der damaligen Zeit exotische Tiere und Pflanzen verewigte Nieuhof in seinen Bildern. Seine bebilderten Reiseberichte, die erst nach seinem Tod veröffentlicht wurden, erreichten in kurzer Zeit mehrere Auflagen und Übersetzungen.

Umberto Nobile (Abb. links) und Nils Adolf Nordenskiöld (Abb. rechts)

des segreto polare« (translated from the Danish). London 1933
U. Nobile, Posso dire la verità. Storia inedita della spedizione polare dell'»Italia«. Verona 1944
H. Straub, Nobile, der Pol-Pionier. Zürich 1985

NORDENSKIÖLD, NILS ADOLF ERIK

Schwedischer Polar- und Naturforscher, geb. 1832 in Helsinki, gest. 1901 in Dalbö, Lund.

Studium der Naturwissenschaften. musste aus politischen Gründen Finnland verlassen und begab sich nach Stockholm, wo er sich der Arktisforschung zuwandte. 1858 nahm der junge Gelehrte an der Torrell-Spitzbergen-Expedition teil, 1861 entdeckte er noch unbekannte Inseln der Nordostlandgruppe. 1868 erreichte er mit seinem Schiff »Sofia« den höchsten Breitengrad, der je von einem Polarforscher erreicht worden war, und 1872 durchwanderte er mit einem Rentierschlitten das grönländische Binneneis. Drei Jahre später kundschaftete Nordenskiöld die Dwinamündung aus.

Nordenskiölds Plan, die Kara- und die Laptewsee sowie das Ostsibirische Meer zu durch-

fahren und die fast 6.000 km lange nordsibirische Küste zu ergründen, interessierte sowohl die russischen Kaufleute als auch das schwedische Königshaus.

Nach monatelanger und intensiver Vorbereitung stachen die eisfeste »Vega« unter dem Kommando von Kapitän Palander, die »Lena« und zwei Frachtschiffe am 18. Juli 1878 von Tromsö aus in See. Das Unternehmen war vom schwedischen König, von Baron Dickson und vom russischen Kaufmann Sibirikow finanziert worden. Neben schwedischen Ingenieuren, Wissenschaftlern und Robbenfängern nahmen auch der russische Leutnant Nordqvist, der italienische Offizier Bove und Leutnant Hovgaard von der dänischen Marine an der Fahrt teil.

Ende Juli hatte Nordenskiöld die Jugorstraße und am 6. August Dicksonhafen erreicht, wo Sibirikows Schiffe, die »Express« und die »Fraser«, den Jenissei hinauffuhren. Am Kap Tscheljuskin vorbei durch die Laptewsee gelangte die »Vega« ohne Schwierigkeiten an die Lenamündung, wo die »Lena« den gleichnamigen Fluss erforschte. 200 km vor der Beringstraße wurde Nordenskiölds kühne Fahrt durch die Eismassen gestoppt. Die »Vega« lag nun vom 28. September 1878 bis

zum 18. Juli 1879 in der Koliutschinbucht im Eis fest. Nordenskiöld nutzte diese Zeit, um die Sitten und Gebräuche der Tschuktschen und Samojeden sowie die Flora und Fauna Ostsibiriens zu studieren. Nach der Befreiung des Schiffes von den Eismassen erreichte Nordenskiöld Berings Ziel Serdze Kamen und umfuhr zwei Tage später das asiatische Nordkap.

An der Küste der Beringstraße erlebte die Mannschaft die grausame Tötung von 12000 Ohrenrobben und von Port Clarence (nordamerikanische Küste) aus trat der Forscher über Japan, Ceylon und um das Kap der Guten Hoffnung herum den Heimweg an. Am 24. Juli 1880 erreichte die Mannschaft wohlbehalten Schwedens Hauptstadt.

Noch im selben Jahr wurde Nordenskiöld in den Adelsstand erhoben und die Laptewsee auch »Nordenskiöldsee« genannt.

Nordenskiöld hatte die erste nordpolare Handelsroute eröffnet und bewiesen, dass es mit richtiger Ausrüstung und detaillierter Vorbereitung möglich war, die hindernisreiche Nordostpassage ohne Schaden zu bezwingen. Seine geografischen, ethnografischen und hydrografischen

Forschungsarbeiten trugen ihm den Ruf eines bedeutenden Wissenschaftlers ein.

Literatur
A. E. Nordenskiöld, Vegas förd kring Asien och Europa. 2 Bde. o. O. 1880–1881
–, Die Umseglung Asiens und Europas auf der Vega. o. O. 1882
Lt. Hovgaard, Nordenskiölds voyage around Asia and Europe. London 1882
S. Hedin, Adolf Erik Nordenskiöld. o. O. 1926
A. E. Nordenskiöld, Nordostwärts. Die erste Umsegelung Asiens und Europas 1878–1880, hg. v. H. J. Aubert. Stuttgart 1987

ORBIGNY, ALCIDE DESSALINE D'

Französischer Forscher und Botaniker, geb. 1802 in Couëron, gest. 1857 in Pierrefitte-sur-Seine.

Studium der Naturwissenschaften. 1826 erhielt d'Orbigny den Auftrag, eine Forschungsreise nach Südamerika zu unternehmen, für die ihm allerdings nur bescheidene Mittel zur Verfügung standen. Acht Jahre lang durchstreifte er zu Fuß Peru, Chile, Bolivien, Argentinien und den Süden von Brasilien. Bei dieser ausgedehnten Reise identifizierte er 6.900 Tier- und 1.500 Pflanzenarten und zeichnete eine präzise Gebirgskarte.

Nach Frankreich zurückgekehrt, veröffentlichte er 1839 sein bedeutendes Werk »L'Homme Américain«, in welchem er die Indianerstämme von Peru und Brasilien beschreibt und den Einfluss des Klimas und der absoluten Höhe (über dem Meeresspiegel) auf die Menschenrassen nachweist.

D'Orbigny ist neben Humboldt einer der großen wissenschaftlichen Erforscher Südamerikas. Persönliche Bereicherung durch Edelmetallfunde lag diesem Botaniker fern. Er trat für die Befrei-

Auch Argentinien, hier Patagonien, zählte zu den Forschungsgebieten von d'Orbigny.

ung der von den weißen Diktatoren beherrschten Urbevölkerung ein, lebte eine Zeit lang unter den legendären »Gauchos«, sammelte aufschlussreiche Informationen über die Aymaras, die ehemals Träger der Tiahuanaca-Kultur waren, und über die Quechuas, von denen mutmaßlich die Inkas abstammten. D'Orbigny gilt als der Begründer der »naturwissenschaftlichen Amerikanistik«.

Literaturhinweis:
A. d'Orbigny, Voyage dans l'Amérique méridionale, le Brésil, la République argentine, la Patagonie, la République du Chili, la République du Pérou exécuté dans le cours des années 1826, 1827, 1828, 1830, 1831, 1832, 1833. Paris 1835

ORELLANA, FRANCISCO DE

Spanischer Konquistador, geb. um 1500 in Trujillo (Spanien), gest. um 1546 im Amazonasgebiet.

Teilnahme an der Eroberung von Peru unter den Pizarros. Wandte sich dann Gonzalo Pizarro zu, der den Plan fasste, »alles Land im Osten der Anden« zu erobern. In diesem riesigen Urwaldgebiet vermuteten die Spanier ergiebige Goldminen (Eldorado).

1539 nahm Orellana an dem historisch bedeutsamen und einmaligen Zug Gonzalo Pizarros teil, der die Eroberung des Amazonasgebietes einleitete. Mit einigen hundert indianischen Hilfssoldaten stießen Orellana und Pizarro von Quito aus über die »Cordillera de los Andes« (spa-

Orellana behauptete, auf seiner Flussfahrt durch das Amazonasgebiet diese mythischen Gestalten angetroffen zu haben – die Amazonen, die dem Fluss schließlich seinen Namen gegeben haben.

Der Amazonas windet sich durch die grüne Hölle.

nische Bezeichnung für die Anden) ins brasilianische Tiefland vor und erreichten nach unsäglichen Strapazen das Tal des Río Napo (linker Nebenfluss des Amazonas). Bis zur Ankunft in diesem Tal hatten die beiden Konquistadoren fast alle Hochlandindianer verloren (sie waren den

veränderten klimatischen Bedingungen erlegen). Bau eines Flussschiffes und Weiterfahrt über den Río Napo bis zur Einmündung des Aguarico in den Napo.

Als Gonzalo Pizarro vom Bestehen eines fruchtbaren Gebietsstreifens an der Mündung des

Curaray von den Eingeborenen hörte, sandte er Orellana aus, um die nötigen Erkundigungen einzuziehen. Während dieser Zeit errichtete Pizarro ein befestigtes Lager mitten im Urwald. Als Orellana nach einigen Wochen noch nicht im Lager erschienen war, unternahm Pizarro eine Erkundigungs- und Suchfahrt über fast 500 km, musste aber dann aufgeben und erreichte mit letzter Kraft im Juni 1542 Quito.

Orellana jedoch befuhr als erster Europäer den gesamten Riesenfluss, den er auf den Namen »Amazonas« taufte (zu Ehren der Kriegerinnen, denen er harte Kämpfe hatte liefern müssen), und erreichte am 24. August 1542 nach achtmonatiger strapaziöser Flussfahrt den offenen Atlantik.

In Spanien angekommen, erhielt Orellana von Karl V. die Erlaubnis, eine Kolonie in dem neu entdeckten Land zu gründen. 1544 gelangte der Konquistador nach »Neuspanien« (Bezeichnung des neuen Landes). Beim Versuch, seine einmalige Reise in umgekehrter Richtung zu wiederholen, starb er unweit der heutigen Stadt Manaus (am linken Ufer des Río Negro) an Erschöpfung.

Orellana gilt als der Wegbereiter zur Erforschung des größten und wasserreichsten Stromes der Erde und zur Eroberung Brasiliens.

Literatur
R. Müller, Orellana's Discovery of the Amazon River. Guyaquil 1937
E. Jos, Centenario del Amazonas: La expedición de Orellana y sus problemas históricos. o. O. 1942 (Revista de Indias, Jahr 3, No. 10, Jahr 4, No. 11 und 12)
L. Benites Vinueza, Argonautas de la Selva (An account of the exploration an conquests of F. de Orellana). Mexiko 1945

OVERWEG, ADOLF

Deutscher Afrikareisender, geb. 1822 in Hamburg, gest. 1852 in Maduari (Tschadsee).

1850 erhielt Dr. Overweg von der britischen Regierung den Auftrag, in Begleitung des Engländers James Richardson und des deutschen Afrikaforschers Heinrich Barth eine Forschungs-

reise in den Sudan zu unternehmen. Von Tripolis gelangten sie über Mursuk, Ghat und Agadès Anfang Januar 1851 in den Sudan. Sie trennten sich im Dorf Taghelel und wollten Anfang April in Kuka am Tschadsee wieder zusammentreffen.

Richardson starb auf seinem Marsch nach Zinder (in Richtung Südosten) im Februar 1851. Barth und Overweg marschierten in südwestl. Richtung und trennten sich nach einigen Tagen. Overweg durchstreifte die Gebiete im Westen von Bornu bis Tessaua (heute an der Fernstraße Niamey–Zinder) und wandte sich dann der Erforschung des Tschadsees zu, den er als erster Europäer befuhr. Im September 1851 nahmen Overweg und Barth an einem Beutezug der Uelad-Sliman-Araber nach Kanem-Bornu teil und kehrten wieder nach Kuka zurück. Nach der Durchwanderung des Bautschiplateaus (Bergland in Nigeria) unternahm Overweg eine Expedition in die Umgebung von Kuka. An hohem Fieber erkrankt, gelangte er in Kuka an. Trotz zweimaliger Luftveränderung starb Overweg im Alter von 30 Jahren in Maduari am Tschadsee.

Overwegs Verdienst lag vor allem in der geografischen Erforschung des Tschadsees und in den ethnologischen Erkundigungen, die er über die Budumas, einen Stamm auf den Inseln im Tschadsee, einzog.

Literatur
C. Ritter, Über Dr. H. Barths und Dr. Overwegs Begleitung der J. Richardsonschen Reiseexpedition zum Tschadsee und in das innere Afrika (mit einer Karte). Berlin 1850
J. Hogg, Notice of recent discoveries in Central Africa by Dr. Barth and Dr. Overweg. London 1852
K. v. Schleucher, Frühe Wege zum Herzen Afrikas. o. O. 1969

PALLAS, PETER-SIMON

Deutsch-russischer Asienforscher, geb. 1741 in Berlin, gest. 1811 ebd.

Studium der Medizin, Naturwissenschaften und Fremdsprachen in Halle, Göttingen und Leiden. Längere Aufenthalte in London und Den Haag. Herausgabe zahlreicher Abhandlungen über Zoologie und Botanik.

1768 begab er sich auf Einladung der Akademie der Russischen Wissenschaften nach St. Petersburg, wo er von der Kaiserin Katharina II. den Auftrag erhielt, in Sibirien die »Reichtümer« zu entdecken und sie zu »beschreiben«. Sechs Jahre lang durchstreifte Pallas als Gelehrter, Beobachter, Politiker und Wirtschaftler das riesige Zarenreich.

Von Moskau aus begab er sich in das Land der Mordwinen, beschrieb erstmals die Ruinen von Bolgar (alte Hauptstadt des bulgarischen Königreiches an der Wolga), überwinterte in Simbirsk, erforschte die Ruinen von Saraitschiq, durchquerte das Land der Baschkiren und überwinterte ein zweites Mal in Ufa (an der Belaja). Auf seiner Weiterreise durchwanderte er das gesamte Uralgebiet, besuchte Jekaterinburg und Tobolsk, folgte dem Lauf der Irtysch bei Omsk, besichtigte Krasnojarsk (Jenissei) und Irkutsk (Lena), befuhr den tiefsten See der Welt, den Baikalsee, und drang bis zum Oberlauf des Amur vor. Am 30. Juli 1774 war er wieder in St. Petersburg. Seine geologischen, geografischen, ethnologischen und historischen Forschungen übertrafen alle Erwartungen des wissenschaftlichen Rates der Petersburger Akademie.

1783 unternahm der bereits alternde Forscher in Begleitung seiner Frau und Tochter eine Expedition ins Wolgagebiet. Sie besuchten Astrachan am Kaspischen Meer, durchwanderten Taurien (jetzt die Krim), kehrten nach annähernd zwei Jahren nach St. Petersburg zurück und ließen sich dann auf der Krim nieder.

Vom Heimweh ergriffen, verließ der nahezu Siebzigjährige die Halbinsel, reiste nach Berlin und starb dort am 8. September 1811.

Die geografischen, ethnologischen und vor allem wirtschaftlichen Studien von Pallas waren nicht nur ein großer Fortschritt für diese Disziplinen, sie trugen auch zur schnellen russischen Eroberung Sibiriens bei.

Literatur
P. S. Pallas, Reise durch verschiedene Provinzen des Russischen Reiches in einem ausführlichen Auszuge. Frankfurt und Leipzig 1776–1778
–, Voyage en Sibérie. Bern 1791 (?)
–, Physikalisch-topographisches Gemälde von Taurien. St. Petersburg 1796
–, Bemerkungen auf einer Reise in die südlichen Statthalterschaften des Russischen Reiches, in den Jahren 1773 und 1794. Leipzig 1799–1801
J. Trusler, The Habitable World described. Or the present state of the people in all the parts of the globe collected from the earliest and latest accounts of historians and travellers of all nations. Bd. 2. Dublin 1788

PAPANIN, IWAN DIMITRIJEWITSCH

Sowjetischer Polarforscher, geb. 1894 in Sewastopol, gest. 1986.

Nach den Wirren der Russischen Revolution widmete sich Papanin der Nordpolarforschung. 1932–33 leitete er die Nordpolarstationen auf Spitzbergen und 1934–35 am Kap Tscheljuskin, auf der Taymirhalbinsel, dem nördlichsten Punkt des asiatischen Festlandes. Dann wurde er zum Leiter der driftenden Nordpolarstation »Nordpol 1« bestellt. Die vier Teilnehmer – der Hydrobiologe P. P. Schirschow, der Geophysiker E. K. Fjodorow, der Funker Krenkel und Papanin – wurden mit ihren schweren Ausrüstungen unter der Leitung von Professor O. J. Schmidt am 21. Mai 1937 mit vier Großflugzeugen in die Nähe des Nordpols unter 89° 25' nördl. Br. und 78° 40' westl. L. geflogen. Die Mannschaft befand sich etwa 65 km vom Nordpol entfernt. Vor der Landung warfen die Flugzeuge schwere Gewichte auf das Eis, um sich von der Tragfähigkeit zu überzeugen. Dann erfolgte die Landung auf einer 1,5 km langen und fast 3 m dicken Eisscholle. Nach dem Errichten der Wohn-, Beobachtungs- und Vorratszelte verließen die Flugzeuge am 6. Juni 1937 die Polarstation. Mit wechselnder Geschwindigkeit driftete die Eisscholle, die die Form eines Dreiecks annahm und 3 bis 4 km Seitenlänge aufwies, in südl. Richtung zum Atlantik. Am 19. Februar 1938 hatte die riesige Eisscholle die Südostküste Grönlands erreicht. Sie hatte im Ganzen 274 Tage für 2.000 km ge-

braucht. Anschließend wurde das Team von den Eisbrechern »Murman« und »Taymir« an Bord genommen. Während dieser Fahrt wurde noch unbekanntes Meer erforscht und es wurden 150 astronomische Ortsbestimmungen durchgeführt. Papanin hatte Nansens wertvolle Beobachtungen über die Eisdriften, Meerestiefen und -strömungen fortgesetzt und vervollständigt. Auch wurden in der Nähe des Nordpols noch Lebewesen entdeckt. Nach der Rückkehr aus der Arktis leitete Papanin die Verwaltung der Nordostpassage. Nach dem Muster der Papaninschen »Nordpol-1-Station« wurde nach 1950 eine ganze Reihe weiterer Beobachtungsstationen errichtet.

Literatur
O. J. Schmidt, Die Arbeiten der Station Nordpol. Russische Ausg. o. O. 1940
I. Papanin, Das Leben auf der Eisscholle. 1947

PARK, MUNGO

Schottischer Wundarzt und Afrikareisender, geb. 1771 in Fowlshields, gest. 1806 in Bussa am Niger (Westafrika).

Mungo Park

Chronik der Nordpolarexpeditionen bis Papanin

1553   Der Brite Hugh Willoughby versucht die Nordostpassage zu finden, stirbt jedoch bei der Überwinterung auf Kola.

1594   Der Niederländer Willem Barents kann auf seinen drei Fahrten die Nordwestpassage nicht finden.

1616   Der Brite William Baffin dringt bis dahin am tiefsten in die Arktis vor.

1725   Der Däne Vitus Bering entdeckt Alaska und bereist die sibirische Küste.

1819   John Franklin erkundet Küstenabschnitte der Nordwestpassage.

1831   James Clarke Ross bestimmt die Lage des nördlichen Magnetpols.

1878   Adolf Nordenskiöld befährt als Erster die Nordostpassage.

1888   Fridtjof Nansen überquert als Erster das grönländische Eisschild auf Skiern.

1903   Roald Amundsen fährt als Erster durch die gesamte Nordwestpassage.

1926   Amundsen, Nobile und Ellsworth überfliegen als Erste den Nordpol mit dem Luftschiff.

Das Leben der Entdekker war beschwerlich: Hier überquert Mungo Park mit seiner Crew auf einer wackligen Holzbrücke den Schwarzen Fluss.

Studium der Medizin. 1793: Teilnahme an einer Expedition nach Sumatra, von der Park eine Menge noch unbekannter exotischer Fischarten mitbrachte.

Im Auftrag der Londoner »African Association« unternahm er 1795 seine erste wissenschaftliche Forschungsreise an den Niger. Er erlernte die Mandingu-Sprache. Von arabischen Sklavenhändlern wurde er gefangen genommen, konnte jedoch entfliehen. Fieberkrank erreichte er den Ort Silla, rund 500 km von der legendären Stadt Timbuktu entfernt. Hier versuchte er vergebens, Informationen über den weiteren Lauf des Nigers zu erhalten. Im Gefolge einer Karawane traf er im Juni wieder in Pisania ein, dem Ausgangsort seiner Reise. Zwei Jahre später veröffentlichte er in London seine westafrikanischen Reiseerlebnisse.

1805 unternahm Park trotz Warnungen seine zweite Reise an den Niger. Zusammen mit seinem Schwager und dreißig Soldaten stieß er von Pisania (Nigeria) aus ins Innere von Senegambien vor. In Ségou angekommen, einem Ort im Bambarragebiet, war Parks Truppe auf acht Mann zusammengeschrumpft. Am 16. November befuhr er mit einer Piroge die große Nigerschleife. Amadi, sein einheimischer Führer, verließ ihn bereits nach einigen Tagen. In Parks letztem Brief, der London erreichte, schrieb er, dass der Niger nicht, wie angenommen, in den Tschadsee fließe, sondern nach Süden. Dann wurde es still um den Forscher. Fünf Jahre nach Parks spurlosem Verschwinden konnte eine von der »African Association« ausgesandte Suchexpedition lediglich erfahren, dass der Forscher und seine wenigen Begleiter in einen Hinterhalt gelockt und umgebracht worden waren. Ob Park von den Uferbewohnern oder von seinen eigenen Begleitern umgebracht worden oder ob er in den Stromschnellen unweit der Bussafälle ertrunken war, konnte nie festgestellt werden.

Mungo Park ist der erste Europäer, der den Niger über die Stadt Timbuktu hinaus wissenschaftlich erforschte und erkannte, dass der Niger ein selbständiges Flusssystem ist. Damit wies er die Behauptung zurück, der Niger fließe in den innerafrikanischen Tschadsee.

Literatur
M. Park, Travels in the interior of districts of Africa. London 1799.

–, *The Journal of a Mission to the interior of Africa. London 1815*

F. de Lenoye, Le Niger et les explorations de l'Afrique Centrale depuis Mungo Park jusqu'au Docteur Barth. Paris 1858

M. Park, Reisen ins Innerste Afrika 1795–1806. Neu hg. v. H. Pleticha. Tübingen 1976

K. Lupton, Mungo Park. Wiesbaden 1980

PARRY, SIR WILLIAM EDWARD

Englischer Seefahrer, Entdecker und Polarforscher, geb. 1790 in Bath, gest. 1855 in Bad Ems.

1803 trat Parry in die englische Marine ein und fünf Jahre später begleitete er als zweiter Offizier den Polarforscher Sir John Ross auf einer Fahrt in die arktischen Gewässer.

1819 wurde er von der britischen Admiralität beauftragt, die Nordwestpassage zu suchen. Mit zwei Schiffen, der »Hecla« und der »Griper« (von Kommandant Liddon befehligt), durchfuhr Parry am 4. Juli die Davisstraße und erreichte ohne Schwierigkeiten das Kap Byam-Martin im Süden der Lancasterbucht. Hier stellte er fest, dass es sich bei der Lancasterbucht um eine Meerenge zwischen Nord-Devon-Land und Baffinland handelt, die er »Barrowstraße« taufte und deren südl. Arm die Prinz-Regent-Meerenge bildet. Als bei der Einfahrt in die Lancasterbucht die Kompasse die Himmelsrichtungen ungenau anzeigten, war sich der Forscher bewusst, dass der magnetische Nordpol nicht mehr weit entfernt sein konnte. Am 5. August entdeckte Parry die Leopoldinseln und wenig später ging er auf der kleinen Beecheyinsel an Land. Auf seiner Weiterfahrt entdeckte er die Einfahrt des Wellingtonkanals, die Inseln Cornwallis, Bathurst und Melville, die er allesamt auf den Namen »Georgische Inseln« (zu Ehren Georgs III.) taufte und die von den Geografen »Parryinseln« genannt wurden. Je mehr sich Parry in der Baffinbai nach Norden wagte, desto größer wurde das Packeis und um so kleiner die Eisberge. Er überwinterte in Port Winter auf der Melville-Insel, die er im Juni 1820 mit einem kleinen Trupp erforschte. Im

Juli beschloss Parry weiterzusegeln, gelangte bis 113° 47' westl. L. (74° 26' nördl. Br.) und musste umkehren.

1821 unternahm Parry einen erneuten Versuch, die Nordwestpassage zu finden. Mit der »Hecla« und der »Fury« (unter Kommandant Lyon) gelangte er bis in die »Heclabucht« auf der Southamptoninsel«; dort überwinterte er und studierte die Gewohnheiten der arktischen Bewohner.

Während seiner dritten Reise im Jahre 1824 in die nordamerikanische Arktis verlor er die »Fury« unweit der Somersetinsel.

1827 versuchte Parry, von Svalbard (Spitzbergen) aus, den Nordpol zu erreichen, und kam bis 82° 45' nördl. Br., rund 800 km vom Nordpol entfernt.

Obwohl Parry weder die Nordwestpassage ganz befuhr noch den Nordpol entdeckte, hatten seine Polarfahrten Klarheit in das nordkanadische Inselgewirr gebracht. Seine geografischen Entdeckungen, seine wissenschaftlichen Studien über die Polarbewohner und seine neuen Überwinterungstechniken (strikte Disziplin im Lager,

Sir William Edward Parry

Inuits bauen sich aus Schneestücken einen Schutzwall gegen den Wind. So können sie stundenlang beim Angeln ausharren.

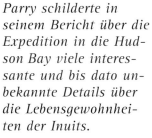

Parry schilderte in seinem Bericht über die Expedition in die Hudson Bay viele interessante und bis dato unbekannte Details über die Lebensgewohnheiten der Inuits.

sinnvolle Beschäftigung, wirksame Maßnahmen gegen Skorbut) hoben ihn in den Rang eines bedeutenden Geografen, Ethnografen und Polarspezialisten.

Literatur
Sir W. E. Parry, Journal of a Voyage of Discovery to the Arctic Regions 1818. London 1820
–, Journal of a Second Voyage to the Discovery of a North-West Passage from the Atlantic to Pacific, performed in the years of 1821, 1822, 1823 in H. M. S. »Fury« and »Hecla«. London 1824–1825
–, Journal of a third Voyage to the Discovery of a North-West Passage from the Atlantic to Pacific performed in the years of 1824 and 1825 in

H. M. S. »Fury« and »Hecla«. London 1826
–, Narrative of an Attempt to reach the North Pole in Boats. London 1828
S. M. Schmucker, Arctic Explorations and Discoveries during the nineteenth century, being accounts of the expeditions to the North Seas. Conducted by Ross, Parry, Back, Franklin, McClure and others. New York and Auburn 1857

PAVIE, AUGUSTE

Französischer Asienforscher, geb. 1847 in Dinan, gest. 1925 in Thourie (Ile-et-Vilaine).

Pavie übte lange das bescheidene Amt eines Telegrafenbeamten im kleinen Militärposten von

Kompot im Südwesten von Kambodscha aus, bis er von der französischen Regierung mit mehreren Missionen, u. a. mit einer Expedition an den Golf von Siam und den Tonlé-Sap-See sowie mit Geländestudien für den Bau einer Telegrafenleitung von Pnom-Penh nach Bangkok beauftragt wurde. Gleichzeitig sollte Pavie ganz Kambodscha kartografieren. Während dieser ausgedehnten Forschungsreisen zog er nicht nur eine Menge geografischer und ethnografischer Erkundigungen ein, sondern gewann die Kambodschaner für eine Zusammenarbeit mit den französischen Behörden.

1886 war er Vizekonsul in Luangprabang (Nordlaos). Durch seine geschickten Verhandlungen brachte er die laotischen Notablen dazu, die französische Oberhoheit über die Bergvölker der Meos und der Thais anzuerkennen. 1887 verhandelte er erfolgreich mit Siam, das den Franzosen das linke Mekongufer abtrat.

Als Pavie 1895 nach Paris abberufen wurde, hatte er ganz Indochina (Vietnam, Laos und Kambodscha) erforscht. Pavies kartografische Aufnahmen von Indochina sind von hohem wissenschaftlichem Wert. Er gilt als der »friedliche Eroberer« Indochinas und hat für die damalige Befriedung in diesem Gebiet Großes geleistet.

Literatur
E. Grenard, Mission Pavie. Paris 1879–1895
P. P. Curet, Voyages en Laos, Indochine, par
A. Pavie (Mission Pavie, Géographie et Voyages).
o. O. 1900
P. Lefèvre-Pontalis, Voyages dans le Haut-Laos.
Introduction par A. Pavie. Paris 1902
E. Diguet, Les Montagnards du Tonkin. Paris
1908
A. Pavie, La conquête des cœurs. Le pays des
millions d'éléphants et du parasol blanc. Paris
1921

PAYER, JULIUS RITTER VON

Österreichischer Nordpolforscher, geb. 1841 in Teplitz-Schönau, gest. 1915 in Veldes.

1857–59 besuchte Payer die Theresianische

Julius Ritter von Payer

Militärakademie in Wiener Neustadt. 1859 und 1867 nahm er an den Schlachten bei Solferino und Custozza teil. Bevor er sich der Polarforschung zuwandte, unternahm er ausgedehnte Bergtouren in die Adamella-, Presanella- und Ortleralpen.

1869–70 Mitglied der zweiten deutschen Nordpolarexpedition nach Grönland und 1871

Parry beobachtete auch die Tierwelt am Nordpol. Der Stich aus seinem Buch zeigt die mächtigen Walrosse.

Eine dramatische Situation auf Pearys Expedition im Franz-Josephs-Land: Ein Hundeschlitten stürzt in eine Eisspalte.

(mit Weyprecht) Teilnahme an der »Isbjörn-Expedition«. Am 14. Juli 1872 verließ Payer in Begleitung von Weyprecht den norwegischen Hafen Tromsö in Richtung Nordpol (siehe Weyprecht). Nach dieser historisch bedeutsamen Nordpolfahrt widmete sich Payer der Malerei.

Literaturhinweis
J. v. Payer, Die Österreichisch-Ungarische Nordpol-Expedition der Jahre 1872–1874. Wien 1876

PEARY, ROBERT EDWIN

Amerikanischer Marineoffizier und Entdecker des Nordpols, geb. 1856 in Cresson, gest. 1920 in Washington D. C.

1881 Eintritt in die Marine als Marine-Ingenieur. Mehrjähriger Aufenthalt in Nicaragua und Panama. Das Studium wissenschaftlicher Abhandlungen über das grönländische Binneneis weckte in Peary die Berufung zum Nordpolforscher.

1886 fuhr er mit der »Eagle« nach Grönland und drang in Begleitung eines auf der Insel ansässigen Dänen tief ins Innere des Landes vor.

Fünf Jahre später unternahm er seine erste wissenschaftliche Grönlandexpedition zusammen mit seiner Frau. Als er in den »Inglefieldgolf« (Nordwestküste Grönlands) eindrang, wurde sein Schiff, die »Kite«, vom Packeis erfasst und festgehalten. Peary und sein norwegischer Begleiter E. Astrup überquerten nun Nordgrönland von Westen nach Osten und zurück und bewiesen die Inselnatur Grönlands.

Zwischen 1893 und 1906 erforschte Peary die arktischen Gebiete und Gewässer, studierte die Lebensgewohnheiten der polaren Bewohner und wagte sich immer näher an den Nordpol heran. Die amerikanische Regierung interessierte sich für Pearys Plan und stellte ihm die eigens für nördl. Gewässer konstruierte »Theodore Roosevelt« (ein 1.500 Tonnen großes Motorschiff) zur Verfügung, mit dem er im Juli 1908 New York verließ. Als Peary auf seiner Nordpolfahrt den Robesonkanal durchfahren hatte und das Eis immer gefährlicher wurde, entschloss er sich, am Kap Kolumbia (Ellesmereland), 640 km vom Nordpol entfernt, zu überwintern. Am 1. März 1909 begann er seinen Marsch zum Pol. Einen Monat später hatte er bereits über 160 km zurückgelegt und befand sich noch knapp 260 km vom Ziel entfernt. Am 6. April hatte Peary, zusammen mit einem Schwarzen und vier Inuit, den Nordpol erreicht. Ob er dessen Nähe zu diesem Zeitpunkt tatsächlich erreichte, ist bis heute umstritten. Neue photogrammetrische Untersuchungen von Photos am Zielort sprechen dafür. F. A. Cook behauptete, den Nordpol schon am 21. April 1908 bezwungen zu haben.

Nach seiner Beförderung zum Konteradmiral im Jahre 1911 zog Peary sich ins Privatleben zurück. Pearys Erfolg ist vor allem seinen detail-

Abb. links: Robert E. Peary in seiner Polarausrüstung.
Abb. rechts: Peary hisst siegesbewußt das Sternenbanner auf einem Schneehügel am Nordpol.

lierten Vorbereitungen und dem Gedanken, mit Hilfe erfahrener und ortskundiger Inuit den Pol zu erreichen, zuzuschreiben. Seine kartografischen Aufzeichnungen der Ostküste Grönlands stimmen nicht immer mit den natürlichen Gegebenheiten überein und gaben Anlass zu manch berechtigter Kritik.

Literatur
R. E. Peary, Northward over the »Great Ice« in the years 1886 and 1891–1897. 2 Bde. New York 1898

–, Nearest the Pole 1905–1906. New York 1907
–, The discovery of the North Pole. o. O. 1910
–, Secrets of Polar Travel. New York 1917
W. H. Hobbs, Peary (Biografie). New York 1936
D. Rawlins, Peary at the North Pole. Washington 1973
R. E. Peary, Die Entdeckung des Nordpols 1908–1909. Stuttgart 1981

PELLIOT, PAUL

Französischer Forscher und Sinologe, geb. 1878 in Paris, gest. 1945 ebd. Professor für Chinesisch

Die Afrikaexpedition von Carl Peters auf dem Marsch durch den Urwald

Kaschgar, die erste wichtige Stadt im chinesischen Turkestan. Die nächste Etappe war die Oase Kutschar. Pelliot fand dort alte Manuskripte, frühes chinesisches Geld und Totenkästchen, während Dr. Vaillant die Oase kartografierte. Im Oktober 1907 gelangten sie in der Provinzhauptstadt Urumtschi (Ti-hua) an, wo Pelliot wegen seiner chinesischen und türkischen Sprachkenntnisse besonders herzlich empfangen wurde. Im Dezember erreichten sie Touen-huang im äußersten Westen von Kansu. Etwa 20 km von dieser Ortschaft entfernt entdeckte Pelliot durch einen glücklichen Zufall die Grotten »Tausend Buddhas«. In einer dieser Höhlen fand er rund 15.000 alte chinesische Manuskripte, alle aus der Zeit vor der großen Mongoleninvasion (1035), und eine Menge Gemälde auf Seide und Hanf, die heute im Louvre in Paris ausgestellt sind. Pelliots bedeutender Fund erlaubte den Sinologen von nun an, mit Originalen zu arbeiten, und viele Unklarheiten aus der chinesischen Geschichte des ersten Jahrtausends konnten aus dem Weg geräumt werden. Die letzten weißen Flecken auf der Karte von Chinesisch-Tukestan waren durch Dr. Vaillants kartografische Aufzeichnungen verschwunden.

Literaturhinweis
P. Pelliot, Mission en Asie centrale. Paris 1920–1921

PETERS, CARL

Deutscher Afrikareisender, geb. 1856 in Neuhaus a. d. Elbe, gest. 1918 in Bad Harzburg.

Studium der Geschichte und Geografie an den Universitäten von Göttingen, Tübingen und Berlin. Schüler von Georg Waitz. Wuchs in der chauvinistischen Atmosphäre der deutschen Einigung auf. Habilitierte sich 1879, bewarb sich jedoch um keinen Lehrstuhl. Lebte dann zurückgezogen in Hannover, unterrichtete an einer privaten Töchterschule und wartete auf sein »Schicksal«, das seinen eigenen Angaben zufolge einmal ein außergewöhnliches werden sollte.

an der »Ecole Française d'Extrême Orient«. 1906–08 unternahm er mit dem Kartografen Dr. Vaillant eine wissenschaftliche Reise nach Chinesisch-Turkestan, von Kaschgar bis Kansu. Von Taschkent (Sibirien) über Osch hatte die Expedition in neun Tagen das Pamirgebirge bezwungen. Achtundzwanzig Tage später erreichte sie

1881 ging er nach London, wo er mit einer offenen und politisierten Gesellschaft – im Gegensatz zur hohenzollerschen – in Berührung kam. Nach Hannover zurückgekehrt, veröffentlichte er das philosophische Werk »Willenswelt und Weltwille«.

1882 fuhr er anlässlich der Beerdigung seines Onkels ein zweites Mal nach London. Während seines einjährigen Aufenthaltes in der englischen Hauptstadt lernte er den englischen Schriftsteller Stacey kennen, der ihm von den Goldvorkommen des Mashonalandes (Ostrhodesien) erzählte. 1884 machte er dem deutschen Außenministerium den Vorschlag, das Mashonaland zu kolonisieren. Im Juli ließ Bismarck ihn allerdings wissen, dass das Deutsche Reich die Gebiete südl. des Sambesiflusses als britische Einflusszone anerkenne.

Als Peters nun dem Präsidenten des Kolonialvereins, Prinz von Hohenlohe, denselben Vorschlag unterbreitete, erhielt er von diesem die Antwort, dass der Verein keine praktische Kolonisierung betreibe. Schließlich ging Graf Behr-Bandelin auf Peters' Vorschlag ein, eine »Gesellschaft für deutsche Kolonisierung« zu gründen. Rund 30 Personen wurden zum Beitritt in diesen exklusiven Club eingeladen. Sein so genanntes »Vier-Punkte-Programm« lautete: Betreibung einer dynamischen Kolonialpolitik; Vorantreibung einer deutschen Kolonisation, um die anderen Nationen am Zugriff der nur noch wenigen »freien« Gebiete in Afrika zu hindern; praktische Schritte seitens der deutschen Regierung, um dem deutschen Volk die Richtung der kolonialen Ausbreitung aufzuzeigen. Punkt vier hatte die Mitglieder von der Notwendigkeit der Gesellschaft zu überzeugen.

Nach Peters' Auffassung sollten durch eine dynamische Kolonialpolitik die »Nachlässigkeiten« während der letzten zwei Jahrhunderte im Erwerb von Kolonien behoben werden.

Inzwischen war aber Peters der Unschlüssigkeit seiner Regierung überdrüssig geworden. In Begleitung von Dr. C. Jühlke, des Grafen Pfeil und seines Landsmannes A. Otto reiste er an die ostafrikanische Küste, marschierte von dort aus mit einer Eskorte von 36 bewaffneten Trägern, fünf Dienern und einem Dolmetscher ins Landesinnere und schloss nicht weniger als ein Dutzend Verträge mit den schwarzen Potentaten ab.

Peters' Expedition hatte unmittelbare politische Folgen: Bismarck ließ Kriegsschiffe vor der Küste Sansibars auffahren. Ostafrika wurde aufgeteilt: Die Engländer erhielten Kenia und Uganda, die Deutschen Deutsch-Ostafrika. 1887 nahm Peters an einer Expedition zur Befreiung Emin Paschas teil. 1891 wurde er zum Reichskommissar für das Kilimandscharo-Gebiet ernannt. 1899–1901 erforschte er das Gebiet zwischen dem Sambesi und dem Sabi (Fluss im früheren Rhodesien, dem heutigen Simbabwe). Peters gilt als der eigentliche Gründer Deutsch-Ostafrikas.

Literatur
C. Peters, Willenswelt und Weltwille. Leipzig 1883
–, Deutsch-National. Berlin 1887
–, Die deutsche Emin-Pascha-Expedition. München, Leipzig 1891
–, New Light on Dark Africa. London 1891
–, Äquatorial- und Südafrika nach einer Darstellung von 1719. o. O. 1895
–, Im Goldlande des Altertums. Forschungen zwischen Sambesi und Sabi. München 1902

PICCARD, AUGUSTE

Schweizer Physiker, geb. 1884 in Basel, gest. 1962 in Lausanne. Piccard unternahm 1931 mit seinem Assistenten F. Kipfer von Augsburg aus den ersten Stratosphärenflug mit einem Ballon und erreichte die Flughöhe von 15.781 m. Von Zürich aus gestartet, erreichte er mit seinem Ballon 1932 eine maximale Höhe von 16.940 m (von der FAI anerkannt 16.201 m). Seinem Zwillingsbruder Jean Félix Piccard gelang 1934 mit einem Ballon eine Flughöhe von fast 17.500 m. Seit 1947 führte Auguste Piccard auch Tiefseeversuche durch und erreichte 1953 mit dem Tiefseetauchgerät »Bathyskaph« (dem ersten seiner Art) eine Tiefe von 3150 m.

Tiefseeforschung vor Piccard

1521 Fernão des Magelhães befestigt während seiner Weltumseglung eine Eisenkugel an einem 700 m langen Seil und merkt, dass er den Meeresboden nicht erreicht.

1818 Im Nordatlantik werden Wurm- und Quallenarten aus 1800 m Tiefe nach oben befördert.

1853 Das erste Bodenrelief des Nordatlantik wird erstellt.

1857 Zwischen Irland und Neufundland wird das erste transatlantische Telegrafenkabel verlegt.

1875 Vor den Antillen werden 8341 m, im Pazifik 9427 m gelotet.

1898 Unter wissenschaftlicher Leitung von Karl Chun startet ein umgerüsteter Liniendampfer in den Atlantik und den Indischen Ozean. Von der 60.000 km langen Fahrt werden Steine und Meerestiere mitgebracht. Die Analyse der Funde dauert bis 1940.

1925 Mithilfe des Echolots, das von Alexander Behm entwickelt wurde, wird zum ersten Mal ein umfassendes Bild des Meeresbodens im Atlantik gewonnen.

1934 William Beebe und Otis Barton lassen sich in einer Stahlkugel 800 m tief unter den Meeresspiegel hinuntermanövrieren.

1938 In Südafrika wird ein Quastenflosser herausgefischt, der seit 65 Millionen Jahren als ausgestorben galt.

1947 Jacques Cousteau bringt mit seinen ersten Aufnahmen die Unterwasserwelt in das Fernsehen.

PICCARD, JACQUES

Schweizer Tiefseeforscher, Sohn von Auguste Piccard, geb. 1922 in Brüssel. Er erreichte 1960 mit dem Tauchboot »Trieste« im Marianengraben eine Tiefe von 10.912 m und erbrachte den Nachweis, dass selbst in den tiefsten Tiefen des Ozeans noch höheres organisches Leben existiert. Mit der Hilfe Jacques Piccards entstanden 1964 auch Unterseeboote für touristische Zwecke.

PINTO, ALEXANDER ALBERTO DA ROCHA SERPA

Portugiesischer Afrikaforscher, geb. 1846 in Tendais (Cinfaes), gest. 1900 in Lissabon.

Studium in Lissabon und 1864 Eintritt in die portugiesische Armee. 1877–79 durchstreifte Pinto Moçambique und das Gebiet des oberen Sambesi. Von Bihé (Bergland in Angola) aus unternahm er im Mai seine große Ost-West-Durchquerung Südafrikas. Bei dieser einmaligen Forschungsreise ergründete er die Quellengebiete des Cuanza und des Cubango, erforschte die Ufer des Uhengo bis zu dessen Mündung in den Sambesi, befuhr den Sambesi, überwand zahlreiche Katarakte, unternahm noch zusätzlich einen »Ausflug« in die Kalahariwüste und gelangte bis zu den Victoriafällen. Aufenthalt in der Missionsstation von Schoschong und Rückkehr über Pretoria (Hauptstadt der Provinz Transvaal, Verwaltungshauptstadt der Republik Südafrika).

1889 wurde Pinto zum Generalgouverneur von Moçambique ernannt. Noch im selben Jahr erforschte er den Schire (portug. Chire), den Hauptnebenfluss des Sambesi. Als er – in seiner Eigenschaft als Generalgouverneur – die Absicht zeigte, Angola mit Moçambique zu verbinden, wurde er auf Wunsch der englischen Regierung, die eine ernsthafte Gefahr für die Unterbrechung der Linie »Kairo–Kap« erblickte, von Lissabon abberufen.

Dieser wissenschaftlich ausgebildete Offizier und Forscher hat die geografischen Verhältnisse Zentralafrikas weitgehend geklärt.

PINZÓN, VICENTE YÁNEZ

Spanischer Seefahrer, geb. um 1460, gest. nach 1520.

Begleitete als Kapitän der »Niña« 1492 Columbus auf der ersten Reise in die Neue Welt und wurde am 6. Juni 1499 mit einer eigenen Entdeckungsfahrt beauftragt. Dabei durfte er allerdings weder den Portugiesen noch Columbus in die Quere kommen. Im November 1499 stieß er von Palos (Spanien) aus in See und überquerte als erster Spanier den Äquator. Am 26. Januar 1500 stieß er bei Kap Agustín auf die südamerikanische Küste. Er gilt damit als der Entdecker Brasiliens, denn der Portugiese Pedro A. Cabral folgte erst drei Monate später. Pinzón nahm das Land für Spanien in Besitz und segelte dann nach Norden. Er entdeckte die Amazonasmündung und fuhr über Hispaniola (Haiti) zurück nach Spanien, wo er im September 1500 eintraf.

1508–09 befehligte Pinzón zusammen mit Juan Díaz de Solís eine weitere Expedition nach Mittelamerika, die die Durchfahrt nach Indien finden sollte. Entlang der Küsten von Honduras und Yucatán erreichten sie wahrscheinlich die mexikanische Stadt Tampico. Ein direkter Seeweg zum Pazifik konnte allerdings nicht gefunden werden.

PIZARRO, FRANCISCO

Spanischer Konquistador, geb. 1475 in Trujillo, gest. 1541 in Lima.

Stammte aus niederem Adel. Hatte keine Schulbildung. Begab sich im Alter von dreißig Jahren nach Mittelamerika und nahm an den Expeditionen von Ojeda (1509) und N. de Balboa (1513) teil. Nachdem er eine Zeit lang in Panama Viehzucht betrieben hatte, fasste er den tollkühnen Plan, das an Edelmetallen reiche Peru zu erobern. Diego de Almagro und der Geistliche F. de Luque finanzierten das Unternehmen. Die unwirtliche Küste Perus bereitete der Expedition die größten Schwierigkeiten. 1524 hatte der kleine Trupp erst ein Drittel der Gesamtstrecke zurück-

gelegt und zwei Jahre später erreichte er den San-Juan-Fluss. Auf der Insel Gallo angelangt, erhielt Pizarro den Befehl, das Unternehmen kurzerhand abzubrechen. Er leistete jedoch dieser Aufforderung keine Folge. Mit nur dreizehn Freiwilligen setzte er seinen Weg fort und erreichte die große und reiche Stadt Tumbes (im Nordwesten Perus). Die blitzenden Rüstungen und der forsche Auftritt der Spanier versetzten die Bevölkerung in Staunen. Als Pizarros Tat noch immer keinen Eindruck auf den Gouverneur machte, begab er sich nach Spanien und wurde beim König vorstellig. Dieser erteilte ihm 1529 die Erlaubnis, Peru für die spanische Krone zu erobern und ihm den Namen »Neukastilien« zu geben.

Am 13. Mai 1531 landete Pizarro mit seinen vier Brüdern oder Halbbrüdern in Tumbes, wo er

Der stolze Konquistador Francisco Pizarro

Abb. linke Seite: Jacques Piccard mit seinem „Taschen-U-Boot", das er hier auf dem Genfer See präsentiert.

Stolz steht Pizarro 1528 vor dem Indienrat und bittet um die Genehmigung, Peru einnehmen und diese Gebiete dann verwalten zu dürfen.

die spanische Kolonie S. Miguel de Piura gründete. Zu dieser Zeit befand sich der Inkastaat in einer dynastischen Krise, die Pizarro zum Vorteil gereichte. Atahualpa, Sohn von Huayna Capa und einer Konkubine, hatte den rechtmäßigen Thronerben Huascar, Sohn von Huayna Capa und seiner legitimen Frau, in der Schlacht von Ambato (nördl. von Quito) besiegt und gefangen gesetzt und herrschte nun unumschränkt über das vereinigte Inkareich. Bei Pizarros Einfall hielt sich Atahualpa bei den heißen Schwefelquellen von Cajamarca (380 km von Lima entfernt) zur Kur auf. Er betrachtete die Spanier als zurückkehrende Götter, denn laut einer Legende sollte der Schöpfergott Tici Viracocha, der einst das Volk aus Unzufriedenheit verlassen hatte, zu einem unbestimmten Zeitpunkt zurückkehren. Auf Empfehlung der Sterndeuter lud der oberste Inka den Konquistador in seinen Palast ein. Pizarro zog mit 106 Soldaten und 62 Reitern über

kunstvoll angelegte Straßen und Hängebrücken nach Cajamarca, wo er einer Armee von 40.000 Kriegern gegenüberstand. In dieser heiklen Lage musste der Spanier blitzschnell handeln. Er lockte den Herrscher in einen Hinterhalt, ließ dessen Leibwache töten und nahm den Gottkönig persönlich gefangen (16. November 1532). Der Sturz des obersten Kriegsherrn brach den Kampfwillen der Inkas. Pizarro versprach dem Inkaherrscher gegen eine hohe Lösegeldzahlung die Freiheit. Doch als die Eingeborenen das versprochene Gold herbeigeschafft hatten, ließ Pizarro den Inka in einem unbilligen Prozess zum Tode verurteilen. Am 29. August 1533 wurde Atahualpa erdrosselt.

1535 war Peru vollständig unterworfen. Noch im selben Jahr gründete Pizarro die Stadt Ciudad de los Reyes (Lima) und gab damit dem »Gobernación de Nueva Castilla« (d. h. der Regierung Neukastiliens) eine Hauptstadt. Er regierte über

Theodor de Bry dokumentierte mit diesem Kupferstich das denkwürdige Treffen Pizarros mit Diego de Almagro und Hernando de Luque 1526 in Panama, um sich in einer „Compaña" zusammenzuschließen.

den nördl. Teil des eroberten Landes, während sein Waffengefährte Almagro über den südl. herrschte. Diese Aufteilung führte zu einer offenen militärischen Auseinandersetzung zwischen den beiden Rivalen. Pizarro nahm Almagro gefangen und ließ ihn hinrichten. Am 26. Juni 1541 wurde Pizarro in Lima von Almagros Anhängern umgebracht. Der Streit zwischen den beiden Parteien endete erst, als der spanische Monarch Peru direkt unter die Leitung der Krone stellen ließ und einen Vizekönig für dessen Verwaltung ernannte.

Pizarro nimmt unter den spanischen Konquistadoren eine eigenartige Stellung ein. Dieser ungebildete, hartgesottene und viel kritisierte Abenteurer eroberte nicht nur ein flächenmäßig riesiges Gebiet für das spanische Kolonialreich, sondern rettete auch die spanische Staatskasse durch den reichen Gold- und Silberzufluss vor dem bevorstehenden Bankrott. Spaniens Macht-

politik in Europa verschlang jedoch den größten Teil der südamerikanischen Einnahmen. Als Gouverneur hatte Pizarro völlig versagt: Von Verwaltungstechnik verstand er nichts. Pizarros Fähigkeit aber lag in der straffen Heerführung und in der militärischen Strategie. Er schuf den Kern einer beweglichen und allen Strapazen gewachsenen Kolonialarmee, die Spaniens Herrschaft auf dem südamerikanischen Kontinent für Jahrhunderte sicherte.

In der Stadt Tumbes machten die Spanier erstmals Bekanntschaft mit einer Kultur, die der iberischen ebenbürtig war. Die Inkas, die »Söhne des Himmels« (eine Adelsschicht), hatten den Stämmen der Quechuas und Aymaras eine Art Agrarkommunismus aufgezwungen. Das öffentliche und private Leben war bis in alle Details geregelt. Als offizielle Sprache galt Quechua, als Schrift die Quipu (Knotenschrift), die nur von den Quipucamayocs (Beamten) geschrieben wurde. Die-

*Ein Kupferstich aus
dem Jahr 1673, der
einen Blick auf die ge-
waltige Stadt Cuzko in
Peru zeigt, nachdem
sie in Pizarros Hand
gefallen war.*

*Gefangennahme des In-
kakönigs Atahuallpa*

Atahuallpa wurde von Pizarros Leuten brutal getötet.

ses hochgebildete Volk fiel wenige Jahre nach der spanischen Invasion in politische und kulturelle Untätigkeit.

Literatur
Ternaux-Compans, Voyages, relations, mémoires originaux pour servir à la conquête de l'Amérique. 20 Bde. Paris 1837–1841
W. H. Prescott, History of the conquest of Peru. 3 Bde. Boston 1847
Fr. de Xeres, Verdadera Relación de la conquista del Perú. Libros, I. Madrid 1853
W. H. Prescott, The Spanish Conquistadores. London 1905
R. Altamira, Historia de España y la civilización española. Barcelona 1910–1911
C. Pereyra, Historia de América. México 1920–1925
P. Pizarro, Relation of the discovery and Conquest of the Kingdoms of Peru. Übers. u. hg. v. P. A. Means. 2 Bde. New York 1921
H. B. Bonte, Franzisco Pizarro. Der Sturz des Inkareiches. Leipzig 1925
H. Cunow, Geschichte und Kultur des Inkareiches. Amsterdam 1927
L. Baudin, Vie de François Pizarro. Paris 1930
F. A. Kirkpatrick, The Spanish Conquistadores. 2nd ed. London 1946
R. Manzano, Los grandes conquistadores españoles. Barcelona 1958
Fr. R. Majo, Conquistadores españoles del siglo XVI. Madrid 1963
Die Eroberung von Peru. Die Augenzeugenberichte von Celso Gargia, Gaspar de Carvajal, Samuel Fritz, hg. v. R. und E. Grün. Tübingen 1973

Das ist der edel Ritter · Marcho polo von Venedig de groſt landtfarer · de uns beſchreibt die groſſen wunder de welt die er ſelber geſehen hat · Von dem auffgang bis zu dem nydergang der ſunnē · Der gleychē vor nicht mee gehort ſeyn

POLO, MARCO

Venezianischer Kaufmann und Globetrotter, geb. 1254 in Venedig, gest. 1324 ebd.

Stammte aus einer Kaufmannsfamilie. Marcos Vater Nicolò Polo und dessen Bruder Matteo Polo hatten mehrere Jahre im Reich der Ilkhane (Iran und Irak), der Goldenen und der Weißen Horde verbracht und in den muslimischen Khanaten von Chiva, Buchara und Kokand lukrative Geschäfte abgeschlossen. Zu Hülägü, einem Enkel Dschingis Khans, und zum Großkhan Qubilai standen beide Venezianer in guten Beziehungen. Marcos »Karriere« war also schon vorgezeichnet.

Die Route, die Marco Polo bei seiner Reise in den Fernen Osten einschlug, ist schwierig nachzuzeichnen, denn sein Reisebericht umfasst Länder, die er nie mit eigenen Augen gesehen hat. Die Wiedergabe basiert also teilweise auf Vermutungen.

Von Venedig aus fuhr Marco Polo 1271 (in Begleitung seines Vaters und Onkels) mit dem Schiff zum Hafen Lajazzo (Kleinarmenien), durchwanderte den Süden des Rum-Seldschuken-Reiches (südl. Türkei), folgte dem Lauf des Tigris, besuchte Mossul und Bagdad, bestieg erneut ein Schiff im Persischen Golf und ging in Hormus an Land. Von dieser Hafenstadt aus marschierte Polo nach Kerman, einer Handelsstadt im Reich der Ilkhane, dann weiter nach Balch (Afghan-Turkestan) und Kaschgar (Khanat Tschaghatai) und gelangte über Khotan und Hsiliang nach Khanbalik (Peking), der Haupstadt des Großkhans Qubilai (Khubilai), Gründer der mongolischen Dynastie Yüan, die bis 1368 China beherrschte. Siebzehnjähriger Aufenthalt in China. Erlernen der mongolischen (nicht der chinesischen) Sprache. Vom Großkhan an die Spitze mehrerer diplomatischer Missionen gestellt, unternahm Marco Polo ausgedehnte Reisen nach Burma, Tonkin und Annam.

Seine Rückreise auf dem Land- und Seeweg führte von Khanbalik durch Kathai (Nordchina) zur Hafenstadt Zaitun (dem heutigen Tschuan-Tschafu). Kurzer Aufenthalt auf der Insel Java.

Von Hormus über Kalikut (Malabarküste) und Somnath (Gudscherat, Golf von Cambay) erreichte Marco Polo auf dem Landweg Trapezunt am Schwarzen Meer. Nach fast einem Vierteljahrhundert kam er 1295 wieder in Venedig an, wo sich niemand mehr an die berühmte Reisegesellschaft erinnerte.

Durch den genuesisch-venezianischen Krieg geriet Marco Polo in Gefangenschaft. Er nutzte die Zeit, um seinem Mitgefangenen Rusticus von Pisa 1298–99 seinen Reisebericht zu diktieren.

Polos asiatisches Abenteuer, das den Niederschlag in seinen »Wunderbaren Reisen« fand, enthielt so viel Verblüffendes, dass seine Zeitge-

Abb. linke Seite: Marco Polo in einer zeitgenössischen Abbildung.
Abb. oben: Marco Polos Wohnhaus in Venedig

nossen viele seiner Berichte als eine glatte Lüge abstempelten. Wissenschaftliche Nachforschungen (von Yule und Pauthier) haben ergeben, dass Polos Erzählungen jedoch auf Wahrheit beruhen.

Im 14., 15. und 16. Jahrhundert wurden die Reiseberichte des Venezianers viel gelesen und diskutiert.

Von den drei Globetrottern des Mittelalters (W. v. Rubruk, Carpini, Marco Polo) hat Marco Polo die meisten Länder des Großkhans besucht, die größte Strecke zurückgelegt, die längste Zeit in Asien verbracht und den ersten konkreten historischen und geografischen Bericht über den Fernen Osten nach Europa mitgebracht.

Literatur
M. Polo, Marco Polo Veneziano delle Maraviglie del Mondo da lui vedute. (Erster Bericht von M. Polo aus dem Kerker von Genua.) Genua 1298
Marshden, The travels of Marco Polo. London 1818

Pl. Zurla, Di Marco Polo e degli alteri viaggiatori piu illustri con appendice sulle antiche mappe idro-geografiche lavorate in Venezia. Venedig 1818–1819
A. Bürck, Reisen des Marco Polo, mit Zusätzen von Neumann. Leipzig 1855
E. Charton, Voyageurs anciens et modernes ou choix des relations de voyages les plus intéressantes et les plus instructives. 2. Bd. Paris 1857
Bianconi, Degli scritti di Marco Polo. Bologna 1862
Pauthier, Le livre de Marco Polo par Rusticien de Pise. Paris 1865
H. Yule, The book of Sir Marco Polo. London 1903
M. Polo, Von Venedig nach China. Die größte Reise des 13. Jahrhunderts. 9. Aufl. Stuttgart 1986
H. Schreiber, Marco Polo. Karawanen nach Peking. 9. Aufl. Wien/Heidelberg 1990
P. Marc, Marco Polos wunderbare Reisen. Zürich 1992
Marco Polo. Das Buch der Wunder. 84 Miniaturen. Luzern 1995

Juan Ponce de Leon

PONCE DE LEON, JUAN

Konquistador, geb. 1460, gest. 1521. Ponce nahm mit größter Wahrscheinlichkeit an der zweiten Fahrt von Columbus teil. 1502 befand er sich auf Hispaniola (Haiti) und gehörte zum Gefolge des dortigen Gouverneurs, bis dieser von Diego, Columbus' Sohn, abgelöst wurde. 1513 begab er sich auf neue Reisen und ging nach Florida. Auf einer Expedition wurde er von einem Giftpfeil getroffen und starb. Die zweitgrößte Stadt von Puerto Rico, Ponce, wurde nach ihm benannt.

PORDENONE, ODERICH VON

Franziskanermönch und Globetrotter, geb. 1286 in Pordenone (Friaul), gest. 1330 in Udine.

1313 wurde Oderich von seinem Orden beauftragt, die »Ungläubigen« des Orients zu bekehren. Von Padua aus begab sich der Wandermönch auf dem Landweg nach Hormus am Persischen Golf, besuchte die gesamte Malabarküste, die Inseln Ceylon, Sumatra, Java, Borneo und verbrachte

Der Wandermönch Pordenone erkundete auch die Küste von Java.

drei Jahre in den chinesischen Städten Kanton, Peking und Nanking. Auf seiner Rückreise durchquerte er Tibet und Afghanistan, hielt sich in der afghanischen Hauptstadt Kabul auf, durchwanderte Nordpersien und kam nach fast 16-jähriger Abwesenheit wieder in Avignon an, um dem Papst Bericht zu erstatten.

Während der Vorbereitungen für eine zweite Orientreise starb Oderich an den Folgen der Strapazen seines ersten Unternehmens. Kurz vor seinem Tod hatte er Wilhelm von Solagna seinen Reisebericht diktiert.

Oderich gilt als der zuverlässigste Berichterstatter des Fernen Ostens nach Marco Polo. Manche Einzelheiten, die dem Venezianer entgingen, hat Oderich festgehalten.

Literatur
Odoricus (Matthiussi), Itinerarium fratris Odorici de mirabilibus orientalium Tartarorum. In Hakluyt: The principal Navigations. Bd. 2. London 1598

The Travels of Friar Odoric of Pordenone, 1316–1330, by Sir H. Yule, Hakluyt Society, London o. J.

PRZEWALSKI, NIKOLAI MICHAILOWITSCH

Russischer Ostasienforscher, geb. 1839 in Kimborowo (Smolensk), gest. 1888 in Karakol (= Przewalsk).

Studium in Smolensk und an der Militärschule in St. Petersburg. Während seines freiwilligen Aufenthaltes in Sibirien 1867–69 unternahm er seine erste Forschungsreise an den Ussuri (Nebenfluss des Amur). 1870 startete er seine zweite Asienreise zusammen mit Leutnant Pilzow und zwei Kosaken. Von Kjachta aus gelangten sie über Peking, Dolon-nor, Ordos, Alachan und das berühmte Kloster Tscheibsen (ungefähr 65 km von Sining entfernt) in das südl. Kukunor-Gebirge und erforschten den gleichnamigen

Nikolai Michailowitsch Przewalski

von den tibetanischen Behörden gestoppt. Auf seiner Rückreise erforschte er nochmals den Kuku-nor-See, hielt sich im Kloster Tscheibsen auf, durchquerte die Wüste Gobi und gelangte wieder über Urga nach Russland.

1883 fasste er den Entschluss, noch einmal einen Versuch zu starten, um nach Lhasa zu gelangen. Diese Reise, bekannt unter dem Namen »Zweite Tibetreise«, ist sowohl die längste als auch die bedeutendste Przewalskis.

Von Kjachta aus wollte er auf dem kürzesten Weg durch Turkestan das kulturelle Zentrum Tibets erreichen. Über das Burkhan-Buddha-Gebirge, an den Seen Djarin und Orin vorbei, gelangte er auf einer Höhe von 4.000 m an den Blauen Fluss, den er aber nicht überqueren konnte, weil seine Ausrüstung hierfür nicht geeignet war. Daraufhin begab er sich an den Gelben Fluss, an dessen Erforschung er durch Banditen gehindert wurde. Weiter marschierte er zum Gas-See (200 km vom Lob-nor-See entfernt). Nach einer kurzen Rast in der Stadt Khotan durchquerte der kleine Trupp den nördl. Teil der Wüste Taklamakan und erreichte Karakul, wo sich die Expedition auflöste.

Obwohl Przewalski Lhasa nicht hatte besuchen können, war das Resultat seiner Forschungsreise zufrieden stellend. Zur Auswertung des mitgebrachten Materials benötigte der Forscher zwei volle Jahre.

Auf einer dritten Ostasienreise starb er in Karakol am Ostufer des Issyk-Kul-Sees, das ihm zu Ehren den Namen Przewalsk erhielt.

Przewalski ist der bedeutendste Forscher der Inneren Mongolei, der Dsungarei, des Karakorumgebirges und des nordöstl. Tibets. Seine Studien über das wilde Kamel und das wilde Pferd (das nach ihm benannte Przewalskipferd) sind sehr lehrreich.

Auf seinen Spuren folgten fast alle Asienforscher des 19. und 20. Jahrhunderts. Sein Forschungswerk wurde durch die russischen Reisenden Piewzow, Potanin und die Gebrüder Grum-Grschimailo fortgesetzt.

See. Da ihnen das Geld ausging, mussten sie ihr Ziel, Lhasa zu erreichen, aufgeben. Sie durchquerten die Wüste Gobi und marschierten über Urga (Ulan-Bator) wieder nach Russland (5. September 1873). Während seiner dreijährigen Reise durch Innerasien hat Przewalski riesige Gebiete durchstreift, die bis dahin noch von keinem Europäer, mit Ausnahme des Père Huc, betreten worden waren.

Drei Jahre später unternahm Przewalski seine zweite wissenschaftliche Ostasienreise. Mit nur vier Begleitern erforschte er die Flussläufe des Ili und des Tarim, den Süden des Lob-nor-Sees (Provinz Sinkiang) und kehrte dann zur Auswertung der geografischen Untersuchungen nach Russland zurück.

1879 nahm er einen neuen Anlauf, um die tibetanische Hauptstadt zu erreichen. Über Hami, durch die Wüste Gobi und die zerklüftete Berglandschaft von Tang-la marschierte er in Richtung Lhasa. Rund 200 km vor der heiligen Stadt des Buddhismus wurde Przewalskis Expedition

Przewalski forschte in China. Den eigentümlichen Reiz der chinesischen Landschaft und ihrer Bewohner drückte der Russe in seinen Reiseberichten aus.

Literatur
N. M. Przewalski, Reisen in die Mongolei, im Gebiet der Tanguten und in den Wüsten Nordtibets 1870–1873. 2 Bde. Russische Ausgabe o. O. 1873–1876
–, Reise an den Lop-nor und Altyntagh. In: Erg. Heft Petermanns Mitteilungen Gotha 1878
–, Von Saissan über Hami nach Tibet. Russische Ausgabe o. O. 1883
–, Reisen in Tibet und am oberen Lauf des Gelben Flusses 1878–1880. Russische Ausgabe o. O. 1883
D. Rayfield, Lhasa war sein Traum. Die Entdeckungsreisen von N. Prschewalskij in Zentralasien. Wiesbaden 1977

PYTHEAS AUS MASSALIA

Griechischer Geograf, Astronom und Mathematiker, 4. Jh. v. Chr.

Pytheas sind die ersten Informationen über den Nordwesten Europas zu verdanken. Um 330 v. Chr. reiste er von Massalia (Marseille) aus über Cádiz zu den Britischen Inseln sowie nach Thule, in die Deutsche Bucht und die Ostsee. Er führte Messungen der Sonnenhöhe aus, stellte die genaue Lage des Himmelsnordpols fest und machte die ersten genauen Angaben über die Gezeiten.

RALEIGH, SIR WALTER

Englischer Seefahrer, Pirat und Schriftsteller, geb. um 1552 in Hayes Barton (Devonshire), gest. 1618 in London.

Besuchte das Oriel College in Oxford. Teilnahme an den Hugenottenkriegen in Frankreich unter Admiral Coligny (1569).

Nach einem fast fünfjährigen Aufenthalt in Frankreich schloss er sich mit seinem Halbbruder Sir Humphrey Gilbert zusammen, um Piratenfahrten nach Spanisch-Westindien zu unternehmen. Damit wurde er in der Neuen Welt zu einem Vorkämpfer der englischen Seeherrschaft gegenüber Spanien. 1580–81 hielt er sich in Irland auf und gewann die Gunst der englischen Königin Elisabeth I., die ihn 1584 zum Ritter schlug. Ein Jahr später wurde er zum Vizeadmiral ernannt und 1585–86 war er Parlamentsmitglied von Devon. 1584–87 sandte er mehrere Expeditionen nach Virginia (USA) aus, um das Gebiet zu kolonisieren. Die Königin verbot Raleigh jedoch, persönlich an den Unternehmungen teilzunehmen.

1595 unternahm Raleigh seine erste Expedition nach Guayana (Südamerika), erforschte den Orinoko, fand aber das so genannte »Eldorado« (Goldland) nicht. Ein Jahr später beteiligte er sich mit den Engländern Essex, Howard und Lord Thomas an der Eroberung von Cádiz (Spanien). 1598 wurde er Parlamentsmitglied von Dorset und 1600 Gouverneur der Kanalinsel Jersey.

Nach dem Tod von Königin Elisabeth I. (1603) begann Raleighs Abstieg. Elisabeths Nachfolger, Jakob I. König von Schottland und von England, ließ Raleigh wegen angeblichen Hochverrats in den Tower von London bringen, wo er 13 Jahre in Haft war. In dieser Zeit schrieb er die »Geschichte der Welt«.

1617 wurde er begnadigt. Er unternahm eine zweite Reise nach Guayana. Bei seiner Rückkehr wurde Raleigh ein zweites Mal in den Tower gebracht und auf Betreiben der Spanier zum Tode verurteilt. Am 7. November 1618 wurde er in »Old Palace Yard« hingerichtet. Sein Grab befindet sich in der Kirche St. Margaret zu Westminster.

Raleighs literarische Produktion – ein Gemisch von Narrheiten und Unwahrscheinlichkeiten – ist sehr umfangreich. Zahlreich sind ebenfalls die Biografien über ihn.

Literatur
Sir Walter Raleigh, History of the World (im Tower geschrieben, zwischen 1603 und 1616), London o. J.
Biografien: W. Oldys (1736), T. Birch (1751), A. Cayley (1805), P. Fraser-Tytler (1833), E. Edwards (1868), J. A. St. John (1868) und W. Stebbing (1891)
A Historical Account of the Voyages and Adventures of Sir W. Raleigh with the discoveries and conquests he made for the Crown of England. London 1719
G. M. Towl, Sir Walter Raleigh. His exploits and voyages. o. O. 1891
G. Trease, Fortune, My Foe: The Story of Sir Walter Raleigh. o. O. 1949
W. Raleigh, Beschreibung des goldreichen Königs Guianae zu America (Anno 1603), die Fahrten Sir W. Raleighs. Wien o. J.
W. Raleigh, Gold aus Guayana. Die Suche nach El Dorado 1595, hg. v. E. Larsen. Stuttgart 1988

RASMUSSEN, KNUD JOHAN VICTOR

Dänischer Polarforscher und Ethnologe, geb. 1879 in Jakobshavn (Grönland), gest. 1933 in

Sir Walter Raleigh

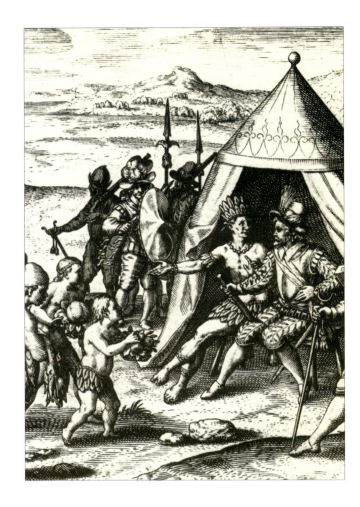

Sir Walter Raleigh (rechts) in selbstbewußter Pose im Gespräch mit einem Häuptling (links) eines befreundeten Stammes. Raleighs Leibwache hat neben dem Zelt Aufstellung bezogen.

Kopenhagen. Der Sohn eines Dänen und einer Grönländerin unternahm bereits in jungen Jahren ausgedehnte Streifzüge zu den verschiedenen Inuitstämmen Grönlands und studierte deren Sitten und Gebräuche. Um den Inuit beim Tausch ihrer Naturprodukte gegen europäische Fertigwaren zu helfen, gründete Rasmussen 1910 in der Northbai (Gebiet der Etah-Inuit) im Nordwesten Grönlands das Handelskontor Thule (heute ein bedeutender Luftwaffenstützpunkt der Amerikaner). 1912 durchstreifte er mit dem Kartografen Peter Freuchen und zwei Inuit das grönländische Binneneis von Westen nach Osten und erforschte das Parryland. Bei dieser erfolgreichen Expedition legte Rasmussen mit seinen Begleitern 1.230 km zurück; die durchschnittlichen Tagesstrecken betrugen 65 km. 1916–18 erforschte Rasmussen zusammen mit dem dänischen Polarforscher L. Koch, dem schwedischen Botaniker T. Wulff und vier Inuit Nordgrönland (»Zweite Thule-Expedition«).

1919 zog er folkloristische Erkundungen über die Inuit von Angmagsalik ein, die den Stoff für sein Werk »Myter og Sagn fra Grønland« lieferten. 1921 startete Rasmussen die größte ethnografische Expedition, die je von einem Forscher unternommen wurden, um sämtliche Inuitstämme von Nordgrönland bis zur Beringstraße zu erforschen. Am 7. September brach Rasmussen mit dem Kartografen Freuchen, dem Archäologien Therkel Mathiassen, dem Ethnografen Kaj Birket-Smith und einigen Inuit auf. Sie durchstreiften das Baffinland und überwinterten an der Hudsonbai, wo der Forscher erstmals auf die Karibu-Inuit traf, deren Leben durch die Wanderung der Rentiere geregelt wird.

Nach einer weiteren Expedition trennten sich die Forscher. Freuchen und Mathiassen durchwanderten das Baffinland, Birket-Smith studierte die Karibu-Inuit und Rasmussen unternahm mit Qavigarssuaq, einem Inuit aus Thule, und dessen Frau eine 3000 km lange Forschungsreise von der Hudsonbai bis an den Kotzebuesund an der Beringstraße. Achtzehn Monate dauerte diese strapaziöse, aber erfolgreiche ethnografische Erkundungsfahrt. Es war die bisher größte und längste Fahrt, die je von einem Forscher zum Studium der Nordpolarbewohner unternommen worden war. 1931–33 erforschte Rasmussen noch einmal Ostgrönland.

Rasmussens ethnografische Studien der grönländischen und kanadischen Inuit sind von hohem wissenschaftlichem Wert.

Literatur
K. J. V. Rasmussen, Min Rejsedagbog. Skildringer fra den første. Thule-Ekspedition. Kopenhagen und Christiana (Oslo) 1915
Thule-Expedition. London 1927. New York 1927
–, Mindeudgave. Udgivet af Peter Freuchen, Therkel Mathiassen, Kaj Birket-Smith. 3 Bde. Kopenhagen 1934
M. Hausmann, Da wußte ich, daß Frühling war. Eskimolieder. Ges. v. K. Rasmussen. Zürich 1984
K. Rasmussen, Die Gabe des Adlers. Eskimomythen aus Alaska. 2. Aufl. Berlin 1988
–, Der Sängerkrieg. Eskimosagen aus Grönland. Berlin 1991

RICE, ALEXANDER HAMILTON

Nordamerikanischer Amazonasforscher, geb. 1875 in Boston, gest. 1956 in Newport.

Rice unternahm bereits in seiner Studienzeit ausgedehnte Streifzüge in die Rocky Mountains und an die Hudsonbai. 1901 begab er sich nach Ägypten, bereiste Griechenland, die Türkei, dann Australien und Südamerika, wo er zu Fuß die Andenkette in Ecuador überquerte. 1906 begann Dr. Rice seine eigentliche Forschertätigkeit im Amazonasgebiet. Von Caracas aus durchstreifte er die unwirtlichen Llanos del Orinoco (Orinoko-becken) und gelangte nach Bogotá. Von hier aus überquerte er ein zweites Mal die Anden zur Erforschung der Quellen des Uaupès (Fluss in Brasilien und Kolumbien). Nach einem strapaziösen, 650 km langen Marsch erreichte er den Uaupès an dessen Einmündung in den Río Negro bei Santo-Joaquim. In dieser ungesunden Gegend hielt sich der Forscher neun Monate auf, befuhr

»Die Kindheit Sir Walter Raleighs«, Gemälde von Sir John Everett Millais, 1870.

Entertaining Prince Kung.

den gesamten Uaupès und kartografierte den Flusslauf von der Quelle bis zur Mündung. Anschließend erforschte er den Río Iniriada (rechter Nebenfluss des Río Guaviare) und kehrte 1908 nach New York zurück.

1911 reiste er nach Kolumbien, um das Caquetágebiet (zwischen dem Caquetáfluss und dessen linkem Nebenfluss Río Ajaju) und das Amazonasbecken zu erforschen. Von Bogotá aus begab er sich in die Mesa de Iguaje und durchstreifte die Gegend vom Río Hilla bis zum Río Ajaju und die der Zuflüsse des Río Caquetá. Er befuhr den Río Iniriada, den Río Papunau (südl. Nebenfluss des Río Iniriada) und den Río Negro.

1919 erforschte Rice erneut den Río Negro, dann den Río Casiquare (Fluss in Südvenezuela), den oberen Orinoko, den brasilianischen Teil des Amazonas und das an Venezuela angrenzende Gebiet von Guayana. Während des Versuches, zu den Quellen des Orinoko zu gelangen, wurde Rice von den Guahatibos (so genannte weiße Indianer) angegriffen. Zur Auswertung der gewonnenen Kenntnisse kehrte er nach Nordamerika zurück. 1923 durchwanderte Rice ein letztes Mal Bolivien, Chile, Argentinien, Uruguay und Südbrasilien.

Alexander Hamilton Rice gilt als der größte Amazonasforscher der ersten Hälfte des 20. Jahrhunderts.

Literatur
Dr. A. H. Rice, From Quito to Iquitos via the River Napo. Geographic Journal o. O. 1903 (April)
–, The Rio Negro, Amazonas-Map. Geographical Journal o. O. 1918 (October)
–, The Rio Negro, Casiquiare Canal and Upper Orinoco-Map. Geographical Journal o. O. 1921 (November)
Ch. E. Key, Les explorations du XXe siècle. Paris 1937

RICHARDSON, JAMES
Englischer Missionar und Afrikareisender, geb. 1806 in Boston (Lincolnshire), gest. 1851 in Bornu (Sudan).

1840 bereiste Richardson als Korrespondent einer englischen Zeitschrift das Sultanat von Marokko. Fünf Jahre später erhielt der ehemalige Missionar von der englischen Regierung und der »Gesellschaft für die Abschaffung des Sklaventums« den Auftrag, von Tripolis bis zur rund 1.000 km südlich liegenden Oase Ghat neue Handelswege zu erschließen und gegen den Sklavenhandel einzuschreiten.

Obwohl die Tuaregs Richardson freundlich gesinnt waren, konnte er leider nur bis Mursuk vorstoßen.

Nach England zurückgekehrt, überredete er die englische Regierung, eine gut ausgerüstete Expedition in den Sudan zu schicken, um mit den dortigen muslimischen Herrschern Handelsverträge abzuschließen und den Sklavenhandel zu unterbinden. Zwei deutsche Afrikareisende, Heinrich Barth und Adolf Overweg, nahmen an diesem bedeutenden Unternehmen teil. Über Mursuk, Ghat und Agadès erreichten sie im Sudan den kleinen Ort Taghelel. Dort trennten sie sich am 10. Januar 1851 in der Absicht, sich im April in Kuka am Tschadsee wieder zu treffen. Richardson wandte sich in Richtung Zinder und von dort aus nach Kuka. Er starb unterwegs in der kleinen Ortschaft Nguruta an den Folgen des strapaziösen Marsches.

Literatur
J. Richardson, Touarick Alphabet with corresponding Arabic and English letters. London 1847
–, Travels in the great desert of Sahara in the years 1845–1846. 2 Bde. London 1848
–, Dialogues in Bornu and English. Grammar of the Bornu and Kanuri Language. London 1853
–, Narrative of a Mission to Central Africa performed in the years 1850–1851. 2 Bde. London 1853
–, Travels in Marocco. London 1859

RICHTHOFEN, FERDINAND VON
Deutscher Forscher, geb. 1833 in Carlsruhe (Schlesien), gest. 1905 in Berlin.

Abb. links: Richthofen unterhält sich mit Prinz Kung, eine eigenhändige Zeichnung Richthofens, um 1870 (Reise nach China und Japan, 1868–72).

Abb. vorhergehende Doppelseite: Eine zeitgenössische Idylle auf den Osterinseln: Eingeborene und europäische Entdecker posieren malerisch vor den legendären Statuen. Der Kupferstich stammt aus dem Jahr 1797 und stammt von Godefroy. Roggeveen hatte die von ihm benannten Osterinseln 1722 entdeckt.

Studium an den Universitäten von Breslau und Berlin, dann längerer Aufenthalt in Österreich zur Analyse der Geologie von Tirol.

Als nach dem Opiumkrieg (1840–42) das »Reich der Mitte« den Europäern wieder offen stand, nahm Richthofen an einer deutschen Expedition nach China teil. In zwölf Jahren (1860–72) bereiste Richthofen zwölf Provinzen Chinas, Siam, die Sundainseln, Japan, die Philippinen, Formosa sowie Kalifornien und Nevada in den USA.

Richthofen gilt als der bedeutendste Chinaforscher der zweiten Hälfte des 19. Jahrhunderts sowie als Wegbereiter der modernen Geografie und Geomorphologie.

Literatur
F. v. Richthofen, China, Ergebnisse eigener Reisen und darauf gegründete Studien (1877–1885). Berlin u. Leipzig 1877–1912
E. Tiessen (Hg.) Ferdinand von Richthofens Tagebücher aus China. Berlin 1907
F. v. Richthofen, China. Ergebnisse eigener Reisen und darauf gegründeter Studien. Bd. 1 (Nachdr. d. Ausg. Berlin 1877). Graz 1971

Eine typische Eingeborenenhütte in der Sahara

ROGGEVEEN, JAKOB

Holländischer Seefahrer, geb. 1659 in Middelburg, gest. 1729 ebd.

Mit dem Auftrag, im Südpazifik nach dem sagenhaften Südland zu forschen, stach Roggeveen im Januar 1722 für die Ostindische Gesellschaft in See. Er gelangte über Kap Hoorn in den Pazifik, wo er Ostern 1722 die von ihm benannte Osterinsel entdeckte. Wegen der starken Brandung konnten Roggeveen und seine Mannschaft zwar nur einmal die Insel betreten, hatten dann aber Kontakt zur einheimischen Bevölkerung und konnten die großen Ahnenstatuen aus Tuffstein bewundern. Herkunft und Funktion dieser Riesenstatuen sind bis heute nicht eindeutig geklärt. Das Südland entdeckte Roggeveen allerdings nicht.

ROHLFS, GERHARD

Deutscher Afrikaforscher, geb. 1831 in Vegesack, gest. 1896 in Rüngsdorf.

Rohlfs war das vierte von sieben Kindern. Seine Gesundheit in jungen Jahren war so schlecht, dass die Ärzte ihm kaum eine Überlebenschance einräumten. Das kränkelnde Kind lehnte jeden Schulzwang ab. Im Alter von sechzehn Jahren verließ er das Gymnasium, trat in die kleine Bremer Armee ein und wurde im Krieg von Schleswig Leutnant. Nach der Demobilisierung versuchte er an mehreren Universitäten, Medizin zu studieren. Das Campusleben behagte ihm jedoch nicht. Eintritt in die Fremdenlegion und Teilnahme am Feldzug gegen die rebellischen Kabylen (Berberstamm im Gebirgsland von Algerien und Marokko).

Rohlfs brachte es bis zum »Sergent« (Feldwebel) und erhielt die hohe Auszeichnung der »Légion d'Honneur«. Während des Feldzugs durch Nordafrika erlernte Rohlfs die arabische Sprache und studierte die Sitten und Gebräuche der Nordafrikaner. Vor allem aber passte er sich den harten klimatischen Bedingungen der Atlasländer an.

Rohlfs (auf dem Stuhl sitzend) und seine Begleiter und Gehilfen in Nordostafrika, 1868.

Kaum in Europa angekommen, bereitete er seine zweite Afrikareise vor. Diesmal plante er, von Tripolis aus in das noch unerforschte Hoggarmassiv zu dringen. 1865 kam er in Ghadamès an, wo er vergebens Anschluss an eine in Richtung des Hoggars ziehende Karawane suchte. Außerdem hinderten ihn die kriegerischen Auseinandersetzungen der Tuaregs an der Ausführung seines Plans. Rohlfs änderte daher seine Marschrichtung und gelangte über Kauar und Kuka zum Tschadsee. Freundliche Aufnahme durch den Sultan von Bornu. Weitermarsch zum Bautschiplateau (Bergland im zentralen Nigeria), zum Benue, den er bis zu seiner Mündung befuhr, und zum Niger. Über die Orte Ilorin und Ibadan (Nigeria) erreichte er Lagos, die damalige Hauptstadt Nigerias. Rohlfs war die erste Afrikadurchquerung vom Mittelmeer bis zum Golf von Benin gelungen. Von nun an war sein internationaler Ruf als Saharaspezialist gesichert.

1868 bat ihn die englische Regierung, an dem Feldzug Lord Napiers gegen den äthiopischen Kaiser Theodoros teilzunehmen. Danach verabschiedete er sich von den Engländern und durchstreifte große Teile Abessiniens.

1869 unternahm Rohlfs eine große Forschungsreise zur Audschila-Oase, der größten der Dschalu-Oasen (im nordwestl. Libyen), und Siwa (im nordwestl. Ägypten). Vergebens versuchte er, zusammen mit drei anderen deutschen Wissenschaftlern die Kufra-Oasen zu erreichen. Bis zu 150 m hohe Sanddünen zwangen die Expedition, den Rückzug anzutreten.

Am 18. Dezember 1878 unternahm Rohlfs einen erneuten Vorstoß zu den Kufra-Oasen, nachdem die kaiserlichen Geschenke für den Sultan von Wadai aus Deutschland eingetroffen waren. Rohlfs sollte u. a. im Auftrag des Khediven von Ägypten die Libysche Wüste auf deren Bodenbeschaffenheit hin untersuchen. Rohlfs' Neffe A. Strecker, der österreichische Fotograf L. v. Csillagh, der Schlossermeister F. Eckardt aus Sachsen-Weimar und der Uhrmacher K. Hübner aus Graz begleiteten den unermüdlichen For-

1861 nahm er Abschied von der Fremdenlegion und begab sich nach Tanger. Ein Jahr lang bereitete er nun seine Reise nach Timbuktu vor, das er von Algier aus zu erreichen hoffte. Der Aufstand des Scheichs der Monts Ouled-Nail (Gebirgszug im nördlichen Algerien) hinderte Rohlfs an seinem Vorhaben. Er unternahm sodann eine Rundreise durch Marokko, das er als »strenggläubiger« muslimischer Arzt durchreiste. Besuch der Oase von Tafilalet (im südöstlichen Marokko gelegen), die er genau ergründete. Auf dem Weg nach Tuat, über Igli, Beni-Abès und Adrar, erreichte er nach anstrengendem Marsch am 17. September 1864 die Oase In-Salah, die größte der Tidikelt-Oasen. Rohlfs war der zweite Europäer (nach dem englischen Major Laing), der diese Oase betrat. Er fertigte zahlreiche geografische und topografische Aufnahme der Oase an.

Weil Rohlfs das Geld ausging und es auch an Zeit mangelte, verpasste er den Anschluss an eine Karawane nach Timbuktu. Rohlfs musste deshalb vorerst sein Ziel aufgeben, die legendäre Stadt zu erreichen. Über Ghadamès kehrte er nach Tripolis zurück.

scher. Von Bir-Milrha aus gingen sie nach Sokna, dem Hauptort der Oase von Djofra. Dort machte die Expedition einen Monat Halt. Mitte Juli war die Audschila-Oase erreicht. Am 1. September 1879 traf Rohlfs nach anstrengendem Marsch als erster Weißer in Taiserbo, einer der Kufra-Oasen, ein. Auf dem Rückmarsch wurde die Expedition überfallen und ihrer gesamten Ausrüstung beraubt. Rohlfs' Tagebuch, nicht aber die Karte der Kufra-Oasen, ging verloren. Am 29. Oktober trafen die Mitglieder, mit Ausnahme von L. v. Csillagh, der bei einem Alleingang durch den Fessan in Rhat umkam, mittellos aber wohlbehalten in Benghasi ein.

Erst 35 Jahre später betrat ein italienischer Soldat, der in Gefangenschaft geraten war, ungewollt die Kufra-Oasen wieder.

Endlich hatte man in Europa genaue Kenntnisse über die Kufra-Oasen. Mit Rohlfs' Expedition war die Erforschung der Libyschen Wüste nahezu abgeschlossen. Fortan widmete sich der Forschungsreisende der Aufzeichnung seiner Reiseberichte.

Während seiner rund zwanzigjährigen Forschungstätigkeit in Nordafrika leistete Rohlfs der Geografie der Sahara unschätzbare Dienste. Die Genauigkeit seiner topografischen und geografischen Aufnahmen hoben ihn bereits zu Lebzeiten in den Rang eines bedeutenden Geografen und Topografen. Neben den beiden Franzosen Caillié und Duveyrier ist Rohlfs der dritte »Große« der Saharaforscher.

Literatur
G. Rohlfs, Reisen durch Marokko. Bremen 1869
–, Im Auftrage seiner Majestät, des Königs von Preußen mit dem englischen Expeditionscorps nach Abessinien. Bremen 1869
–, Von Tripolis nach Alexandrien. 2 Bde. Bremen 1871
–, Mein erster Aufenthalt in Marokko. Bremen 1873
–, Quer durch Afrika. 2 Bde. Leipzig 1874–1875
–, Drei Monate in der Libyschen Wüste. Kassel 1875
W. Jordan, Die geographischen Resultate der von

G. Rohlfs geführten Expeditionen in die Libysche Wüste. Sammlung gemeinverständlicher Vorträge von Virchow und Holtzendorff, Nr. 218. Berlin 1875
G. Rohlfs, Kufra. Leipzig 1881
–, Meine Mission nach Abessinien im Winter 1880/81. Leipzig 1883
K. Guenther, Gerhard Rohlfs. Freiburg i. Br. 1912

Sir John Ross entdeckt am 1. Juni 1831 den nördlichen magnetischen Pol (Holzstich nach der Zeichnung von Paul Bender, 1896).

E. Banse, Unsere großen Afrikaner (darin Rohlfs). Berlin 1940

H.-O. Meissner, Durch die sengende Glut der Sahara. Stuttgart 1968

G. Rohlfs, Quer durch Afrika. Die Erstdurchquerung der Sahara vom Mittelmeer zum Golf von Guinea 185–1867, hg. v. H. Gussenbauer. Stuttgart 1984

ROSS, SIR JAMES CLARK

Englischer Polarforscher und Entdecker, geb. 1800 in London, gest. 1862 in Aylesbury.

Trat im Alter von 12 Jahren in die »Royal Navy« ein. 1818 begleitete er seinen Onkel John Ross und 1819–27 Parry auf ihren Nordpol-

Erste Begegnung mit den Eingeborenen von »Boothia« 1829/30, nach einer Skizze von Sir John Ross

fahrten zur Auffindung der Nordwestpassage. 1829–33 nahm er an zwei groß angelegten Arktisfahrten von John Ross teil; dabei wurden die Halbinseln Boothia, das King-William-Land und der magnetische Nordpol entdeckt.

Seine nächsten Expeditionen führten ihn in die Antarktis. Vom Hafen Hobart (Tasmanien) aus, wo er von der Entdeckung der Insel Balleny, dem Adélieland und der »Côte de Clarie« gehört hatte, stieß Ross mit zwei Schiffen, der »Erebus«

und der »Terror«, in die antarktischen Gewässer vor, gab dem Gebiet, das er südlich Australiens entdeckte, den Namen »Victorialand«, den beiden Vulkanen die Bezeichnung »Mount Erebus« und »Mount Terror« und erreichte 1843 als Erster 79° 10' südl. Br.

Seine letzte Reise galt der Suche nach der verschollenen J.-Franklin-Expedition. Mit der »Enterprise« und der »Investigator« ergründete er die Küsten der Baffinbai, befragte alle Inuit,

denen er begegnete, gelangte bis in die Barrowstraße und überwinterte auf der Leopoldinsel. Als
er im Frühjahr 1849 noch immer keine Spur von
Franklin gefunden hatte, kehrte er enttäuscht
nach England zurück.

James Clark Ross war der erste Forscher, dem
es gelang, den 79. Grad südl. Br. zu überqueren.
Er hatte durch seinen kühnen Vorstoß den neu-
zeitlichen Südpolarforschern wie Scott, Shackleton und Amundsen den Weg gewiesen.

Literatur
*Sir J. D. Hooker, The Botany of Antarctic Voy-
ages of H. M. Discovery Ships Erebus and Terror,
1839–1843, under the command of Sir J. C.
Ross. London 1844–1860*
*Sir J. M. D. Richardson and J. E. Gray, Zoology
of the voyage of H. M. S. Erebus and Terror
under the command of Sir J. C. Ross. London
1844–1875*
*Sir James C. Ross, A Voyage of Discovery and
Research in Southern and Antarctic Regions during the Years 1839–1843. 2 Bde. London 1847*

*Begegnung mit Inuit
während der zweiten
Expedition von Sir
John Ross, nach einer
Skizze von Ross*

ROSS, SIR JOHN

Englischer Seefahrer und Polarforscher, geb. 1777 in Inch (Schottland), gest. 1856 in London.

Teilnahme an verschiedenen Seegefechten während der französisch-englischen Auseinandersetzung unter Napoleon I. Beförderung zum Leutnant.

1818 wurde John Ross von der englischen Admiralität beauftragt, in die nordkanadischen Gewässer zu fahren und diese zu erforschen und zwar mit dem Ziel, durch die Baffinbai die nordwestliche Durchfahrt zu erkunden.

Mit zwei Schiffen, der »Isabel« (seinem Flaggschiff) und der »Alexander« (von Parry kommandiert), stieß Ross durch die Davisstraße in die Baffinbai vor, ergründete die Ostküste Grönlands, nahm Kontakt mit den Inuit auf, erreichte ohne Schwierigkeiten den Smithsund, gelangte aber nicht über 76° 46' nördl. Br. hinaus. Weil Parry ihn der Abgabe eines fehlerhaften Berichtes bezichtigte, entzog die britische Regierung John Ross jede weitere finanzielle Hilfe für eine zweite Fahrt in die Arktis.

Vom wohlhabenden Geschäftsmann Felix Booth unterstützt, unternahm Ross 1829 mit der »Victory« einen neuen Vorstoß in die arktischen Gewässer, entdeckte eine Halbinsel, die er auf den Namen seines Gönners »Boothia« taufte, sowie die King-William-Insel und den magnetischen Nordpol.

Am 26. August 1833 wurden Ross und seine Mannschaft von Walfängern aufgenommen und nach England zurückgebracht.

Nach einem begeisterten Empfang in London adelte Königin Victoria John Ross und ernannte ihn zum Konteradmiral.

Literatur
W. H. Bishop, The Voyages and Expeditions of Cpt. Ross, Parry and Franklin in Search of a Northwest Passage. London (1834?)
R. Huish, The last Voyage of Cpt. Sir J. Ross to the Arctic Regions. London 1835
Sir J. Ross, Memoir of Admiral A. J. Krusenstern, translated from the German by C. Bernardi and edited by S. J. Ross. o. O. 1856
S. M. Schmucker, Arctic Explorations and Discoveries during the nineteenth century being accounts of the expeditions to the North Seas. Conducted by Ross, Parry, Back, Franklin, McClure and others. New York and Auburn 1857
J. Ross, Zum Magnetpol in der Arktis. Bericht über die Expedition von 1829 bis 1833, hg. v. G. Grümmer. Rostock 1991

RUBRUK (RUYSBROEK), WILHELM VON

Flämischer Franziskanermönch und Asienreisender, geb. um 1210 in Rubrouck, gest. nach 1290 wahrscheinlich auf dem Berg Athos (Mönchsrepublik im Nordosten Griechenlands).

1253 wurde Rubruk vom französischen König Ludwig d. Heiligen beauftragt, sich an den Hof des Großkhans Mangu zu begeben, um die Bedingungen einer möglichen Allianz gegen den Islam zu erfahren und im Fernen Osten die Missionierung einzuleiten.

Von Akkra (Königreich Jerusalem) über Konstantinopel gelangte der Mönch teils zu Fuß, teils auf einem Ochsenkarren in das Gebiet der Kumanen (Khanat der Goldenen Horde), besuchte die Orte Altsarai und Neusarai an der unteren Wolga, marschierte nördl. des Kaspischen Meeres und nördl. des Aralsees nach Balagasun (Khanat Tschaghatai), überquerte den Irtysch und erreichte das Reich des Großkhans, in dessen »Hauptstadt« Karakorum er zwei Monate zu Gast war.

Ohne positive Ergebnisse kehrte Rubruk, diesmal nördl. des Balchaschsees, durch das Khanat der Weißen Horde zurück, schwenkte von Altsarai nach Süden, durchwanderte Georgien, das Reich der Rum-Seldschuken, und gelangte über Zypern wieder nach Akkra (1255).

Rubruks Reise (1253–55) quer durch ganz Asien war eine einmalige physische Leistung. Sein Reisebericht stellte die erste konkrete Bestandsaufnahme der Sitten und Gebräuche der Mongolenvölker, die vom Großkhan beherrscht wurden, dar.

Literatur
P. Bergeron, Voyages faits principalement en

Asie dans les XIIe, XIIIe, XIVe et XVe siècles par Benjamin de Tudèle, Jean Plan du Carpini, N. Ascelin, Guillaume de Rubruquis ... accompagnés de l'histoire des Sarrazins et des Tartares et précédés d'une introduction concernant les voyages

et les nouvelles découvertes des principaux voyageurs. La Haye 1735
L. de Backer, Guillaume de Rubruk, ambassadeur de Saint Louis en Orient, récit de son voyage traduit de l'original latin. Paris 1877
H. Herbst, Der Bericht des Franziskaners Wilhelm von Rubruk über seine Reise. Leipzig 1925
W. v. Rubruk, Reisen zum Großkhan der Mongolen. Von Konstantinopel nach Karakorum 1253–1255, hg. v. H. Leicht. Stuttgart 1984

RUGENDAS, JOHANN MORITZ

Deutscher Reisender, Maler und Zeichner, geb. 1802, gest. 1858.

Der Augsburger Maler Rugendas wurde durch seine Reisestudien aus Südamerika bekannt. In den Jahren 1821–25 hielt er sich in Brasilien auf und 1831–47 bereiste er Mexiko, Peru, Chile, Bolivien und wieder Brasilien.

Vor allem Humboldt, den Rugendas erstmals 1825 in Paris kennen gelernt hatte, schwärmte von den meisterhaften Zeichnungen des Künstlers, die die südamerikanische Tropenwelt naturgetreu wiedergeben.

Diese malerische Illustration entstammt Rugendas Werk »Voyage pittoresque dans le Brésil« aus dem Jahr 1827 und zeigt eine Brücke aus Lianen.

SAINT-HILAIRE, AUGUSTIN FRANÇOIS CÉCAR PROUVENSAL DE

Französischer Südamerikaforscher, geb. 1779 in Orléans, gest. 1853 ebd.

Studium der Zoologie, Botanik und Entomologie (Insektenkunde). 1816 wurde Hilaire von der Pariser Akademie der Wissenschaften mit einer groß angelegten Forschungsreise nach Brasilien beauftragt. Nahezu sechs Jahre lang durchstreifte der Wissenschaftler riesige Gebiete Innerbrasiliens, Paraguays und Uruguays.

Von Rio de Janeiro aus bereiste der »französische Humboldt« in 15 Monaten die Provinz Minas Gerais, erreichte den Rio Jequitinhonha, wo er die Botokuden, einen kriegerischen Indianerstamm, erforschte. Über den Rio San Francisco kehrte er nach Rio de Janeiro zurück. Er übersandte dem Museum von Paris 200 verschiedene Vögel und 800 Insekten, 200 Pakete Samen exotischer Pflanzen und zwei Abhandlungen über die Flora von Minas Gerais.

Eine zweite Forschungsreise führte ihn in die Provinz Espíritu Santo. Er durchwanderte die ungesunde Gegend vom Rio Doce und besuchte die Städte Campos am Rio Paraiba und Vitoria, die Hauptstadt von Espíritu Santo. In Rio de Janeiro angelangt, sandte er wiederum eine Sammlung exotischer Pflanzen nach Paris.

Die dritte Entdeckungsreise unternahm Hilaire in die Provinzen Minas Gerais, Goias und São Paulo. Als er im Ort São João del Rei seinen einzigen zuverlässigen Begleiter verlor, entschloss er sich, allein weiterzureisen. Er erreichte die Quellen des Rio Francisco, erforschte die Schwefelquellen des Araxa und marschierte zur »Diamantenprovinz« Paracatu. Von hier aus gelangte Hilaire in die Provinz Goias und in deren Hauptstadt Vila-Boa, die ihn ihrer großen Armut wegen enttäuschte. Als er an die Grenze der Provinz Mato-Grosso kam, verweigerten ihm die portugiesischen Behörden die Einreise. Über Vila-Boa und Meia-Ponte kam Hilaire im Dezember 1819 wieder in São Paulo an. Während eines mehrwöchigen Aufenthalts in dieser Stadt ordnete er seine Sammlung und besuchte die nahe gelegenen Städte Itu, Porto-Feliz und Sorocaba. Er änderte jetzt seine Marschrichtung und gelangte über Itararé nach Curitiba, der heutigen Hauptstadt des Bundesstaates Paraná. Nach der Erforschung der »Serra« von Paranagua und der Besichtigung der Städte Porte Alegre, Rio Grande und São Francisco de Paulo, das wegen seines getrockneten Fleisches berühmt war, überschritt er im Oktober 1820 die Grenze und gelangte in die spanischen Besitzungen nach Montevideo. Auf dem Weitermarsch erforschte er den Río Negro und lebte mehrere Wochen lang in einem Wüstenstreifen, der nur von Jaguaren und Straußen bevölkert war. Das Kosten einer kleinen Menge wilden Honigs hätte für Hilaire beinahe den Tod bedeutet. Nach Besichtigung der verfallenen Missionsstationen der Jesuiten in Paraguay begab er sich wieder auf brasilianisches Territorium und kam gegen Ende des Jahres 1821 in Rio de Janeiro an.

Auf seiner vierten und letzten Brasilienreise besuchte er nochmals die Umgebung von São Paulo und erforschte die Serra von Mantiqueira (Gebrigszug im Nordosten Brasiliens). Im Juni 1822 traf Saint-Hilaire völlig erschöpft und fast erblindet in Paris ein. Die Bilanz von Hilaires sechsjähriger Forschertätigkeit war überwältigend. Er durchstreifte Brasilien von den Quellen des Rio Tocantins bis zur Mündung des Rio Prata. Während der 12.000 km langen Reise ordnete und beschrieb er 48 Säugetiere, 450 Vögel, 35 Reptilien und 48 Fische, rund 16.000 Insekten, Käfer und Schmetterlinge, von denen noch viele unbekannt waren. Die mitgebrachten Gesteinsproben gaben den europäischen Geologen wichtige Hinweise über die Erzvorkommen Brasiliens. Nebenbei studierte Hilaire noch die Lebensgewohnheiten der »Paulistas« (Städter) und der »Mineiros« (Bewohner von Minas Gerais).

Literatur
A. de Saint-Hilaire, Voyages dans les provinces de Rio et de Minas Gerais. Paris 1830
–, Voyages dans le district des diamants et sur le littoral du Brésil. Paris 1833
–, Voyages aux sources du Rio de S. Francisco et dans la province de Goyaz. Paris 1847
–, Voyages dans les provinces de Saint-Paul et de Sainte-Cathérine. Paris 1851
–, Voyages à Rio Grande do Sul. Paris 1887

SCHILTBERGER, HANS

Deutscher Orientreisender, geb. 1380 bei Freising, gest. um 1440.

1394 kämpfte Schiltberger als Schildknappe gegen die Türken und geriet 1396 bei Nikropolis (Bulgarien) in türkische, später in mongolische Gefangenschaft.

30 Jahre währte seine Odyssee durch den Mittleren und Fernen Osten. Er lernte Isphahan, Samarkand, Eriwan, Astrachan, den Ural, Sibirien und Südrussland kennen. Schließlich gelang ihm am Schwarzen Meer zusammen mit vier christlichen Mitgefangenen die Flucht. 1427 traf er wieder in Bayern ein. Sein in Ulm 1473 posthum veröffentlichter Bericht »Reise in die Heidenschaft« erhebt ihn in den Rang des ersten deutschen Weltreisenden.

Literatur
J. Schiltberger, Als Sklave im Osmanischen Reich und bei den Tataren (1394–1427), hg. v. U. Schlemmer. Stuttgart 1983

Chronik Brasiliens bis zum 19. Jahrhundert

1000 v. Chr.	Im Gebiet des heutigen Brasilien leben ca. 3,6 Millionen Menschen verschiedener Volksstämme.
Ab 1499	Der Spanier Vincente Yáñez Pinzón segelt als Erster entlang der Ostküste Brasiliens.
1500	Der portugiesische Seefahrer Pedro Álvarez Cabral landet an der Nordostküste Brasiliens, nimmt das Land für Portugal in Besitz und gründet die Hafenstadt Bahia, das heutige Salvador.
1515	Die Portugiesen beginnen mit der Erforschung und Kolonisierung Brasiliens.
1541	Portugal erklärt Bahia (Salvador) zur Hauptstadt über Brasilien.
1554	São Paulo wird gegründet.
1565	Rio de Janeiro wird gegründet.
1600	Nach der Ausrottung der Charrúa-Indianer besetzen die Portugiesen den Norden und die Spanier den Süden des heutigen Uruguay.
1621	Portugal teilt die Kolonie Brasilien in zwei teilautonome Generalgouvernements auf.
1696	In den Bergen nördlich von Rio de Janeiro wird erstmals Gold gefunden; wenig später andere Metallerze, Diamanten und Halbedelsteine.
1763	Rio de Janeiro löst Bahia (Salvador) als Hauptstadt Brasiliens ab.
1822	Der portugiesische Kronprinz Pedro erklärt Brasilien als konstitutionelle Monarchie für unabhängig vom Mutterland und lässt sich zum Kaiser Pedro I. krönen.

SCHIRRA, WALTER MARTY, JR.

US-amerikanischer Astronaut, geb. 1923 in Hackensack (New Jersey).

Der ehemalige Marineflieger Walter Schirra ist der einzige der ersten sieben Astronauten, der mit den drei Raumkapseln »Mercury«, »Gemini« und »Apollo« ins All geflogen ist. Während seines zweiten Fluges im Dezember 1965 gelang es ihm und Thomas Stafford, mit der »Gemini 6« bis auf 30 cm an das Raumschiff »Gemini 7«, an Bord die Astronauten Frank Borman und James Lovell, heranzufliegen. Weiterhin gehörte Schirra zur Besatzung der »Apollo 7«, des ersten bemannten Apolloflugs im Oktober 1968. Er verbrachte während seiner drei Flüge insgesamt $12^1/_2$ Tage im Weltraum. 1969 verließ er die NASA, um in die Wirtschaft zu gehen und um 1978 seine eigene Consultingfirma zu gründen.

Literatur
R. N. Billings, Schirra's space. Boston 1988

SCHMIDT, OTTO JULJEWITSCH

Russischer Mathematiker und Arktisforscher, geb. 1891 in Mogiljow, gest. 1956 in Moskau.

1929–33 unternahm Schmidt mehrere wissenschaftliche Expeditionen in die russische Arktis und zog hydrografische Erkundungen über die Barents- und Karasee ein. 1932–39 war er Leiter der Hauptverwaltung für die russische Nordroute; damit unterstand ihm die gesamte sowjetische Arktisforschung. Nach dem Zweiten Weltkrieg widmete er sich dem monumentalen Werk der »Bolschaja Sowjetskaja Enzyklopedija«. Um den Nordpol wissenschaftlich besser erforschen zu können, entwickelte Otto Schmidt die Theorie, in der Nähe des Pols ein Jahr lang Wissenschaftler zu stationieren, die per Flugzeug abgelöst werden sollten. Wodopyanow setzte diese Idee 1936 erstmals erfolgreich in die Praxis um.

Literatur
Leben und Werk von Otto Schmidt (in Russisch). Moskau 1959

SCHNITZER, EDUARD (GENANNT EMIN PASCHA)

Deutscher Afrikareisender und Abenteurer, geb. 1840 in Oppeln, gest. 1892 in Kanema (Zentralafrika).

Studium der Medizin. 1865–75 Arzt in der türkischen Armee. Ging dann nach Ägypten. 1876 von Gordon (englischer Offizier, der bei der Einnahme Khartums 1885 durch den Mahdi getötet wurde) zum »Chief Medical Officer« (eine Art Oberstabsarzt) und ein Jahr später zum Gouverneur des Gebietes am Oberen Nil ernannt. Beim Einmarsch des Mahdi (arabisch: der gut Geleitete; hier: Muhammad Ahmad Abd Allah) wurde Schnitzer von sämtlichen Zufahrtsstraßen abgeschnitten. 1888 erreichte ihn Stanleys Expedition, doch lehnte Schnitzer es ab, sich ihr anzuschließen.

Beim Ausbruch einer Meuterei musste Schnitzer zur ostafrikanischen Küste fliehen und kehrte 1889 nach Deutschland zurück. Er wurde Mitglied der Deutschen Ostafrika-Gesellschaft.

In Begleitung des Arztes Dr. Stuhlmann begab sich Schnitzer, der sich jetzt Dr. Emin Pascha nannte, wieder auf eine Entdeckungsreise nach Zentralafrika. Auf dem Marsch zum Uëlle (Fluss im Norden des Kongos) wurde er von einem Araber ermordet.

Als Verwalter überschätzt, als Geograf untauglich, hat sich Schnitzer doch als Ethnograf und Naturforscher einige Verdienste erworben.

Literatur
Emin Pascha. Eine Sammlung von Reisebriefen und Berichten Dr. Emin Paschas aus den ehemaligen ägyptischen Äquatorial-Provinzen und den Grenzländern. Hg. v. Dr. G. Schweinfurt, Dr. Ratzel, R. W. Felkin und G. Hartlaub. Leipzig 1888
Tagebücher. Hg. v. F. Stuhlmann. 4 Bde. o. O. 1915–1927
H.-O. Meissner, An den Quellen des Nils. Die Abenteuer des Emin Pascha. Stuttgart o. J.
Emin Pascha. Gefahrvolle Entdeckungsreisen in Zentralafrika 1877–1892, hg. v. H. Schiffers. Stuttgart 1983

SCHWEINFURTH, GEORG AUGUST

Deutscher Afrikaforscher, geb. 1836 in Riga, gest. 1925 in Berlin.

Studium der Botanik in Heidelberg, München und Berlin. In Berlin begegnete Schweinfurth dem bekannten Afrikaforscher Heinrich Barth. Diese Bekanntschaft und die Beschäftigung mit einer großen Pflanzensammlung aus dem Nachlass des verstorbenen Freiherrn von Barnim weckten in dem jungen Botaniker Interesse für die afrikanische Pflanzenwelt.

1864–66 unternahm er bereits eine ausgedehnte Vorbereitungsreise ans Rote Meer und in das Gebiet des Blauen Nil.

1868 erhielt Schweinfurth von der Humboldtstiftung den Auftrag, vor allem botanische Erkundungen über das Gebiet des Bahr el-Ghasal (linker Nebenfluss des Weißen Nil) einzuziehen. Nach gründlichen Vorbereitungen und unter Berücksichtigung der Erfahrungen der Expedition A. Tinné, Steudner und Heuglin marschierte er am 5. Januar 1869 von Khartum aus in das Gebiet des Bahr el-Ghasal und erforschte die Eingeborenenvölker der Mangbetu (Stamm im Gebiet des mittleren Uélle und mittleren Bomokandi), der Nuer (Halbnomadenstamm im südl. Sudan) und der Aka-Zwerge (ein Pygmäenstamm).

Schweinfurth war der erste Europäer, dem eine ethnografische Untersuchung der Menschen fressenden Niam-Niam gelang. Über Khartum kehrte der Forscher 1871 nach Ägypten zurück, allerdings mit leeren Händen: Seine umfangreiche Sammlung exotischer Pflanzen war einem Feuer zum Opfer gefallen.

1872–73 erforschte er mit den Geologen K. Zittel, dem Vermesser Dr. Jordan, dem Botaniker P. Ascherson und dem Fotografen Remelé die Oasen der östl. Libyschen Wüste und 1875–76 durchstreifte Schweinfurth, diesmal in Begleitung von Dr. Güßfeldt, die Gebiete zwischen dem Nil und dem Roten Meer.

In Kairo gründete er im Auftrag des Khediven das Ägyptische Institut und die Geografische Gesellschaft. Mehrere Jahre leitete er die Museen der ägyptischen Hauptstadt.

Schweinfurths ethnografische und kulturhistorische Erkundungen über das Bahr-el-Ghasal-Gebiet und dessen Bewohner zählen zu den großartigsten der gesamten Afrikaforschung.

Georg August Schweinfurth

Literatur
Petermanns Mitteilungen. Gotha Jg. 1863–1865, 1867–1874
Dr. G. Schweinfurth, Linguistische Ergebnisse der Reise nach Zentral-Afrika. Berlin 1873 (Supplement zur Zeitschrift für Ethnologie 1872)
–, Im Herzen von Afrika. Leipzig 1874
–, Artes Africanae. Leipzig 1875
Georg Schweinfurth. Lebensbild eines Afrikaforschers. Briefe von 1857–1925, hg. v. K. Guenther. Stuttgart 1954

SCORESBY, WILLIAM

Englischer Seefahrer, Walfänger und Polarforscher, geb. 1789 in Whitby, gest. 1857 in Torquay.

Nach dem Studium der Naturwissenschaften an der Universität Edinburgh wandte sich Scoresby der Arktisforschung zu. Insgesamt unternahm dieser wissenschaftlich ausgebildete Seefahrer und Walfänger 17 Fahrten in die nordischen Gewässer zwischen Grönland und Spitzbergen. 1822 gelang es ihm, die im Sommer meist von einer dicken und breiten Eisschicht umgebene Ostküste Grönlands zu erreichen.

Scoresby gilt als der Begründer der modernen Nordpolforschung. Seine wissenschaftlich-exakten Reiseberichte dienten fast allen namhaften Nordpolarforschern des 19. Jahrhunderts als Grundlage. Er hat die erste genaue Karte der Ostküste Grönlands zwischen 69° 30' und 75° nördl. Br. angefertigt.

Der »Scoresbysund« (ein Fjord im Osten Grönlands) trägt den Namen von Scoresbys Vater; das »Scoresbyland« ist nach William, dem Sohn, benannt.

Literatur
W. Scoresby, Journal of a Voyage to the Northern Whale-Fishery; including Researches and Discoveries on the Eastern coast of West Greenland, made in the Summer of 1822, in the Ship Baffin of Liverpool. Edinburgh 1823

Robert Falcon Scott

SCOTT, ROBERT FALCON

Englischer Antarktisforscher, geb. 1868 in Devonport (heute zu Plymouth), gest. 1912 in der Antarktis.

Trat der englischen Marine bei und diente 1886 als Torpedospezialist im West Indian Squadron.

Als im Jahre 1902 ein internationaler Kongress beschloss, die Antarktis von mehreren Seiten her zu erforschen, beanspruchte Großbritannien das Interessengebiet, das unter dem Namen »Ross Dependency« bekannt war, und beauftragte Kapitän Scott mit einer groß angelegten Expedition. Mit der »Discovery« erforschte er zuerst die Rossbarriere und ging dann in der Walfischbai (oder Ballonbai) an Land. Im Osten der Eiswüste entdeckte er ein Gebiet, dem er den Namen »König-Edward-VII.-Land« gab, und überwinterte anschließend in der Nähe des Erebusvulkans auf der Rossinsel. Während die meisten Expeditionsmitglieder mit Untersuchungen antarktischer Probleme befasst waren, stieß Scott weit in die Antarktis vor und erreichte nach einem schwierigen Marsch durch die Gebirgskette des Süd-Victoria-Landes 82° 17' südl. Br. Im darauf folgenden Jahr bestieg er mehrere bis zu 3.000 m hohe Eisriesen des Victorialandes.

1911 setzte Scott zum Endspurt auf den Südpol an. Von Neuseeland aus fuhr er in die Antarktis und richtete einen Stützpunkt am Kap Evans ein, 50 km nördl. von Hut Point. Zur gleichen Zeit hatte sein Konkurrent Amundsen in der Walfischbai Quartier bezogen.

Am 1. November eröffnete Scott den Wettlauf mit zwölf Mann, zwei motorisierten Schneefahrzeugen, zehn Schlitten, die von Ponys aus der Mongolei gezogen wurden, und nur wenigen Polarhunden. Am 10. Dezember gelangte er an den Beardmoregletscher und am 3. Januar 1912 hatte Scott erst 87° 32' erreicht. Der Marsch von diesem Gletscher bis zum Pol war äußerst beschwerlich: Scott und seine Gefährten mussten die Schlitten selbst ziehen, da alle Ponys eingegangen waren, und trotz Spezialkleidung kam es zu Gliedmaßen-Erfrierungen. Am 17. Januar hatte Scott es endlich geschafft. Die Enttäuschung war allerdings groß, denn Amundsen hatte schon einen Monat vorher den Südpol erreicht. Norwegen, nicht Großbritannien, hatte gesiegt.

Auf dem Rückweg starben Scotts beiden Begleiter Wilson und Bauwers und am 29. März starb auch Scott. Am 30. Oktober fand ein Suchtrupp das Lager mit den erfrorenen Forschern. Scott hatte bis zur letzten Stunde sein Tagebuch geführt.

Am Horizont mitten im Packeis sieht man Scotts Polarschiff „Terra nova".

Die Aufnahme zeigt Amundsens Zelt, davor Scott mit seinen Begleitern.

Scotts Leiche wurde von einem Suchtrupp gefunden. Das Bild zeigt sein Begräbnis im Ewigen Eis.

Die Tatsache, dass Scott von Amundsen im Kampf um den Südpol geschlagen wurde, ist vor allem auf zwei Ursachen zurückzuführen: Scotts Anmarsch war weit schwieriger als derjenige von Amundsen und Scott hatte den schwerwiegenden Fehler begangen, Ponys statt Polarhunde als Zugtiere zu benutzen. Mit Scotts Unternehmen war die dramatische Periode der Antarktisforschung vorbei.

Literatur
R. F. Scott, The Voyage of the »Discovery«. 2 Bde. London 1905
–, Narrative of a Journey to the Shores of the Polar Sea. London 1910
Scott's last Expedition. The personal journals of Captain Scott. London 1923
St. L. Gwynn, Captain Scott. A Biography. London 1929
Ch. H. Avery, No Surrender. The story of Captain Scott's journey to the South Pole. London 1933
W. Holwood, The true Book about Captain Scott. London 1954
P. Brent, Captain Scott – Die Tragödie in der Antarktis. Mannheim 1977
K. Holt, Scott-Amundsen. Wettlauf zum Pol. Neuausg. Wien 1979
R. Huntford, Scott & Amundsen. London 1979
R. F. Scott, Letzte Fahrt. Scotts Tagebuch. 10. Aufl. Mannheim 1981
P. Marc, Amundsen und Scott am Südpol. Zürich 1992

Eduard Georg Seler

SELER, EDUARD GEORG

Deutscher Ethnologe und Amerikanist, geb. 5.12.18491849 in Crossen (Oder), gest. 1922 in Brerlin 23.11.1922.

Seler arbeitete nach seinem wissenschaftlichen Studium ab 1844 am Museum für Völkerkunde in Berlin. Im Jahr 1899 erhielt er dort eine Professur.

Zwischen 1887 und 1911 bereiste er Mexiko und studierte dort die vorkolumbianischen Kulturen, besonders interessierten ihn die Maya.

SHACKLETON, SIR ERNEST HENRY

Irisch-englischer Südpolarforscher, geb. 1874 in Kilkee (Irland), gest. 1922 auf See (Südgeorgien).

Erziehung im Dulwich-College und Eintritt in die englische Handelsmarine. 1901–04 begleitete er Scott an Bord der »Discovery« auf der »National Arctic Expedition«.

1907 fasste Shackleton den kühnen Plan, den Südpol zu bezwingen. Mit der »Nimrod« versuchte Shackleton zuerst, in der Walfischbai (auch Ballonbai genannt) anzulegen und an Land zu gehen, musste aber wegen der unpassierbaren Eismassen seinen Plan aufgeben. Der Versuch, das König-Eduard-VII.-Land anzulaufen, scheiterte ebenfalls. Schließlich gelang es dem Forscher, auf der Rossinsel ein Lager zu errichten. Dort bestieg eine Gruppe den Vulkan »Erebus« und eine andere marschierte in Richtung des magnetischen Südpols, den sie am 16. Januar 1909 erreichte. Shackleton bereitete sich indes auf sein Südpolunternehmen vor.

Am 29. Oktober 1908 startete Shackleton mit Adams, Marshall, Wild, vier mandschurischen Ponys und Lebensmitteln für drei Monate. Am 26. November hatte die Gruppe 82° 17' südl. Br. erreicht und somit Scotts Rekord gebrochen. Inzwischen aber hatte Shackleton alle Ponys verloren und jedes Expeditionsmitglied musste rund 100 kg Gepäck schleppen. Der Beardmoregletscher bereitete den Forschern besondere Schwierigkeiten. Am 20. Dezember gelangte der kleine Trupp auf das König-Eduard-VII.-Eisplateau (2200 m ü. d. M.), und am 9. Januar 1909 hatte Shackleton 88° 23' südl. Br. erreicht, 178 km vom Südpol entfernt. Wegen heftiger Stürme musste Shackleton aufgeben und am 27. Februar traf er mit seinen Begleitern wieder im Ausgangslager ein.

1914 leitete Shackleton eine Expedition in der Weddellsee und überwinterte in dem von Filchner 1912 entdeckten Prinzregent-Luitpold-Land. Als sein Schiff, die »Endurance«, von schwerem Packeis zerdrückt wurde, unternahm er mit seiner 22-köpfigen Mannschaft eine fast 1.200 km lange Driftfahrt in Richtung Südgeorgien. Nach fünf Monaten wurden die Schiffbrüchigen von einem chilenischen Kriegsschiff gerettet. 1921 bereitete Shackleton auf Südgeorgien eine neue Expedition vor, starb jedoch auf der Fahrt zur Antarktis an einem Herzleiden. Shackletons Misserfolg ist vor allem den Umständen zuzuschreiben, dass er auf Polarhunde verzichtete und stattdessen Ponys als Lasttiere benutzte und dass er den kürzesten Weg zum Pol, nämlich den von der Walfischbai aus, nicht benutzen konnte. Shackletons Versuch, den Südpol zu erreichen, ist eine einmalige Leistung.

Literatur
E. H. Shackleton, Heart of the Antarctic: being the story of the British Antarctic Expedition 1907 to 1909. London 1909
–, The Heart of the Antarctic. 2 Bde. Philadelphia 1909
J. R. E. Wild, Shackleton's last voyage. London 1923
H. R. Mill, The life of Sir E. Shackleton. London 1924
Mit der Endurance in die Antarktis. Shackletons Südpol-Expedition 1914-1917. Die legendären Fotos von Frank Hurley. Köln 2001

Die Pyramide von Xochialco bei Cuernavaca, die Seler erforschte.

Franz von Siebold 1796–1866. Leipzig 1943
Philipp Franz von Siebold (1796–1866). Ein
Bayer als Mittler zwischen Japan und Europa,
hg. v. M. Henker. München 1993

*Philipp Franz
von Siebold*

SIEBOLD, PHILIPP FRANZ BALTHASAR JONKHEER VON

Deutscher Reisender, geb. 1796 in Würzburg, gest. 1866 in München.

Nach seinem Medizinstudium trat er als Arzt in den Dienst der Holländischen Ostindienkompanie.

1823–30 und 1859–62 durchstreifte Siebold das gesamte japanische Inselreich. Seine umfangreichen Forschungsarbeiten erhoben ihn in den Rang des bedeutendsten Nippon-Kenners des 19. Jahrhunderts.

Literatur
Ph. Fr. B. Siebold, Nippon. Archiv zur Beschrei-
bung von Japan und dessen Neben- und Schutz-
ländern. 20 Hefte. Leiden 1832–1834
Werner Siebold, Ein Deutscher gewinnt Japans
Herz. Lebensroman des Japanforschers Philipp

SOTO, HERNANDO DE

Spanischer Konquistador, geb. 1486 in Barcarrota (Badajoz), gest. 1542 am Mississippi.

Begleitete die beiden spanischen Eroberer P. A. Davila und Pizarro auf deren Expeditionen in Mittel- und Südamerika. 1532 fasste de Soto den ehrgeizigen Plan, Florida zu erobern. Auf dieser noch unerforschten nordamerikanischen Halbinsel vermuteten die Spanier ergiebige Gold- und Silberminen, die den damals schon beginnenden Produktionsrückgang der mexikanischen und peruanischen Minen hätten ausgleichen können.

1539 segelte de Soto mit einer Flottille von Kuba aus nach Florida und ging in der Nähe der heutigen Stadt Tampa an Land. Während der nächsten drei Jahre durchstreifte er unter ungeheuren Strapazen den heutigen nordamerikanischen Staat Alabama, gelangte bis zu den Appalachen Mountains, erreichte schließlich den Mississippi und starb dort an Erschöpfung. Sein Leutnant Luis de Moscoso erreichte mit selbst gebauten Booten von der Mississippi-Mündung aus auf dem Seeweg die heutige Stadt Tampico.

De Soto hat während seines Eroberungszuges durch den nordamerikanischen Süden zwar keine Edelmetalle finden können, doch war seine Expedition ein großer Fortschritt für die Geografie, die Hydrografie und die Ethnografie von Florida bis zum Mississippi.

Literatur
Histoire de la conquête de la Floride par les
Espagnols sous Ferdinand de Soto, écrite par un
gentilhomme de la ville d'Elvas. Paris 1699
W. Lowery, The Spanish settlements within the
present limits of the United States 1513 to 1561.
New York 1901
E. G. Bourne, Spain in America. London 1906
H.-O. Meissner, Der Kaiser schenkt mir Florida.
Die Abenteuer des Hernando de Soto. Stuttgart
1967

SPEKE, JOHN HANNING

Englischer Afrikareisender und Entdecker, geb. 1827 in Jordans (Somerset), gest. 1864 in Nerton Park (bei Bath).

1858 unternahm Speke mit dem Afrikareisenden Burton eine Forschungsreise nach Zentralafrika. Ohne besondere Schwierigkeiten entdeckten sie das Ostufer des Tanganjikasees. Arabischen Berichten zufolge und nach der Karte des Missionars J. Erhardt gab es ostwärts von Sansibar einen großen See, von den Arabern »Ukerewe« und von den Eingeborenen »Nyanza« genannt. Auf dem Rückmarsch wurde Spekes Freund Burton fieberkrank und musste in Tabora zurückbleiben. Im Alleingang gelangte Speke an den Ukerewesee (im Quellgebiet des Nils) und gab ihm zu Ehren der englischen Königin den Namen »Victoria-Nyanza«. Speke war davon überzeugt, dass der Nil aus diesem See entspringe.

Nach London zurückgekehrt, erhielt er 1860 von der »Royal Geographical Society« in London den Auftrag, definitiv zu klären, ob der Nil tatsächlich seine Quelle im Victoriasee habe. Zusammen mit Captain Grant entdeckte Speke den Kagarafluss, den eigentlichen Quellfluss des Nils (30 km vom Tanganjikasee entfernt), erreichte am 21. Juli 1862 den Nil und drang bis zu den Ripponfällen vor. Die Nachricht telegrafierte er von Khartum aus nach London (»The Nile is settled« = »Der Nil ist erforscht«).

Ein Jahr nach seiner Rückkehr aus Afrika verunglückte der Forscher tödlich bei der Jagd.

Literaturhinweis
J. H. Speke, Journal of the discovery of the source of the Nile. 2 Bde. London 1863

SPIX, JOH. BAPTIST VON

Zoologe und Reisender, geb. 1781, gest. 1826.

Nach einem Studium der Theologie beschäftigte sich Spix mit Medizin und Zoologie. Zusammen mit seinem Reisebegleiter und Botaniker Carl Friedrich Philipp von Martius bereiste er im Auftrag des bayerischen Königs von 1817 bis 1820 Brasilien und sammelte eine enorme Fülle

Spix im Amazonas-Urwald. Neun Begleiter reichten nicht aus, um den riesigen Baumstamm (25 m Umfang) zu umfassen.

*Wasserfall im
tropischen Urwald*

an geologischen und ethnografischen Informationen, darunter Beobachtungen zu mehr als 3300 Tieren. Zu seinem Hauptforschungsgebiet zählte der Amazonas.

Sechs Jahre nach seiner Rückkehr aus Brasilien starb Spix an den Nachwirkungen seiner Tropenfieber. Er hinterließ zahlreiche Schilderungen der südamerikanischen Fauna, konnte jedoch selbst seine Arbeit nicht vollständig auswerten. Sein dreibändiges Werk wurde 1831 von Martius vollendet.

STANLEY, SIR HENRY MORTON (EIGENTLICH: JOHN ROWLANDS)

Britischer Afrikaforscher, geb. 1841 in Denbigh (Wales), gest. 1904 in London.

John Rowlands war früh Vollwaise, riss aus dem Armenhaus aus und schlug sich als Schiffsjunge nach Nordamerika durch. In New Orleans fand er bei dem Amerikaner Stanley wohlwollende Aufnahme, dessen Namen er dann auch annahm. 1861–65 diente er im nordamerikanischen Bürgerkrieg sowohl auf der Seite der Nord- als auch der Südstaaten. Nach Beendigung des Sezessionskrieges ging er als Zeitungskorrespondent mit dem englischen Lord Napier nach Abessinien.

Die letzte Nachricht des Missionars und Afrikaforschers Livingstone stammte vom 7. Juli 1868 vom Bangweolosee, seit diesem Datum galt Livingstone als verschollen. In England war eine Suchexpedition schon startbereit, als der englische Konsul aus Sansibar telegrafierte, dass Livingstone am Leben sei, sich aber am Tanganjikasee in einer schwierigen Lage befinde.

Auf diese Nachricht hin beauftragte M. B. G. Bennett, Sohn eines Direktors des »New York Herald«, den Journalisten Stanley, dem Missionar sofort Hilfe zu leisten.

Im März 1871 marschierte die 192 Mann starke und gut ausgerüstete Privatarmee von Baga-

Zwei Porträts von Stanley, links als junger Mann, rechts als etablierter Forscher.

moyo (nördlich von Daressalam) in Richtung Tanganjikasee. Nur zwei Engländer, Farquhar und Shaw, begleiteten Stanley. Nach manchen Schwierigkeiten erreichte Stanley am 10. November das Ostufer des Tanganjikasees, wo in dem kleinen Ort Udjidji die historische Begegnung zwischen den beiden grundverschiedenen Forschern stattfand. Gemeinsam befuhren sie das noch relativ unbekannte große afrikanische »Binnenmeer«.

1874 beteiligte sich Stanley als Korrespondent an einer Strafexpedition der englischen Armee gegen die Aschantis (afrikanischer Stamm in Südghana). Als Livingstone noch im selben Jahr starb, nahm sich Stanley vor, das Werk des Schotten fortzusetzen.

Zwei große Zeitungen, der »New York Herald« und der »Daily Telegraph«, kündeten Stanleys große Expedition an.

Die eindrucksvolle 356 Mann starke Privattruppe gelangte nach einem beschwerlichen Marsch an den Victoriasee, der in seiner ganzen Länge erforscht wurde. In Begleitung einer bewaffneten Eskorte des schwarzen Fürsten Mtésa, Herrscher über Uganda, durchstreifte Stanley das Gebiet des Albertsees. Mit dem Flussboot »Lady Alice« befuhr er den Kongo und erreichte trotz anhaltender Feindseligkeit der Uferbewohner die

»Stanleyfälle« (nordöstlich des Kongo). Am Zusammenfluss von Kongo und Aruwimi musste er eine Flottille von fünfzig Pirogen mit Schnellfeuergewehr auseinander treiben. Als der Forscher den »Stanley Pool« (Stanleyteich) erreichte, hatte er 32 Katarakte überwunden. Anfang August war seine Privatarmee so zusammengeschrumpft, dass er auf Hilfe angewiesen war. Am 9. August 1877 kam er in Boma an der Mündung des Kongos an.

Stanleys Unternehmen waren in der Entdeckungs- und Forschungsgeschichte Afrikas einmalig. Als er der englischen Regierung jedoch die Einbeziehung des gesamten Kongogebietes in ihr Kolonialreich anbot, lehnte London ab. In Stanley sahen die britischen Kabinettsmitglieder nur einen Abenteurer und sensationsgierigen Zeitungsmann.

Enttäuscht kehrte er Großbritannien den Rücken und wandte sich an die vom belgischen König Leopold II. gegründete »Association internationale africaine«. 1879 befuhr er ein zweites Mal, diesmal im Auftrag der belgischen Regierung, den Kongofluss. 1880 kam ihm der französische Forscher Brazza am rechten Kongoufer zuvor. Sieben Jahre später stand er wieder im Dienst der britischen Regierung und verhalf 1888 dem englischfreundlichen Herrscher des ägyp-

Kriegskanu der einge-borenen Bevölkerung

Junge Afrikaner am Feuer

tischen Sudan, Emin Pascha, wieder auf den Thron. Während dieser Expedition erforschte er den Edwardsee und den Semlikifluss, der den Edwardsee mit dem Albertsee verbindet. 1899 verlieh die Londoner Regierung Stanley den Titel »Sir«. Als Abgeordneter im britischen Parlament widmete er sich dem Studium kolonialer Fragen.

Neben Livingstone ist Stanley der größte englische Forscher Zentralafrikas. Im Gegensatz zum Philanthropen Livingstone zögerte Stanley jedoch nie, die Hilfe berüchtigter Sklavenhändler anzunehmen, wenn es darum ging, sein Ziel zu verwirklichen. Alle Expeditionen Stanleys wurden mit großem Aufwand durchgeführt. König Leopold II. verschaffte er durch geschickte Verträge mit den schwarzen Potentaten ein afrikanisches Reich, das 80-mal größer als das belgische Mutterland war. Gegenüber dem französischen Brazzaville gründete Stanley die Stadt Leopoldville.

Die Stanleyfälle (sieben Wasserfälle des Lualaba, der ab hier Kongo heißt), der Stanleyteich (seeartige Verbreiterung des Kongoflusses vor dem Durchbruch durch die Niederguinea-Schwelle) und die Stadt Stanleyville (heute Kisangani) sind nach dem Afrikaforscher benannt.

Literatur
H. M. Stanley, How I found Livingstone, travels, adventures and discoveries in Central Africa, including a month's residence with Dr. Livingstone. London 1872
–, Through the dark continent or the sources of the Nile around the great lakes of equatorial Africa and down the Livingstone River to the Atlantic Ocean. London 1878
Lettres de H. M. Stanley. Paris 1879
H. M. Stanley, In darkest Africa. 2 Bde. London 1890
W. G. Brattelot, Stanleys Nachhut in Jambuya unter Major Edm. M. Brattelot. Hamburg 1891
P. Reichard, Stanley. Berlin 1897
D. Stanley, Mein Leben. 2 Bde. München 1911
»Autobiographie« von H. M. Stanley, Paris 1911
J. Wassermann, Das Leben Stanleys. Zürich 1949
H. M. Stanley, Wie ich Livingstone fand 1871. 2. Aufl. Stuttgart 1986

STARK, DAME FREYA MADELINE

Französische Reisende, geb. 1893 in Paris, gest. 1993 in Asolo (Italien).

Die Lektüre des Buches »Tausendundeine Nacht« weckte in der damals erst neunjährigen Schülerin den Wunsch, später einmal ausgedehnte Forschungsreisen zu unternehmen.

Ihre ausgedehnten wissenschaftlichen Unternehmungen führten sie nach Luristan im Süden von Kurdistan (Persien), eine Gegend, die ausschließlich vom Nomadenvolk der Lurden bewohnt war, deren Hauptbeschäftigung im Schmuggel und im Diebstahl bestand. Ungeachtet dieser Gefahren gelang es der Forscherin, bedeutende archäologische Erkundungen über die antiken Stätten Larti und Hindimini einzuziehen. Außerdem besuchte sie das »Tal der Assassinen« (arabisch: Haschisch-Raucher), den Aufenthaltsort einer Geheimsekte (gegründet im Jahre 1090 von dem Perser Hasan ibn al-Sabbah). Die Mitglieder dieser fanatisch-grausamen, politisch-religiösen Gemeinschaft hatten die Gewohnheit, nach der Berauschung durch Haschisch ihre Gegner umzubringen.

Nach der Erforschung Persiens wandte sich Freya Stark dem Studium der arabischen Halbinsel zu, deren südl. Teil, den Hadramaut, sie durchwanderte.

Ihre zahlreichen Reisebücher vermitteln ein fesselndes Bild ihrer Expeditionen und sind reich an historischen und topografischen Informationen. Freya Stark war die erste Forscherin, die sowohl das wilde Luristan als auch Arabien erforschte.

Literatur
F. Stark, the Valleys of the Assassins and other Persian Travels. London 1934
–, The Southern Gates of Arabia. A Journey in the Hadramaut. London 1936
–, Seen in the Hadramaut. London 1938
–, A Winter in Arabia. London 1940
–, Letters from Syria. London 1942
–, The coast of Incense. London 1953
L. Moorehead (Hg.), Letters, 8 Bde. o. O.

Schriftzug von Henry Morton Stanley

1974–1982.
F. M. Stark, Im Tal der Mörder. Eine Europäerin im Persien der dreißiger Jahre. Stuttgart 1991
–, Der Osten und der Westen. Ansichten über Arabien. Dortmund 1992
–, Im Tal der Mörder. München 1993
–, Pässe, Schluchten und Ruinen. Die abenteuerliche Reise einer Frau auf den Spuren Alexander des Großen in Kleinasien. Stuttgart 1993
–, Die Südtore Arabiens. München 1994
Wilde Frauen reisen anders. Berlin 1994
F. M. Stark, Pässe, Schluchten und Ruinen. München 1995

STEFANSSON, VILHJALMUR

Kanadischer Arktisforscher und Ethnologe, geb. 1879 in Arnes (Manitoba), gest. 1962 in Hanover (New Hampshire).

1904–05 unternahm Stefansson im Auftrag der Harvard-Universität eine archäologische Reise nach Island. 1906 schloss er sich, in seiner Eigenschaft als Ethnologe, einer Arktisexpedition an und lebte den Winter 1906/07 allein unter Inuit. 1910 entdeckte er auf seinen ausgedehnten Streifzügen am Coronationgolf einen noch fast unbekannten Stamm »weißer« Inuit, die möglicherweise von ausgewanderten Wikingern ab-

Abb. links oben: afrikanisches Gehöft mit Tongefäßen für Wasser und Getreide und Kalebassen

Abb links unten: Marktstand mit Stoffen und Nahrungsmitteln und einem kleinen Schneiderladen um 1900.

Sir Aurel Stein unternahm ausgedehnte Forschungsreisen durch die innerasiatischen Wüsten.

stammen. In der Zeit, die er bei den Inuit verbrachte, passte sich Stefansson ihrer Lebensweise an, bestätigte John Raes arktische Überlebenstheorie und zog bedeutende anthropologische Erkundungen über die Bewohner des nördl. Polarkreises ein.

Zwischen 1913 und 1918 übernahm er die Leitung der von der kanadischen Regierung finanzierten »Canadian Arctic Expedition«. Ziel dieses Unternehmens war die Erforschung der Beaufortsee und der kanadischen Inselwelt. Stefansson entdeckte die Brockborden und Meigheninseln, studierte die hydrografische Gestaltung der Beaufortsee und erforschte das Banksland.

Nach der erfolgreichen Durchführung dieser Expedition zog er sich aus dem öffentlichen Leben zurück und schrieb seine Reiseberichte.

1932–45 war er wissenschaftlicher Berater für Nordpolarflüge der Luftfahrtgesellschaft »Pan American Airways«.

Stefanssons wissenschaftliche Arbeiten über die kanadische Arktis gelten ohne Zweifel als die bedeutendsten des 20. Jahrhunderts. Er setzte Dr. John Raes Theorie erfolgreich in die Praxis um und hob vor allem die ökonomische Bedeutung der Arktis hervor. Seine Erkundungen über die geografischen und meteorologischen Verhältnisse in der Arktis waren den zivilen Fluggesellschaften für ihre Flüge über das Nordpolargebiet von unschätzbarem Nutzen.

Literatur
V. Stefansson, *My life with the Eskimos.* London 1913
–, *Das Geheimnis der Eskimos.* o. O. 1925
–, *The friendly Arctic. The story of five years in Polar Region.* New York 1921
–, *Länder der Zukunft.* 2 Bde. o. O. 1923
–, *Unsolved Mysteries of the Arctic.* London 1939
–, *Ultima Thule.* London und New York 1940 u. 1942

STEIN, SIR (MARK) AUREL

Englischer Asienforscher und Archäologe, geb. 1862 in Budapest, gest. 1943 in Kabul.

Nach seinem Studium der Archäologie von Persien und Indien an den Universitäten von Tübingen und Oxford kam er 1884 nach England und begab sich 1888 an die Nordwestgrenze von Indien.

Stein unternahm 1900–01, 1906–08 und 1913–16 ausgedehnte archäologische Forschungsreisen durch die innerasiatischen Wüsten und Chinesisch-Turkestan. Außerdem untersuchte er die wirtschaftliche Bedeutung der alten Handelswege zwischen Indien und China, insbesondere der ehemaligen Seidenstraße von Sian über Ansi, Keria, Khotan, Kaschgar bis Balch und deren Abzweigung nach Samarkand. Außerdem durchstreifte er die Provinz Belutschistan.

1927–36 begab er sich mehrmals an die Nordwestgrenze Indiens, in die Provinz Belutschistan und in den Iran. Bei diesen archäologischen Entdeckungsreisen stellte Stein eine enge vorgeschichtliche Verwandtschaft zwischen dem Industal und dem Iran fest.

Steins Verdienst lag vor allem in der Entdeckung und Ausgrabung antiker Stätten in den Wüsten Innerasiens. Er machte auf die Bedeutung der frühen Zivilisation der Oasen von Chinesisch-Turkestan aufmerksam und stellte fest, dass papierne Dokumente eine jahrhundertealte Konservierung im trockenen Wüstensand schadlos überstehen können.

Die Bedeutung seines Fundes von altchinesischen Manuskripten im Tal der Grotten der »Tausend Buddhas« steht der des Franzosen P. Pelliot kaum nach. Ein Teil dieses einmaligen Dokumentenschatzes ist im British Museum in London aufbewahrt.

1904 erhielt Stein die britische Staatsbürgerschaft und 1912 wurde er für seine wissenschaftlichen Verdienste geadelt.

Literatur
A. Stein, Ancient Khotan. 2 Bde. Oxford 1907

–, *Marco Polo's Account of a Mongol Inroad into Kashmir. London 1919 (from the Geographical Journal, August 1919)*
–, *The Thousand Buddhas. London 1921*
–, *Innermost India. 4 Bde. Oxford 1928*
–, *On Alexander's Track to the Indus. London 1929*
–, *Archaeological Reconnaissances in North-Western India and South-Eastern Iran. London 1937*
–, *Old Routes of Western Iran. London 1940*

STUART, JOHN McDOUALL

Schottischer Australienforscher, geb. 1815 in Dysart (Fifeshire), gest. 1866 in Nottingham Hill.

Nach zwei missglückten Versuchen, Australien von Süden nach Norden zu durchqueren, gelang es Stuart 1862, den Kontinent von Adelaide (Südküste) über Alice Springs (Zentralaustralien) bis Darwin (Nordküste) zu bezwingen. Auf der von Stuart bereisten Strecke wurde später eine Telegrafenleitung errichtet. Sie wurde zum Wegweiser der ihm nachfolgenden Australienforscher, etwa P. E. Warburton und J. Forrest.

Stuart gilt als einer der bedeutendsten Australienforscher.

Literaturhinweis
Explorations in Australia. The journals of J. M. D. Stuart during 1858, 1859, 1860, 1861 and 1862, when he fixed the centre of the continent and successfully crossed it from sea to sea. Edited from Mr. Stuart's manuscript by W. Hardmann. London 1864

Der schottische Australienforscher John McDouall Stuart

STURT, CHARLES

Englischer Australienforscher, geb. 1795 in Indien, gest. 1869 in Cheltenham (England).

Charles Sturt diente seit dem Jahr 1813 als Soldat in der britischen Indienarmee. 1827 wurde sein Regiment nach Australien verlegt, wo Sturt ein Jahr später als Führer einer Expedition den Macquariefluss erforschte und in Begleitung der Forscher Wellington und H. Hume den Darlingfluss entdeckte und über 100 km seiner Ufer ergründete.

Auf seiner zweiten Forschungsreise entdeckte er mit Fraser und G. Maclay den Murrayfluss, erkundete dessen Wassersystem und kam halb verhungert und fast erblindet in Sydney an.

1844 unternahm Sturt seine letzte große Forschungsreise von Adelaide aus in Richtung des Torressees. Die zwölfköpfige Expedition, die den Golf von Carpentaria erreichen wollte, gelangte bis 24° 40' südl. Br. und musste wegen der schrecklichen Dürreperiode umkehren. Als Sturt dann den Cooper's Creek erforschte, entdeckte er eine große, üppige Grünfläche und setzte der Behauptung ein Ende, dass der Westen Queenslands nur aus unfruchtbarem Land bestehe. Nach einem entbehrungsreichen Marsch, bei dem mehrere Expeditionsmitglieder an Erschöpfung und Skorbut starben, erreichte die Kolonne wieder ihren Ausgangsort Adelaide.

Sturt ist einer der ersten und bedeutendsten Forscher Inneraustraliens und gilt als »Vater der Australienforschung«.

Literaturhinweis
Ch. Sturt, Narrative of an Expedition into Central Australia, performed during the years 1844, 1845 and 1846, together with a notice of the Province of South Australia in 1847. 2 Bde. London 1849

Das grandiose Fels-massiv des Ayers Rock ist der größte Monolith der Erde. Ayers Rock ist ein bedeutendes Heiligtum der australischen Ureinwohner, der Aborigines.

TARDY, DE MONTRAVEL LOUIS FERDINAND DE

Admiral und Weltumsegler, geb. 1811, gest. 1864. Nach der Forschungsfahrt 1837 mit Dumont d'Urville beschäftigte er sich vor allem mit dem Studium der Küste von Südamerika. Seine geografischen Arbeiten beinhalten wichtige Informationen über die Mündungen der Flüsse Orinoko, Amazonas und La Plate, über die Küsten Japans und das Ochotskische Meer. 1854 nahm Tardy Neukaledonien für Frankreich in Besitz.

TASMAN, ABEL JANSZOON

Holländischer Seefahrer und Entdecker, geb. 1603 in Lutjegast (Groningen), gest. 1659 in Batavia.

1642 beauftragte Van Diemen, der holländische Generalgouverneur von Niederländisch-Indien (Indonesien) in Batavia, Tasman mit einer Erkundungsfahrt in die Große Australische Bucht, um die Umrisse des Kontinents festzustellen. Vor Tasman hatten andere holländische Seefahrer, u. a. W. Janszoon, Hartogzoon und Houtman, Entdeckungsfahrten in die südaustralischen Gewässer unternommen.

Tasman stach bei Mauritius in See, segelte auf Südostkurs und entdeckte ein Land (Tasmanien), dem er zu Ehren seines Gouverneurs und Vorgesetzten den Namen »Van Diemen's Land« gab. Auf der Weiterfahrt entdeckte er 1643 ein zweites Land (Neuseeland), das er »Staatenland«

Walentina Wladimirowa Tereschkowa

nannte und für einen Teil des australischen Kontinents hielt. Ohne es zu wissen, segelte er durch die spätere Cookstraße (zwischen der Süd- und der Nordinsel) und erreichte die Tonga-Inselgruppe. Von dort aus fuhr er auf Westkurs, drang über die Fidschi-Inseln hinaus und erblickte Neuirland (Bismarckgruppe), das er für Neuguinea hielt, und kehrte nach Batavia zurück. 1644 erkundete Tasman die Südküste Neuguineas und kartierte den Golf von Carpentaria und die gesamte Nordostküste Australiens.

Tasman gilt, obwohl er nicht in Australien angelegt hat, als der eigentliche Entdecker des Fünften Kontinents. Er umrundete als erster Seefahrer Australien. Die große Insel südöstlich des australischen Festlands und der Meeresteil zwischen Ostaustralien und Neuseeland tragen den Namen dieses bedeutenden Seefahrers.

Literatur
Sir J. Narborough, An Account of several late voyages to the south and north towards the Straits of Magellan, the South Seas ... London 1694
J. Harris, The Voyage of Captain A. J. Tasman for the Discovery of Southern Countries taken from his original journal. London 1744
Journal van de Reis naar het onbekende Zuidland, in die jare 1642. Medegedeeld en met Aanteekeningen voorzien, door J. Swart. Amsterdam 1860
C. M. Dozy, Abel Janszoon Tasman. Amsterdam 1894 (?)
C. G. Henderson, The Discoverers of the Fiji Islands: Tasman, Cook, Bligh, Wilson, Bellingshausen. London 1933

TERESCHKOWA, WALENTINA WLADIMIROWNA

Sowjetische Kosmonautin, geb. 1937 in Masslenikowo (Gebiet Jaroslawl).

Am 16. Juni 1963 startete die 26 Jahre alte Walentina Tereschkowa an Bord von »Wostok 6«

als erste Frau ins All. In den nächsten drei Tagen umkreise sie die Erde 48-mal, also öfter als die sechs amerikanischen »Mercury«-Astronauten zusammen, die vor ihr im Weltraum waren.

Während ihres Fluges machte Tereschkowa Fernsehübertragungen für das sowjetische Publikum und hielt den Funkkontakt zum Kosmonauten Walery Bykowsky aufrecht, der sich mit »Wostok 5« zur selben Zeit im All aufhielt. Die beiden Raumschiffe flogen einmal nur 5 km aneinander vorbei und kehrten beide am 19. Juni 1963 auf die Erde zurück. Tereschkowas Mission

sollte eigentlich nur 24 Stunden dauern, doch ihre Verfassung erlaubte es, die Reise auf drei Tage zu verlängern, ohne dass sie dabei ihren Sitz verlassen hat. Aufgaben der Mission waren u. a. das Studium des Einflusses eines längeren Raumfluges auf den weiblichen Organismus und vergleichende Analysen der Auswirkungen auf Mann und Frau. Mit diesem Flug bewies die Kosmonautin Tereschkowa, dass sich vorbereitete Frauen für Raumflüge ebenso eignen wie Männer. Die Entscheidung, für Weltraummissionen der UdSSR auch Frauen auszuwählen, wurde im

Die Zwölf Apostel im Bundesstaat Victoria sind wilde Felsformationen vor der Küste Australiens.

Der schottische Afrika-
forscher Joseph Thom-
son bereiste in späteren
Lebensjahren auch
Marokko. Das Bild
zeigt Benhaddou.

Der 3645 m hohe Sabinjo, vom Süden aus gesehen

Sommer 1961 getroffen. Der Auswahlkommission gehörte u. a. Jurij Gagarin an. Von Hunderten junger Frauen, die Kosmonautin werden wollten, suchte man in Fliegerclubs fünf Kandidatinnen aus. Kriterien waren u. a., dass die Frauen ledig und kinderlos sein sollten. Die Wahl fiel u. a. auf Walentina Tereschkowa, die bis dahin als Textiltechnikerin und Fallschirmspringerin tätig gewesen war. Die Ausbildung männlicher und weiblicher Kosmonauten unterschied sich kaum und umfasste das Studium der Raumschifftechnik, Navigation und Geophysik, das Training der Schwerelosigkeit, Aufenthalte in Versuchskammern, Sport und Fallschirmspringen. Welche der so ausgebildeten fünf Frauen letztendlich fliegen durfte, entschied sich erst eine Woche vor dem Start. Nach der Mission der »Wostok 6« existierte die Gruppe der Frauen noch sechs Jahre lang und bereitete sich auf mögliche neue Flüge vor, so zum Beispiel ab Mitte der Sechzigerjahre auf eine »Sojus«-Mis-sion. Dieser Plan fand aber keinen Zuspruch, sodass die Frauen im Oktober 1969 entlassen wurden. Bis 1980 wurden keine neuen Kosmonautinnen mehr ausgewählt.

Walentina Tereschkowa gilt als eine der wichtigsten Personen in der sowjetischen Frauenbewegung und machte auch politisch Karriere. 1974 wurde sie Mitglied im Zentralkomitee und 1989 in den Kongress der Volksdeputierten gewählt.

Literaturhinweis
M. Sharpe, This is »Seagull!«. o. O. 1975

THOMSON, JOSEPH

Schottischer Afrikareisender, geb. 1858 in Penpont (Schottland), gest. 1895 in London.

Nach dem Abschluss seines Geologiestudiums nahm Thomson als Geologe an der von der Gesellschaft »African Exploration Fund Committee«

finanzierten und von Keith Johnston geleiteten Expedition nach Ostafrika teil. Als Johnston auf der Forschungsreise starb, übernahm Thomson die Leitung. Nach manchen Schwierigkeiten erreichte er den Tanganjikasee und den Kongo, musste aber wegen Feindseligkeiten der Eingeborenen die Weiterreise abbrechen und kehrte 1880 über den Leopold-II.-See an die ostafrikanische Küste zurück.

1882 unternahm Thomson im Auftrag der »Royal Geographical Society« eine zweite Forschungsreise nach Innerafrika. Von der ostafrikanischen Küste aus gelangte er an den Tanganjikasee, von dort zum Kilimandscharo und zum Mount Kenia und bestätigte nochmals die Existenz dieser innerafrikanischen Schneeberge. Nach Erforschung des Gebietes der Massai (Nomadenstamm im heutigen Nordosten Tansanias und Süden Kenias) kehrte er wieder an seinen Ausgangpunkt zurück. Drei Jahre später bereiste er Nigeria, Marokko und Nyassaland (das heutige Malawi). Thomsons Verdienst liegt vor allem in der gründlichen Erforschung des Massaigebietes und der ostafrikanischen Fauna und Flora.

Ein Ort im westl. Kenia, die nahebei gelegenen Wasserfälle und eine Gazellenart tragen den Namen dieses schottischen Forschers.

Literatur
J. Thomson, To the Central African Lakes and Back. Narrative of the Royal Geographical Society's East Central African Expedition 1878–1880. London 1881
–, Through the Masai-Land. London 1885
–, Travels in the Atlas and Southern Morocco. A Narrative of Exploration. London 1889

TINNÉ, ALEXANDRA PETRONELLA FRANCINA

Holländische Afrikaforscherin, geb. 1839 in 'S Gravenhage (Den Haag), gest. 1869 im Fessan (südtripolitanische Provinz).

Stammte aus einer wohlhabenden Familie. Nach einer Reise durch ganz Europa und den Nahen Osten ließ sie sich in Kairo nieder und widmete sich der Afrikaforschung und dem Kampf gegen das Sklaventum. Von der ägyptischen Hauptstadt aus unternahm sie ihre erste groß angelegte Forschungsreise in den Sudan, gelangte nach Khartum und kaufte dort hundert Sklaven frei. In Begleitung ihrer Mutter und der beiden Wissenschaftler Th. v. Heuglin und Dr. Steudner durchstreifte sie das noch unerforschte Gebiet von Bahr el-Ghasal (linker Nebenfluss des Weißen Nil im Süden des Sudan). Unterwegs starben Tinnés Mutter und Dr. Steudner, die das

Die niederländische Afrikareisende Alexandrine Tinné wurde bei Murzuch von den Tuareg ermordet.

mörderische Klima nicht vertrugen. Auf dem Rückweg durchwanderte Alexandra Tinné die Sahara und kehrte über Khartum nach Kairo zurück. Studium der arabischen Geschichte und des Korans in der ägyptischen Hauptstadt und Annahme muslimischer Sitten und Gebräuche (»weiblicher Lawrence von Arabien«).

Während einer ausgedehnten Mittelmeerreise auf ihrer Privatjacht ging Alexandra Tinné in Tripolis an Land und unternahm mit drei Europäern und einer stattlichen Karawane eine Forschungsreise an den Tschadsee. Unweit von Buirgiz, einem Ort im Fessan, wurde sie von einem Tuareg ermordet.

Tinnés Verdienst lag nicht so sehr in der wissenschaftlichen Erforschung des Bahr-el-Ghasal-Gebietes, sondern mehr im mutigen Kampf gegen den Menschenhandel in Ostafrika.

Literatur
W. Wells, The Heroine of the White Nile.
A sketch of the travels and experiences of
Miss A. Tinné. New York 1871
W. Sutherland, Alexandra Tinné. Haar leven
en reizen. Amsterdam 1935

TITOW, WLADIMIR GEORGYEWICH

Sowjetischer Kosmonaut, geb. 1947 in Stretensk (Gebiet Chita).

Wladimir Titow hielt sich gemeinsam mit Musa Manarow zum ersten Mal in der Geschichte der Raumfahrt länger als ein Jahr im Weltraum auf.

Eigentlich wollte er Radiotechniker werden, doch er fiel 1965 durch den Eingangstest. So kam er 1967 zur sowjetischen Luftwaffe und wurde 1976 in die Kosmonautengruppe aufgenommen.

Im September 1983 hätte der Astronautenberuf Titow fast das Leben gekostet. Ausgelaufenes Kerosin führte auf dem Startgelände von Baikonur zur Explosion einer Sojus-Rakete. Die Kosmonautenkabine landete jedoch mit dem unverletzt gebliebenen Titow und Gennadi Strekalow nach einem fünfminütigen Flug, dem kürzesten eines bemannten UdSSR-Raumschiffs, sicher auf dem Kosmodrom.

1992 wurde Titow als Kandidat für einen Flug an Bord des amerikanischen Space Shuttle benannt.

TYSON, GEORGE EMORY

Kanadischer Walfänger und Arktisforscher, geb. 1829, gest. 1906. Tyson wurde während einer Polarexpedition von Charles Francis im Oktober 1872 mit 17 anderen Teilnehmern auf einer Eisscholle ausgesetzt und driftete auf ihr mehrere Monate lang, bis April 1873. An der Labradorküste wurde er zusammen mit den Mitstreitern von der »Tigress« von Isaac Bartlett aufgenommen.

1877 startete Tyson eine Expedition zum Cumberland-Sund und zum Baffinland mit dem Ziel, eine Siedlung auf Ellesmereland zu Gründen. Sie sollte als Basis für künftige Polarexpeditionen dienen. Obwohl alle Vorbereitungen und Untersuchungen erfolgreich abgeschlossen wurden, kam es zu keiner Siedlungsgründung, weil der Kongress nicht die notwendigen finanziellen Mittel bewilligen wollte. Die Dauersiedlung konnte erst 1950 errichtet werden.

Abb. linke Seite:
So stellten sich die Zeitgenossen Alexandrine Tinné auf ihren Forschungsreisen vor. Ein Stich aus dem illustrierten Familienblatt »Die Gartenlaube« von 1869.

V

VAMBÉRY, ARMIN HERMANN BAMBERGER

Ungarischer Turkologe und Asienforscher, geb. 1832 in Dunaszerdahely (Dep. Pozsony), gest. 1913 in Budapest.

Seit seiner Kindheit fiel Vambéry durch seine Sprachtalente auf. Trotz der Mittellosigkeit seiner Eltern gelang es ihm, zu studieren und im Alter von 20 Jahren fast alle europäischen Hauptsprachen zu beherrschen. 1857–63 war er Lehrer der französischen Sprache in Istanbul (Konstantinopel). Während dieser Zeit widmete er sich dem Studium der orientalischen Sprachen. 1860 wurde er Korrespondent der Ungarischen Akademie der Wissenschaften. Drei Jahre später trat er seine große Asienreise an. Im Auftrag der Ungarischen Akademie sollte er die Sprachverwandtschaften der orientalischen Sprachen mit der ungarischen feststellen.

Als Derwisch verkleidet, bereiste er noch unbekannte Gebiete Asiens. Über das Kaspische Meer gelangte er zu den Turkmenen, den Trägern des Seldschukenreiches, und weiter durch die Wüste von Hyrkan nach Chiwa, einer Stadt in einer Oase am unteren Amu-Darja und einem bedeutenden Handelszentrum Mittelasiens (fiel 1873 an Russland). Von hier aus kam Vambéry nach Buchara in der Sandwüste von Kysylkum, das unter Dschingis Khan fast vollständig zerstört worden war und 1868 von den russischen Truppen erobert wurde, und erreichte Samarkand in der Flussoase von Serawschan.

Anschließend bereiste Vambéry Afghanistan, nachdem er zuerst Persien ausgiebig durchstreift hatte.

Nach der Rückkehr von seiner großen klassischen wissenschaftlichen Forschungsreise wurde Vambéry Professor der orientalischen Sprachen in Budapest.

Seine Werke haben auf die Geografie, die Ethnografie und die Sprachwissenschaft Zentralasiens einen großen Einfluss gehabt. 1876 wurde Vambéry Mitglied, 1893 Ehrenmitglied und 1894 einer der Direktoren der Ungarischen Akademie der Wissenschaften.

Literatur
A. Vambéry, Reise in Mittelasien. 2. Aufl. o. O. 1865
–, Meine Wanderungen und Erlebnisse in Persien. Budapest 1868
–, Geschichte Bucharas und Transoxaniens. 2 Bde. o. O. 1872
–, Etymologisches Wörterbuch der turkotartarischen Sprachen. o. O. 1878
–, Der Ursprung der Magyaren. o. O. 1882
–, The story of my struggles, Memoirs. 2 Bde. London 1904

VANCOUVER, GEORGE

Englischer Seefahrer und Entdecker, geb. 1757 in King's Lynn, gest. 1798 in Richmond (Surrey).

Trat mit dreizehn Jahren in die englische Marine ein und begleitete Cook auf seiner zweiten und dritten Pazifikfahrt. Nach neunjähriger Dienstzeit in Westindien erhielt Vancouver den Auftrag, den Spaniern, die inzwischen weit über San Francisco hinaus vorgedrungen waren, die »unrechtmäßig« erworbenen Gebiete wieder abzunehmen. Ferner sollte er die westamerikanische Küste vom 30. Grad nördl. Br. bis Cooks River erforschen, den Seeweg von Alaska zur Hudsonbai finden und die wahre Bedeutung der Entdeckung des Spaniers Juan de Fuca (die

»Juan-de-Fuca-Straße«) untersuchen. Am 1. April 1791 verließ Vancouver mit der »Discovery« (nicht zu verwechseln mit Cooks altem Schiff) und der »Chatham« den Hafen von Falmouth, umfuhr das Kap der Guten Hoffnung, nahm Kurs auf die australische Westküste, sah sich in der Großen Australischen Bucht um, steuerte auf Neuseeland zu, entdeckte die kleine Insel Oparo, ging auf Tahiti an Land und erreichte, auf Nordkurs umschwenkend, Hawaii und im April 1792 die nordamerikanische Küste. Verhandlungen mit den spanischen Behörden. Anschließend erforschte Vancouver die Buchten und Kanäle der nordamerikanischen Westküste bis zur Georgiabucht und die nach ihm benannte Insel, bestätigte Juan de Fucas Entdeckung und erreichte 52° 18' nördl. Br. Erneuter Aufenthalt auf Hawaii (1793).

Im folgenden Jahr erforschte Vancouver ein zweites Mal die »Cookinsel«, besuchte San Francisco, umfuhr das Kap Hoorn und kehrte über St. Helena im Oktober 1794 nach London zurück.

Vancouver starb im Alter von 41 Jahren; seine geografischen Reiseberichte konnte er nicht mehr abschließen. Eine Stadt in der Provinz British Columbia (Westkanada) sowie eine 40.000 Quadratkilometer große Insel tragen den Namen dieses großen Seefahrers und Geografen.

Literatur
J. Vancouver (Bruder von George), A Voyage of Discovery to the North Pacific Ocean and Round the World. 1790–1795. 3 Bde. With an Atlas of maps and plates. 1798
G. H. Anderson, Vancouver and his Great Voyage. The story of a Norfolk Sailor. Captain Geo. Vancouver. R. N. 1757–1798. London 1923
G. S. Godwin, Vancouver: A Life. London 1930

George Vancouver landete auch auf der malerischen Insel Tahiti.

Auf seinen Reisen besuchte George Vancouver auch San Francisco. Die Karte zeigt die Stadt im Jahre 1846.

Amerigo Vespucci auf der Titelseite eines als Flugblatt erschienenen Berichts über seine zweite Reise nach Brasilien

VESPUCCI, AMERIGO

Italienischer Seefahrer, geb. 1454 (?) in Florenz, gest. 1512 in Sevilla.

Stammte aus einer florentinischen Patrizierfamilie. Dreißigjährig begab sich Vespucci nach Sevilla, um die Leitung des von dem Florentiner Berardi gegründeten Handelshauses zu übernehmen. 1497 rüstete er Columbus' Flotte für die Fahrt in die Neue Welt aus.

Nach Vespuccis eigenen Angaben unternahm er insgesamt vier Expeditionen nach Amerika. Im Auftrag des spanischen Königs segelte Vespucci am 10. Mai 1497 von Cádiz aus nach Südamerika und erreichte ein Jahr früher als Columbus das südamerikanische Festland (eine in ihrem Wahrheitsgehalt umstrittene Fahrt).

Bei der zweiten Überfahrt 1499–1500, zusammen mit dem spanischen Seefahrer V. Y. Pinzón, entdeckte er die Mündung des Amazonas, und auf seiner dritten Reise erforschte er die brasilianische Küste bis 52° südl. Br. Seine vierte Fahrt fand 1502 statt. Bei seiner Rückkehr, in Begleitung des portugiesischen Seefahrers N. Coelho, brachte er eine große Ladung von Farbhölzern nach Lissabon mit.

Namhafte Historiker haben sämtliche Fahrten Vespuccis infrage gestellt und zu beweisen versucht, dass seine Angaben nicht fundiert waren. Da die Schiffsdokumente fehlen, ist es heute sehr schwierig, Vespuccis Behauptungen zu untersuchen. Der deutsche Gelehrte Waldseemüller benannte den neu entdeckten Kontinent nach Vespuccis Vornamen: Amerika.

Literatur
A. Busiri-Vici, I tri celebri navigatori italiani del seculo decimosesto (i. e. Columbus, Vespucci, Andrea Doria). Rom 1892
G. Conti, Amerigo Vespucci. Florenz 1898
A. M. Bandini, Vita de Amerigo Vespucci. Bibliografica delle opere concernenti Amerigo Vespucci per G. Fumagalli. Florenz 1898 (I. Ausgabe Florenz 1745)
A. Magnaghi, Amerigo Vespucci. Rom 1924
R. Eger, Amerigo Vespucci. Zürich 1945
N. Besio Moreno, El Meridiano de Tordesillas y el descubrimiento del Río de la Plata por Vespucci. 1952
A.Vespucci, Berichte über meine Reisen und Entdeckungen in der Neuen Welt, hg. v. W. Irving. Hamburg 1992

VICTOR, PAUL-EMILE

Französischer Polarforscher und Marineoffizier, geb. 1907 in Genf, gest. 1995.

Studium der Mathematik, Ethnologie und Literaturwissenschaften. Diplomingenieur, dann Offizier in der französischen Marine.

1934 unternahm Victor seine erste wissenschaftliche Polarexpedition. Ein Jahr verbrachte er im Auftrag des Polarforschers J. B. Charcot mit drei Landsleuten unter den Inuit von Angmagssalik an der Ostküste Grönlands. 1936 überquerte er mit drei Gefährten auf Hundeschlitten das grönländische Binneneis von Westen nach Osten. Lebte dann vierzehn Monate bei einer Inuitfamilie, deren Lebensgewohnheiten er gründlich studierte. Von diesem Grönlandaufenthalt brachte er aufschlussreiche Kenntnisse mit.

1938–39 durchstreifte er Lappland. 1947 gründete er die »Expéditions Polaires Françaises« auf Grönland, deren Direktor er war, leitete die »Internationale Gletscherexpedition« auf Grönland und war Präsident des »Scientific Committee on Antarctic Research«. Während des »Internationalen Geophysikalischen Jahres« 1957–58 spielte er eine bedeutende Rolle.

Paul-Emile Victor war einer der größten französischen und europäischen Polarforscher des

Paul-Emile Victor, der französische Polarforscher

Der Yang-tse-Kiang, den Marco Polo ehrfurchtsvoll den »König der Flüsse« zu nennen pflegte.

VRAZ, ENRIK STANKO

Tschechischer Forschungsreisender, geb. 1860 in Trnovo (Bulgarien), gest. 1932 in Prag.

Vom Reisefieber gepackt, ging Vraz 1880 für drei Jahre nach Marokko. Anschließend durchquerte er die Sahara in Richtung des Gambiaflusses, den er Ende 1885 erreichte. In den nächsten zwei Jahren erforschte Vraz die Küsten von Sierra Leone, Liberia, Ghana sowie die Goldküste.

1889 wandte er sich der Erforschung Mittel- und Südamerikas zu und besuchte die Inseln Guadelupe, Martinique, Trinidad und gelangte dann nach Venezuela. 1892–93 erforschte der Tscheche den Orinoko und den Amazonas, überquerte die Anden und erreichte den Pazifik. 1895 reiste er nach Japan, Zentralchina, Indonesien, Indochina, Java, Bali, Lombok, Celebes, Neuguinea, Borneo und kehrte über Aden (am Persischen Golf) und Suez nach Böhmen zurück.

Zwei Jahre nach seiner Rückkehr begab sich Vraz nach Mittelamerika, bestieg den Popocatepetl, einen 5.452 m hohen Vulkan 60 km südl. von Mexiko-City. 1900 durchwanderte er nochmals China, die Mandschurei, Korea, besuchte Wladiwostok (die Endstation der Transsibirischen Eisenbahn), befuhr den Baikalsee (den tiefsten See der Welt) und kehrte noch einmal nach Amerika zurück. 1903 besuchte er mehrere Städte am Pazifik und Atlantik und bereiste anschließend ein zweites Mal Mexiko und die mittelamerikanische Landbrücke. Vraz gilt neben Holub als der bedeutendste Forschungsreisende der ehemaligen Tschechoslowakei.

20. Jahrhunderts. Er unternahm insgesamt 38 Polarexpeditionen und schrieb über 300 wissenschaftliche Abhandlungen.

Literatur
P.-E. Victor, Les jeux de ficelles chez les Eskimos d'Angmagssalik. o. O. 1939
–, Pôle-Sud. o. O. 1958
–, L'Homme à la conquête des Pôles. o. O. 1962
–, Pilote de Terre d'Adélie. o. O. 1963
–, Pôle-Nord. o. O. 1963
–, Pôle-Nord, Pôle-Sud. o. O. 1967
–, Sur la piste blanche. o. O. 1968
–, Terres polaires, terres tragiques. o. O. 1971

Literatur
E. S. Vraz, De mes voyages. Paris 1898
–, A travers l'Amérique centrale. Itinéraire du voyageur. Prag 1900
–, Siam, le pays de l'éléphant blanc. Itinéraire du voyageur. Prag 1901
–, Chine. Itinéraire du voyageur. De Pékin pour Vladivostok. Prag 1904
–, Des mondes lointains: Band 1: Avec des chasseurs des crânes à la chasse des orangeoutans à Borneo. Band 2: Avec le fusil et le filet dans la forêt vierge. Prag 1910

Dschunke am Strand von Tsingtau, der Stadt und Halbinsel in China

Die Droschken Chinas, genannt Rikscha, nach einer kolorierten Schwarzweißfotografie um 1900.

WALLACE, ALFRED RUSSELL

Englischer Naturwissenschaftler und Forschungsreisender, geb. 1823 in Usk, gest. 1913 in Broadstone.

Wallace interessierte sich schon in jungen Jahren für Botanik und Zoologie. Der bekannte W. Bates führte ihn 1844 in die Entomologie ein.

1850 begab er sich nach Brasilien und studierte die Flora und Fauna der Gebiete des Río Negro und des Rio Uaupés (Flüsse in Kolumbien und Brasilien). Auf der Rückreise verlor er durch einen Schiffsbrand den größten Teil seiner umfangreichen Sammlungen. 1854–62 durchstreifte er das Malaiische Archipel und trug eine riesige Sammlung exotischer Pflanzen und Tiere zusammen. Wallace hatte insbesondere der Tiergeografie unschätzbare Dienste erwiesen und gilt als Mitbegründer der wissenschaftlichen Evolutionslehre, die er gleichzeitig mit Charles Darwin formulierte.

Literatur
A. R. Wallace, A Narrative of travels on the Amazonas and Rio Negro. London 1853
–, The Malay Archipelago. London 1869
–, Geographical Distribution of Animals. 2 Bde. London 1876
–, Der Malayische Archipel, hg. v. P. Simons. Frankfurt/M. 1983

Der englische Naturwissenschaftler Alfred Russell Wallace

WEDDELL, JAMES

Englischer Seefahrer, geb. 1787 in Ostende (Belgien), gest. 1834 in London.

Nahm schon in jungen Jahren an langen Seefahrten teil. 1810 wurde er Maat auf der »Firefly«, dann auf der »Hope«. Neun Jahre später stieß er auf der Suche nach Walfanggründen in die antarktischen Gewässer vor, überquerte den Südpolarkreis, fuhr in das »Weddellmeer« hinein, kreuzte vor den Süd-Orkney- und Süd-Shetland-Inseln und erreichte am 23. Februar 1823 den bis dahin südlichsten Punkt 74° 15' südl. Br. Im Juli 1824 traf er wieder in seiner Heimat ein.

Die Nachricht von seinem Vorstoß wurde von manchen Wissenschaftlern angezweifelt. Seine Behauptung, man könne auf offener See bis zur Antarktis gelangen, wurde erst von W. S. Bruce (1904) und von W. Filchner (1912) bestätigt.

Literatur
J. Weddell, A voyage towards the South Pole in 1822–1824. London 1825

WARBURTON, PETER EGERTON

Britischer Offizier und Australienforscher, geb. 1813, gest. 1889.

Nach seiner Militärausbildung in Indien ging Warburton 1853 nach Australien. 1872 führte er eine Expedition quer durch den ganzen Süden des Kontinents, von Adelaide nach Perth. Dieser Teil von Australien war kaum bekannt und wüstenhaft. Das Ziel dieses Unterfangens sollte sein, eine Landverbindung nach Perth zu finden. Obwohl es nicht erreicht wurde (wegen Wassermangels musste die Route geändert werden), ehrte man Warburton und entschädigte ihn für die Strapazen großzügig mit Farmland.

Aus Altersgründen war es Warburton nicht mehr möglich, einen ausführlichen Bericht über seine Expedition zu schreiben, sodass lediglich einige Skizzen existieren, die 1875 veröffentlicht wurden.

WEGENER, ALFRED LOTHAR

Deutscher Geophysiker, Meteorologe und Polarforscher, geb. 1880 in Berlin, gest. 1930 auf Grönland.

1906–08 nahm Wegener an der dänischen »Danmark-Expedition« nach Nordostgrönland teil. Dabei erlernte er die besondere Kunst des Hundeschlitten-Reisens und die Polartechnik. Wegener beteiligte sich insgesamt an drei großen Schlittenfahrten: von Danmarkshaven (Ostgrönland) zur Sabine-Insel und zurück (fast 600 km); von Danmarkshaven zum nordöstl. Teil der Küste Grönlands; von Danmarkshaven zum Dronning-Louise-Land. Die beiden ersten Reisen wurden mit Hundeschlitten, die letzte mit Handschlitten durchgeführt.

1912 unternahm Wegener mit L. P. Koch eine Pferdeschlittenreise von der Winterstation »Borg« (östlich von Danmarkshaven) aus durch das

Mit Kamelen machte sich Warburton auf seine Expedition durch die wüstenhafte Nullarbor-Ebene Südaustraliens.

Der deutsche Polarforscher Alfred Lothar Wegener

(ungefähr auf der Linie Sandodden–Godhaven) marschierte er mit dem Inuit Rasmus Villumsen in westl. Richtung, um die Küste zu erreichen. Auf halbem Weg kamen beide ums Leben.

Wegeners Theorien über die Kontinentalverschiebung, seine Abhandlungen über die Thermodynamik der Atmosphäre, über Wolkenphysik, seine Versuche, die Halo-Erscheinungen zu deuten, und vor allem seine Untersuchungen über die grönländische Inlandeiskappe hoben ihn bereits zu Lebzeiten in den Rang eines europäischen Wissenschaftlers.

Literatur
A. L. Wegener, Thermodynamik der Atmosphäre. Leipzig 1911
– (und Koch), Durch die weiße Wüste. Berlin 1911
A. L. Wegener, Die Entstehung der Kontinente und Ozeane. Braunschweig 1920
–, Mit Motorboot und Schlitten durch Grönland. Mit Beiträgen von J. Georgi, Fr. Loewe und E. Sorge. Bielefeld und Leipzig 1930
Wissenschaftliche Ergebnisse der dänischen Expedition nach Dronning Louise-Land und quer über das Inlandeis von Nordgrönland 1912–1913. Meddelelser om Grönland. Bd. 75. Kopenhagen 1930
E. Wegener, F. Loewe, Alfred Wegeners letzte Grönlandfahrt. Leipzig 1933
J. Georgi, Im Eis vergraben. Erlebnisse auf »Station Eismitte« der letzten Grönlandexpedition Alfred Wegeners 1930–1931. München 1933
E. Wegener, Alfred Wegener. Tagebücher, Briefe, Erinnerungen. Wiesbaden 1960

Dronning-Louise-Land, überquerte das grönländische Inlandeis und gelangte nach Upernavik (Westküste Grönlands).

1919–24 unterrichtete er Geophysik und Meteorologie in Hamburg und 1924–29 in Graz.

1930 zog es Wegener wiederum nach Grönland. Nach der Errichtung der Station »Eismitte«

WEYPRECHT, KARL

Deutsch-österreichischer Polarforscher, geb. 1838 in Darmstadt, gest. 1881 in Michelstadt.

1856 trat Weyprecht in die österreichisch-ungarische Kriegsmarine ein. 1866 nahm er an der Seeschlacht von Lissa teil, bei der die italienische Flotte von dem österreichischen Admiral Tegetthoff besiegt wurde.

Mitglied der »Isbjörn-Expedition« (1871) in die noch unbekannten Meeresregionen der nördl. Barentssee.

1872 wurde der wissenschaftlich hochbegabte Marineoffizier von der k. u. k. Regierung beauftragt, eine große Nordpolexpedition zu unternehmen. Die Forschungsreise war hauptsächlich durch die finanzielle Hilfe des Grafen Wilczek zustande gekommen. Am 14. Juli 1872 verließ Weyprecht mit der »Tegetthoff«, einem eigens für das nördl. Eismeer gebauten Schiff, den norwegischen Hafen Tromsö mit dem Ziel, Nowaja Semlja zu erreichen und von dort aus zum Nordpol vorzustoßen. Am 21. August wurde die »Tegetthoff« zwischen Nowaja Semlja und Franz-Joseph-Land vom Packeis eingeschlossen. Während der nun beginnenden dramatischen Treibfahrt entdeckte Weyprecht ein Land, das er »Franz-Joseph-Land« nannte. Weiter entdeckte er die Hall-, die Hohenlode-, die Prinz-Rudolf- und die McClintock-Insel.

Auf einer weiteren Erkundungsfahrt gelangten die Forscher bis 82° nördl. Br. Noch kein Polarforscher war je zuvor so weit vorgedrungen. Der »Tegetthoff« musste später aufgegeben werden. Der russische Kapitän Woronin rettete die Mannschaft in der Dunenbai von Nowaja Semlja (1874).

Die österreichisch-ungarische Nordpolfahrt erbrachte wertvolle wissenschaftliche Erkenntnisse über die nördlichen Polarregionen und über die Beschaffenheit des Franz-Joseph-Landes.

Literatur
K. Weyprecht, Österreichisch-Ungarische Arktis-expedition 1872–1874. Metamorphosen des Polarkreises. Wien 1879
–, Praktische Anleitung zur Beobachtung der Polarlichter und der magnetischen Erscheinungen in hohen Breiten. Wien 1881
H. v. Littrow, K. Weyprecht, der österreichische Nordpolarforscher. Erinnerungen und Briefe. Wien, Pest, Leipzig 1881
G. v. Brosch, 1872–1874. Die österreichisch-ungarische Polarexpedition unter Weyprecht und Payeer. In: Gedenkblätter der k. u. k. Kriegsmarine. Band IV. 2. Aufl. Pola 1910
K. Linke, Die österreichische Nordpolfahrt von Payer und Weyprecht in den Jahren 1872–1874. Wien 1946

WILKINS, SIR GEORGE HUBERT

Australischer Polarforscher, geb. 1888 in Mount Bryan East (Australien), gest. 1958 in Famingham (Massachusetts).

Studium an der »School of Mines and Industries« in Adelaide. 1912–13 nahm er als Amateurfotograf und Kriegsreporter an den Balkanoperationen im Ersten Weltkrieg teil. 1913–17 Fotograf der Kanadischen Arktisexpedition des Polarforschers V. Stefansson. 1917 nahm er als Mitglied des »Australian Flying Corps« wieder am Ersten Weltkrieg teil und führte für die Franzosen gefährliche Erkundungsflüge über den deutschen Linien durch. 1920–21 begab er sich mit der »British Imperial Antarctic Expedition« ins südl. Polargebiet. 1921 begleitete er in seiner Eigenschaft als Naturwissenschaftler den Polarforscher E. Shackleton in die Antarktis. Zwei Jahre später durchstreifte er im Auftrag des Britischen Museums den tropischen Teil Australiens.

Im April 1928 stellte Wilkins seine besonderen Fähigkeiten für Polarflüge unter Beweis. Mit dem Piloten C. B. Eielson flog er von Point Barrow (Alaska) nach Spitzbergen. Diese Polarstrecke von rund 3400 km legten die beiden in

Von der Station »Westküste« sieht man nur noch das Dach. Der Rest des Gebäudes ist völlig eingeschneit. Von hier aus marschierte Wegener zur Station »Eismitte«.

20¹/₂ Stunden zurück. Im selben Jahr leitete Wilkins die »Wilkins-Hearst Expedition«. Bei diesem Unternehmen wurde erstmals ein Flugzeug in der Antarktis eingesetzt. Wiederum mit Eielson führte er geografische Erkundungsflüge über der Palmer-Halbinsel aus und machte die ersten brauchbaren Luftaufnahmen von der Antarktis.

1931 versuchte Wilkins mit dem U-Boot »Nautilus« den Nordpol zu erreichen, gelangte aber nur bis zum Packeisrand. 1933–39 Berater für die Antarktisexpeditionen des Polarforschers und Fliegers Ellsworth. 1935 Flug von den Falkland Dependencies über die Westantarktis zum Rossmeer. Während des »Internationalen Geophysikalischen Jahres« 1957–58 besuchte Wilkins ein letztes Mal die Antarktis. Wilkins' Verdienst sind vor allem seine ersten brauchbaren Luftaufnahmen von der Antarktis. Ein Gebiet in der Westantarktis trägt den Namen dieses bedeutenden Polarfliegers.

Literatur
G. H. Wilkins, *Flying the Arctic. London u. New York 1928*
–, *Undiscovered Australia, being an account of an expedition to tropical Australia to collect specimens of the rarer native fauna for the British Museum 1923 to 1925. London 1928*
–, *Under the North Pole, the Wilkins-Ellsworth Submarine Expedition. New York 1931*
H. M. Sherman, *Thoughts of Space. New York 1942*

WILKITSKI, BORIS ANDREYEWITSCH

Russischer Polarforscher, geb. 1855 in Russland, gest. 1951 in Brüssel.

Wilkitski war zuerst Marineoffizier in der kaiserlich-russischen Marine. Zum Konteradmiral und zum Kommandanten der mächtigen Eisbrecher »Taimyr« und »Waigatsch« befördert, wurde er 1913 beauftragt, die Nordostpassage von Osten nach Westen zu bezwingen.

Von Anadyr (ostsibirische Küste) aus umschiffte Wilkitski zuerst das Kap Deshnew, durchfuhr dann das Tschuktschen- und das Ostsibirische Meer und die Laptewsee in Richtung der Taimyr-Halbinsel, wurde bereits unweit des Kap Tscheljuskin am 1. September durch Eismassen an der Weiterfahrt gehindert. Er steuerte dann auf Nordostkurs und entdeckte eine Inselgruppe, der er zu Ehren des Zaren den Namen »Nikolaus-II.-Land« gab (heute: Sewernaja Semlja = Nordland). Inzwischen hatten die Eismassen derart zugenommen, dass Wilkitski beschloss umzukehren.

Nach der Überwinterung in Petropawlowsk (Hafen von Kamtschatka) unternahm er 1915 (mitten im Krieg) einen neuen Anlauf und gelangte ohne besondere Schwierigkeiten nach Archangelsk am Weißen Meer.

Wilkitski war der Erste, der die Nordostpassage von Osten nach Westen bezwungen hat. Auf dieser Fahrt machte er umfangreiche hydrografische Messungen längs der nordsibirischen Küste.

Literaturhinweis
B. A. Wilkitski, *Der Nordische Seeweg (in Russisch). St. Petersburg 1912*

WISSMANN, HERMANN VON

Deutscher Afrikareisender, geb. 1853 in Frankfurt/O., gest. 1905 in Weissenbach (Steiermark).

1880–82 unternahm Wissmann, begleitet von dem Afrikaforscher Dr. P. Pogge, eine ausgedehnte Expedition von Luanda (Hauptstadt von Angola) über Malanje (Nordangola) an den Kasai (linker Nebenfluss des Kongo) und gelangte nach Nyangwe am Kongo. Damit gelang die erste Durchquerung Äquatorialafrikas von Westen nach Osten.

1884–86 erforschte Wissmann, diesmal zusammen mit H. Müller, v. François und L. Wolf u. a., den Kasai und den Kongo. Gründung von Luluaburg am mittleren Lulua (rechter Nebenfluss des Kasai). 1888 wurde Wissmann als Reichskommissar, 1895–96 als Gouverneur für Deutsch-Ostafrika eingesetzt.

v. Wissmann

75 Pf.

75 Pf.

Gedenkt unserer Kolonien

Nach einer Asienreise zog sich Wissmann auf sein Gut in die Steiermark zurück und widmete sich der Reiseliteratur. Er starb am 15. Juni 1905 durch einen Jagdunfall. Wissmanns Verdienste liegen vor allem in der geografischen Erforschung Äquatorialafrikas.

Literatur
H. v. Wissmann, L. Wolf, C. v. François, H. Müller, Im Innern Afrikas. Leipzig 1888
H. v. Wissmann, Meine zweite Durchquerung Äquatorialafrikas vom Kongo bis zum Sambesi. Frankfurt/O. 1890
–, In der Wildnis von Afrika und Asien. Jagderlebnisse. Berlin 1901
R. Schmidt, Hermann von Wissmann und Deutschlands koloniales Wirken. Berlin-Grunewald o. J.
H. v. Wissmann, Deutschlands größter Afrikaforscher. Sein Leben und Werk mit Benutzung des Nachlasses, dargest. v. C. v. Perhandt, G. Richelmann, Rochus Schmidt. Berlin 1906

WRANGEL, FERDINAND PETROWITSCH BARON VON

Russischer Admiral und Polarforscher, geb. 1796 in Pskow, gest. 1870 in Dorpat. 1817 nahm Wrangel an einer Expedition von Kapitän Golownine teil, um die russischen Kolonien in Alaska auszubauen und hydrografische Erkundungen über die Beringstraße einzuziehen.

1820 beauftragte die kaiserlich-russische Marine den inzwischen berühmt gewordenen Wrangel, die geografische Position des Kap Schelagin genau zu bestimmen, die Bäreninseln (Ostrowa Medwjeshi) zu erforschen und von dort aus einen Vorstoß zum Nordpol zu unternehmen. Am 2. November segelte Wrangel von St. Petersburg aus in die Barentssee, erreichte mit Hundeschlitten das Kap Schelagin, erforschte die Bäreninseln und unternahm einen 46-tägigen Marsch durch die russische Arktis in Richtung Nordpol.

1822 erforschte Wrangel die Kolymabucht und das Land der Tschuktschen (äußerster Nord-

Folgende Doppelseite: Der Afrikaforscher Hermann von Wissmann (links, sitzend) mit seiner Truppe sudanesischer Soldaten in Kairo 1889.

Ferdinand Petrowitsch Baron von Wrangel

osten Sibiriens). Im Februar 1823 gelangte der Polarforscher auf einer weiteren Arktisfahrt bis 70° 5' nördl. Br. und sichtete in der ostsibirischen See eine Insel, die heute seinen Namen trägt. Von diesem erfolgreichen Unternehmen kehrte Wrangel erst anderthalb Jahre später zurück.

Nach seiner Erdumsegelung im Jahre 1827 wurde Wrangel zum Gouverneur der russischen Kolonien im Nordwesten Nordamerikas ernannt. 1847 wurde er Admiral, 1853–58 war er russischer Marineminister. Das Verdienst dieses Polarforschers lag in der geografischen und ethnografischen Erforschung des damals noch kaum bekannten Nordostens von Sibirien.

Literatur
Narrative of an Expedition to the Polar Sea, in the years 1820, 1821, 1822 and 1823 commanded by F. Wrangel. (Translation from G. Engelhardt's German version of the original Russian by Mrs. Sabine) London 1840
F. v. Wrangel und seine Reise längs der Nordküste von Sibirien und auf dem Eismeere. Hg. v. L. v. Engelhardt. Leipzig 1885

Ein Meilenstein in der Geschichte der Eroberung des Himmels: Die Gebrüder Wright demonstrierten als Erste, dass man sich mit einer motorbetriebenen »Flugmaschine« wie ein Vogel durch die Luft bewegen konnte.

Ein Kampf um Wahrheit. Leben und Werk des Admirals Baron F. v. Wrangel. Hg. v. Baron Wilhelm von Wrangel. Stuttgart 1939

WRIGHT, GEBRÜDER

Amerikanische Flugzeugtechniker. Orville, geb. 1871 in Dayton, gest. 1948 ebd., und Wilbur, geb. 1867 in Henry Country, gest. 1912 in Dayton.

Im Anschluss an Otto Lilienthal beschäftigten sie sich mit Modellflugzeugversuchen und 1900–02 mit Gleitflügen. Am 17. Dezember 1903 gelang Orville Wright ein Flug mit einem Doppeldecker von 12 Sekunden Dauer. Dieses Flugzeug wurde von den beiden Brüdern 1899 gebaut und ständig verbessert. Der Antrieb erfolgte mit einem Benzinmotor mit 12 PS Leistung. Am 20. September 1903 machte Wilbur Wright seinen ersten Rundflug mit der »Flyer 2«, (Motor: 16 PS Leistung).

Unzweifelhaft haben die Gebrüder Wright das Problem gelöst, wie der Mensch künstlich fliegen kann.

Literatur
H. Combs, Brüder des Winds. Orville und Wilbur Wright. o. O. 1981
A. Sproule, Die Brüder Wright. Die Anfänge der Fliegerei. Recklinghausen 1992

Die Gebrüder Wilbur und Orville Wright, die berühmtesten Flugpioniere aus Amerika

YOUNG, JOHN WATTS

US-amerikanischer Astronaut, geb. 1930 in San Francisco.

John Young gilt als einer der erfahrensten Astronauten, er nahm an sechs verschiedenen Weltraummissionen teil. 1965 war er Pilot an Bord der »Gemini 3«, des ersten bemannten Fluges dieses Raumfahrtprogrammes. Weiterhin gehörte er zur Besatzung der »Gemini 10«, »Apollo 10« und der »Apollo 16«. Während dieser Mission hielt er sich zusammen mit Charles Duke drei Tage auf dem Mond auf, um dort verschiedene Experimente durchzuführen. Young und Robert Crippen waren die ersten Astronauten an Bord des Space Shuttles »Columbia«, der am 12. April 1981 vom Kennedy Space Center aus ins All startete. Vom 28. November bis 8. Dezember 1983 war Young Kommandant der Shuttlemission »STS-9«. Zu der sechsköpfigen Besatzung gehörte auch Ulf Merbold. Dieser Flug war Youngs letzter, denn nach der »Challenger«-Katastrophe von 1986 wurden alle Space Shuttle Flüge gestoppt und erst im September 1988 wieder aufgenommen. Young verbrachte insgesamt 835 Stunden im Weltraum und ist heute als Berater bei der NASA beschäftigt.

Graf Ferdinand von Zeppelin

YOUNGHUSBAND, SIR FRANCIS EDWARD

Englischer Asien- und Afrikaforscher, geb. 1862 in Murree (heute Pandschab/Pakistan), gest. 1942 in Lytchett Minster (Dorset). Trat der englischen Armee bei, wurde Offizier und 1882 nach Indien abkommandiert. 1886 begleitete er eine englische Expedition in die Provinz Sin-kiang; dabei wurde die Wüste Takla-makan durchquert. 1890–97 erforschte er das Pamirgebirge. 1896–97 durchstreifte er als Korrespondent der »Times« Transvaal und das frühere Rhodesien (heute: Simbabwe). 1903 berief ihn die englische Regierung wieder nach Indien. Zusammen mit General MacDonald führte er die britischen Militärexpedition nach Lhasa, um den russischen Einfluss zurückzudrängen. Der Zutritt nach Lhasa wurde von den Briten erzwungen. 1906–09 vertrat er sein Land in Kaschmir.

Younghusbands Expeditionen waren wissenschaftlich und politisch von Bedeutung.

Literatur
F. E. Younghusband, Heart of a Continent. London 1896
–, India and Tibet. London 1910
–, The Epic of Mount Everest. London 1927
–, Dawn in India. London 1930

ZEPPELIN, GRAF FERDINAND VON

Deutscher Erfinder, geb. 1838 in Konstanz, gest. 1917 in Berlin.

Erfand das lenkbare Starr-Luftschiff, mit dessen Bau er sich bereits seit 1874 beschäftigte. Seit 1892 widmete er sich ganz diesem Plan unter Mitwirkung des Ingenieurs Th. Kober. Nach Ablehnung staatlicher Hilfe gründete Zeppelin 1898 eine »AG zur Förderung der Luftschiffahrt« mit DM 800.000 Kapital, wovon er über die Hälfte aus seinem Privatvermögen beisteuerte. An der Bucht von Manzell bei Friedrichshafen wurde das erste Zeppelin-Luftschiff (LZ 1) erbaut, das am 2. Juli 1900 aufstieg. Es besaß bereits alle besonderen Merkmale der 129 späteren Zeppelin-

Luftschiffe. Nach der Zerstörung von LZ 4 bei Echterdingen 1908 schuf eine Nationalspende die finanzielle Grundlage zur weiteren Entwicklung des Zeppelins. Im selben Jahr wurde dann der Luftschiffbau Zeppelin in Friedrichshafen gegründet.

Bereits 1910 fasste Zeppelin den Gedanken, die Arktis zu überfliegen, was aber zu seinen Lebzeiten nicht realisierbar war. Erst am 24. Juli 1931 startete ein Zeppelin in Friedrichshafen. Über Berlin, Königsberg, Riga, Reval und Helsinki ging die Fahrt nach Leningrad, wo der eigentliche Arktisflug begann.

An Bord des Zeppelins befand sich ebenfalls der russische Polarforscher Samoilowitsch, der die Route und die zu erforschenden arktischen Gebiete festgelegt hatte. Nach dem Überfliegen des großen Holzumschlagplatzes Archangelsk gelangte das Luftschiff am 27. Juli ins Franz-Josephs-Land, wo eine Landung erfolgte. Nach der Vermessung großer Teile dieses norwegischen Stützpunktes in der Arktis nahm das Lufschiff Kurs auf die Inseln Nowaja Semlja, die aber wegen des dichten Nebels unauffindbar blieben. Von den Nordlandinseln jedoch konnten Luftaufnahmen gemacht werden. Über das Kap Tscheljuskin erreichte LZ 127 die Taimyr-Halbinsel und am Kap Dixon das Nördliche Eismeer. Erst jetzt konnte die Doppelinsel Nowaja Semlja vermessen werden. Über Archangelsk und Leningrad, das wegen eines Gewitters nicht angesteuert werden konnte, ging es im Direktflug nach Berlin.

Das wissenschaftliche Ergebnis dieses Arktisfluges war für die Meteorologie und Geologie der Nordpolarregion von großer Bedeutung.

Literatur
Kapitän H. v. Schiller, Zeppelin. Wegbereiter des Weltluftverkehrs. Bad Godesberg 1966
K. Grieder, Zeppeline. Giganten der Lüfte. o. O. 1971.

R. Italiaander, Ferdinand Graf von Zeppelin. Reitergeneral, Diplomat, Luftschiffpionier. 2. Aufl. Konstanz 1986.
H. v. Schiller, Zeppelin. Aufbruch ins 20. Jahrhundert. o. O. 1989
K. Grieder, Zeppelin Dornier Junkers. Markantes aus der deutschen Luftfahrtgeschichte. Disentis/Schweiz 1989
M. Bélaf, Graf Ferdinand von Zeppelin. Leipzig 3. Aufl. 1990.

Blick vom Luftschiff aus auf die Nordlandinseln und auf Nowaja Semlja

VIRGINIÆ
partis auſtralis,
et FLORIDÆ partis
orientalis, interjacentiumq₃ regionum
NOVA DESCRIPTIO.

AMERICÆ

PARS SEPTENTRI

FLORIDÆ

ORIENTALIS.

Apalatcy Montes auriferi

In hoc Lacu indige ne argenti grana inveniunt.

Lacus aquæ dulcis adeò mag nus ut ex una ripa conſpici altera non poſſit.

Rex qui in hiſce montibus habi tabat A.1562. dicebatur Apalatcy illoq ipſi montes eodem nomine vo cabat

Apalatcy montes in quibus æs aurum et argentum invenitur.

Lacus et Inſula Sarrope, abun dat optimis fruct.

Lacus ubi gemmæ reperiuntur

Edelano Rex. eſt huius inſula admiran dæ amenitatis

Anatequa dives rex ad Apalatcy montes

Chicola

Jordain fluv.

R. de S. Chriſtoual

Abra de S. Chriſtoual

Enſida de S. Ana

Sandhoeck

Ylova
Stalame
Mayon

Coueyis
Macon
Aduſta

Stalame

Noc lieu Galli Fran cæ ſitum teſtraurone la ce Laudonier A 1562

Porto Royal

Ouade

R. Grande
R. Bello
R. de Grande
R. de Garonne
R. de Charente
R. de Loyre
R. de Somme

Niocaja
Iracana
Tacatacourou

Seheuppe

Milliaria

R. de May
R. de Cruz ſilveſtris

Houſtaqua
Matiqua
Mayarqua
Omiraqua
Omitaqua
Aquera
Eclanou
Eneeaque
Eneeaque
Cadecha
Calany
Potano rex dives
Vtina
Coya
Chiliy
Patiqua
Mayrra
Tropicus et Manchote
Edelano fulu

Mocoſſo
Mathiaca
Allicamans
Arallon
Emolona
Mollowa
Cubacani

Marracou
Owatchaqua
Sarenala
Olotacara
Salinacali
Saturia
Athore
Seloy
Anacarouou

R. de May
Borne des François
R. des Dauſins
C. François

Die Welt der Atlanten

Den Menschen wurde frühzeitig bewusst, dass man die Erde grafisch erfassen musste, um den eigenen Standort gegenüber der übrigen Welt zu kennen. Und schließlich: Zur Orientierung für eigene Reisen waren schriftliche Unterlagen, Wegskizzen, Darstellungen der örtlichen Gegebenheiten unerlässlich. Der Drang, in die weite Welt hinauszufahren und unbekannte Länder, den Reichtum des Planeten Erde zu erforschen, machte Kartenwerke ebenso unverzichtbar. Freilich musste man dazu die Terra Nova erst erkunden.

DAS WELTBILD DES CLAUDIUS PTOLEMÄUS

Die Geschichte der Kartografie begleitet die Geschichte der Entdeckungen unseres Planeten fast von Beginn an. Im 2. Jahrhundert n. Chr. beschrieb Claudius Ptolemäus im achten Buch seiner »Geografie«, wie man die ganze Erde in verschiedenen Karten darstellen könne. Die ersten 26 Karten gab er seinem Werk bei.

Um 800 n. Chr. wurde Ptolemäus' Werk ins Arabische übersetzt. Ein wesentlicher Fortschritt für die Kartografie war dies aber noch nicht. Erst die Übersetzung dieses Basiswerks ins Lateinische im Jahr 1409 ließ das Kartenwerk weiter bekannt werden, als dies bisher der Fall war. In der Folgezeit erschienen zahlreiche Varianten mit und ohne Karten. Die Überlieferung per Handschrift war jedoch sehr aufwendig und setzte so einer wirklich weiten Verbreitung des Werkes natürliche Grenzen. Erst die Entdeckung der Buchdruckerkunst sorgte dafür, dass der Atlas in jeweils beachtlichen Stückzahlen nachgedruckt und von Auflage zu Auflage immer weiter verändert, verbessert oder ergänzt wurde. Die erste Ausgabe erschien 1477 in Bologna.

Jeder Buchdrucker war bestrebt, sein Werk auf den aktuellsten Stand zu bringen, und so entstanden immer neue Kartenvarianten, die die Informationen ins Kartenbild umsetzten, die von den Fernreisenden und Entdeckern mit nach Hause gebracht und publiziert wurden.

ABRAHAM ORTELIUS, DER VATER DES WELTATLAS

Die Zusammenstellung der einzelnen Kartenblätter war bisher jedoch recht willkürlich: Man druckte, was man zur Verfügung hatte. Die Reihenfolge der einzelnen Kartenblätter war beliebig, eine Systematik gab es nicht.

Mit dem Erscheinen des »Theatrum orbis terrarum«, das Abraham Ortelius zusammenstellte, gab es den ersten Prototypen eines ernsthaften Weltatlas. Der Erstausgabe aus dem Jahre 1570,

die bereits 53 Kartentafeln enthielt und auf Lateinisch verfasst war, folgten weitere Ausgaben auf Deutsch, Spanisch, Französisch und Italienisch. Die letzten Ausgaben – der Umfang der Kartenwerke wurde ständig erweitert – umfasste immerhin 128 Tafeln!

Abraham Ortelius, der Schöpfer des modernen Weltatlas, wurde 1528 in Antwerpen geboren. Bereits sein Großvater war hier geboren. Da sein Vater starb, als er erst elf Jahre alt war, übernahm der Onkel Jacobus van Meteren die Verantwortung für ihn und seine beiden Schwestern. Der Junge interessierte sich frühzeitig für Geografie und Geschichte, doch musste er zuerst einmal Geld für die Familie verdienen. Mit seinen Schwestern zusammen betätigte er sich als »Kaartenafzetter«: das heißt, er kolorierte Landkarten, eine anspruchsvolle künstlerische Arbeit, die sehr gefragt war. Eigentlich handelte er aber hauptsächlich mit Büchern und Münzen. Die kartografische Arbeit war eher Nebenerwerb.

EIN UNERMÜDLICH REISENDER

Der An- und Verkauf von Büchern, Landkarten und anderen Antiquitäten machte zahlreiche Reisen nötig. Dies war wahrscheinlich auch mit ein Grund, weshalb Ortelius ledig blieb. Nebenbei entwarf er ein paar Karten, so eine Weltkarte (1564), eine Karte von Ägypten (1565) und eine Karte von Asien (1567). Diese Karten gelten heute aber als keine Besonderheit und unterscheiden sich kaum von dem, was in jener Zeit auf den Markt kam. Ortelius' häufige Reisen, beispielsweise nach Italien, Deutschland und Frankreich, waren für seine spätere Karriere als Kartograf sicher nicht unerheblich, erweiterten sie doch ständig seinen Erfahrungshorizont und versorgten ihn mit allerlei Neuigkeiten, die von den Abenteuern der Entdecker nach Europa drangen. Für seine spätere Karriere als Kartograf war aber wohl auch die Freundschaft mit Gerard Mercator sehr wichtig, den er 1554 anlässlich einer Messe in Frankfurt kennen gelernt hatte. 1560 reiste er mit Mercator zusammen durch Frankreich.

Das unstete Leben eines Händlers ließ Ortelius wenig Zeit, intensiv zu arbeiten, doch sammelten sich in diesen Jahren unzählige Bücher und vor allem Kartenwerke in seiner Bibliothek an. So entstand ein wertvoller Fundus, den er für seine Arbeit später brauchte und der ihn zu dieser Arbeit erst motivierte. Der Markt war mit unzähligen Karten unterschiedlichster Qualität überschwemmt. Die Nachfrage war enorm. Die großen Handelshäuser in Antwerpen brauchten dringend möglichst präzise Karten, und Ortelius besaß die Kontakte und das entsprechende Wissen und belieferte so diese wichtigen Kunden mit notwendigem Material. So wurde er zum Spezialisten, der von allen um Rat gefragt wurde – und nicht nur auf kartografischem Gebiet. Ortelius beriet seine Klienten auch in geschäftlicher Hinsicht. Es ist bekannt, dass er für den bedeutendsten Händler Antwerpens, Gilles Hooftman, sogar mehrere Reisen unternahm, um Handelsbeziehungen anzubahnen. Mercator regte Ortelius an, einen Weltatlas zu schaffen, der alles Bisherige in den Schatten stellen sollte. Und dies gelang ihm! Man vermutet, dass er gut zwei Jahre an den ersten 53 Kartenblättern arbeitete.

KARTEN FÜR DEN HANDEL MIT FREMDEN LÄNDERN

Religionsverfolgungen vertrieben Ortelius 1576 nach England, von hier reiste er nach Liège, um dort ruhigere Zeiten abzuwarten, bevor er wieder nach Hause zurückkehren konnte.

Ortelius' Freund Mercator entwickelte die Atlaskartografie mit seinem 1595 erschienenen »Atlas sive cosmographicae meditationes de fabrica mundi et fabricati figure« (»Atlas oder kosmografische Betrachtungen über die Erschaffung der Welt und die Gestalt des Erschaffenen«) weiter. Ortelius' Werk zeichnete sich durch hohe Aktualität aus, während ihm wissenschaftliche Exaktheit und Einheitlichkeit der Darstellung weniger bedeutsam erschienen. Er arbeitete auch sehr rasch. Ortelius war eher merkantil, gewissermaßen pragmatisch orientiert: Sein Kartenwerk war für den täglichen Gebrauch im internationalen Handelsgeschäft gedacht. Mercator sah diese Aufgabe ganz anders: Er war Wissenschaftler und strebte höchstmögliche Präzision und Einheitlichkeit an. Zwar musste Mercator von seiner Arbeit ebenso leben, doch sein eigentliches Interesse war nicht wirtschaftlich bestimmt. So löste Mercators Werk den Weltatlas von Ortelius ab und galt fortan als das Standardwerk. Die Erben der beiden Kartografen druckten die Werke jahrzehntelang weiter, wobei das Material nur dürftig aktualisiert wurde. Dies hatte natürlich eine ständige Qualitätsverringerung zur Folge.

NEUE IMPULSE AUS FRANKREICH

Im 17. und 18. Jahrhundert kamen vor allem aus Frankreich neue Impulse der Atlaskartografie. Fast hundert Jahre lang galt die Familie Sanson als führend. Die Atlasmacher verfeinerten und vervollkommneten die Vermessung, sodass die Karten immer genauer wurden. Auch manch blinder Fleck verschwand aus den Karten dank der Entdeckerlust der Forscher, die sich in Urwälder, Wüsten und in die Eismeere wagten.

Auch in Deutschland kamen interessante Atlanten auf den Markt. Verleger wie Johann Baptist Homann aus Nürnberg (sein erster Atlas erschien 1707) oder Matthias Seutter aus Augsburg (1728 er gab er sein erstes Werk heraus) überraschten das Lesepublikum mit immer besserer Qualität. Dazu kam, dass sich die Drucktechnik weiter verbesserte, was sich natürlich auch in der Darstellung der Atlanten niederschlug.

Der Weltatlas diente von Anfang an als Hilfsmittel zur astronomischen und geografischen Orientierung. Später wurden die geografischen Blätter durch Themenkarten ergänzt, was die Werke attraktiver machen sollte, sie jedoch auch aktualitätsabhängiger werden ließ.

Auf den folgenden Seiten sind einige der schönsten Kartenblätter aus dem ersten Weltatlas von Abraham Ortelius, dem »Theatrum orbis terrarum« aus dem Jahre 1573 abgedruckt.

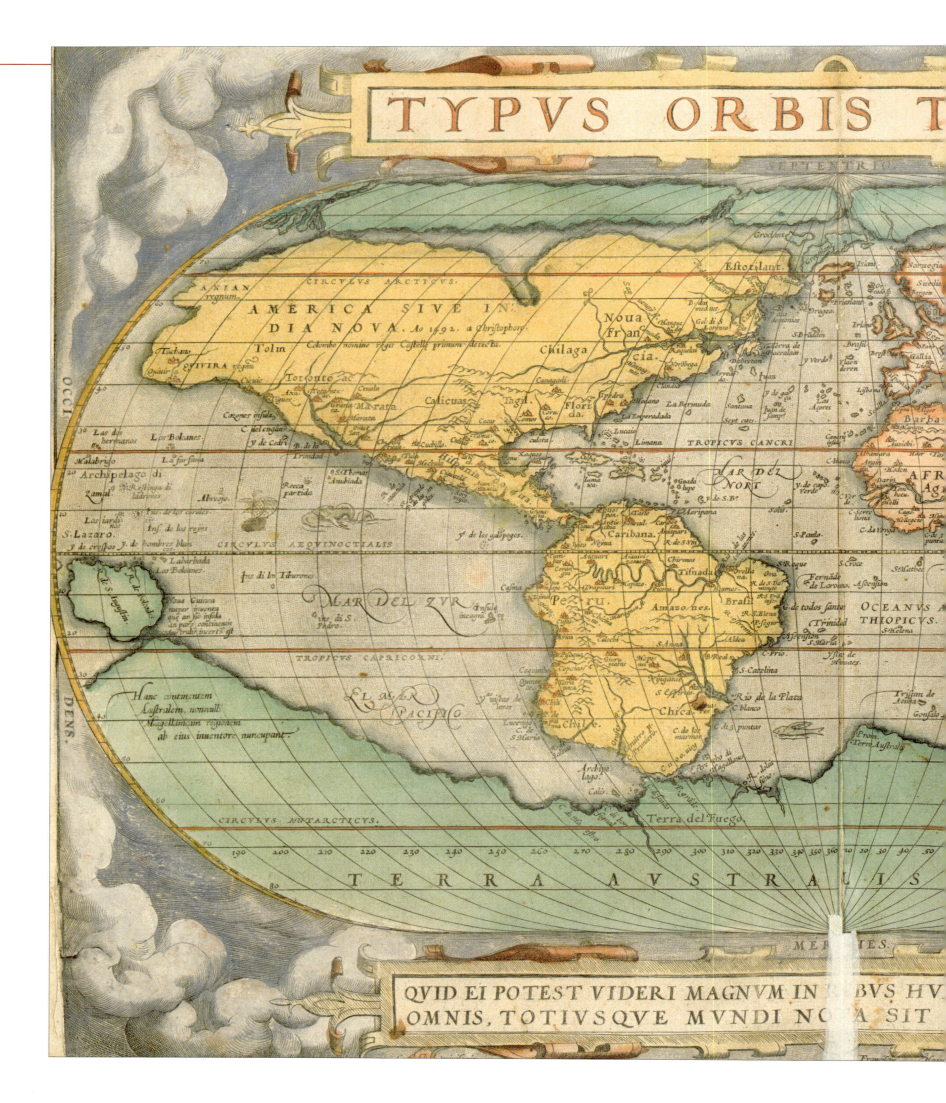

TYPVS ORBIS T

SEPTENTRIO

ANIAN regnum.

CIRCVLVS ARCTICVS.

AMERICA SIVE IN: DIA NOVA. A° 1492. a Christophoro Colombo nomine regis Castellæ primum detecta.

Estotiland.

Groclant

Islant.

Noua Fran cia.

Noruegia

Suedia

Bergen

OCCI

Tolm

Chilaga

Irlant

Brasil

Y verdo

Lisbona

Gallia

Quivira regnum

Totonteac

Calicuas

Tagil

Flori da.

La Bermuda

Azores

Barba

La fur faria

TROPICVS CANCRI

AFRI

Las dis hermanas Los Bolcanes.

Archipelago di Zamal.

Rocca partida

Hispania Baixa.

MAR DEL NORT

Aguis

Malabrigo

S.Lazaro.

Insf. de los reyes

CIRCVLVS AEQVINOCTIALIS

f de los galopegos.

Caribana.

S.Paulo

S.Croce

Los Bolcanes.

Infula incognita

Tisnada

Brasil

Fernãde de Loronço.

Ascension.

MAR DEL ZVR

Per ru.

Amazones.

OCEANVS

THIOPICVS

S.Helena

Hanc continentem Australem, nonnulli Magellanicam regionem ab eius inventore nuncupant.

DENS.

TROPICVS CAPRICORNI

EL MAR PACIFICO

Chile.

Chica

Rio de la Plata

Tristan de Acuña

Gonsalo

Archipelago.

Terra del Fuego

CIRCVLVS ANTARCTICVS.

190 200 210 220 230 240 250 260 270 280 290 300 310 320 330 340 350 360 10 20 30 40 50

80

TERRA AVSTRALIS

MERIDIES.

QVID EI POTEST VIDERI MAGNVM IN REBVS HVM
OMNIS, TOTIVSQVE MVNDI NOTA SIT

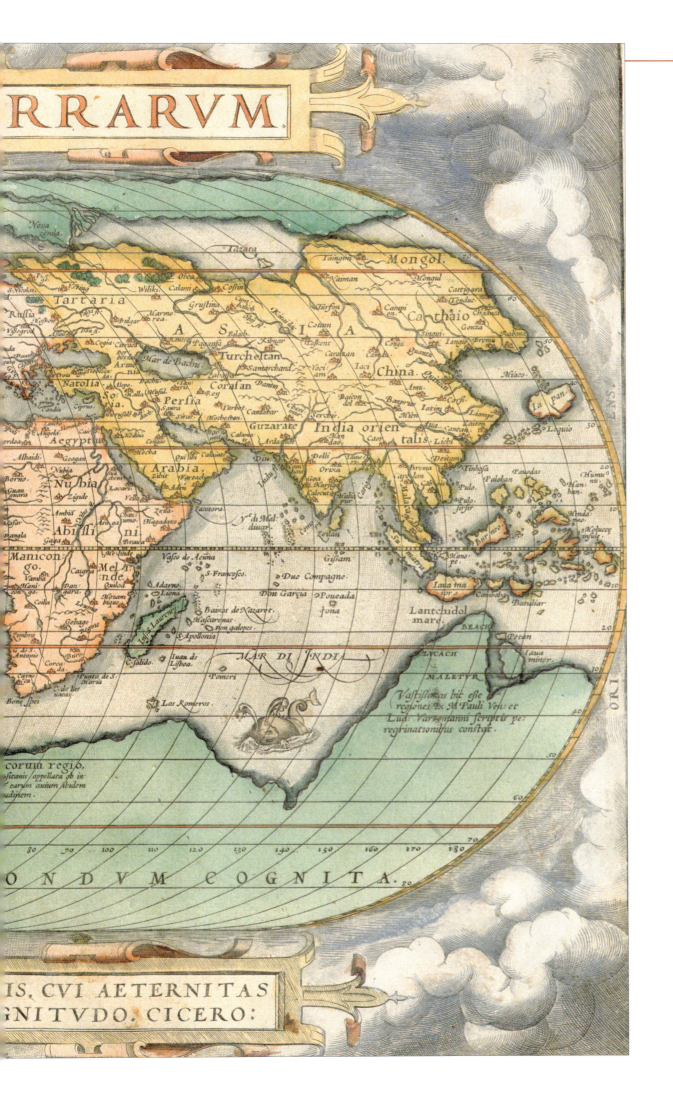

Das erste Blatt des berühmten Weltatlas von Abraham Ortelius zeigt die Erde und sämtliche bis dato bekannten Länder. Die Kartenblätter wurden von Hand koloriert, denn damals war man noch nicht in der Lage, in mehreren Farben zu drucken.

Europa, das auf diesem Karten-schnitt dargestellt wird, war zur damaligen Zeit natürlich am bekanntesten, und so enthält dieses Kartenbild auch sehr viele Informationen.

369

FLANDRIA

MARIS GERMANICI

SEP.
OC. OR.
MER.

PLRS
PICARDIÆ.

Notarum explicatio.
Vrbes.
Arces.
Monasteria.
Pagi.

Cales
Capelle
S.Folques
Mariekercke
S.Claes
Watene

camp veldt

Gerardus Mercator
Rupelmundanus
Describebat

Milliaria Flandrica, parua,
mediocria, & magna.

1 2 3 4 5 6

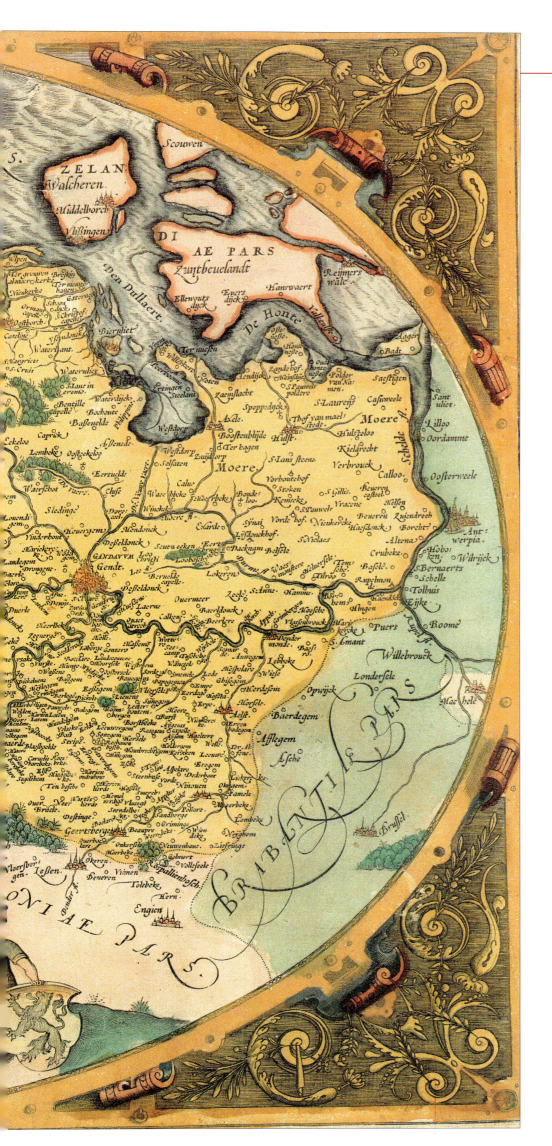

Das historische Flandern, die Landschaft an der Nordseeküste, umfasst heute Gebietsteile von Belgien, Frankreich und den Niederlanden. Auch diese Karte ist sehr detailreich und exakt. Es fällt auf, dass die alten Kartenblätter, wo immer es eine Lücke gab, dem Zeitgeist entsprechend sehr opulent illustriert waren.

371

Das Kartenblatt mit der Überschrift »Beschreibung des Türkischen Reichs« (Turcici Imperii Descriptio) zeigt im Zentrum der Darstellung die heutigen Länder Griechenland, die Türkei und die arabischen Länder. An den Umrissen des Schwarzen und des Kaspischen Meeres (im oberen Kartenteil) merkt man, dass die damaligen geografischen Kenntnisse zwangsläufig noch sehr vage waren.

373

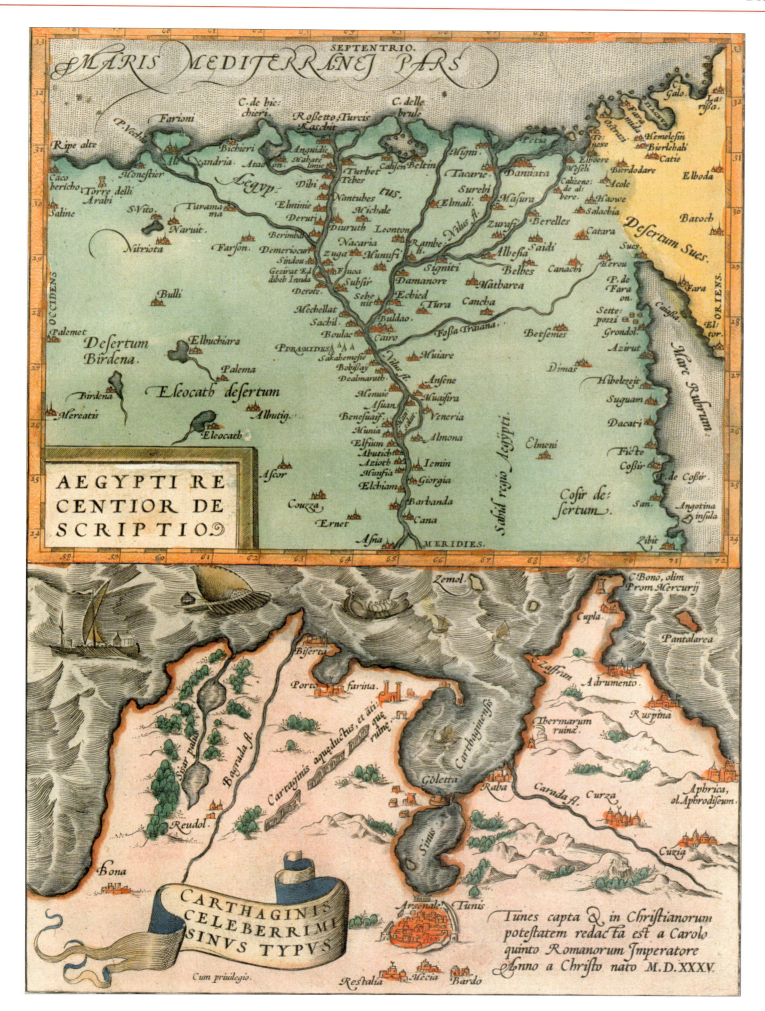

Die Karte auf der linken Buchseite – eigentlich müsste man sie zur korrekten Betrachtung um 90 Grad drehen – stellt Anatolien, einen Teil der Türkei, dar. Auf der rechten Kartenseite sind die Inseln Kreta, Rhodos und Cypern eingezeichnet. Das Blatt auf der rechten Buchseite zeigt oben das Nil-Delta, darunter das Gebiet von Karthago und Tunis, das heutige Tunesien.

375

MEDITERRANEI PARS.

MARIS

Antiquissima huius terræ appellatio fuit Canaan, à filio Cham sic dicto: cuius filij eam inter se distribuerunt. Fuerunt autem hi Sydon, Hethæus, Iebusæus, Amorreus, Gergesæus, et Hamathæus, etc. Retinuit autem hæc terra hoc nomen, donec Israelitæ posteritate Canaan partim cesa, partim subacta eā occuparent: Inde cepit uocari Israel à Iacob patriarcha. Ptolomeus et alij eam uocant Palestinam à Palestinis quos sacri libri Philistim uocant Hodie eam terram Sanctam nuncupant.

MARE MAGNVM.

Michmetat

Diospolis Lidda RAIM. Gal. Antipatris
IOPPE Secro Iumnata Chrasalon
AZOTVS Aslod. A. Emaus Machar
ASCALON Cittar Chanet Macheal
Chaser Dishum Sabath Machar
Beritta Dora Phullu Pheber Amorei
Maiuma Gerara Sabes Ziph Moo Lether.
GAZA Sior Geraza Rinma Edom Barath G.
ANTHEDON Adar Seron Elia Chabeel Ahra
Agrippam Carcaria Cades barnea.

OSTRACINA. Asedech
RHINOCORVRA.

CASIOTIS. 26. Hor Luchit.
Petra. mons. Catachrysea. Disabad.
25. Meth Theman.
Sepulchrum 24. Thare. Gebalene Colchiel.
Pompei. 23. Thahaih. reg.
Casius mons. Sepher 22. Mace 27. Moses roth.
Chabrie Mons. loth. roth.
Castra. Ismaelitarum regio. 21. Harada.
ARA: 20. Sepher mons. 28. JRCADES
Saracene PE: 19. Ceelatha.
regio. Ama 18. Ressa. Bene Arabi.
iaakan. Petra
Munichiatis. 17. Lebna. Sela.
16. Rimmon Arachon Recem.
SVR DESERTVM. phares. lahtheel.
Reth Pharan. Nabath.
nia. 13. 29. Giddad
Hase 14. mons.
roth. Sepul: 13
chra cō: Mons Sinai 30. Latebatha
Palme cupiscen 12 Mons
tum. tiæ Oreb.
ETHAM SO 6. Elim. Raphidi 11 31. Ebrona.
LITVDO. 3 Mu Iam 10. Alusch.
ran suph SIN DE:
Posidium 8. 9. Azion
Zuem Sin Daphca. gaber.
Quen SERTVM. PHATANITAE. 32.

MARE AEGYPTIVM.

PELVSIVM regio
PELVSIVM. Damiata.
Heracleum
Tanis Germanica Scenæ
Mendæsium Gerra Veteranorum
Ostium Ostium Serbonis
Thinitis Pcontigonus
Cynos. Panephy Magdolum.
sis.
BOLBITINVM. Butiphu Thapnis.
Michi SEBENNITICVM. DELTA Syle.
mus. PATHMETICVM P: Sethrois.
Mortus Busiris PARVVM. Sirbonis lacus.
Mitesfiorie. Serapium
Buticus AEGYP- Bubastus. Herculis ciuitas parua.
lacus. Onuphis Xois. Pibeseth
Butis. Leontopolis Vicus
Sais. DELTA Iudeorum.
Cabasa. Taubasium.
TVS. Thou.
Tafa. Arthribius flu.
Busiris Paludes
MAG. Onij. Pharbetus.
Nicij. Cenę. Raemses.
NVM. Delta. Heroum
Pharmuthiace flu. Athribis. ciuitas.
Bontus gentus flu. Heliopolis Posidium
Nicij. Bethsemes. Zuem ETHAM SO
Sebennytus. Traianus fluuius. Quen LITVDO.
Geza. chot.
Memphis Noph Tanis. Etham.
et Migdol. Bubalis 6. Elim.
Acanthon. et Caira. Gosen Mu Iam
HERA. Aphroditopolis regio. ran suph SIN DE:
Arsinoe. CLEOPO. Muhasira. Piha Posidium
LITES Amari lacus. cherot. 4. Zuem Sin Daphca.
Vsui. Iulio- Insula. Baalze: Quen SERTVM.
polis. Angiroram phon. MARIS
ciuitas. Ptolomeus flu. RVBRI PARS.

MARIS RVBRI PARS.

MERIDIES

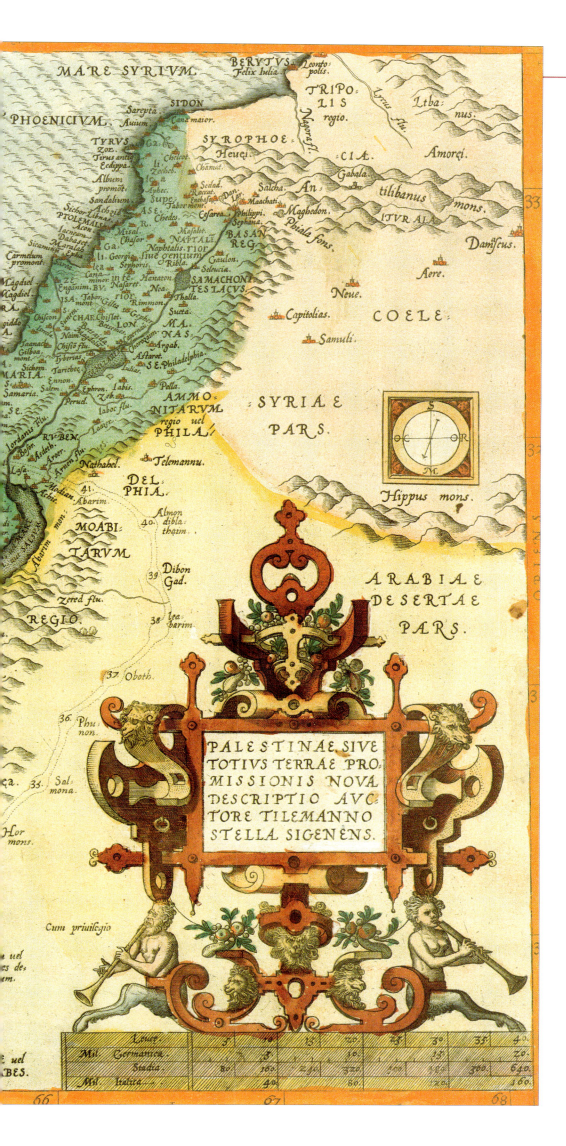

Erstaunlich ist, welche geografischen Kenntnisse man bereits im 16. Jahrhundert über Palästina, das heutige Israel und den Libanon, besaß.

377

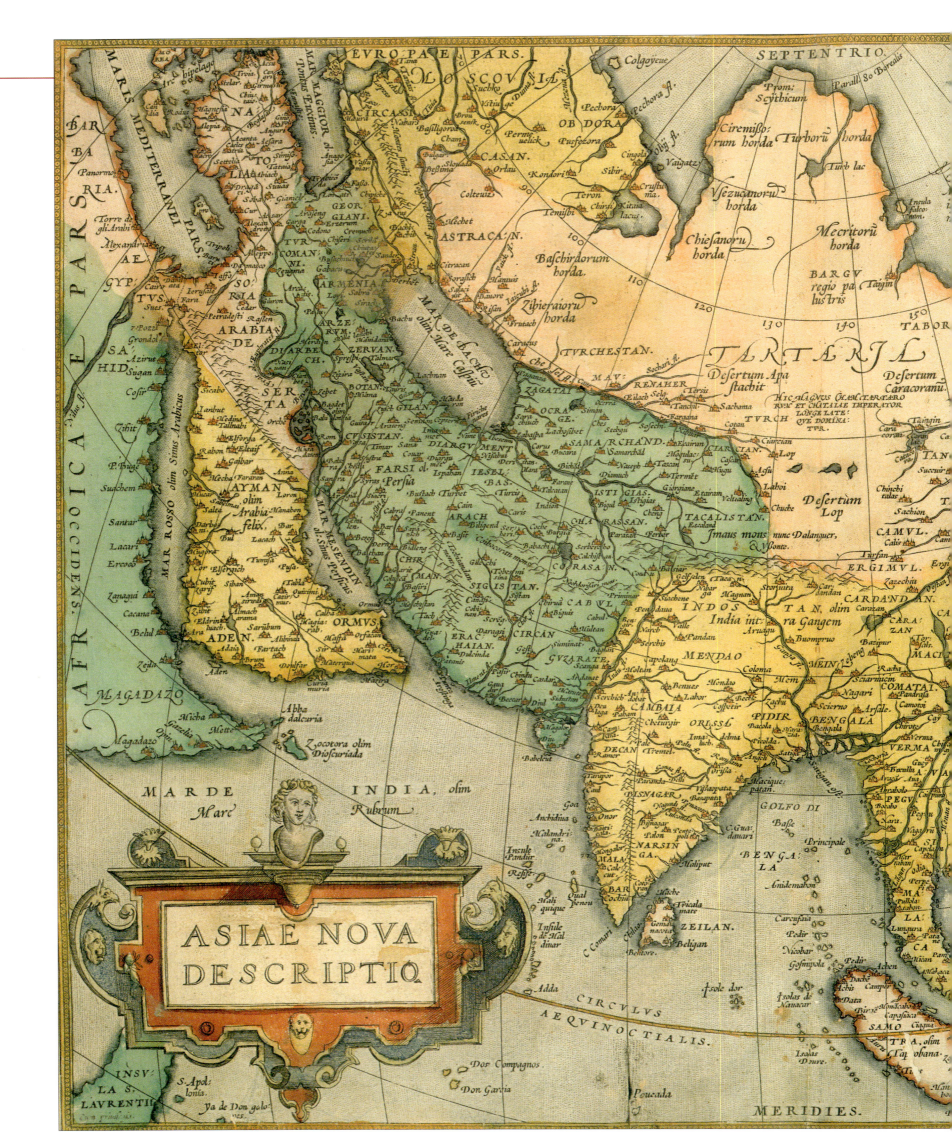

Dieses Kartenblatt ist betitelt mit
»Beschreibung des neuen Asiens«
(»Asiae nova descriptio«). Vergleicht
man eine moderne Kartendarstellung
des Fernen Ostens mit diesem Werk
von Ortelius, wird man verwundert
feststellen, welche genauen Orts-
kenntnisse dem Kartenmacher damals bereits zugänglich waren.
Durch jahrelanges Sammeln von
Karten verschiedenster Güte verfügte
er über einen reichen Fundus an
Informationen, die sich naturgemäß
widersprachen. Daraus ein solches
Kartenbild zu destillieren, macht
die Bedeutung des Werkes von
Ortelius aus.

379

DVCIS MOSCOVIAE
SIVE RVSSIAE IMPE
RATORIS CONFINIA

Citracan   Tar : ta ria pars   Septentrio.

Ocerra

MAV
Simnan

ZAGATAI Tart: Saluna
lacus

OCRAGE   SIRISI
Buccara

BVCCARA.

MARE HYRCANVM SIVE CASPIVM
hodie varijs nominibus indigetant; Rutheni illud Chualenska Mo
re vocant. Mauri Bohar Corsun (vocabulo cum sinu Arabico com
muni) quod mare clausum significat. Video preterea ab alijs ali
ter appellari, vti Mare de Bachu, Cunzar, Georgian Terbestan, Co
rusum, a regionibus nempe & locis vicinis denominationibus. Lacus
totius orbis maximus est, & salsus piscibus abundat.

Rugisirsicut
desertum

MEN
GRE
LIA.

PONTI
EVXINI
PARS

AR
MEN
IA.

SER
VAN   MESANDA   STARAB
RAN.
AT.

Caldaran   DIAR
campus   GVM
DIAR
ENT.

GILAN.   MESAT.

IESEL   BAS.
desert

ARZERVM   CASMIN.   REI
SERIAR.   DEDEL   CAPACOP.

IESE   LB

DIARBECH   ARAGA
GIAN.   IVRESTAN   ARACH   Desertum
Beabanet   CORA

RABIA   IEXD   C.AF.

CVSIS.   FARSI.   Desertum Mingiu   SIGISTAN.

ARABIA
DESERTA   SAVAS.   LAR   Desertum
Lut.   CIR

MARE EL   ORMVS   GVADEL.   ERACHAIAN   MACR

AYAMAN. olim   CATIF. olim
ARABIA FELIX.   SINVS   Bigna freum
PERSICVS.

ORMVS   MARE INDICVM, ol. MA-
RE RVBRVM.

Cum priuilegio.

Scala leucarum, siue Farsangarum 3000. passuum: quibus Perse &
Mauri, qui magnam Asie partem occupant hodie locorum interualla
metiuntur: que mensura & Vide cum antiquo vocabulo Parasanga
conueniunt. Ceteri fere Assiatici per dies locorum distantias
numerant.

Meridies.

0 10 20 30 40 50 60 70 80 90 100 110 120 130 140 150 160 170 180

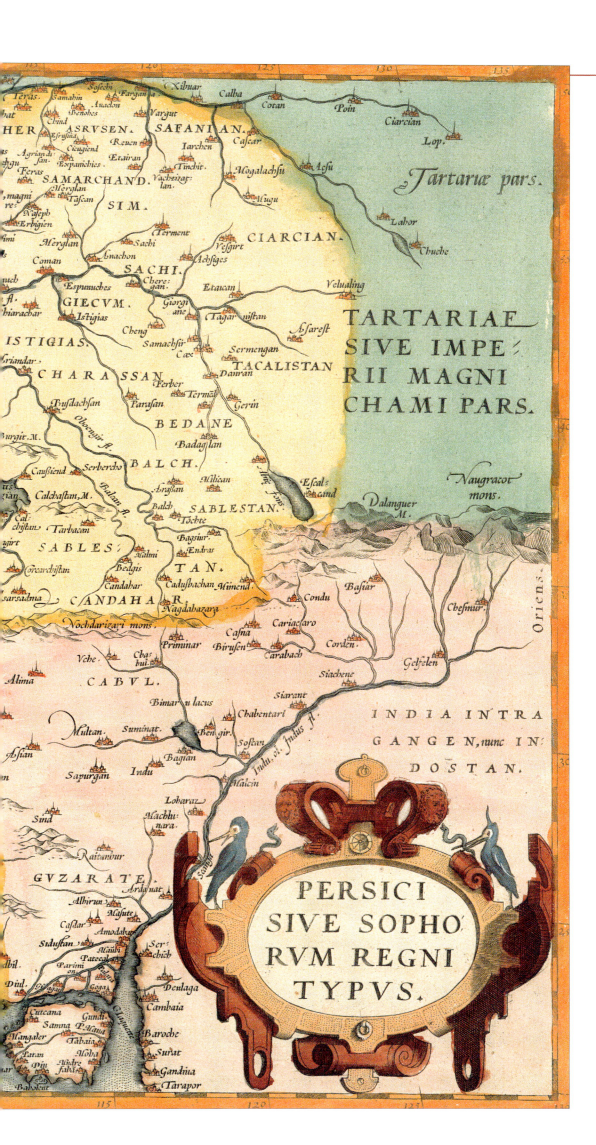

Auch dieses Kartenblatt über Persien besticht durch eine Fülle geografischer Details. Das Kaspische Meer freilich hat mit seiner wirklichen Form und Ausdehnung nur den groben Standort gemeinsam. Exakter dagegen ist der Persische Golf getroffen mit der Straße von Hormus. Das Reich der Tartaren (im rechten oberen Teil des Kartenwerkes) meint das Gebiet Russlands.

381

60 70 80 90 100. 110. 120. 130. 140. 150. 160

40

30

20

10

Dalanguer mons CARDANDAN. Sindinfu Catin Tingui Mare C

Naugracot mons. Vssonte mons Quinfai Singui

PERsiae Sophorum Imperij limites ad Indum fluuium vsque pertingunt

ORMVTII REGNVM

ARABIAE FELICIS PARS.

MANGI que et CHINA

MIEN.

TIPVRA.

ARACAM.
INDOSTAN.
BENGALA

CAMBAIA

DELLI
DECAN

ORIXA

NARZINGA

BISINAGAR

Golfo di Bengala

Zeilan inf: Tenarisin incolis dicta

Maldiuar insule numero intra 7000. et 8000.

Maldiuar

Andramania id est aurea insula.

VERMA

BREMA

IAVA
PEGV

SIAN

CAMBOIA

Pulocondor

Pulo f: Pole

CACHV CHINA

ORI

Mala

y.e de Calantan

Natuna.

Borneo ins.

Ladrin

IAVA MAIOR

olim Taprobana

BEACH, pars continentis Australis.

100 110 120 130 140

Die Schiffe der Seefahrer gelangten auch in die exotischen Länder Asiens und brachten unzählige Informationen mit nach Europa. Nur so war es Ortelius möglich, diese erstaunlich zutreffende Darstellung Indiens und Japans anzufertigen. Er vergaß auch nicht Inseln wie Sumatra, Borneo und die Philippinen. Die leeren Flächen des Pazifischen Ozeans störten den Kartografen und er füllte sie mit stolzen Segelschiffen, Meeresungeheuern und Wassernixen aus.

EVROPAE PARS.

SEPTENTRIO.

Soloski monasterium

DVCIS MOSCO VIAE CONFINII.

CONDORA

OBDO RA.

Danorum siue Danitarum horda i. deiectio siue descensio aut sepulcro.

Nephalitarum horda. Nephalite tribuna 10. Tribunum Israelis nomine Nephali dicti sunt, et post Dan. Ciremisso rum horda.

Turbo lacus.

Turhon horda.

Vsezucano rum horda.

Chiesanorum horda.

Mecrito rum horda.

Infula falco num, M. Paul. Veneti.

OCEANVS SCYTHIC

dulcis est Plinio auctore, qui multa insulas esse dicit, vt etiam M. Pau tus: sed neuter neq; situm neq; num

BARGV regio palustris.

Taisin.

TABOR REG.

Tabin Prom: Plin.

ZVIRIA
GEOR GIANI.

Mar de Bachu, olim Mare Caspium, et Hyrcanum.

TARTARIA, quae Sar matiam Asiaticam, & vtramque Scythiam veterum comprehendit.

Bafchirdorum horda.

Zibierairorum horda.

TVRCHESTAN Regio

Desertum Apastachit.

Tabor seu Tybur, vmbilicarum Tota rorum regio, vbi licet olim libri sacro perdidissent, sunt tamen vniverso...

CHIORSA.

ARSARETH

ARGON. Christianorum olim...

OCCIDENS.

IESEL BAS.

GATAI. SAMARC

Inauus mons qui

REGNI PERSILE CONFI NIL.

MAVRENAHER

Magnus Cham, quod lingua Tartarorum Im peratorem sonat) mix imus Asiae princeps.

Desertum Caracora num

DE SERTA.

BELGIAN.

SIM.

CIAR CIAN.

Desertum Lop.

TANGVT.

ANIA.

TA CALIS TAN.

SOLITVDINES VASTAE.

MANGI

Continet hęc ta bula oēm Tartariam, cum reliqua Asię Orientalioris ysq; Oce anũ Eoum parte, Magno Chamo obedi ente: Cuius imperium Obij fl: Kataia la cus: Volga fl: Mari Caspio, Chesel flu: Vssonte monte, Thebet regione, Ca romorum fluuio, & Oceano terminatur.

CAMVL

TENDVCH.

TAIN FV.

NANQVI.

CATAIO.

CAINDV.

MVL.

CARA ZAN.

THEBET

PARS

INDIAE

TIPV RA.

MOIN.

CHINA

Cum Priuilegio.

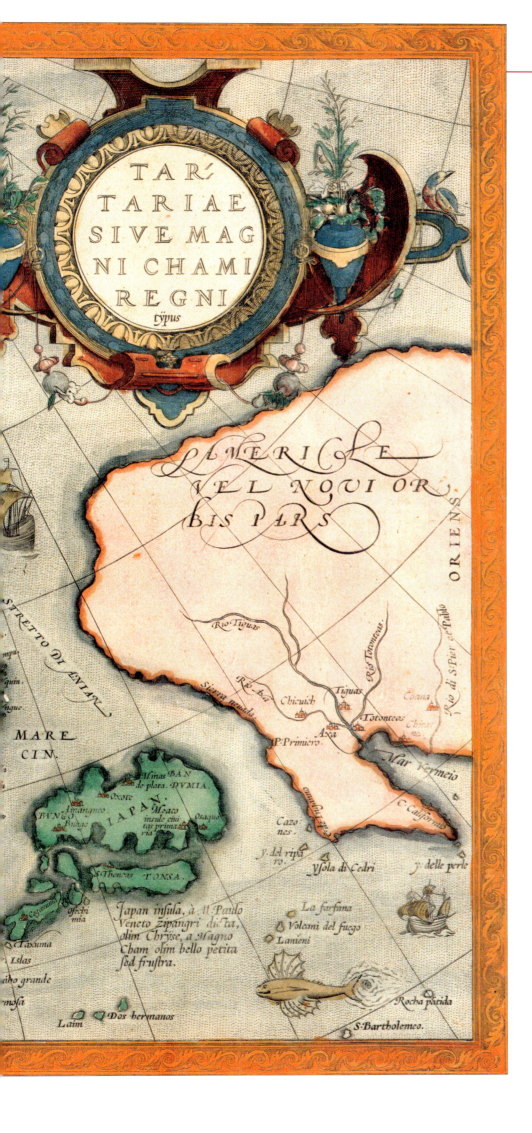

Russland, China, Japan und das
nördliche Eismeer mit dem Nordpol
waren für Ortelius noch weitgehend
Terra incognita. Trotzdem ist seine
vage Vorstellung im Großen und
Ganzen zutreffend.

OCEANVS OCCIDENTALIS

HISPANIAE PARS.

SEPTENTR

Por: togal: lia.
Lisbona

Castilia

Arragon
Barçalona

Seuilla

Granada.
Cartagena

Valençia

Caliz

Yuica   Maiorica   M

Alhoram

Formentera

RENE

Golfo de las ye: guas, id eſt Sinus e: quarum: à demerſis inibi equabus, vt refert Fernaͤdus Ouiedus.

OCCIDENS

Alegrança
Lanzarole
Graciofa
Rocho
Forteuentura
Vachi ma: rini
C. Alto
Canaria
C. Baiador

Lanzarole
C. de Cantia
Azamor
Asga
FESSA.
Bar
TREMISEN.
TENES
ALGER.
SOBAICH

HEA.
MAROCHO.
ZANEGA

SAHARA.

Angila
Bedum
Gartguessen arx

P. de medon
C. del mondo

Defer: tum Teffet.

BILE
HELCHAMMA

Terra alta
Sette ponte
Golfo de deruinos
Sette monti
Golfo de cauali
C. Olaredo.
Terra piana
Golfo de gonçintra
C. das varbos.
Foguedo
Galla
Gandia
Gualata

Guaden defer: tum.

ge:
Chir defertum

dul

Guadem lac:
VODEI populi
Auzichi.

Fiume del oro
Sufega
Tegut
Azanaga,

Defertum Azaohad

Tegazza, hic ſalis fodine, vnde ſal in vicinas prouin: cias defertur. eſtᶩ, eius hic maxima negociatio.

Zuenziga

Hic lacus ſitus eſt in medio areͤg, omni habi: tatione vacuum. Aruͤbes venatores tamen hic maximas predas agunt.

Hayr defertum

qua

Die Nordküste Afrikas war zu
Ortelius Zeit sehr gut erkundet.
Das lag daran, dass die Entdecker
mit ihren Schiffen die Küsten entlang fuhren, jedoch selten und
dann auch nicht sehr weit ins
Innere des Landes eindrangen.

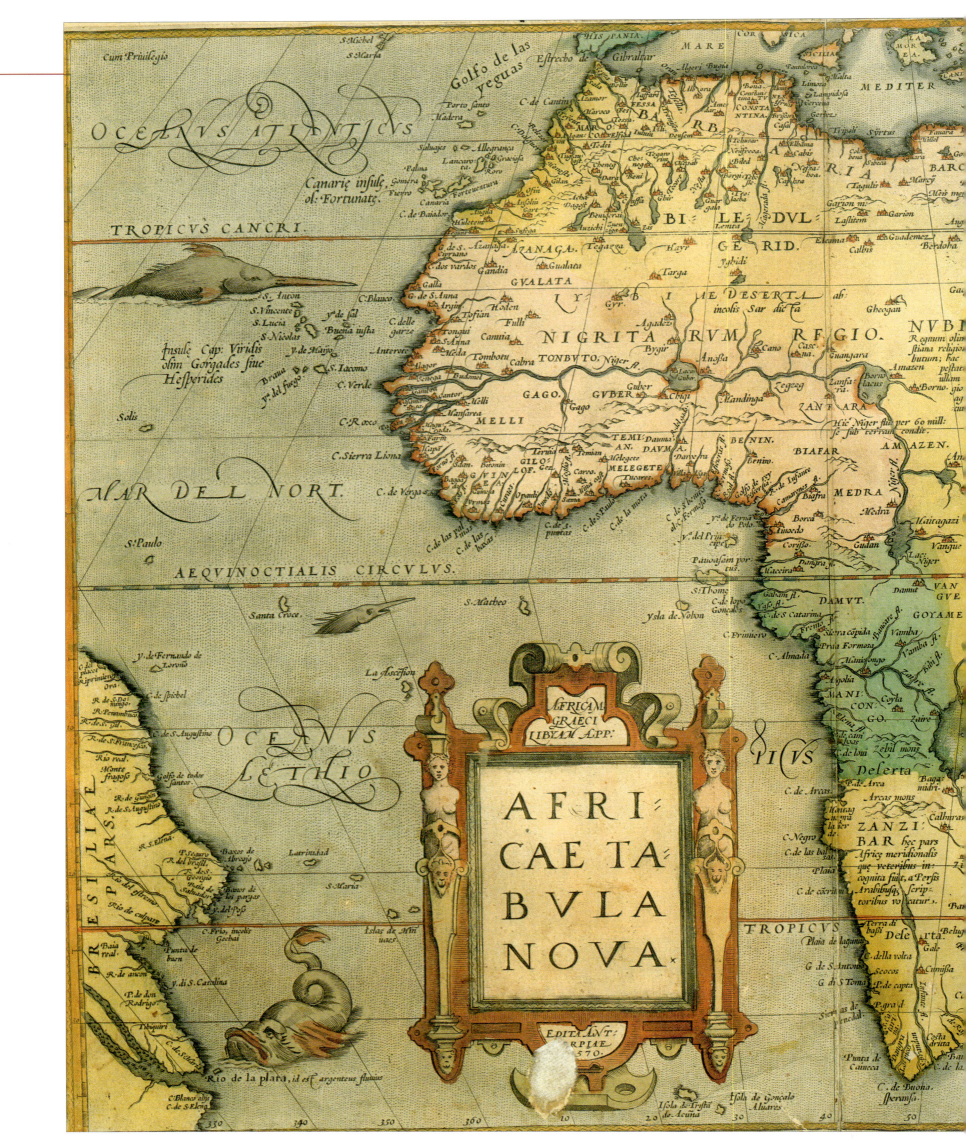

OCEANVS ATLANTICVS

TROPICVS CANCRI.

Canarię insulę ol: Fortunatę.

Insulę Cap: Viridis olim Gorgades siue Hesperides

MAR DEL NORT.

AEQVINOCTIALIS CIRCVLVS.

OCEANVS ÆTHIO

BRESILIÆ PARS.

GOLFO DE LAS YEGUAS

Estrecho de Gibraltar

HIS PANIA

MARE MEDITER

BARB ARIA

BARC

BI LE DVL

GE RID.

LY BI Æ DESERTA incolis Sar dicta

NIGRITA RVM REGIO.

NVBI

TONBVTO. Niger fl.

GAGO GVBER

MELLI

GVINEA

TEMI AN. DAVMA.

BENIN.

BIAFAR

AM AZEN.

MEDRA

DAMVT

VAN GVE

GOYAME

TROPICVS

MANI CON GO.

Delerta

ZANZI BAR hęc pars Africę meridionalis quę veteribus incognita fuit, a Persis Arabibusq; scriptoribus vocatur.

AFRICAM GRÆCI LIBYAM APP:

AFRI CAE TA BVLA NOVA.

EDITA ANT: ERPIAE 1570.

Rio de la plata, id est argenteus fluuius.

Isolas de Gonçalo Aluares

C. de Buona sperança

Als ein besonderer Leckerbissen galt den Zeitgenossen von Ortelius seine Darstellung des gesamten afrikanischen Kontinents. Mit unglaublicher Akribie hatte er alle ihm zugänglichen Informationen zusammengetragen und ein bemerkenswert stimmiges Bild des Kontinents geschaffen. Eine kleine Meisterleistung am Rande: die mit prallen Segeln vorwärtsstürmende Entdeckerarmada rechts am unteren Bildrand.

389

ANIAN.

SEPTENTRIO.

Ulterius Septentrionem versus hç
regiones incognitç adhuc sunt.

CHI

TOLM.

Tuchana
teta

QVIVIRA

Sierra
neuada

Cicuic

Axa

Chucho

Tiguas rio.

Suala mons

Quiuira

CALICVA

TOTO

TEAC.

Ceupla

MARATA

CAPASCHI.

Tiguex

Totonteac

Abacue nunc
Granata

Marata

TERLICHICH IMECHI.

yⁿ. del ripa
ro.

P. Sardinias

P. des Clara

Coana

TOVA

Çaçones insᵉ.

Costa blanca

Bdia de
C.d. erus

del papagdo

Astatlan

R. Palmar.

Guaiaual rio.

Orietlan

HISPANIA NOVA.

Las dos hermanos

Los volcanes

insᵉ Cedri.

Porlatan

Culiae

KALISCO

Malabrigo

La farfana

Las diamantes.

Baia de la
trinidad.

Cali
formia

insᵉ d.
Kalisco.

TOPIRA

China.

MECHVACAN.

ARCHIPELAGO DI

Roccha
partida

S. Thomas.

La Anabi
ada.

TECVANTEPEC

SAN LAZARO.

Restinga de ladrones

Çamal

Insᵉ de los corales.

Insᵉ de las
spalepegos.

Los iardines

Insᵉ de los reys

Insᵉ de los galo-
pegos.

OCCIDENS.

martyres

F. de Tristos

Circulus Aequinoctialis

La barbada

La Caimana

Los volcanes

Ysola de los
tiburones

NOVA GVINEA. Andre-
as Corsalus Florent: videtur eã
sub nomine Terrç Piccinnacoli
designare.

Hç duç insulę, infortunatę sunt dictę
à Magellano, quod nec homines nec
victui apta haberent.

S. Petri

Hic vspiam insulas
esse, auro diuites
nonnulli
uolunt.

MAR
CIFICO.

Porcalina

C. de Chili

V.er ystas da
lecas.

Lucensy

P. de
C de SM.

AMERICAE SIVE
NOVI ORBIS, NO-
VA DESCRIPTIO.

MERIDIES.

Archipelago del
desseado.

Obwohl die Entdeckung Amerikas durch Columbus fast ein Jahrhundert zurück lag und man die neue Welt in Europa sehr wichtig nahm, scheinen die aktuellen kartografischen Erkenntnisse über diesen gigantischen Kontinent zur Zeit, als Ortelius seine neue Beschreibung Amerikas wagte, noch relativ bescheiden gewesen zu sein.

Zeittafel

Die chronologische Übersicht erlaubt es, die gewaltige Leistung der Entdeckung unserer Erde über viele Jahrtausende auf einen Blick wahrzunehmen. So wird der unglaubliche Fortschritt der Menschheit – von der Vorstellung, dass die Erde eine Scheibe sei, bis zum heutigen detaillierten Wissen über jeden Punkt auf unserem Planeten - noch deutlicher und faszinierender.

VOR CHRISTI GEBURT

um 3000 v. Chr.	Handelsfahrten der Ägypter zum Land Punt (an der Somaliaküste) beginnen (Weihrauch, Harze, Edelhölzer).
2000–1500 v. Chr.	Die Kreter unterhalten Handelsbeziehungen mit den Ländern des östl. Mittelmeers. Sie gründen Kolonien in Spanien und erreichen den Atlantik durch die Straße von Gibraltar.
um 1500 v. Chr.	Nach den Kretern beherrschen die Phönizier das Mittelmeer.
um 945 v. Chr.	Expedition nach Ophir (Ostsudan?) veranlasst von König Salomo und unterstützt von den Phöniziern.
um 800 v. Chr.	Madeira und die Kanarischen Inseln werden von den Phöniziern entdeckt.
596–594 v. Chr.	Vom Roten Meer aus sollen die Phönizier ganz Afrika umrundet haben.

um 500 v. Chr.	Die Karthager besitzen Kolonien in Sardinien, Sizilien, Spanien, Gallien und an der Westküste Afrikas.
4. Jh. v. Chr.	Die Karthager erreichen die Azoren.
334–323 v. Chr.	Alexander der Große erreicht Indien auf dem Landweg und beherrscht die gesamte damals den Griechen bekannte Welt.
um 330 v. Chr.	Pytheas von Massalia (Marseille) reist von Marseille über Cádiz zu den Britischen Inseln, nach Thule (sagenhaftes Land im hohen Norden), in die Deutsche Bucht und die Ostsee.
325–321 v. Chr.	Nearchos erkundet den Seeweg vom Indus zum Euphrat.
um 5 v. Chr.	Eine römische Flotte erreicht Südskandinavien.

Die Kanarischen Inseln

7.–9. JAHRHUNDERT

um 670	Irische Mönche entdecken die Färöerinseln.
um 795	Island wird von irisch-schottischen Mönchen besucht.
860–870	Den norwegischen Chroniken und Sagen zufolge sollen die norwegischen Wikinger Floki, Gardar und Nadod Island wiederentdeckt haben.

um 870	Ottar, ein norwegischer Seefahrer, umschifft das Nordkap und gelangt bis zur Dwinamündung (heutiges Archangelsk).
876	Der Isländer Gunnbjörn Ulfson wird durch einen Sturm nach Südgrönland verschlagen, landet an der Südspitze (Kap Farvel) und überwintert dort.

10.–11. JAHRHUNDERT

953 Ibn Haukal durchwandert das Industal (Bahawalpur, Khanpur und Sindh).

982 Erik der Rote beginnt von Irland aus mit der Kolonisierung Grönlands.

983 Gründung der beiden Siedlungen Westbygd und Ostbygd an der Westküste Grönlands durch Erik den Roten.

999 Leif, Eriks Sohn, landet an der Küste von Neuschottland (Nordostamerika) und überwintert dort.

1003 Der Norweger Karlsemme Torfinn gründet eine Niederlassung im Markland. Durch einen Angriff der Skrälinger (amerikanische Ureinwohner) werden die Nordmänner gezwungen, ihre Kolonie aufzugeben.

12. JAHRHUNDERT

1165–1173 Reise des Spaniers B. de Tudela durch Südfrankreich, Italien, Zypern, Syrien, Mesopotamien, Persien, Arabien und Ägypten.

1170–1185 Der arabische Weltenbummler Ibn Djobeir bereist mehrmals den Vorderen Orient.

Ägypten, Felsentempel am westlichen Nilufer

13. JAHRHUNDERT

1245–1247 Giovanni di Piano Carpini, ein Franziskanermönch aus Umbrien, unternimmt im Auftrag des Konzils von Lyon eine große diplomatische Reise in den Osten. In Begleitung seines Bruders durchquert er die Steppen und Wüsten Südrusslands und Westturkestans (Khanate der Goldenen Horde und Tschaghatai) nördl. des Kaspi- und des Aralsees, durch die Dsungarische Pforte und erreicht Qara-Qorum (Karakorum).

1253–1256 Reise des niederdeutschen Franziskanermönches Wilhelm von Rubruk (Ruysbroek), im Auftrag Ludwigs des Heiligen, von Akkon (Palästina) aus durch die Khanate der Goldenen Horde, nördl. am Aralsee vorbei, über Balagasun (Khanat Tschaghatei) nach Qara-Qorum, der Residenz des Großkhans Mangu (Möngkä).

1270 Wiederentdeckung der Kanarischen Inseln durch den Seefahrer Malocello.

1271–1295 Marco Polo reist durch das Reich der Ilkhane (Irak und Iran), besucht die Städte Hormus, Kerman, Balch, Khotan und erreicht Khanbalik (Peking). Nach einem siebzehnjährigen Aufenthalt am Hofe des »Reiches der Mitte« kehrt er von Zaitun auf dem Land- und Seeweg nach Venedig zurück.

1291 Vadino und Ugolino Vivaldi, italienische Seefahrer, versuchen die indische Küste auf dem Seeweg zu erreichen. Unweit von Mogadischu (Somalia) erleiden sie Schiffbruch.

14. JAHRHUNDERT

1300 Die ersten detaillierten Hafen- und Küstenbeschreibungen erscheinen.

1312 Lanzelot v. Maloisel, Seefahrer aus Genua, entdeckt die in Vergessenheit geratenen Kanarischen Inseln wieder. Die Kolonisierung bleibt jedoch aus.

1313–1316 Oderich v. Pordenone bereist Persien, die Malabarküste, Ceylon, Sumatra, Borneo, das Mekongdelta, China. Auf seiner Rückreise durchquert er Turkestan und Tibet.

1314 G. de Carignano durchstreift den nördlichen Teil der Sahara.

1326–1349 Ibn Battuta, arabischer Gelehrter und Pilger, kommt bis nach Peking.

1341 Affonso IV., König von Portugal, beauftragt N. da Recco und A. del Teggio de Corbizzi mit einer Expedition zu den Kanarischen Inseln.

1342–1347 Der italienische Franziskanermönch Marignolli weilt am Hofe des Großkhans in Peking.

1344 Papst Klemens VI. verleiht dem Katalanen L. de la Cerda die Kanarischen Inseln gegen eine Entschädigung.

1345 Graf L. de la Cerda unternimmt eine Erkundungsfahrt zu den Kanarischen Inseln.

1346 Expedition des Spaniers Jaime Ferrer zu den Kanarischen Inseln.

1351 Im Atlas der Medici sind die Azoren und Madeira bereits eingezeichnet. Die Laurentinische Karte gibt die Inseln Madeira, Porto Santo unter dem Namen »Isola de leghame«, die Azoren unter der Bezeichnung »Insulae de Cabrera de Columbis de Corvis marinis«, an. Afrika endet mit Guinea.

1352 Ibn Battuta durchquert den Sudan und gelangt ins mysteriöse Timbuktu.

1375 Erste Saharakarte.

1385 Die Portugiesen besiegen die Kastilier. Beginn der kolonialen Ausbreitung.

1394 Geburt Heinrichs des Seefahrers.

Die Sahara

15. JAHRHUNDERT

1402 Der Normanne Béthancourt versucht die erste systematische Besiedlung der Kanarischen Inseln.

1413 Ysalguier, französischer Wandersmann aus Toulouse, erreicht den Niger.

1415 Die Portugiesen erstürmen die maurische Festung Ceuta und leiten ihren Eroberungszug in Nordafrika ein.

1418–1420 Teixeira und G. Zarco, portugiesische Seeleute, beginnen mit der Kolonisierung von Madeira und Porto Santo.

1419 Heinrich der Seefahrer gründet eine Seefahrtsschule am Kap São Vivente und organisiert von dort aus die portugiesischen Entdeckungsfahrten.

1424 N. Conti, Reisender aus Venedig, besucht als erster Europäer Ceylon.

1431–1432 Der Portugiese G. Velho Cabral leitet die Kolonisierung der Azoren ein.

1439–1444 N. Conti reist über Damaskus und Hormus nach Indien und besucht Ceylon, Bengalen, Burma, Java und Borneo.

1440 Die Karavelle, ein länglicher Drei- oder Viermaster, löst die »Barcha« im Atlantikverkehr ab.

1441 Umrundung des Kap Blanco (Vorgebirge an der Westküste Afrikas) durch den portugiesischen Seefahrer N. Tristão, das wahrscheinlich vom Araber Ibn Fatima bereits im Mittelalter erreicht worden war.

1443 Vorstoß N. Tristãos in die Arguinbai (westafrikanische Küste).

1444 Erste geschäftliche Kontaktaufnahme mit Schwarzafrika durch die Portugiesen Diniz Diaz und N. Tristão.

1445 Der Portugiese L. Goncalves erreicht den Rio do Ouro (Westafrika). João Fernandes, portugiesischer Abenteurer, dringt rund 100 km, von Westafrika aus, in die Sahara vor. Alvaro Fernández umrundet das Kap Verde und segelt bis Cabo dos Mostos.

1446 N. Tristão entdeckt den Rio Grande.

1447 Malfante, genuesischer Kaufmann, hält sich im Auftrag der Bank Centurione Genua in Tuat (Sudan) auf.

1451 Geburt des Christoph Columbus.

1455–1456 A. da Ca da Mosto, italienischer Seefahrer in portugiesischen Diensten, unternimmt eine groß angelegte Expedition zu den Kapverdischen Inseln und an die Westküste Afrikas, befährt Senegal und Gambia.

1460 Tod Heinrichs des Seefahrers.

1462 Pedro de Sintra erreicht das Kap Mesurado (Vorgebirge an der westafrikanischen Küste).

1479 Die Kanarischen Inseln gehören zu Spanien.

1482 Bau der Festung Mina (Goldküste) und Beginn des Handels mit Innerafrika.

1485 Diego Cão, portugiesischer Seefahrer, stößt bis zur Mündung des Kongo vor.

1486–1488 Umrundung des »Kaps der Stürme« (Cabo tormentoso) durch den Portugie-

Typisches Schiff aus dem 15. Jahrhundert

sen B. Diaz und Landung an der Mosselbaai. Fortan heißt dieses Kap »Kap der Guten Hoffnung«.

1487 Der Portugiese Pero da Covilha erreicht Indien auf dem Landweg.

1490 Die Spanier erobern Palma.

1492 Granada, das letzte Bollwerk des Islams auf der iberischen Halbinsel, wird von den Spaniern erobert. Der Weg für die koloniale Ausbreitung ist frei. Columbus unternimmt seine erste Entdeckungsfahrt in die mittelamerikanische Inselwelt und entdeckt San Salvador, Kuba und Hispaniola.

1493–1496 Columbus segelt zum zweiten Mal in die »Neue Welt« und entdeckt Dominica, Marie-Galante, Guadelupe, Puerto Rico, Antigua und Jamaika.

1494 Vertrag von Tordesillas: Unter der Leitung von Papst Alexander VI. legen die Spanier und Portugiesen ihre Rechte für die bereits entdeckten und die noch nicht entdeckten Länder fest.

1495–1498 J. F. Labrador, portugiesischer Seefahrer, segelt mit P. de Barcelos nach Grönland. Die Fahrt wird angezweifelt.

1497　J. Cabot, genuesischer Seefahrer, unternimmt im Auftrag des englischen Königs eine Expedition nach Nordamerika, durchstreift Labrador und Neufundland und erreicht Kap Breton.

1497–1499　V. da Gama stellt die erste direkte Seeverbindung Lissabon–Kalikut her.

1498–1499　Der Spanier A. de Ojeda und der Florentiner A. Vespucci erkunden die südamerikanische Küste von Französisch-Guayana bis Venezuela und entdecken den Maracaibosee.

1498–1500　Dritte Reise des Columbus nach Mittelamerika. Ohne es zu wissen, betritt er zum ersten Mal südamerikanisches Festland bei der Orinokomündung.

1499　A. Vespucci segelt längs der brasilianischen Küste, ohne an Land zu gehen.

16. JAHRHUNDERT

1500　P. A. Cabral, portugiesischer Seefahrer, landet in Brasilien. Der Spanier V. Y. Pinzón erreicht als erster Europäer die Ostspitze Brasiliens. Erforschung Labradors durch die Portugiesen Miguel und Gaspar Cortereal.

1501　Columbus segelt zum vierten und letzten Mal in die »Neue Welt«. J. da Nova entdeckt die Atlantikinsel Ascension.

1502　V. da Gama tritt seine zweite Indienreise an. Gründung der Faktoreien Cochin und Cananor. J. da Nova entdeckt St. Helena. Amerigo Vespucci segelt von Rio de Janeiro aus nach Südgeorgien (Südwestatlantik).

1502–1503　Columbus ergründet die Küste von Honduras.

1503　Fischer aus Dieppe und Honfleur (französische Kanalküste) erscheinen an der Küste Brasiliens in der Gegend des heutigen Pernambuco.

1505　Albuquerque, portugiesischer Feldherr, erobert Hormus, »Perle des Orients«, am Persischen Golf.

1506　D. Diaz, portugiesischer Seefahrer, entdeckt die Insel des »Heiligen Laurentius« (Madagaskar).

1507　De Almeida, portugiesischer Gouverneur von Goa, besiegt die vereinigte Flotte der Ägypter und Inder vor Diu (Hafenstadt an der Westküste Indiens). Der von Columbus auf seiner dritten Reise entdeckte Erdteil wird vom deutschen Kartografen Waldseemüller auf den Namen »Amerika« getauft. Der spanische Seefahrer Mascarenhas entdeckt die »Ile de France« (Insel Mauritius, Indischer Ozean). Portugiesische Kolonisten gründen auf der Insel Moçambique (Ostafrika) die erste europäische Siedlung Schwarzafrikas.

1507–1508　V. Y. Pinzón dringt bis zur mexikanischen Halbinsel Yucatán vor.

1508　F. de Almeida endeckt die Malediven (Indischer Ozean).

1509　Der Portugiese Sequeira erobert Malakka und erreicht die Philippinen.

1510　Gründung von Santa Maria de la Antigua, erste europäische Siedlung auf dem südamerikanischen Halbkontinent.

Uxmal, religiöses Zentrum der Mayakultur in Yucatán, Mexiko

1510–1513   Zug Pizarros über die Landenge von Panama.

1511   Abreu, spanischer Seefahrer, ergründet die Küste von Neuguinea, ohne jedoch dessen Inselnatur zu erkennen.

1513   Ponce de Léon, spanischer Konquistador, entdeckt Florida. Der Spanier Balboa durchquert Panama, stellt die Landverbindung Atlantik–Pazifik her und entdeckt den Pazifik.

1514   A. Fernández, spanischer Abenteurer, durchwandert von Sofala (Ostafrika) aus Rhodesien sowie das Gebiet des schwarzen Herrschers Monomotapa.

1516   Entdeckung der La-Plata-Mündung durch den Spanier J. D. de Solis.

1517   Córdoba, ein portugiesischer Abenteurer, erforscht im Auftrag des spanischen Herrschers die Bucht von Campeche (Mexiko). Der Spanier Díaz ergründet die Küste des Yucatán.

1519   Magellans Weltumseglung von Westen nach Osten. A. de Piñeda, spanischer Seefahrer, segelt von der Isla de Santiago (Jamaika) aus längs der Küste von Florida bis nach Tampico (Mexiko). Der spanische Konquistador Hernando Cortez landet in Mexiko und besetzt die Aztekenhauptstadt Tenochtitlán.

1520   Magellan entdeckt den südlichen Durchgang vom Atlantik zum Pazifik (»Magellanstraße«). Die Durchfahrt dauert vom 18. Oktober bis 8. November.

1521   Cortez zerstört das Reich der Azteken (Mexiko). Magellan wird auf den Philippinen von Eingeborenen erschlagen.

1522   P. Andagoya, spanischer Konquistador, gelangt bis nach »Biru« (Peru). Wegen eines Unfalls kann er nicht weiter nach Süden vordringen.

1524–1528   Pizarro kundschaftet die Küste von Ecuador und Peru aus und entdeckt das Reich der Inka.

1525   Erforschung der nordamerikanischen

Blick auf den Pazifik von der Westküste Amerikas aus

Küste bis zum Kap Cod (südl. von Boston) durch den portugiesischen Seefahrer E. Gomez im Auftrag des spanischen Königs.

1526   Handelsleute aus Dieppe landen auf der Insel Madagaskar. Der italienische Seefahrer S. Cabot wird von Spanien beauftragt, Magellans Reise zu wiederholen. Der Versuch schlägt fehl.

1527–1528   Saavedra, Pizarros Waffengefährte, entdeckt von der westamerikanischen Küste aus die Ladroneninseln.

1528   P. de Narvaez, spanischer Abenteurer, erkundet die ostamerikanische Küste und dringt bis zum Appalachendorf Tallahassa vor.

1529   Landung der französischen Seefahrer Jean und Raoul Parmentier auf Sumatra. Beide kommen in einem Gefecht mit den Eingeborenen um.

1530–1531   Der deutsche Konquistador N. Federmann stößt von Coro (Nordwestvenezuela) aus ins Innere des Landes vor.

1530–1536   In Begleitung des Schwarzen Estebanico durchstreift der Spanier A. N. Cabeza die Gegend des Mississippi, Arkansas und Colorado und der späteren Staaten Neumexiko und Arizona.

1531   A. Ehringer (Alfinger), Gouverneur der Welser in Venezuela, dringt bis zu den

Grand Canyon

Flüssen Rio Magdalena und Rio Cauca vor. Die Portugiesen erreichen den Sambesi (Südostafrika).

1533–1534 Pizarro zerstört der Inkakultur.

1535–1536 J. Cartier, französischer Seefahrer, unternimmt im Auftrag des französischen Königs Franz I. eine Expedition nach Nordamerika und befährt den St.-Lorenz-Strom bis zum Dorf Stadacone (heute: Québec).

1535 Gründung der Stadt Buenos Aires an der Mündung des La Plata (»Silberstrom«) durch den Spanier Mendoza. Gründung der Stadt Lima (Ciudad de Los Reyes) durch Pizarro.

1535–1537 Der Spanier Almagro, Pizarros Waffengefährte, erobert das heutige Chile.

1537 Erforschung des Río Pilcomayo durch den Spanier D. M. de Irala. Gründung Asunción's (Hauptstadt Paraguays).

1539–1542 H. de Soto, spanischer Eroberer, sucht vergebens nach Edelmetallen in Florida, durchquert den heutigen US-Staat Alabama und erreicht den Mississippi. Er ist der erste Weiße, der die nordamerikanischen Ebenen durchstreift.

1540 Der Spanier F. de Coronado gelangt bis zum Grand Canyon (Colorado) und besucht die Zuni-Indianer.

1540–1541 P. de Valdivia dringt von Cuzco aus nach Mittelchile vor und gründet Santiago, Chiles Hauptstadt.

1541–1542 Fahrt auf dem gesamten Amazonas durch den Spanier F. de Orellana von

Peru bis zum Atlantik. Er leitet damit die Eroberung Brasiliens ein.

1542 In Lissabon wird ein Bericht veröffentlicht, demzufolge die Portugiesen Australien entdeckt haben.

1549 Der Missionar Franz Xaver landet in Kagoshima (Japan) und gelangt bis nach Miaka.

1553 Willoughby, englischer Seefahrer, erreicht die Insel Nowaja Semlja (Westsibirisches Eismeer), überwintert auf der Halbinsel Kola und kommt dort mit 50 Mann um. S. Cabot segelt nach Nordamerika, um die Nordwestpassage zu finden. Der Versuch scheitert. Cabot kehrt nicht mehr zurück.

1556 Burrough, englischer Seefahrer, versucht den Durchbruch durch die Karasee (zwischen den Inseln Nowaja Semlja und Waigatsch) zu erzwingen; der Erfolg bleibt aus.

1557–1558 Der Engländer Jenkinson durchforscht von der Dwinamündung aus Russland in Richtung des Kaspischen Meeres und gelangt nach Buchara.

1558 Erste Durchfahrt des Spaniers J. Ladrilleros durch die Magellanstraße von Westen nach Osten.

1560 D. G. da Silveira, Jesuit aus Goa, durchwandert die Gegend des heutigen Salisbury (Rhodesien) und versucht den Herrscher Monomotapa zum Christentum zu bekehren. Der Portugiese wird ermordet.

1564–1567 Legazpi, spanischer Seefahrer, erobert die Inselgruppe im Westpazifik, die er zu Ehren des spanischen Königs auf den Namen »Philippinen« tauft. Gründung Manilas.

1567 Der Spanier Mendaña entdeckt von Callao aus die Salomoninseln (Pazifik), erkennt aber deren Inselnatur nicht.

1576 Der englische Seefahrer Frobisher, auf der Suche nach der Nordwestpassage, erforscht die Küste von Labrador und dringt bis zur nördl. Br. von 63° vor.

1577 Fr. Drake, englischer Seefahrer, unternimmt seine erste Weltumseglung von Westen nach Osten und kehrt mit großer Beute nach England zurück.

1579 Inbesitznahme von Neualbion (im Norden von San Francisco) durch Drake für die englische Krone.

1580 A. Pet und Ch. Jackman, englische Seefahrer, versuchen, durch die Jugorstraße in die Karasee vorzustoßen. Die Eismassen hindern sie daran. Jackman kehrt nicht mehr zurück.

1581–1582 Der Kosak Jermak erobert Sibir, die »Hauptstadt« der Tataren. Bald wird das ganze Gebiet ostwärts vom Ural Sibirien genannt.

1587 Der Engländer Davis segelt bis zu einer nördl. Br. von 72° 12' (heute: Baffin-bai). Gründung der Stadt Tobolsk. Das gesamte Gebiet vom Ural bis zum Ob ist in der Hand des Zaren.

1592 Houtman, holländischer Seefahrer, umrundet das Kap der Guten Hoffnung und segelt nach Sumatra (Indonesien).

1594 Die Holländer Barents und Van Schouten segeln bis zur Insel Nowaja Semlja. Die Karasee jedoch bleibt ihnen verschlossen. Ihr Ziel, die Nordostpassage zu finden, müssen sie aufgeben.

1595 Entdeckung der Marquesasinseln durch Mendaña. Sir W. Raleigh, englischer Seefahrer, erkundet den Orinoko.

1595–1597 Die Holländer Barents und Rijp entdecken auf ihrer zweiten und dritten Reise die Bäreninsel, Spitzbergen, umrunden die Insel Nowaja Semlja und überwintern dort.

1596 Die holländischen Seefahrer Heemskerck und Rijp erforschen den Nordwesten von Spitzbergen.

1597 Barents erfriert auf Nowaja Semlja.

1598–1600 Weltumseglung des Holländers Van Noort.

1599 Die Holländer lassen sich in Japan nieder. Beginn des holländisch-japanischen Handels. Gerrits entdeckt Grahamland (Antarktis).

17. JAHRHUNDERT

1601 Die Holländer lassen sich in Annam (Indochina) nieder.

1603 Bento de Goes, portugiesischer Missionar, reist von Agra (Indien) über Lahore, Peschawar, Kaschgar und Hami bis nach Su-schu in Mittelchina.

1603–1604 Champlain unternimmt seine erste Reise nach Nordamerika und erforscht die Küste von Neuschottland.

1605–1606 Der spanische Seefahrer Quiroz entdeckt von Lima aus die Insel Tahiti (»Sagittaria«), die Torresstraße und die größte der Neu-Hebriden-Inseln, die er auf den Namen »Austrialia del Spíritu Santo« tauft.

1606 Torres, spanischer Seefahrer, durchfährt die Wasserstraße zwischen Australien und Neuguinea und tauft sie auf seinen Namen. W. Janszoon, holländischer Seefahrer, landet auf der australischen Halbinsel York und erforscht den Golf von Carpentaria.

1607–1610 H. Hudson, englischer Seefahrer und Entdecker, unternimmt drei Reisen nach Grönland, Spitzbergen, der Jan-Mayen-Insel (Europäisches Nordmeer) und dem Hudsonfluss.

1608 Champlain erforscht und kartografiert die kanadische Westküste und gründet die Stadt Québec.

1609 Holländische Kaufleute gründen ein Handelskontor in Hirado (Japan). Gründung einer holländischen Niederlassung am Hudsonfluss.

1610 Hudson erforscht im Auftrag der Londoner Handelsgesellschaft die nach ihm benannte Bucht und wird dort mit neun Gefährten ausgesetzt.

1611 Fahrt des Engländers Burton in die Hudsonbucht und Überwinterung am »Port Nelson«, wo Hudson und seine Gefährten ausgesetzt worden waren. Er findet von ihnen aber keine Spur.

1612 Der Holländer Peter Minuit gründet an der nordamerikanischen Ostküste Neuamsterdam (das spätere New York).

1613–1623 Englische Handelsniederlassung in Japan.

1615 P. Paez, portugiesischer Missionar, entdeckt die Quellen des Blauen Nils.

1616 D. Hartog, holländischer Seefahrer, geht an der Westküste Australiens an Land. Der portugiesische Reisende G. Bocarro entdeckt den Nyassasee. Innerhalb von zwei Monaten legt er rund 1500 km zurück. Seine Reise endet in Kilwa (ostafrikanische Küste). Die niederländischen Seefahrer Le Maire und Schouten entdecken südlich der Magellanstraße eine weniger gefährliche zweite Durchfahrtsstraße vom Atlantik in den Pazifik, genannt die »Le-Maire-Straße«.

1618 Ein Engländer befährt den Gambia (westafrikanischer Fluss) über eine Strecke von 600 km.

Indonesien

1619 Gründung der holländischen Handelsniederlassung in Batavia (Indonesien).

1620 Die Besatzung der »Mayflower« gründet die englische Niederlassung Plymouth am Kap Cod. Erster Sklaventransport von Schwarzafrika nach Nordamerika durch die Engländer.

1622 Der Holländer Nuytz erforscht die Große Bucht von Australien.

1623 Carstenz, holländischer Seefahrer, ergründet, von der Gewürzinsel Amboina aus, die Halbinsel York (Nordaustralien) und bezeichnet sie irrtümlich als »Neuguinea«.

1627 P. Nuytz kartografiert über 1600 km der südaustralischen Küste.

1632 Gründung der englischen Kolonie Maryland in Nordamerika. Jakutsk an der Lena wird von den Kosaken erobert.

1635 Die Franzosen besetzen Guadeloupe (Insel in der Karibischen See).

1637 Gründung des Sibirischen Ministeriums (»Sibirsk Prikaz«) zur systematischen Eroberung und Kolonisierung des gesamten russischen Ostens.

1638 Kosaken erreichen über die untere Tunguska (Nebenfluss der Lena) das Ochotskische Meer (Pazifik).

1639 Englische Kaufleute gründen ein Handelskontor in Madras (Indien).

1642–1644 A. J. Tasman unternimmt im Auftrag des Gouverneurs Van Diemen eine große Pazifikrundfahrt. Von der Insel Mauritius aus segelnd, entdeckt er das »Vandiemensland« (Tasmanien), landet an der Westküste Neuseelands, kreuzt in den Gewässern der Tonga- und Fidschi-Inseln und gelangt über Neuguinea, Neu-Irland und Neubritannien (Bismarckinseln) nach Batavia (Java). Ohne es zu wissen, hat er ganz Australien umrundet.

1643 Der holländische Seefahrer De Vries entdeckt die Kurilen, Sachalin und die japanische Insel Hokkaido.

1643–1646 Der Russe Poyarkow erforscht das Gebiet von Jakutsk bis zur Mündung des Ouliaflusses (Ochotskisches Meer).

1644 Gründung einer russischen Niederlassung an der Mündung des Kolyma.

1648 Deschnew, Kosak und Seefahrer, umrundet von der Mündung des Kolyma aus die äußerste Spitze Sibiriens und gründet am Fluss Anadyr einen Ostrong (befestigter Platz). Sein Bericht wird erst 1736 in Jakutsk von dem deutsch-russischen Geschichtsschreiber G. F. Müller entdeckt.

1649–1650 Khabarow, russischer Konquistador, erforscht die Flüsse Lena und Olekna und erobert das ganze Amurgebiet.

1651 Die Perser erobern Maskat am Golf von Oman. Die portugiesische Vorherrschaft am Persischen Golf ist vorbei.

1652 Die Holländer entreißen den Portugiesen das Kap der Guten Hoffnung und gründen unter der Leitung von J. v. Riebeck die »Kapkolonie«. Der Missionar Montesarchio erforscht den Kongo bis zu den Stanleyfällen.

1653–1655 Die kanadischen Waldläufer P. Radisson und de Groseilliers erforschen den Ottawafluss und den Huronsee.

1654 Reise des Russen Baikow nach China, der als erster Europäer Peking von Norden her erreicht.

1655 Die Engländer besetzen Jamaika.

1658 Die Portugiesen werden von den Holländern aus Ceylon vertrieben.

1667 Cavelier de la Salle erforscht den Ohio bis zu den »Louisfalls«. Die Holländer erwerben Guayana.

1669 Th. Bowrey, ein englischer Geograf, kartografiert einen großen Teil des indischen Subkontinents.

1670 Gründung der Hudson Bay Company durch Prinz Rupert von England.

1673 Der französische Jesuit Marquette und der Waldläufer Jolliet erforschen den Mississippi und den Missouri.

1682 La Salle erreicht die Mündung des Mississippi von den Großen Seen aus.

1687 Erneuter Aufbruch La Salles zum Mississippi. Unterwegs wird er ermordet.

1690–1692 Der deutsche Abenteurer E. Kaempfer besucht im Dienst der Holländischen Ostindischen Gesellschaft Ceylon, Sumatra, Java, Siam und verbringt zwei Jahre in Yeddo (Japan).

1697–1698 Der Kosak Atlassow erobert die Halbinsel Kamtschatka (Ostasien).

Die Halbinsel Kamtschatka

1699 Wiederentdeckung der Mississippi-Mündung durch Le Moine d'Iberville. Fahrt von William Dampier um das Kap der Guten Hoffnung herum in Richtung Westküste Australiens; er findet die Durchfahrt zwischen Neubritannien und Neuguinea.

18. JAHRHUNDERT

1716 Desideri, ein italienischer Kapuziner, trifft in Lhasa ein und verbringt fünf Jahre in der Stadt der »Heiligen Bücher«.

1722 Roggeveen, holländischer Seefahrer, entdeckt am Ostertag die Osterinsel.

1725–1727 Der Däne V. Bering entdeckt die nach ihm benannte Meerenge zwischen Sibirien und Alaska und erforscht die Kamtschatka-Halbinsel.

1737–1745 Der Franzose La Condamine leitet die erste große wissenschaftliche Expedition in Südamerika.

1738 Martin Spanberger, Berings Leutnant, gelangt bis zu den Kurilen und nimmt Kontakt mit den Japanern auf.

1739–1741 Erforschung der sibirischen Küste von der Lena bis zum Jenissei durch den russischen Leutnant Laptieff.

1740–1741 Bering segelt von Ochotsk nach Alaska und erblickt als erster Europäer den Mount St. Elias.

Alaska

1740–1744 Große Forschungsfahrt des Engländers Anson in den Pazifik.

1742 Der Russe Tscheljuskin erreicht im Schlitten das Kap, das seinen Namen trägt (77° 41' nördl. Br.).

1759 Der in holländischen Diensten stehende schottische Afrikaforscher R. Gordon stellt den Zusammenhang zwischen den südafrikanischen Flüssen Oranje (Hauptfluss) und Vaal (rechter Nebenfluss des Oranje) fest.

1761–1767 Carsten Niebuhr, deutscher Reisender, durchstreift im Auftrag des dänischen Königs von Kairo aus die arabische Halbinsel, besucht die Städte Medina, Mekka, Sana und Hormus und besichtigt auf seiner Heimreise Persepolis, Bagdad, Aleppo und Konstantinopel.

1763 Gründung der ersten französischen Siedlung auf den Falklandinseln durch den Seefahrer Bougainville.

1766–1769 Große wissenschaftliche Pazifikfahrt des Franzosen Bougainville. Er entdeckt eine Insel der Salomongruppe, die seinen Namen trägt.

1764–1766 Byron, Kommodore der britischen Marine, entdeckt die Gilbertinseln.

1767 Der englische Seefahrer Wallis erforscht die Insel Tahiti (Pazifik).

1768–1771 Der Engländer James Cook unternimmt seine erste Weltumsegelung von Westen nach Osten. Er entdeckt und erforscht den Teil Australiens, der den Namen »Neusüdwales« trägt, und findet den Durchgang zwischen der Süd- und Nordinsel Neuseelands (»Cookstraße«).

1768–1773 J. Bruce entdeckt die Quellen des Blauen Nils und durchstreift Äthiopien.

1768–1774 Der deutsche Pallas erforscht, im Auftrag der Zarin Katharina II., Sibirien und gelangt bis zum Amur.

1770 Die Spanier bauen das Fort San Francisco.

1771–1772 Der Marineoffizier S. Hearne erkundet den Coppermine River bis zur Mündung an der kanadischen Arktisküste.

1772 Y. de Kerguélen, französischer Seefahrer, entdeckt im Indischen Ozean eine Insel, die seinen Namen trägt.

1772–1775 J. Cooks zweite Weltumsegelung. Von Südafrika aus überquert er als erster

Europäer den südlichen Polarkreis, landet auf Neuseeland, entdeckt Neukaledonien und kehrt über Kap Hoorn (Südamerika) nach England zurück.

1776 Die beiden spanischen Mönche Escalante und Domínguez erforschen den Colorado und den Green River und dringen bis zu 37° nördl. Br. vor.

1776–1779 Dritte Weltumsegelung durch J. Cook. Im Gefecht mit Eingeborenen wird er auf Hawaii erschlagen.

1781–1783 Der Franzose Le Vaillant erforscht das noch von keinem Europäer betretene Namaqualand (Südwestafrika).

1783–1793 Der Spanier A. R. Ferreira befährt von Peru aus den gesamten Amazonas. Bei dieser Flussfahrt erforscht er die Nebenflüsse des Amazonas, den Río Negro, Río Branco, Madeira, Guapore, Cuyaba und den San Lorenzo.

1785–1788 La Pérouse, französischer Seefahrer, unternimmt im Auftrag des französischen Königs Ludwig XIV. eine wissenschaftliche Weltumsegelung. Aus ungeklärten Gründen kommt er unweit der Pazifikinsel Vanikoro ums Leben.

1787–1788 Der Engländer A. Philipp transportiert 1000 Strafgefangene zur australischen Ostküste. Gründung von Sydney.

1788 Gründung der englischen Gesellschaft »Association for the Promotion of the Interior of Africa« genannt »African Association« (später: Royal Geographical Society, London).

1789–1793 A. Mackenzie, schottischer Pelzhändler, erforscht vom Fort Chippewyan am Athabaskasee aus den Fluss, der seinen Namen trägt. Auf seiner zweiten Reise über die Rocky Mountains erreicht er am 22. Juli 1793 den Pazifik und ist damit der erste Europäer, der das nordamerikanische Festland von Osten nach Westen durchquert.

1791 Gründung der Missionsstation Los Angeles durch die Spanier.

1791–1794 Malaspina, Spanier italienischer Abstammung, ergründet die gesamte nordamerikanische Pazifikküste bis zum Mount St. Elias (Alaska).

1794 Eröffnung der ersten Handelsroute Alaska–Ochotsk (sibirische Ostküste).

1795–1797 Erste Reise des Schotten Mungo Park zum Niger (Sudan).

1798 Die englischen Seefahrer M. Flinders und G. Bass umsegeln in vierzehn Wochen die Insel Tasmanien.

1798–1801 Der deutsche Afrikaforscher Hornemann durchquert als erster Europäer die Ostsahara von Ägypten nach Bornu und verschwindet spurlos.

1799–1804 A. v. Humboldt unternimmt eine Forschungsreise nach Südamerika, von der Mündung des Orinoko bis nach Bogotá und Quito.

19. JAHRHUNDERT

1800–1802 Erforschung der südaustralischen Küste durch den Franzosen Baudin.

1800–1806 Mungo Park erforscht im Auftrag der African Society die große Nigerschleife, gelangt bis zu den Bussafällen und bleibt verschollen.

1801 Der Engländer M. Flinders umsegelt ganz Australien und legt den äußeren Umriss des Kontinents fest.

1802–1810 Die Portugiesen A. José und P. Baptista bereisen von Angola aus Portugiesisch-Ostafrika (Moçambique) und Südafrika. Vier Jahre lang werden sie vom König Kazembe, Herrscher über Luanda, gefangen gehalten.

1803–1806 Erste Weltumsegelung des russischen Forschers und Seefahrers A. J. v. Krusenstern.

1811 Der englische Reisende Th. Manning erreicht, als Chinese verkleidet, Lhasa, die Stadt der »Heiligen Bücher«.

1814 Reise des Schweizer Forschers J. L. Burckhardt nach Mekka und Medina.

1814–1817 Der deutsche Naturforscher Prinz zu Wied-Neuwied bereist das brasilianische Küstengebiet.

1816 Tuckey, englischer Afrikareisender, erforscht 4100 km des Kongo.

1817–1819 Die Naturforscher Spix, Martius, Pohl und Natterer unternehmen im Auftrag des bayerischen Königs eine wissenschaftliche Reise in das Amazonasgebiet und das brasilianische Bergland.

Baumriese im Amazonasgebiet

1817–1820 Weltumsegelung des französischen Gelehrten und Seefahrers Freycinet in Begleitung des Hydrografen Dupérey.

1818 Der Engländer J. Ritchie dringt von Tripolis aus in die Sahara und gelangt bis nach Mursuk.

1819–1821 Der Deutschrusse F. G. v. Bellingshausen entdeckt die »Peter-I.-Insel« (südlicher Polarkreis).

1821–1829 Der Däne Raah erforscht die grönländische Westküste vom Kap Farvel bis Upernavik und die Ostküste bis zur Dannebroginsel.

1826 Major Laing, schottischer Afrikareisender, erreicht das legendäre Timbuktu.

1829 A. v. Humboldt erforscht im Auftrag des Zaren die chinesische Dsungarei und das Ufer des Kaspischen Meeres.

1829–1833 James Ross überwintert dreimal in der Arktis. Er gelangt bis zum magnetischen Nordpol und entdeckt das »Boothia-Felix-Land«.

1830–1831 Die Brüder R. und J. Lander erkunden den gesamten Nigerlauf.

1831–1835 R. Fitzroy erforscht Patagonien und Feuerland (Südamerika).

1832–1834 Maximilian Prinz zu Wied-Neuwied durchwandert das Mississippi- und Missourigebiet.

1836 Der Engländer Davidson dringt von Nordafrika aus tief in die Sahara. In Erg-Iguidi wird er ermordet.

1839–1842 Drei ägyptische Expeditionen erforschen den Weißen Nil.

1840 Der französische Forscher und Seefahrer Dumont d'Urville entdeckt »Adélie-Land« (Antarktis). Ch. Wilkes, amerikanischer Polarforscher, ergründet 2700 km der antarktischen Küste.

1840–1841 J. Eyre, englischer Forscher, durchquert Südaustralien von Osten nach Westen.

1842–1844 Der Nordamerikaner J. Ch. Frémont erforscht während fünf Reisen das mittlere Nordamerika zwischen Mississippi und Westküste.

1843–1847 Forschungsreise des französischen Gelehrten Castelneau und des Mineningenieurs Orserey in Begleitung des englischen Botanikers Weddell nach Brasilien, Bolivien und Peru. Entdeckung der Quellen des Paraguay.

1845 Missglückte nordwestliche Durchfahrt des Polarforschers J. Franklin, der mit seiner Mannschaft ums Leben kommt.

1847 Die deutschen Afrikaforscher Krapf und Rebmann erforschen Kenia.

1848 Rebmann entdeckt als erster Europäer den schneebedeckten Kilimandscharo.

1849   D. Livingstone erreicht den Ngamisee (Betschuanaland, Südafrika).

1850   Panet, französischer Afrikaforscher, bereist die Sahara von St. Louis de Sénégal bis Mogador (Marokko).

1850–1855   Die deutschen Afrikareisenden H. Barth, A. Overweg und der Engländer Richardson erforschen die Zentralsahara. Overweg und Richardson kommen ums Leben.

1853   Der Amerikaner E. K. Kane fährt mit 17 Mann Besatzung durch den Smithsund in die Rensslarbucht (grönländische Küste) und überwintert dort.

1855   D. Livingstone bereist das mittlere Afrika und entdeckt die Victoriafälle.

1856   Der deutsche Afrikaforscher E. Vogel wird bei seinem Versuch, vom Tschadsee aus in die Ostsahara vorzudringen, in Wadai ermordet.

1858–1859   Der englische Afrikareisende J. H. Speke erforscht mit dem Engländer Burton das zentralafrikanische Seengebiet und entdeckt den Victoriasee.

1859   D. Livingstone entdeckt den Nyassasee.

1860   Der Amerikaner Ch. Fr. Hall unternimmt einen Vorstoß in die Arktis und erreicht 82° 16' nördl. Breite. Zweite Expedition des Engländers Speke in Begleitung von Grant, bei der sie den Kagara entdeckten, der in den Victoriasee mündet.

1860–1861   R. O. Burke durchquert Australien erstmals von Süden nach Norden.

1862   Der Schotte J. McDonald Stuart durchwandert als erster Australien von Süden (Adelaide) nach Norden (Darwin) in beiden Richtungen. G. Rohlfs, deutscher Afrikareisender, erforscht den noch unbekannten Hohen Atlas und gelangt bis zu den Oasen von Tafilalet (Südmarokko).

1864   S. Baker entdeckt in Begleitung seiner Frau den Albertsee.

Alexandra Petronella Francina Tinné

1869   A. Tinné, holländische Afrikareisende, wird bei ihrem Versuch, Timbuktu zu erreichen, von einem Tuareg ermordet.

1869–1870   G. Nachtigal, deutscher Afrikareisender, erforscht Tibesti, Berglandschaft in der mittleren Sahara.

1872–1874   Nordpolarfahrt von J. Payer. Entdeckung von »Franz-Joseph-Land«.

1873–1875   Der englische Offizier V. L. Cameron durchstreift das ganze Kongobecken.

1873–1876   H. M. Stanley umfährt den Victoria- und den Tanganjikasee, entdeckt den Edwardsee und das Ruwenzorigebirge.

1877   H. M. Stanley erforscht den Kongo bis zum Atlantik. Der deutsche Saharaforscher Erwin v. Bary bereist den Aïr, Gebirgsmassiv in der inneren Sahara.

1878–1879   G. Rohlfs unternimmt mit fünf Begleitern im Auftrag der Deutschen Afrikagesellschaft eine Expedition, um die mysteriöse Oasengruppe von Kufra zu erforschen (Libysche Wüste).

1878–1880   Der Schwede A. E. Nordenskiöld erzwingt die Nordostpassage.

1879–1881   Verhängnisvolle Fahrt des amerikanischen Marineleutnants G. W. de Long ins Nördliche Eismeer. Sein Schiff wird von den Eismassen zermalmt. Fast alle Teilnehmer kommen ums Leben.

1882–1883   Erstes Internationales Polarjahr, an dem zehn Nationen teilnehmen und 15 Polarstationen errichten.

Wüstenlandschaft in Afrika

1883–1884 Ch. de Foucauld, französischer Sahara-spezialist, erforscht die Oasen von Laghuat, Gadaia, El Goléa, Oargla und Tuggut.

1886 M. Palat, französischer Offizier und Saharareisender, wird bei seinem Versuch, das südliche Oranais (Algerien) zu erforschen, ermordet.

1887 Ermordung des Franzosen C. Douls beim Versuch, Timbuktu über Tafilalet und Tuat zu erreichen.

1888 Die Norweger F. Nansen und O. Sverdrup überqueren auf Schneeschuhen die 560 km lange und fast 3000 km hohe grönländische Binneneisfläche von der Ostküste bis zum Städtchen Godthab in 40 Tagen.

1890–1892 Monteil, französischer Saharaforscher, durchwandert in 27 Monaten die Wüste von St. Louis de Sénégal bis Tripolis.

1891 Seit 1891 führt O. Lilienthal Gleitflüge mit selbst gebauten Hängegleitern

durch. R. E. Peary, amerikanischer Polarforscher, durchquert das grönländische Binneneis von Westen nach Osten, erforscht den Inglefieldgolf und den Robesonkanal, der Grönland vom Ellesmereland trennt.

1891–1893 E. D. v. Drygalski untersucht das grönländische Binneneis.

1893–1896 F. Nansen unternimmt eine Driftfahrt durch das Norpolarmeer, entdeckt im Westen der Taymir-Halbinsel die Inseln »Sverdrup« und »Nordenskiöld«.

1894–1897 Erste große Asienreise des schwedischen Forschers S. Hedin. Er durchstreift die Wüste Takla-Makan, das Pamirgebirge und das Tarim-Becken.

1895–1897 Der Engländer Jackson erforscht das gesamte »Franz-Joseph-Land«.

1897 Der Versuch des schwedischen Ingenieurs S. A. Andrée, den Nordpol mit einem Luftballon von Spitzbergen aus zu erreichen, schlägt fehl.

20. JAHRHUNDERT

1900 Der italienische Polarforscher Cagni erreicht 86° 33' nördl. Br. Die Franzosen besetzen die Oase In-Salah und leiten die militärische Durchdringung der Sahara ein. Das erste Zeppelinluftschiff steigt am 2. Juli in der Bucht von Ranzell bei Friedrichshafen auf.

1902 300 bewaffnete Tuaregs werden von dem französischen Leutnant Cottenest

während einer kriegerischen Auseinandersetzung getötet. Der Hoggar (Gebirgsmassiv in der südalgerischen Sahara) wird französisches Hoheitsgebiet. Der ganze Sudan wird von der französischen Regierung kontrolliert. E. v. Drygalski entdeckt das »Kaiser-Wilhelm-II.-Land« und den eisfreien erloschenen Gaußvulkan (Antarktis).

1902–1904 Die Mannschaft der »Discovery-Expe-dition«, unter der Leitung des Englän-ders R. F. Scott, dringt während einer Schlittenreise auf dem Schelfeis bis 82° 17' in die Antarktis vor. Scott entdeckt das »König-Eduard-VII.-Land«.

1902–1905 Der französische General und Sahara-spezialist Largeau erforscht das Gebiet des Tschadsees.

1903 Der Russe Leutnant Koltschak und der Ingenieur Brousnew durchstreifen zu Fuß die Neusibirischen Inseln. Die Bennett-Insel wird ganz durchforscht. Expedition des französischen Generals Laperrine zu den noch unerforschten Gebirgsstöcken Moudyr und Aknet (Sahara). W. Wright gelingt am 20. September mit der »Flyer 2« der erste Rundflug.

1903–1906 R. Amundsen erzwingt als Erster die Nordwestpassage.

1904 Die beiden französischen Saharaspezi-alisten Ch. de Foucauld und Laperrine unternehmen eine groß angelegte geo-grafische, geologische und geodätische Forschungsreise quer durch die nord-afrikanische Sandwüste.

1904–1905 Expedition der Franzosen Flye-Sainte-Marie, Nieger, Mussel, Rouzade und Taillade in die Westsahara. 2300 km Strecke werden kartografiert.

1906 Dr. H. Rice, amerikanischer Forscher und Rektor der Harvard-Universität (USA), erforscht den Río Negro und den Río Branco (Amazonien).

1906–1907 Grönlandexpedition des Dänen Mylius-Erichsen mit dem eisfesten Schiff »Danmark«.

1906–1914 Fawcett, englischer Oberst, erforscht den Amazonas und dessen Neben-flüsse.

1907 Arktisfahrt der »Belgica« unter der Lei-tung des belgischen Polarforschers A. de Gerlache. Das Ziel, die Beringstraße

zu erreichen, musste wegen der Eis-massen in der Karasee aufgegeben werden.

1909 Der amerikanische Polarforscher R. E. Peary umfährt die Nordküste Grön-lands und erreicht als Erster den Nord-pol. E. H. Shackleton, irischer Polarfor-scher, erreicht erstmals 88° 23' südl. Br., muss aber 178 km vor dem Südpol umkehren.

1911 Amundsen hisst am 14. Dezember als Erster die norwegische Fahne auf dem Südpol.

Amundsen und seine Begleiter am Südpol

1912 Der Schweizer Meteorologe A. de Quervain überquert das grönländische Binneneis von Osten nach Westen. K. J. v. Rasmussen und ein Begleiter be-zwingen das grönländische Binneneis von der Melville- bis zur Dänemark-bucht.

1912 R. F. Scott erreicht am 17. Januar, vom McMurdo-Sund aus, als Zweiter den Südpol. Auf dem Rückmarsch kommen er und seine vier Gefährten ums Leben.

1912–1922 Die französischen Afrikaforscher Nie-ger und Laperrine unternehmen ausge-dehnte Forschungsreisen im Südora-nais, Saura, Tuat und im Aïr, Gebirgs-massiv in der inneren Sahara.

Polarnacht

1913   General Tilho, französischer Sahara-kenner, erforscht den Tibesti und den Ennedi. Der Däne J. P. Koch und der Meteorologe Wegener bezwingen das grönländische Binneneis von Osten nach Westen.

1914   Der Russe J. Nargurski wagt mit einem Wasserflugzeug den ersten Arktisflug. Nach dreistündiger Flugdauer über Nowaja Semlja hinweg muss er über den Barentssee abdrehen.

1914–1936   Der französische Forscher Dr. Charcot auf Forschungsfahrt nach Grönland.

1916   Der französische Saharaforscher Ch. de Foucauld wird in Tamanrasset, Haupt-ort des Hoggarmassivs, ermordet.

1920   Die Engländerin J. R. Forbes erreicht, in Begleitung des ägyptischen Diplo-maten und Forschers Hassanein bey, als erste Europäerin die Oasengruppe von Kufra in der Libyschen Wüste.

1921–1922   K. Rasmussen durchstreift abwechselnd mit einem Schlitten und einem Boot das nordamerikanische Küstengebiet von der Halbinsel Melville bis zur Beringstraße.

1922–1923   Der Ägypter Hassanein bey erforscht sämtliche Oasen der Kufragruppe und die Gebirgsstöcke des Arken und El-Aounat.

1922–1925   Zehn französische Saharaforscher durchqueren die Sahara mit fünf Ket-tenfahrzeugen (»Croisière noire«).

1923   W. Mittelholzer, Schweizer Alpenflie-ger, unternimmt drei gewagte Flüge in das Nordpolargebiet.

1925   R. Amundsen versucht mit zwei Dor-nier-Wal-Flugbooten den Nordpol zu überfliegen. Nach einem Flug von acht Stunden muss er notlanden.

1926   R. E. Byrd, amerikanischer Polarfor-scher, überfliegt am 9. Mai von Spitz-bergen aus als Erster den Nordpol. Für den Hin- und Rückflug benötigt er 15 Stunden. Amundsen und der Italiener Nobile überfliegen mit dem Luftschiff »Norge« den Nordpol.

1927   Am 21. Mai gelingt Ch. Lindbergh in seiner »Spirit of St. Louis« der erste Alleinflug über den Atlantik.

1928   Erfolgreicher Flug in die Arktis durch den Australier Wilkins von Alaska nach Spitzbergen. Der Italiener U. Nobile erreicht mit dem Luftschiff »Ita-lia« am 25. Mai den Nordpol. Auf dem Rückflug stürzt sein Zeppelin ab. Nobile und die Besatzungsmitglieder werden gerettet.

1929   Byrd überfliegt als Erster am 28. November den Südpol.

1931   Große wissenschaftliche Expedition, genannt »Croisière jaune«, auf Initiati-ve des Automobilfabrikanten A. Citro-ën, mit Kettenfahrzeugen von Beirut aus durch ganz Asien nach Peking. 12.115 km werden zurückgelegt, 5000 Aufnahmen gemacht. Der bekannte Jesuit P. Teilhard de Chardin sowie eine Gruppe namhafter Spezialisten nehmen an dieser Asienfahrt teil.

1932–1933   Zweites Internationales Polarjahr, an dem sich 15 Staaten beteiligen und über 500 Stationen in den Polargegen-den errichten.

1933   Tod O. Lilienthals.

1934   Der Engländer Lindsay durchquert Grönland. Beebe und Barton erreichen am 15. August eine Wassertiefe von 923 m in einer selbst gebauten Stahlkugel in der Nähe der Bermudainseln.

1935   Der amerikanische Pilot Ellsworth überfliegt die Westantarktis.

1936   Letzte große wissenschaftliche Expedition in die westliche Sahara durch den französischen Gelehrten Th. Monod in Begleitung von Leutnant Brandstetter und drei Einheimischen. Der französische Polarforscher P. E. Victor durchquert Grönland auf der Breite von Angmagssalik.

1937–1938   Driftfahrt des Russen I. D. Papanin auf einer Eisscholle durch das Nordpolarmeer.

1937–1940   Dreijährige Driftfahrt der »Sedow« unter dem Kommando des Russen Balyguin im Nördlichen Eismeer.

1938   H. Harrer besteigt als Erster zusammen mit A. Heckmair die berüchtigte Eiger-Nordwand.

1938–1939   Deutsche Flieger unternehmen – mit Katapultstart – Flüge in die Arktis über Neuschwabenland.

1946–1947   Forschungsfahrten der Byrd-Expedition in der Antarktis.

1947   Th. Heyerdahl beweist durch seine Fahrt mit der »Kon-Tiki«, dass es möglich war, mit einem Balsa-Boot von der Westküste Südamerikas aus Polynesien zu erreichen.

1953   E. Hillary gelingt als Erstem die Bezwingung des Mount Everest. Auguste Piccard erreicht mit seinem Tiefseetauchgerät »Bathysphere« eine Meerestiefe von 3150 m.

1956   Der französische Ethnologe H. Lhote entdeckt die Felszeichnungen (800) von Tassili-der-Adjer (Ostsahara).

Die Erde ist für Entdecker im 20. Jahrhundert zu klein geworden. Nun gilt es das Weltall zu erobern.

1957–1958   Internationales Geophysikalisches Jahr (IGJ). »Transantarktis-Expedition« des britischen Commonwealth und erste Durchquerung des antarktischen Kontinents auf dem Landweg über den Südpol.

1958   Unterwasserfahrt des US-U-Bootes »Nautilus« vom 1. bis 5. August unter der Eisdecke des Nordpols.

1960   Der Schweizer Jacques Piccard stellt im westpazifischen Marianengraben mit einer Meerestiefe von 10.912 m den absoluten Tiefenrekord auf.

1961   Der sowjetische Major Jurij Gagarin umfliegt mit dem Raumschiff »Wostok 1« als erster Mensch die Erde.

1962   H. Harrer durchquert die Tropeninsel Neuguinea und besteigt als erster Mensch 32 schneebedeckte Gipfel.

Zudem entdeckt er die Quelle der Steinäxte (»Jä-Li-Me«).

1963   Die sowjetische Kosmonautin Walentina Tereschkowa fliegt als erste Frau ins Weltall.

1965   Der sowjetische Kosmonaut Alexej Leonow verlässt als erster Mensch während eines Fluges im Weltall ein Raumschiff.

1968   »Apollo 7« startet als erstes bemanntes Raumschiff der Apolloserie ins All. An Bord sind die Astronauten R. Cunningham, D. Eisele und W. Schirra. Die amerikanischen Astronauten W. Anders, F. Borman und J. Lovell umkreisen mit »Apollo 8« als erste Menschen den Mond.

1969   Der US-Astronaut Neil Armstrong betritt nach der Abkoppelung von »Apollo 11« am 21. Juli als erster Mensch den Mond. 20 Minuten später folgt ihm Edwin Aldrin.

1970   Mit dem Papyrusboot »Ra II« segelt Th. Heyerdahl von der Westküste Marokkos quer über den Atlantik bis zur Insel Barbados.

1975   Erstes gemeinsames amerikanisch-sowjetisches Weltraumunternehmen in der Geschichte der Raumfahrt. Die beiden Raumschiffe »Apollo« und »Sojus 19« koppeln aneinander an. An Bord sind die Astronauten T. Stafford/D. K. Slayton und die Kosmonauten A. Leonow/W. Kubassow.

1977–1978   Th. Heyerdahl erreicht mit der »Tigris« von Basra aus durch den Persischen Golf Djibouti und beweist, dass die Sumerer durch Wind und Meeresströmungen nach Afrika gelangt sein konnten.

1978   S. Jähn fliegt als erster Deutscher an Bord der sowjetischen Raumkapsel »Sojus 31« ins All. R. Messner und P. Haberer bezwingen als erste Menschen

Reinhold Messner

ohne Höhenatemgeräte den Mount Everest.

1981   Start der ersten Space-Shuttle-Mission. An Bord sind die US-Astronauten R. Crippen und J. Young.

1983   Sally Ride ist als erste amerikanische Frau im Weltraum. Der Deutsche U. Merbold startet als erster Nichtamerikaner an Bord eines Space Shuttles (»Columbia«) ins All. Th. Heyerdahl entdeckt Reste einer alten Hochkultur auf den Malediven.

1986   Die Space Shuttle »Challenger« explodiert kurz nach dem Start, wobei alle sieben Astronauten ums Leben kommen. R. Messner hat als erster Mensch alle 14 Achttausender der Erde ohne Höhenatemgerät bestiegen.

1988   Die Kosmonauten M. Manarow und W. Titow halten sich als erste Menschen länger als ein Jahr an Bord der Raumstation »Mir« im Weltraum auf.

1989–1990   R. Messner und A. Fuchs durchqueren in 92 Tagen zu Fuß die Antarktis.

1992 U. Merbold fliegt an Bord der »Disco-very« erneut für acht Tage ins All.

1994 U. Merbold nimmt an der Weltraum-mission »Euromir« teil. Dieser Flug ins All dauert vier Wochen und wird gemeinsam mit russischen Kosmonau-ten durchgeführt.

1995 Die amerikanische Raumfähre »Atlan-tis« koppelt an die russische Weltraum-station »Mir« an.

1997 Die amerikanische Sonde »Pathfinder« landet mit einem Roboterfahrzeug auf dem Mars.

1998 Alle Vorarbeiten für die Internationale Raumstation ISS werden vertraglich geregelt. Im Sommer werden amerika-nische und russische Module ins All gebracht, am 10. Dezember beginnt die erste Besatzung auf der ISS mit ihrer Arbeit. Die ISS ist das bisher größte technische Projekt der Menschheit. Mit 77 Jahren fliegt J. Glenn an Bord der »Discovery« wieder ins All. Damit hat er einen Altersrekord aufgestellt.

1999 Der Mars-Lander wird auf den Weg gebracht.

21. JAHRHUNDERT

2000 Von Bord der »Endeavour« werden 113 Millionen Quadratkilometer der Erd-oberfläche mit hochauflösenden Radar-geräten abgetastet. Die berechneten dreidimensionalen Bilder waren 30-fach genauer als alle bis dahin existie-renden.

2001 Während der von April bis Oktober dauernden Mission »2001 Mars Odyssey« wird die Oberfläche des Planeten Mars untersucht. Im März 2001 stürzte nach 86.331 Erdumläufen die Raumstation »Mir« wie geplant in den Südpazifik.

Die Erde vom Weltall aus auf-genommen

PERSONENREGISTER

GEOGRAFISCHES REGISTER

ABBILDUNGSNACHWEIS